한국불교 의례체계 연구

프라즈냐 총서

24

한국불교
의례체계 연구

| 시식, 공양, 송주 의례를 중심으로 |

이성운 著

운주사

서문

　나모 라뜨나 뜨리야야
　삼보께 귀명하나이다.

　종교는 의례를 통해 자신의 정체성을 세상에 드러내놓는다. 불교가
깨달음의 종교이고, 깨달음을 추구하는 종교라고 할지라도 신앙행위
의 실제를 보면 자신들이 믿는 신앙의 대상에 대한 신앙과 예경과
공양행위, 그리고 신앙의 대상으로 삼는 그분들에게 소원을 비는 의례
행위로 연속됨은 부인할 수 없다. 그러므로 의례는 의례를 행하는
이들의 신념과 철학을 담고 있으며, 종교의 이상을 실현하는 기제라고
할 수 있다.
　이 책에서 한국불교의 의례체계를 구명究明해 보려고 하는 것은,
이미 한국불교의 의례체계에 대해 서로 다른 견해와 인식이 상존하고
있다는 것이 전제된다. 현재 한국불교에는 같은 구문을 달리 이해하거
나, 다른 것 같은 행위를 같다고 인식하는 것들이 상존한다. 그 연유는
여러 가지가 있겠지만, 기본적으로 의례의 상황을 중시하는 한국적인
풍토에 따른 것이라고 이야기할 수 있을 것이다. 이와 같이 상황에
따라 선후가 교체되는 등 역동적으로 행해지는 특성이 한국불교 의례에
적지 않게 발견된다.
　이 같은 특성으로 말미암아 의례는 동일한 의례에 유사한 여러 의문이
등장하게 되었다. 한국불교 의례 서적에 신편新編, 산보刪補 등의 관형

어가 유난히 많이 붙게 된 연유이기도 하다. 현재 한국불교 의례를 담고 있는 통일된 '법요집'이 주요 종단의 이름으로 출판되어 있지만 사찰별·법회별로 별도의 의식서적을 제작해 사용하는 경우는 다반사이다. 이 같은 현실은 중생의 근기 따라 법을 펼쳐야 하는 불교의 열린 사고에 비춰 볼 때 긍정적이라고 할 수도 있지만, 자의적으로 의례를 편찬하게 되면서 의례의 차서와 예경의 의미를 반감하게 하는 요인이 되기도 한다.

19세기 초반의 『작법귀감』이나 20세기 초반의 『석문의범』 편자들의 서문은 이를 잘 설명해 주고 있다. 이 같은 저간의 사정으로 인하여 한국불교 의례는 어떤 체계로 설행되는지를 연구할 필요성이 제기되었다. 가령 불교를 국교로 받들던 고려시대에 불교의례는 수십 종의 의례로 수천 회 시설되었지만 그 의례가 어떻게 설행되었는지는 소상하게 알기 어렵다. 단지 경론의 의례나 의궤를 참조하여 아마 어떻게 설행되었을 것이라고 추론만 할 뿐이다. 그간의 불교의례 연구는 의례가 설행된 사회문화적인 연구에 중점이 두어져 있었기 때문이라고 할 수 있다.

본서에서 논의하는 의례체계는 한국불교 의례 자료를 토대로 한 가운데 현행 의례를 저본으로 하여 현행 의례의 구조와 형성되어온 과정을 톺아보며, 그것에 대한 의례 수용자들의 인식을 바탕으로 그 의례체계를 밝혀볼 것이다. 한국불교의 의례체계라고 하지만 상용의례인 시식과 공양, 예경과 송주에 한정될 수밖에 없음을 먼저 말씀드린다. 시식의례로 관음시식, 공양의례로 삼보통청, 그리고 예경과 송주가 본서에서 다루게 될 대상이다.

　본서는 필자의 학위논문을 수정·보완한 책으로, 본문에서의 교정은 물론이고, 특히 결론 부분을 대폭 수정하였다. 논문으로 제출할 때의 사실상의 결론인 한국불교 의례의 특수성은 언급하지 않았다. 상호 모순되거나 보완되었으면 하는 것들은 굳이 드러내어 결론에서 언급하지 않아도 본론에서 충분히 다루었다고 생각하고, 불교의례의 보편적이고 긍정적인 측면만을 결론에 실었다. 하지만 이 같은 필자의 생각과 달리 이를 질책한 연구자들의 견해를 수용하여 한국불교 의례체계의 특수성을 정리해 추가하였다.

　본서에서 한국불교의 의례체계를 밝혀보고자 하는 것은 한국불교 의례를 옛날로 되돌리고자 하는 목적은 분명 아니다. 단지 의례체계를 바로 이해하여 의례를 바르게 알고 설행하자는 데 목적이 있다. 불교의례를 바로 알면 한국불교 의례의 특장인 역동성을 제대로 실현할 수 있다. 물론 한국불교 의례에는 적지 않은 예능적인 요소로 인해 종교적인 장엄미를 확보하고 있는 특징이 있지만, 이를 논외로 한다면 말이다.

　결국 한국불교 의례의 특장인 역동성은 의례 현장에 적합한 새로운 의례를 늘 생성해 왔다고 할 수 있는데, 이를 위해서는 의례체계의 이해가 절대적이라고 할 수 있다. 부족함이 많은 책이고, 이 연구 또한 시론격에 불과하겠지만, 한국불교 의례의 체계를 이해하는 데 작은 지침이라도 될 수 있다면 더할 나위 없이 고마울 따름이겠다.

　마하반야바라밀

2014년 7월 저자 삼가 쓰다

I. 서론

사람이 있으면 일이 있고, 일이 있으면 예禮가 있고, 예가 있으면 의儀가 있다.[1] 이 '예'와 '의'가 정형화된 것을 의례라고 하며, 이 의례는 절차와 체계를 갖는데, 시·공간이 상거되면서 변화를 겪고 새로운 의미체계를 생성한다.

본서는 한국불교의 주요 상용의례인 시식과 공양의례, 예경과 송주 의례의 의미와 구조, 형성 추이와 인식 등을 탐색하여 한국불교의 주요 상용의례가 어떠한 체계로 실행되는지를 밝혀보려는 데 목적이 있다.

의례는 종교의 핵심을 구성하며, 살아 있는 세계관의 역동적인 측면 이다.[2] 종교의 내용에 깊은 의미와 활력을 주는, 즉 종교의 목적을

---

1 權相老, 「序」, 『釋門儀範』 上卷, 法輪社(前卍商會), 1935〔184〕.

2 N. Smart, 강돈구 역, 『현대종교학』(청년사, 1986), p.172.

완성시키는 가장 중요한 행위이다.[3] 종교의례 안에서는 신념체계와 실천체계가 상호 보완적 관계를 유지한다.[4] 그러므로 종교의식의 실천체계를 분석해 보면 그 종교를 신앙하는 이들의 신념체계와 세계관과 실천의지를 확인할 수 있다.[5]

한국불교의 종교의례·의식[6] 속에는 다양한 특성이 풍부하게 담겨있다. 장구한 한민족의 역사 속에서, 한국불교는 위로는 왕실과 아래로는 기층민의 삶에 육화되면서 그 뿌리를 내려왔다. 이 과정에서 불교는 재래의 무교와 습합되어 불교적 색채가 많이 희미해졌지만 기층민들이 오히려 쉽게 다가올 수 있게 되었다는 양면성을 안고 있다.[7] 또 근대 이전 '국가불교' 시대 때는 기신재忌晨齋, 수륙재 등 국행의례國行儀禮 봉행의 대행 주체로서의 위치 변화를 겪었다. 민중 신앙과의 습합,

---

3 W. R. Comstock, 윤원철 역, 『종교학』(전망사, 1986), pp.62~63.

4 Catherine Bell, *Ritual: Perspective and Dimension*, Oxford Univ. Press, 1977, p.7.

5 신념체계와 세계관을 확인하는 것은 敎典과 歷史, 종교인의 삶 등으로도 가능하지만 이것들은 사회적이고 동태적인 종교현상이라고 말하기 어렵다고 할 수 있다.

6 "여기서 '儀禮'와 '儀式'은 유사한 개념이지만 동일하지는 않다. 儀禮가 어떠한 교리에 의거하여 이루어지는 의식 전반을 일컫는 상위개념이라면, 儀式은 의례 속의 法式과 禮式과 같은 실제적인 절차를 일컫는 하위개념이다."(고영섭, 「한국의 근대화와 전통 불교의례의 변모」, 『佛敎學報』第55號(東國大學校 佛敎文化硏究院, 2010, p.394, 주1)라거나, '의례와 의식을 理와 事라는 관점에서 정의·구분'(沈祥鉉, 『靈山齋 成立과 作法儀禮에 關한 硏究』, 위덕대학교 박사논문, 2011, p.8)하는 두 정의 모두 의미가 있다. 본서 또한 상·하위개념을 理事로 이해하며 이론적이거나 상위적인 측면에서는 儀禮를, 실제적이거나 하위적인 측면에서는 儀式으로 표기하는 것을 원칙으로 하지만 고정화하지 않는다.

7 高翊晉, 『韓國古代佛敎思想史』(동국대학교출판부, 1989), pp.57~84. '3. 巫俗信仰 攝化의 樣相'

의례 봉행의 여건 변화로 인해 한국불교 의례는 변형을 겪게 되었다. 한국불교의 의례 상황을 설명하는 '견기이작見機而作'은 현장을 중시하는 표현이지만 이는 자칫 의례에 대한 이해와 구조의 변형을 불러일으키게 한다. 가령 법회 개설을 아뢰는 유치에서 소청召請과 헌좌獻座 전에 축원을 하는 경우가 있다. 이로 말미암아 헌공 끝의 축원과 중복을 피하기 어렵고 일관성을 잃어버리게 된다. 이 같은 현상이 지속되면서 의례의 체계와 의미는 변형을 겪게 되는데, 『한국불교 의례자료총서』(이하 『한의총』)[8]의 의례나 현행 의례[9]들의 다양한 모습이 이것을 증명하고 있다고 하겠다.

의례 변형은 의례 수용자들의 사상이나 설행 여건 등이 주원인이겠지만 전승의 단절로 인한 오해, 와전 등도 원인이라고 할 수 있을 것이다. 본서의 한국불교 의례체계 연구는 이 같은 문제의식에서 시작되었다.

불교교학이나 불교사 연구에 비해 한국불교의 의례에 대한 연구는 양적으로 매우 소략하며 연구의 깊이도 만족할 만한 수준에 이르지는 못했겠지만[10] 한국불교 의례에 대해 다양한 방면으로 연구는 진행돼 왔다. 그동안 불교의례에 대한 연구가 만족할 만한 것이 되지 못한 원인은 의례가 종교의 사상이나 교리 등에 자연적으로 따르는 지극히

---

8 박세민 편, 『韓國佛敎儀禮資料叢書』(삼성암, 1993, 이하 『한의총』)는 고려시대 1편을 포함하여 조선시대 의례 74종의 의례자료를 4권으로 집성하고 있다.
9 '현행 의례'라는 범주는 대단히 모호하다. 하지만 현재 한국불교의 종단이나 개개 사찰에서는 '법요집'이라는 명칭의 의례 서적으로 의례를 봉행하고 있는데, 이들을 통칭 현행 의례라고 할 수도 있을 것이다.
10 덕성여자대학교 인문과학연구소, 『한국의례문화연구사 및 연구방법』(1997), pp.98~107. 참조.

부수적인 행위로서, 그 자신의 독자적 의미를 지니지 않는다는 선입견
에 기인하는 측면도 없지 않을 것이다. 그것은 난해한 불교의 사상을
먼저 일목요연하게 파악한다면 그에 따르는 종교적 행위는 자연히
이해될 것이라고 보는 태도와 무관하지 않을 것이다.[11] 또 의례는 교학연
구와 달리 현장에서 설행되므로 새로운 견해와 학설에 대해 물리적·정
서적 거부감이 강한 편이라고 할 수 있다. 그것은 그간의 이해를 정당화
해 주지 못하는 데서 온다고 생각한다.

　한국불교의 의례에 대한 연구는, 의례에 대한 외적 고찰과 내적
탐구로 크게 나눌 수 있다. 외적 고찰로는 연등회, 팔관회, 수륙재
등 의례의 설행과 관련한 역사적·사상사적 연구들이 있다.[12] 주로

---

11 宋賢珠, 『現代 韓國佛教 禮佛의 性格에 관한 研究』(서울대학교 박사학위논문,
　　1999), pp.3~4; 이 같은 견해는 여전하다고 할 수 있는데, 필자는 천수경 성립에
　　관해 『천수경, 의궤로 읽다』라는 의례에 관한 저서를 출간하고 불교계 유력
　　평론지에 '서평이 실렸으면 하는 바람'이 있었는데, 의례는 교학이나 사상이
　　아니라는 주관자들의 견해로 인해 뜻을 이루지 못한 경험을 가지고 있다.

12 尹武炳, 「國行水陸齋에 대하여」, 『白性郁博士 頌壽紀念 佛教學論文集』, 1959;
　　安啓賢, 「燃燈會攷」, 『白性郁博士 頌壽紀念 佛教學論文集』, 1959; 徐潤吉, 「高麗
　　의 護國法會와 道場」, 『佛教學報』 14, 1977; 徐潤吉, 「高麗의 密教信仰의 展開와
　　그 特性」, 『佛教學報』 19, 1982; Jongmyung Kim, "Buddhist Rit uals in Medieval
　　Korea (918~1392)", Ph.D. Dissertation, L.A: Univ. of California(1994); 김종명,
　　『한국 중세의 불교의례: 사상적 배경과 역사적 의미』, 문학과지성사, 2001; 金炯佑,
　　『高麗時代 國家的 佛教行事에 대한 研究』, 동국대 박사논문, 1992; 金炯佑, 「高麗
　　前期 國家的 佛教行事의 展開樣相」, 『伽山 李智冠 스님 華甲紀念論叢 韓國佛教文
　　化思想史』上; 具滋盛, 『新羅의 國家的 佛教儀禮에 對한 考察』, 공주사범대 석사논
　　문, 1987; 김기대, 『高麗八關會에 대한 研究』, 서강대 석사논문, 1989; 李英華,
　　『朝鮮初期 佛教儀禮의 性格』, 한국정신문화원 석사논문, 1992; 安智源, 『高麗時代

역사학이나 불교학 전공자들에 의해 진행되었다.

내적 탐구로는 의례 자체 연구라고 할 수 있는데, 의례에 수반되는 음악이나 무용에 대한 연구와 의례 자체에 관한 본격적인 연구로 나눌 수 있다. 의례에 수반되는 대표적인 연구 예로는 영산재, 수륙재, 예수재 등과 같은 불교 전문의례에서 설행되는 범패와 무용작법 등 불교문화에 관련된 연구가 있고,[13] 이 연구들은 음악과 무용 역사 등을 전공한 연구자들에 의해 진행되었다.

의례 자체에 관한 연구 분야는 다양하다. 의례에 소재한 진언의 연구,[14] 염불,[15] 선종의 청규와 의식에 관련된 연구,[16] 장법葬法에 관한

國家 佛教儀禮 硏究』, 서울대 박사논문, 1999.

13 韓萬英, 「梵唄 홋소리의 旋律形態－喝香/合掌偈/開啓를 중심으로」, 『佛教學報』 5, 1967; 韓萬英, 『韓國佛教音樂研究』, 서울대학교 출판부, 1980; 李東鳴, 「靈山會 上曲」, 『韓國佛教學』 1, 1975; 法顯, 『靈山齋 硏究』, 운주사, 1997; 黃晟起, 「韓國佛教 梵唄의 硏究」, 『韓國佛教學』2, 1976; 兪玉在, 불교의식무용에 관한 연구－바라춤을 중심으로」, 강원대학교, 『인문학연구』 17, 1983; 김현숙, 『불교 영향을 받은 한국무용의 흐름』, 삼신각, 1991; 洪潤植, 『佛教儀式具』, 대원사, 1996; 洪潤植, 「儀式音樂으로서의 梵唄」, 『佛教學報』 7, 1970; 洪潤植, 「佛典上으로 본 佛教音樂」, 『佛教學報』 9, 1972; 윤소희, 「한·중 불교음악의 사적 관계에 대한 연구」, 『韓國音樂史學報』38, 2007; 윤소희, 「티벳 참무를 통해 본 처용무와 영산재」, 『韓國音樂研究』 46, 2009; 윤소희, 「불교음악의 기원과 전개」, 『韓國音樂史學報』 44, 2010; 손인애, 「경제홋소리 〈普供養眞言〉과 〈普回向眞言〉의 음악사적 연구」, 『韓國音樂史學報』 46, 2011; 박지연, 『仁川水陸齋의 바라춤 연구』, 동덕여대 석사논문, 2011.

14 金武生, 『眞言修行의 目的에 대한 硏究－密教의 三密修行을 中心으로』, 동국대 석사논문, 1980; 金有光, 「秘密陀羅尼의 現代的 理解－朝夕誦呪를 中心하여」, 『한국불교학』 5, 1980; 鄭泰爀, 「千手觀音陀羅尼의 硏究」, 『佛教學報』 11, 1974;

연구,[17] 예불·예참에 관한 연구,[18] 시식과 변공에 관한 연구,[19] 의례의

鄭泰爀, 「楞嚴呪解義」, 『佛敎學報』 20, 1983; 正覺, 『千手經硏究』, 운주사, 1996; 正覺, 『千手陀羅尼에 대한 印度神話學的 一考察』, 『미래불교의 향방(미천 목정배 박사 화갑기념논총)』, 도서출편 장경각, 1997; 임근동, 『신묘장구다라니강해』, 솔바람, 2002; 전수태, 『능엄경해의』, 운주사, 2007.

15 韓泰植, 「念佛의 實踐方法에 關한 硏究」, 『한국불교학』 11, 1986; 韓普光, 「新羅, 高麗代의 万日念佛結社」, 『佛敎學報』 31, 1994; 韓普光, 「朝鮮時代의 万日念佛結社」, 『佛敎學報』 32, 1995; 李太元, 『念佛의 源流와 展開史』, 운주사, 1998/2003.

16 吳亨根, 「韓國禪院의 淸規와 儀式」, 불교문화연구원, 『韓國禪思想硏究』, 동국대출판부, 1984; 崔昌植(法慧), 『高麗時代의 禪宗淸規에 대한 硏究』, 동국대석사논문, 1974; 許正洙(世正), 『勅修百丈淸規에 관한 硏究』, 동국대 석사논문, 1996; 梁銀容, 「韓國僧伽の鉢盂供養作法について」, 『韓國佛敎學 Seminar』 1, 東京: 新羅佛敎硏究會, 1985; 李智冠, 「看堂作法에 대한 考察」, 『佛敎學報』 19, 1982.

17 鄭吉子, 「韓國佛僧의 傳統葬法硏究」, 『崇實史學』 4, 1986; 金永晃(禪晃), 「韓國にをける 葬送習俗の一考察」, 『韓國佛敎學 Seminar』 4, 東京: 新羅佛敎硏究會, 1990; 金昌淑(曉呑), 「禪苑淸規와 勅修百丈淸規의 「亡僧」條에 관한 考察」, 『韓國佛敎學』 21, 韓國佛敎學會, 1996; 심상현, 『韓國佛敎儀式各論－다비작법』 Ⅶ·Ⅷ, 한국불교출판부, 2002; 문정각, 「상장례에 나타난 往生彌陀淨土 行法」, 『淨土學硏究』 6, 2003.

18 正覺, 『예불이란 무엇인가』, 운주사, 1993/2004; 宋賢珠, 『現代 韓國佛敎 禮佛의 性格에 관한 硏究』, 서울대 박사학위논문, 1999; 이태원, 「淨土諸士의 禮懺에 대한 小考」, 『淨土學硏究』 6, 2003; 한보광, 「淨土禮佛文에 관한 연구」, 『淨土學硏究』 6, 2003; 전해주, 「韓國佛敎 儀式文에 보이는 華嚴信仰과 思想－대웅전 예경문을 중심으로」, 『종교연구』 16, 1998; 신규탁, 「조계종 현행 예불문 고찰」, 『동아시아불교의례문화연구소 출범 및 기념세미나』, 2011(『淨土學硏究』 16, 2011, 수록); 이성운, 「상주예경과 소청예불」, 『동아시아불교의례문화연구소 출범 및 기념세미나』, 2011(『淨土學硏究』 16, 2011, 수록).

19 이성운, 「한국불교 시식의문의 성립과 특성」, 『불교학보』 57, 동국대 불교문화연구원, 2011; 이성운, 「한국불교 공양의식 일고－변공의궤의 형성과 수용」, 『한국불교

의미와 구조 연구,[20] 무상계[21]·영산재[22]·수륙재 연구[23]와 같은 단일 의례 연구 등이 주로 불교학 전공자들에 의해 진행되었다.

연구의 특징을 개괄하면, 불교의례를 지나치게 토착종교와의 관점에서 바라보려고 하는 점은[24] 한국불교 의례가 국내에서 새롭게 성립된

학』 57, 한국불교학회, 2010.

20 이성운, 「표준법요집과 의궤구조」, 『불교와 사회』 5집, 대한불교조계종 포교원, 2009.

21 태경, 「『釋門家禮抄』 茶毘作法節次에 나타난 無常戒에 대한 小考」, 한국불교문화학회 발표논문, 2009; 월운, 『무상계 강화』, 佛泉, 2011.

22 심상현, 『영산재』, 문화재관리국, 2003; 심상현, 『靈山齋 成立과 作法儀禮에 관한 硏究』, 위덕대학교 박사학위논문, 2011.

23 양지윤, 『朝鮮後期 水陸齋 硏究』, 동국대 석사논문, 2002; 강호선, 「宋, 元代 水陸齋의 성립과 변천」, 『歷史學報』 206, 2010; 심효섭, 「사헌史軒 임영정林英正 교수 정년 기념논총, 조선전기 수륙재水陸齋의 설행設行과 의례」, 『동국사학』 40, 2004; 한상길, 「조선전기 수륙재 설행의 사회적 의미」, 『한국선학』 23, 2009; 윤소희, 「수륙재 원형에 대한 고찰−대만 포광산 수륙법회를 통하여−」, 『영산재』, 2008; 고상현, 「고려시대 수륙재 연구」, 『선문화연구』 제10집, 2011; 이성운, 「현행 수륙재의 몇 가지 문제」, 『정토학연구』제18집, 한국정토학회, 2012.12; 이성운, 「현행 한국수륙재에 대한 검토」, 『한국선학』제36호, 한국선회, 2013.12.

24 이 같은 관점을 피력하고 있는 홍윤식은 한국불교 의례 연구에 많은 성과를 남기고 있다: 洪潤植, 「佛教儀式에 나타난 諸神의 性格: 神衆作法을 中心으로」, 『한국민속학』 1, 한국민속학회, 1969; 洪潤植, 「儀禮面으로 본 불교의 現代化」, 『한국종교』 2, 1975; 洪潤植, 「韓國佛教儀禮의 密教信仰的 構造: 日本佛教儀禮와의 比較를 中心으로」, 『佛教學報』 12, 1975; 洪潤植, 「韓國佛教儀式에 나타난 淨土信仰」, 『불교학보』 13, 1976; 洪潤植, 『韓國佛教儀禮の研究』, 東京: 隆文館, 1976; 洪潤植, 『佛教와 民俗』(현대불교신서33), 동국대 역경원, 1980; 洪潤植, 「三國時代의 佛教信仰儀禮」, 『崇山 朴吉眞博士 華甲紀念 韓國佛教思想史』, 1975(『韓國密教學論文集』 재수록, 1986, 이하 재수록은 불명기); 洪潤植, 「統一新

것이 아니라 중국으로부터 전래되어 온 것이라는 점과 배치된다. 또 한국불교의 신앙형태를 정토신앙, 밀교신앙, 신중신앙, 인로왕보살신 앙으로 파악하게[25] 되면 각 불교의례에 담겨 있는 고유한 사상을 드러내기 어렵지만, 이 같은 연구들은 국가적 규모의 의례행사나 천도재 중심의 전문의식들에 치우쳐 있으므로 지나친 일반화[26]라고 보지는 않는다. 오히려 내부 구조, 의미, 역할에 대한 깊이 있는 통찰이 아쉽다고 할 수 있다. 이 같은 연구의 한계는 의례를 바라보는 입지가 다른 데 있다고 할 수 있다. 불교의례는 과거의 화석이 아니라 현재에도 실행되고 있어, 살아 있는 수행과 전법의 현장이며, 또 그것에 대한 이해와 방법까지도 면면히 이어지고 있다. 그러므로 의례와 의미와 내용에 대한 명확한 이해 없이 잘못 설명하면 오해와 분란을 일으키게 된다.

羅의 信仰儀禮」,『崇山 朴吉眞博士 華甲紀念 韓國佛敎思想史』, 1975; 洪潤植, 「高麗佛敎의 信仰儀禮」,『崇山 朴吉眞博士 華甲紀念 韓國佛敎思想史』, 1975; 洪潤植,「李朝佛敎의 信仰儀禮」,『崇山 朴吉眞博士 華甲紀念 韓國佛敎思想史』, 1975; 洪潤植,「三國遺事와 佛敎儀禮」,『佛敎學報』16, 1989; 洪潤植,「近代韓國佛敎의 信仰儀禮와 民衆佛敎」,『崇山 朴吉眞博士 古稀紀念 韓國近代宗敎思想史』, 1984; 洪潤植,『靈山齋』, 대원사, 1991; 洪潤植,『한국불교의 밀교적 특색』, 도서출판 만다라, 1995; 洪潤植,『韓國佛敎史의 硏究』, 敎文社, 1988.

25 洪潤植,『韓國佛敎儀禮の硏究』(東京: 隆文館, 1976), pp.279~456.

26 宋賢珠는『現代 韓國佛敎 禮佛의 性格에 관한 硏究』(서울대 박사학위논문, 1999, p. 8)에서 이렇게 지적하고 있지만 이는 불교의례를 자행의례와 대타의례로 보기 때문이라고 할 수 있다. 자행의례는 의례의 속성상 의례성이 약하다. 그러므로 대타의례를 중점적으로 분석하였다고 해서 한국불교의 전면모를 볼 수 없다고 한 것은 지나치다고 하겠다.

『일용의식수문기日用儀式隨聞記』(1991)는 46배판 83쪽에 불과하지만 한국불교 의례의 내부 구조에 대한 연구의 남상이라고 할 수 있다. 기초의식과 상용의식의 구조를 분과하고 의미와 행법을 소개하며, 불공과 시식 등의 의례를 서분·정종분·유통분으로 분과하고 있다.[27] 이는 의례의 일반적인 구조인 소청·공양·봉송의 3단이나[28] '소청·헌좌·권공·풍송·표백'의[29] 5분과와 차이가 있지만 의례체계 연구에 초석을 놓았다.

『불교의식각론佛敎儀式各論』I~IX[30]은 종래의 의문 해석에서 벗어나 의례 각 구절의 출전과 의미를 밝혀 한국불교 의례의 전모를 확인하는 데 기여하였으며, 『영산재 성립과 작법의례에 관한 연구』[31]는 의례의 의미와 체계분석에 한 획을 그었다고 할 수 있다. 이 논문은 본서와 일정 부분 유사하지만, 현행되는 영산재 의문이 '기본적으로 정본'이라는 입장에서 연구가 진행되어, 의문의 변용變容과 인식 등 의례체계에

---

27 月雲, 『日用儀式隨聞記』(중앙승가대학교 출판부, 1991), pp.60~61.

28 印光 謹撰, 『水陸儀軌會本』, 台北: 宏願出版社, 中華民國 94年. 이 의궤는 37편, 54편으로 단순 분류하는 한국불교 의례의 수륙재의와 달리 奉請, 奉供, 送聖의 구조로 분과되고 있다고 할 수 있다.

29 玄敏 寫, 『請文』, 1529, 동국대 도서관 고서번호 218.7저71ㅊ. 이 문서에는 쪽수가 표시되어 있지 않으나 41쪽에 召請 이후 '獻座, 勸供, 諷經, 表白'이라는 표시가 보이고 있다. 이는 공양의례의 차서를 분류하고 항목명칭을 부여하는 데 의미가 있다고 할 수 있다.

30 심상현의 의해 저작된 이 시리즈는 한국불교 출판부에서 7년(2000~2006)에 걸쳐 출판되었다.

31 沈祥鉉, 『靈山齋 成立과 作法儀禮에 관한 研究』, 위덕대학교 대학원 박사학위논문, 2011.

대한 연구로 진행되는 본서와 입장을 달리하고 있다. 또 '불교 제의례의 설행절차와 방법'을 중심으로 하는 『한국의 불교의례─상용의례를 중심으로』[32]는 한국불교 의례를 포괄적으로 분석하고 있지만 체계에 관한 연구는 다뤄지지 않고 있다.

개략적인 불교의례 연구사를 보면, 의례에 대한 연구는 1970년대부터 그 성과물이 나타나고 있지만 의례체계 등 의례 자체 연구는 1990년 대에 이르러 본격적으로 시작되었다고 할 수 있다. 하여 아직까지 한국불교 의례에 대한 연구는 초보적 단계를 완전히 벗어났다고 말하기는 어렵다. 그 결과 일천한 연구와 의례 자료의 한계로 한국불교 의례 연구에는 적잖은 어려움이 있다고 하겠다. '관력이 없이 종일토록 염불하여도 단지 몸만 힘들 뿐이다'[33]고 한 백파 긍선의 갈파는 의례 연구에도 그대로 적용될 수 있다. 깊은 사색을 통해 의례를 생성한 연유와 역사적 전개과정을 바르게 인식하게 되면 한국불교 의례에 대한 연구는 더욱 깊이 있게 진행될 것이다.

---

32 문정각, 『한국의 불교의례: 常用儀禮를 중심으로』, 운주사, 2001.

33 "若無觀力, 雖終日誦之, 徒勞心力耳." 亘璇 集, 『作法龜鑑』, 『韓國佛教全書』(이하 『한불전』) 10, 동국대학교출판부, 1993, p.563下. 이는 의례의 의미와 함께 의례를 봉행하는 이들의 능력을 설명해 주고 있다고 할 수 있다. 한 예로 지난 2011년 9월 7일 대한불교 조계종 포교원 주최 제45차 '포교종책연찬회'에서 임종의례를 재가법사들이 봉행할 때 사용할 수 있는 佛具의 범위에 대한 질문 때 답변에 나선 불교문화재연구소장이자 청매불교의례문연구소장 미등 스님은 "재가법사들이 요령으로 행하는 심법을 통했다고 말할 수 있는지를 생각해 보아야 한다"고 답하고 있다. 이 점은 불교의례를 행하는 것은 단순히 의식문을 문자적으로 이해하는 데 그쳐서는 불가능하다는 교계 스님들의 일반적인 인식이라고 할 수 있을 것이다.

본서에서 지칭하는 '한국불교의 상용의례'는 한국불교에서 행해졌다고
보이거나 현재 불교 일반에 널리 수용되어 행해지고 있는 현행 의례를
지칭한다. 그렇지만 의례들은 역사적으로 변천돼 왔으므로 현행 의례
만을 고찰의 대상으로 한정하기 어렵다. 그래서 본서에서는 『한글통일
법요집』(이하『한글』)①·②[34]에 소재한 한문 원문을[35] '현행 의례'의
기준으로 하고, '『진언권공』·『작법절차』·『삼단시식문』'[36]을 시작으로
『한의총』에 소재한 근대 이전 자료와, 『석문의범』(1935, 이하『석문』),[37]
『불교의범』(1976),[38] 『신편증주新編增註 석문의범』(1982, 이하『신석
문』),[39] '사찰법요집',[40] 『통일법요집』(1998〔2003〕, 이하『통일』)[41] 등 근

---

34 대한불교조계종 포교원, 『한글통일법요집』① 천도·다비의식집, 조계종출판사,
  2005; 대한불교조계종 포교원, 『한글통일법요집』② 상용의식집, 조계종출판사,
  2006.
35 『한글』①·②는 원칙적으로 한글 해석이 중심이지만 편의상 본서에서 '한문 원문'을
  그 기준으로 삼은 것은, 『한글』①·②의 한글 해석은 해석상 차이로 인해 준거로
  삼기가 어렵기 때문이다.
36 1496년 仁粹大妃의 명으로 학조에 의해 편찬된 이 세 편의 의문은 『진언권공』에
  합편되었지만 그 격이 독립적인 의문이라고 볼 수 있다. 훈민정음, 한문, 해석으로
  구성되었다. 『한의총』 1, pp.437~497.
37 안진호에 의해 1935년 만상회에서 발행되었으며, 현재까지도 보급·활용되고
  있다.
38 1970년대 이후 한국불교 공양과 시식의례를 모은 총서라고 할 수 있는 이 책은
  1976년 불교서적 전문출판사 보련각 대표 이봉수에 의해 초판이 출간되었으며,
  『통일법요집』(1998) 발간에 적지 않은 영향을 미쳤다고 할 수 있다.
39 『석문의범』에 편을 늘리고 간단한 주를 가한 이 책은 1982년 한정섭에 의해
  법륜사에서 출판되었다.
40 불광법회요전, 삼화행도집, 통일법요집, 일상의식집, 법요집 등을 필요에 따라

대 이후 현대의 주요 의례서와 『(필사본)범음집』(1923, 이하 『사寫범음집』)[42]과 같은 필사자료 등을 연구대상으로 삼고자 한다.

한국불교의 의례는 국내에서 독립적으로 생성된 것보다 중국으로부터 전해진 것이 더 많다고 할 수 있다. 그러므로 같은 유형의 중국불교 의궤 자료, 의궤, 의례의 단초를 담고 있는 경전 등은 의례의 원형을 복원해 한국불교의 의례체계를 밝히는 데 유용한 자료이므로 이를 참고할 것이다.

결국 한국불교의 상용의례의 연구를 위해서 조선시대에서부터 현재까지 한국불교에서 시행되었거나 시행되고 있는 의례문과 한국불교 의례의 근원의례라고 할 수 있는 중국의 의례와 의례의 근원 경전과 의궤들을 대상으로 폭넓게 고찰해야 한국불교 의례와 구조와 체계를 바로 알 수 있을 것이다.

서양의 의례에 관한 연구자들 중 가장 대표적인 위치를 차지한다고 할 수 있는[43] 그림즈는 '가장 바람직한 의례 연구 방법은 방법·이론·기술

인용할 것임.

41 대한불교조계종 포교원, 『통일법요집』, 조계종출판사, 1998〔2003〕. 현재까지 2판이 보급되고 있는데 초판과 재판은 천도재 등 여러 곳에 차이가 보이며, 본서는 2003년판을 주로 인용한다.

42 이 『사寫범음집』(1923)은 충남 공주 원효사 주지 해월 스님 소장본으로 표지에 '修繕人 洪惠守, 丹主 朴日圓, 구룡사, 佛紀 2950년 음력 10월 12일'이라는 필사 정보가 나타나 있다. 본서에서 많이 참고로 하고 있는데, 『석문의범』(1935)보다 10여 년 이른 시기에 필사되었지만 적지 않은 곳에서 古의례의 원형을 유추할 수 있는 정보를 제공해 주고 있다.

43 Catherine Bell, *Ritual Theory Ritual Practice*(Oxford University Press, 1992), p.56, note 13.

·믿음·신념·경전 등을 먼저 고려하기보다 의례의 형태 검토부터 시작하는 것이다'[44]라고 하면서, '(1)의례 연구는 해석학적 방법에 의하여, (2)동작, 연기자, 장면, 관중, 역할, 대본, 플롯 등과 같은 다양한 극적 요소들을 체계적으로, (3)의례의 의미 파악에 주의를 기울여, (4)의례 개최 장소, 의례 개최 목적, 의례 개최 시간, 의례에 사용되는 소리[음악]와 언어, 의례의 정체성 등도 고려해야 한다'[45]고 하는 새로운 방법을 제시하고 있다.

위에서 제시한 의례 연구방법은 의례체계 연구에서 필수적인 요소라고 할 수 있지만 본서에서는 일차 대상 의례 의문의 근원적 의미, 의문의 통시적 전승, 의문의 분과, 의례 수용자들의 인식 등을 통하여 의례의 체계를 파악하고자 한다. 각 장에서 다루게 되는 구체적인 내용은 다음과 같다.

II장에서는 한국불교의 상용의례를 확정하기 위해 현대 이전과 이후의 한국불교의 주요 의례 자료 목록을 통해 한국불교의 의례와 그에 대한 분류유형을 고찰하겠다. 목록과 분류유형 등을 통해 한국불교의 주요 상용의례로 시식과 공양의례를 파악한 다음, 전형적인 시식·공양의례로는 관음시식과 삼보통청으로 확정하고, 그 구조를 간략히 개괄할 것이다.

III장에서는 현행 한국불교의 대표적인 시식의례인 관음시식을 중심

---

44 Ronald L. Grimes, *Beginnings in Ritual Studies*(Oxford University Press, 1992), p.29.

45 김종명, 『한국중세의 불교의례: 사상적 배경과 역사적 의미』(문학과지성사, 2001), p.47에서 재인용.

으로 시식의례의 형성과정, 『한의총』의 제 의례와 수륙재문을 비교 분석하며, 또 시식의 원초의궤라고 할 수 있는 '면연다라니경'이나 '염구다라니경' 등에 나타나고 있는 구문의 의미와 공능, 현대 시식의문 으로 형성되기까지의 추이와 의례 해설이나 번역서들에 보이는 인식 등을 파악하여, 한국불교 시식의례의 체계를 밝혀보겠다.

Ⅳ장에서는 한국불교의 대표적인 공양의례라고 할 수 있는 삼보통 청, 진언권공, 사시마지, 상주권공, 영산재 가운데 삼보통청을 중심으 로 공양의례의 구조 및 의미, 단계별 세부의식의 형성 추이와 제 번역에 서 나타나는 한국불교 수용자들의 인식 등을 분석하여 공양의례의 체계를 밝혀보겠다.

Ⅴ장은 Ⅲ·Ⅳ장의 시식과 공양의례를 여법하게 봉행하기 위한 의례 의 정비, 일상의 정근, 수행의 성취 등에 대해 논하되 '예경'과 '송주'의례 의 형성 추이와 그것에 대한 인식, 구조와 의미 등을 고찰하여 그 체계를 밝힐 것이다.

이러한 연구 결과, 한국불교의 상용의례의 구조와 의미, 그리고 의례 수용자들의 인식 등을 통해 한국불교의 상용의례가 어떤 체계에 의해서 행해졌으며, 어떻게 행해지고 있는지를 이해할 수 있을 것이다. 또 의례에 대한 의미 있는 지식과 정보를 불교 일반의 의례 수행자들에 게 제공할 수 있을 것이며, 바람직한 의례를 새롭게 정립하는 데 단초를 제시할 수 있을 것이다. 여기서 한 걸음 더 나아가 본서가 여법한 의례를 봉행하기 위해 더 한층 수행에 정진해야 한다는 발심의 계기도 줄 수 있을 것이라고 생각한다.

II. 한국불교의 의례

주로 중국으로부터 불교를 받아들인 한국불교는 중국불교의 의례제도에 직·간접적으로 영향을 받았다고 할 수 있다. 『중국불교中國佛教』 제2집 「중국불교의궤제도中國佛教儀軌制度」에는 '1. 총림叢林, 2. 전당殿堂, 3 전계傳戒, 4. 도첩度牒, 5. 청규淸規, 6. 과송課誦, 7. 국사國師, 8. 속강俗講, 9. 욕불浴佛, 10. 행상行像, 11. 찬패讚唄, 12. 수륙법회水陸法會, 13. 참법懺法, 14. 우란분회盂蘭盆會, 15. 염구焰口'[1] 등 방대한 중국불교의례의 모습이 설명되고 있다. 특히 국사, 수륙법회 등은 인도불교의 무차법회가 중국적인 시식의식으로 발달된 형태인데, 국사는 중국을 비롯한 동아시아불교의 한 모습이라고 할 수 있다. '의궤'라는 명칭에서 볼 수 있듯이 의례는 곧 수행을 의미한다. 의궤대로 따라

---

1 中國佛教協會編, 「中國佛教儀軌制度」, 『中國佛教』 2, 知識出版社, 1982〔1989〕.

행하면 목적지에 이르는 규범이 되는 길이라는 인식이 의례에 담겨
있다고 하겠다.

「중국불교의궤제도」는 중국불교의 의례 역사라고 할 수 있으므로
현재 중국불교에서 설행되는 의례라고 하기는 어렵다. 하지만『수륙재
의궤회본水陸齋儀軌會本』[2]에서 수륙재를,『유가염구瑜伽燄口』[3]에서는
시식의식을,『불문필비과송본佛門必備課誦本』[4]이나『조만과송본早晚
課誦本』[5] 등에서는 조석 송주의식을 확인할 수 있다.

한국은 중국을 통해 불교와 의례를 받아들였지만 중국불교의례를
그대로 받아들이지 않고 한국의 실정에 맞도록 변용하여 설행하였다.
그러므로 중국불교의례들은 한국불교 의례를 연구하는 데 참고할 수
있는 유용한 자료들이라고 하겠다.

이하에서는 한국불교 의례의 종류와 분류 유형, 구조 체계 등을
간략히 살펴보고자 한다. 먼저 한국불교의 의례를 담고 있는 의례
서적의 자료 목록을 현대 이전과 이후로 나누어 제시할 것이다. 이어
한국불교 의례의 분류 유형을 살펴보고, 끝으로 한국불교의 대표적인
상용의례인 관음시식과 삼보통청의 구조와 그 체계들을 개괄할 것이
다. 관음시식과 삼보통청의 의례구조와 체계에 대한 개괄은 본서의
본론인 시식施食·공양供養 의례의 서론적 의미를 담고 있다고 할 수
있다.

2 印光 撰,『水陸儀軌會本』, 宏願出版社, 中華民國 94年.
3 佛光山寺,『瑜伽燄口』, 裕隆佛敎文物社, 中華民國 94年.
4 陳文富 編輯,『佛門必備課誦本』, 瑞成書局, 中華民國 95年.
5 承天禪寺,『早晚課誦本』, 菩恩印刷企業有限公司, 中華民國 94年.

1. 자료 목록

한국불교의 의례를 확인할 수 있는 자료로는 단일 의례를 담고 있는 의례서와 여러 의례를 모은 총서들이 있는데, 전자에는 영산재 의식을 담고 있는 공양문[6]이나 수륙재문을 담고 있는 지반문,[7] 중례문,[8] 결수문[9] 등이 있고, 후자에는 제반의례를 담고 있는 '청문', '제반문', '범음집', '작법', '의범', '법요집'이라는 명칭을 달고 있는 의례 서적이 있는데,[10] 『작법귀감』(1826), 『석문』(1935), 현대 한국불교의 의례를 담고 있는 『통일』(2003), 『한글』①·② 등이 이에 해당된다. 조선시대의 불교의례를 집성한 『한의총』은 후자의 총서라고 할 수 있다. 여기에 각 문파門派나 사자상승된 필사 자료에서도 한국불교의 의례를 확인할 수 있다.

---

6 『靈山大會作法節次』(『한의총』 2, pp.127~153); 善山 桃李寺 刊, 『供養文-靈山大會作法節次』(1764); 학조 편, 『작법절차』(1496, 『한의총』 1 소재). '공양문'은 영산재 의문의 원형들이라고 할 수 있다.

7 志磐 撰, 『法界聖凡水陸勝會修齋儀軌』(俗離山 空林寺 開板, 1573, 『한의총』 1, pp.575~620. 시주 연기로 볼 때 초간은 1470년이라고 할 수 있다.) 이 의문은 '지반문'으로 불리므로 '지반문'이라고 하지만, 본서에서는 같은 이름의 X. 소재 중국 의문은 『法界聖凡水陸勝會修齋儀軌』 그대로 부르고자 한다.

8 竹庵 編, 『天地冥陽水陸齋儀纂』(雪嶽山 神興寺 刊行, 1661, 『한의총』 2, pp.217~250). 이 의문은 '지반문'이나 '결수문'과 비교하면 중간 정도의 '예경문'이라고 하여 '중례문'이라고 불린다고 보이며 '찬요'라고도 한다.

9 『水陸無遮平等齋儀撮要』(月嶽山 德周寺 刊行, 1573, 『한의총』 1, pp.623~649). 이 의문에는 수인을 맺는 법이 있다고 하여 '결수문' 또는 '촬요'라고 하는데, 이전의 대광사(1514)나 이후의 갑사판(1622)이 대동소이하며 가장 짧은 수륙재문이라고 할 수 있다.

10 이 의문들은 등장하게 될 때마다 소개하고자 한다.

한국불교의 의례를 담고 있는 총서의 의례 자료 목록을 현대 이전과 이후로[11] 나누어 살펴보자.

1) 현대 이전

현대 이전의 대표적인 한국불교의 의례 자료로는 『범음산보집』(중흥사, 1723), 『작법귀감』(1826), 『일용작법』(1869)[12] 등의 조선시대 자료와 『사寫범음집』, 『석문의범』 등 근대 자료들이 있다. 여기서는 『작법귀감』과 『석문』을 보기로 한다.

① 『작법귀감』

1826년 백파 긍선(1767~1852)에 의해 편집된 이 책은 1827년 전라도 장성부 백양산 운문암에서 개간되었다. 상·하 두 권과 부록으로 이루어져 있다. 백파 스님은 '작법을 잘못하여 부처님을 공양하는 경사스러운

---

11 여기서 말하는 '현대'는 '1945년 이후 1954년 불교정화'(정화를 주도한 이들의 명명, 그 상대에서는 이를 法難이라고 하며, 객관적 입장에서는 '불교분규'라고 부르기도 한다.) '시기'를 기점으로 그 이전과 이후로 나누고 지칭하기로 한다.

12 秋淡井幸, 『일용작법』(해인사 도솔암, 1869, 『한의총』 3, pp.1521~567). 이 책은 『日用儀式隨聞記』(金月雲 編, 中央僧伽大學出判局, 1991)의 '승가일용작법', '불가일용작법'이라는 명명과 묵언작법의 소제목에서 '승가일용식시묵언작법'의 영향으로 '승가/불가'라는 관형어를 달고 있지만 서명에 굳이 승가나 불가라는 한정사를 달 필요가 없다고 보인다. 이전의 '작법귀감', '제반문', '운수단가사' 등의 명명을 볼 때 승가니, 불가니 하는 것은 유사한 종교집단과 차별화해야 할 필요에 의해 달게 되었으므로 더욱 그렇다. '기독성경'이라 하지 않고 '성경'이라고 하니 우리가 알아서 '불교성전'이라는 명명을 택한 것과 맥락을 같이한다고 할 수 있다. 그러므로 그냥 『日用作法』이라고 불러줘야 할 것으로 본다.

일이 도리어 부처님의 가르침을 비방하는 허물이 되는 것'을 경계하며, 의례는 3단壇이 갖추어지고 6도(度: 바라밀)가 포함돼야 한다는 것들을 서문에서 밝히고 있다.[13] 사성 표시와 대구 등이 정연하게 표시〔인자〕되어 있으며, 의례에 대한 의미와 체계, 수행으로서의 의례를 잘 밝히고 있으므로 한국불교의 의례체계를 고구考究하는 데 의미 있는 자료이다.

〈표 II-1〉 『작법귀감』 소재 의례 목록[14]

卷上
　三寶通請 (觀音請 地藏請) 神衆略禮 山神請 對靈正儀 (常用施食儀 通用
　進奠式 宗師靈飯) (神衆大禮 神衆朝暮作法 神衆位目) 彌陁請 獨聖請
　聖主請 竈王請 比丘十戒 沙彌十戒 居士五戒 尼八敬戒
卷下
　焚修作法 祝上作法 袈裟移運 袈裟點眼 袈裟通門佛 佛像時唱佛 略禮王供
　文 下壇灌浴規 十王幡式
　三壇合送規 羅漢大禮 七星請 茶毘作法 救病施食儀 巡堂式 十王各請
附錄
　看堂論

상단권공의 공양법에 '삼보통청'이라는 명칭이 부여되어 있다. 이전의 '진언권공', '작법절차', '운수단가사' 등에는 '공양문'이라는 명칭이 통용되었다고 보이는데, 19세기 이후에는 상단공양이 삼보통청으로 불리게 되었다는 것을 알 수 있다. 이어서 지장·관음청을 시설한 점이 한국불교 의례의 변천을 연구하는 데 귀중한 단초를 제공해 준다.

13　白坡 亘璇 集, 『作法龜鑑』(『한불전』 10), p.552中.
14　白坡 亘璇 集, 『作法龜鑑』(『한불전』 10), p.553中.

또 '대령정의正儀'에 이어 '상용시식의'와 '통용진전식'이 '종사영반' 앞에 시설되었다. 이는 '제례'와 '시식'에 대한 불교 일반의 인식을 드러내고 있다고 할 수 있다. 불특정 다수의 영위靈位에게는 시식을, 특정 조상 영위에게는 진전(進奠: 재수를 올림)을 하였음을 보여주는 것이라고 하겠다.

전반적으로 『작법귀감』의 목차는 설행 순서와 빈도 등 여러 의도로 편집되었다고 보이지만 전반적으로 후대 『석문』의 청請, 시施·공供, 송送 구조와 같은 모습이다. 그런데 『작법귀감』은 이전 시대의 의례 서적이라고 할 수 있는 『권공제반문』, 『범음산보집』 등의 차서와 구별해 보면 의미 있는 것을 발견할 수 있다. 『제반문』이나 『범음집』은 시왕각배나 수륙재라는 단일의례의 성격이 분명한 데 비해 이 책은 단일의례 서적이라고 말하기보다 독립된 의례 서적이라는 느낌이 강하다. 그럼에도 불구하고 삼보통청 다음의 관음·지장청의 순서가 말해주는 의도는 선명하다고 할 수 있다. 범음집의 수륙(영산)재의 차서를 놓고 볼 때 관음청의 관세음보살은 경계와 도량정화를 위해 청해지고, 지장청의 지장보살은 영가의 업식의 정화를 위해 청해지고 있다는 사실이다.

②『석문의범』

1935년 안진호(1880~1965)에 의해 편집된 이 책의 '종 격외염롱문終格外拈弄門'은 일반적인 의례라고 하기 어려우므로 '시 황엽보도문始黃葉普渡門' 소재 의례가 순수한 한국불교 의례라고 할 수 있다.

〈표II-2〉『석문』소재 의례 목록[15]

一. 禮敬篇

第一 大雄殿

　　가. 香水海禮　　나. 小禮懺禮　　다. 五分香禮
　　라. 七處九會禮　마. 四聖禮　　　바. 講院上講禮
　　사. 大禮懺禮　　아. 觀音禮文禮

第二 極樂殿　　　　第三 八相殿　　　　第四 藥師殿
第五 龍華殿　　　　第六 大藏殿　　　　第七 觀音殿
第八 羅漢殿　　　　第九 冥府殿　　　　第十 神衆壇
第十一 山王壇　　　第十二 竈王壇　　　第十三 七星壇
第十四 獨聖壇　　　第十五 現王壇

二. 祝願篇

第一 行禪祝願　　　第二 上壇祝願　　　第三 中壇祝願
第四 生祝式　　　　第五 亡祝式

三. 誦呪篇

第一 朝誦呪　　　　第二 夕誦呪
第三 般若心經　　　附 小心經

四. 齋供篇

第一 常住勸供　　　第二 靈山齋　　　　附: 食堂作法
第三 各拜齋　　　　第四 生前預修齋　　第五 水陸齋儀

五. 各疏篇

(第一 建會疏, 第二 開啓疏, 第三 大會疏, 第四 三寶疏, 第五 上壇疏,
第六 十王疏, 第七 使者疏, 第八 行牒疏, 第九 聖位疏, 第十 冥位疏,
第十一 緘合疏, 第十二 五路疏, 第十三 中位疏, 第十四 下位疏, 第十五
回向疏, 第十六 風伯雨師疏, 第十七 孤魂疏)

六. 各請篇

第一 諸佛通請　　　附 眞言勸供
第二 彌陀請　　　　附 火葬彌陀壇
第三 藥師請　　　　第四 彌勒請　　　　第五 觀音請
第六 地藏請　　　　第七 羅漢請　　　　附 羅漢各請

第四 名旌式	附 崩騰神	
十三. 諸般篇		
第一 朝禮鍾頌	第二 夕禮鍾頌	附 五更頌
第三 成道山林	附 海印及十度圖	附 同說明
第四 祝上作法	附 通謁	
第五 各種幡式 ~ 第十五 看堂論		
十四. 放生篇		
第一 放生儀軌	附 放生序	
第二 七種不殺	第三 七種放生	
十五. 持誦篇 (백팔다라니 등 8종의 다라니와 약찬게 실상장구, 십이존불 등)		
十六. 簡禮篇 (포교방식 등 8종의 법회의식)		
十七. 歌曲篇 (20곡의 찬불가와 9게송)		
十八. 神秘篇 (각종 呪文과 符書)		

『석문』의 '시 황엽보도문始 黃葉普渡門'은 18편으로 구성되었다. '18' 이라는 법수를 활용하여 편을 나눈 것은 '중생 제도의 방편 일체'를 표현하려는 의도로 읽힌다. 『석문』은 오랫동안 한국 불교의례의 전범典 範으로서 자리매김할 수 있었다고 할 수 있다.[16]

2) 현대 이후

현대 한국불교의 의례 자료로는『불교의범』(1976)이나『신석문』

---

15 安震湖 編, 『釋門儀範』(前卍商會, 1935), 上卷, pp.3~4; 下卷, pp.2~6. 상권의 목차에서 편목이라고 할 수 있는 '第一~第五'는 하권의 장목에서처럼 '六'이라고만 하는 것이 옳을 듯해 상권의 편목에 '第'자를 삭제한다.

16 한상길, 「한국 근대불교의 대중화와 석문의범」, 『동아시아 불교, 근대화의 만남』 (동국대학교출판부, 2008), p.138.

38

(1982), 그리고 최근의『통일』연서連書[17] 등 조사하기 어려울 만큼 많다고 할 수 있다. 하여 의례서는 아니지만 한국불교의 의례를 소개하며 가장 세밀하게 한국 전통불교의례를 분과하고 있는『한국의 불교의례』와『한글』①·②를 살펴보고자 한다.[18]

①『한국의 불교의례』

이 책에 실린 모든 의례들이 현대 한국불교의 의례라고 단언할 수는 없다. 하지만 적어도 한국불교에서 설행되었다고 할 수 있고, 현대 이전의 자료 목록에 보이지 않는 의례 자료까지 망라되어 있다. 의미가 있다고 보이므로 그 목록을 제시하고자 한다.

〈표 II-3〉『한국의 불교의례』소재 한국불교 전통의례[19]

常用儀禮

① 日常 信仰 儀禮

　㉠日常儀禮: 入厠儀禮, 削髮·洗濯儀禮, 着衣禮, 榜附儀禮, 運力, 夜警, 大衆公事 및 其他 儀禮

　㉡修練儀禮: 朝夕禮佛(禮敬: 上講禮佛 포함), 禪院禮佛, 托鉢儀禮, 供養儀禮 (小心經, 般若心經), 入禪儀禮(默言作法·看堂作法), 講說儀式(看經), 誦經儀式, 寫經儀式, 安居, 布薩과 自恣, 解制 등

---

17 대한불교조계종 포교원이 편찬한 '『통일법요집』(1998);『통일법요집』(2002〔2003〕;『한글통일법요집』①(2005);『한글통일법요집』②(2006)' 등을 지칭한다.

18 『한글』①·②는 같은 종단의『통일』(2003)의 한글판이라고 하지만 의문이 완전히 일치하지 않는다. 다시 말해 불과 7년(초판)~4년(재판)의 시차를 두고 발간되었지만 약간의 차이가 있으므로『한글』의 의문〔원문〕을 의례 추이의 기준본으로 잠정하고 있다.

19 문정각,『한국의 불교의례: 常用儀禮를 중심으로』(운주사, 2001), pp.40~41.

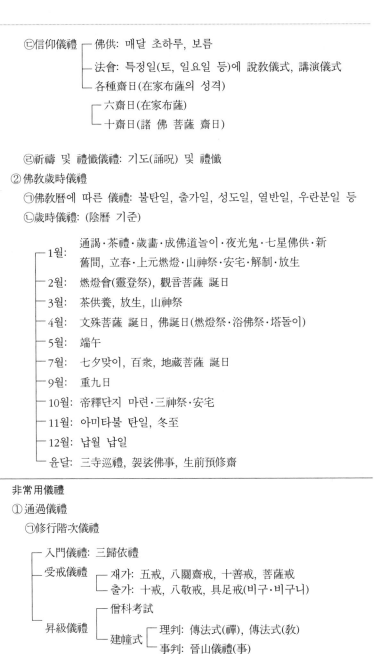

ⓒ信仰儀禮 ┬ 佛供: 매달 초하루, 보름
　　　　　├ 法會: 특정일(토, 일요일 등)에 說敎儀式, 講演儀式
　　　　　└ 各種齋日(在家布薩의 성격)
　　　　　　　┬ 六齋日(在家布薩)
　　　　　　　└ 十齋日(諸 佛 菩薩 齋日)

ⓔ祈禱 및 禮懺儀禮: 기도(誦呪) 및 禮懺
② 佛敎歲時儀禮
　㉠佛敎曆에 따른 儀禮: 불탄일, 출가일, 성도일, 열반일, 우란분일 등
　㉡歲時儀禮: (陰曆 기준)

┬ 1월: 通謁·茶禮·歲畫·成佛道놀이·夜光鬼·七星佛供·新
　　　　舊間, 立春·上元燃燈·山神祭·安宅·解制·放生
├ 2월: 燃燈會(靈登祭), 觀音菩薩 誕日
├ 3월: 茶供養, 放生, 山神祭
├ 4월: 文殊菩薩 誕日, 佛誕日(燃燈祭·浴佛祭·塔돌이)
├ 5월: 端午
├ 7월: 七夕맞이, 百衆, 地藏菩薩 誕日
├ 9월: 重九日
├ 10월: 帝釋단지 마련·三神祭·安宅
├ 11월: 아미타불 탄일, 冬至
├ 12월: 납월 납일
└ 윤달: 三寺巡禮, 袈裟佛事, 生前預修齋

非常用儀禮
① 通過儀禮
　㉠修行階次儀禮

┬ 入門儀禮: 三歸依禮
├ 受戒儀禮 ┬ 재가: 五戒, 八關齋戒, 十善戒, 菩薩戒
│　　　　　└ 출가: 十戒, 八敬戒, 具足戒(비구·비구니)
│　　　┬ 僧科考試
└ 昇級儀禮
　　　　└ 建幢式 ┬ 理判: 傳法式(禪), 傳法式(敎)
　　　　　　　　　└ 事判: 晉山儀禮(事)

ⓛ日常 通過儀禮: 華婚儀禮, 救病施食, 葬儀儀禮(逝多林), 茶毘儀禮
②死者儀禮: 반혼재, 四十九齋, 盂蘭盆齋, 水陸齋, 薦度齋, 靈山齋(食堂作法
　포함), 各拜齋, 常住勸公齋 등 各種 齋供
③消災儀禮: 천재지변·질병·兵亂 등에 대한 祈雨祭·祈晴·仁王道場… 등
④特別儀禮: 點眼儀禮(불·탑·가사), 移運儀禮(괘불·가사·사리·금은전·경
　함·설주·시주), 법당 낙성식 등
⑤其他 佛供儀禮: 身數佛供, 財數佛供 등

　불교의 일상을 의례로 이해하고, 상용과 비상용으로 나누고 있다. 행위의 진행에 따른 편목 설정이 강조되고 있는『석문』에 비해 이 구분은 목적이 두드러지게 나타난다. 방부의례, 건당식, 울력運力, 야경 등 소소한 행위와 승급의례 등 사원의 고유하고 소소한 일상의례까지 제시하여 한국불교의 전통의례를 확인하는 데 의미가 있다.

② 『한글통일법요집』①·②

대한불교조계종 포교원에서 한글의식을 보급하기 위해 간행한『한글』①에는 '천도·다비의식집'이라는 부제에서 볼 수 있듯이 제1편 천도의식, 제2편 다비의식, 제3편 임종염불의식이 편제돼 있고,『한글』②에는 상용의식집으로 제1편 일용의식, 제2편 상용의식, 제3편 각종 행사문이 편제돼 있다.

〈표 II-4〉 『한글』①·② 소재 의례 차례[20]

---

① 천도·다비의식집
　　제1편 천도의식
　　　　제1 재대령齋對靈　　　제2 관욕灌浴
　　　　제3 지장불공地藏佛供　제4 신중단 퇴공神衆壇 退供
　　　　제5 관음시식觀音施食　제6 상용영반시식常用靈飯施食
　　제2편 다비의식
　　　　제1 수계授戒　　　　　제2 염습殮襲
　　　　제3 성복제成服祭　　　제4 발인發靷
　　　　제5 영결永訣　　　　　제6 화장火葬
　　　　제7 매장埋葬　　　　　제8 평토제平土祭
　　　　제9 조문의식弔問儀式
　　제3편 임종염불의식 – 제시 생략

---

② 상용의식집
　　제1편 일용의식
　　　　제1 도량석道場釋
　　　　제2 종송鍾頌
　　　　　　1. 아침종송　　　　　2. 저녁종송
　　　　제3 상단예불
　　　　　　1. 상단예불上壇禮佛　2. 신중단神衆壇
　　　　　　3. 향수해례香水海禮　4. 사성례四聖禮
　　　　제4 각단예불 – 제시 생략
　　　　제5 발원
　　　　　　1. 행선축원　　　　　2. 이산 연 선사 발원문
　　제2편 상용의식
　　　　제1 삼보통청三寶通請
　　　　　　1. 천수경　　　　　　2. 예참
　　　　　　3. 소예참
　　　　제2 삼보통청(약례)
　　　　제3 미타청　　　　　　　제4 지장청
　　　　제5 관음청　　　　　　　제6 약사청

---

20 『한글』①, pp. 13~14; 『한글』②, pp.13~16.

『한글』①·②는 같은 종단의 『통일』(2003)을 한글 번역하는 데 머물지 않고 사라진 일부 의문을 새로 삽입하거나 변형하였다. 또 현재 한국불교에서 일상적으로 빈번히 행해지는 의례로 다비·천도, 일용·상용의식임을 확인할 수 있게 해주며, 번역문을 통해 주요의례인 시식·공양의례에 대한 체계와 인식 등을 파악하는 데, 또 『석문』(1935) 등 현대 이전과 이후의 의례의문의 추이를 비교하는 데 근거가 된다.

2. 분류 유형

의례집의 편목에는 의례 찬자의 의례에 대한 인식이 투영되어 있으므로, 의례 서적 등을 편찬하거나 연구하고자 하면 일차 의례를 분류하게 된다. 한국불교의 의례는 두 가지 정도의 유형으로 분류할 수 있다. 첫째 유형은 의미별 분류이다. 본서에서는 이를 '의미 중심 분류'라고 명명하고자 한다. 대표적인 예로 『석문』이라고 할 수 있다. '황엽보도문 黃葉普渡門'을 시시始로 하여 '격외염롱문格外拈弄門'을 종종終으로 끝맺고 있다.[21] 일반적으로 말하는 의례를 보도문에, 선문禪門의 행법을 염롱문

---

21 安震湖 編, 『釋門儀範』(前卍商會, 1935〔2000〕), pp.3~4, 分科.

에 배대한 것은 선교의 두 축을 걸고 있는 한국불교의 성격을 잘 드러내고 있다고 하겠다.

둘째 유형은 실행 빈도 등에 따라 일용, 상용, 비상용 등 행위별로의 분류이다. 본서에서는 이를 '행위 중심 분류'라고 명명한다. 대표적인 예로『통일』(2003)의 'Ⅰ. 일용의식, Ⅱ. 상용의식, Ⅲ. 제반의식, Ⅳ. 전문의식, Ⅴ. 법회, Ⅵ. 평생·명절의례'로 행하는 분류라고 할 수 있다. 일정한 안목이나 분류의 기준을 제시하고 그것에 따라 분류한 것이라기보다, 가장 일반적이고 상식적인 관점에 지나지 않아 불교의례를 나열하는 수준을 넘지 못하고 있다.[22]

1) 의미 중심 분류

본서의 연구주제인 의례체계의 대상이 되는 '시식·공양의례와 일상의 정근의례인 예참과 송주의례'를 분류한 의미 중심 분류를 살펴보자.

① 한용운의 분류[23]

한용운은 불교의례를 집성하거나 연구하였다고 할 수 없지만 불교 전반의 개혁을 주장한『조선불교유신론』에서 전통의례를 '재공의식'과 '제사예절', '평시의 예식'으로 나누었다. 이에 의하면 대령과 '시식'은 제사예절에 속한다. '사시불공'은 '평시예식'에, 범패 작법으로 공양하

---

22 송현주,『現代 韓國佛敎 禮佛의 性格에 관한 研究』(서울대학교 박사학위논문, 1999), p.27.

23 韓龍雲,「朝鮮佛敎維新論」, 1909, (『朝鮮佛敎維新論·님의 沈默』, 삼성문화재단, 1972), p.93.

는 의식은 '재공의식'에 해당된다. 또 예참은 '재공의식'에, 조석배불과
송주 등은 '평시의 예식'에 해당된다. 기타의 의식은 '평시예식'으로
분류한다.

②안진호의 분류[24]

의례를 일차 선禪·교敎로 나누고 있는 점이 특이하다. 『석문』의 분류에
따르면, 시식의식은 황엽보도문에 배속되고, '시식편'으로 독립되어
있다. 시식의 성격을 잘 보여주는 분류라고 할 수 있는데, 제7 시식편
의 차서는 다음과 같다.

七. 施食篇
　第一 對靈
　　　가. 四明日對靈　　　附 侍輦節次
　　　나. 齋對靈　　　　　附 灌浴節次
　第二 施食
　　　甲 奠施食　　　乙 觀音施食　　　丙 救病施食
　　　丁 華嚴施食
　第三 靈飯
　　　甲 宗師靈飯　　　乙 常用靈飯　　　附 獻食規

『석문』의 전체 차서를 자세히 보면 '시식편'은 하권에 편제돼 있으며,
전편이 '각청편'이고 후편이 '배송편'이다. 이는 "소청 → 시식 → 배송"의
차서로서, 대상을 청해 시식하고 봉송하는 구조이다. 다시 말해 시식을
위해 대령을 하고 있지만, 청한 이후에 시식을 하고 그 이후에 배송을

---

24 『석문』 하권, pp.2~3.

해야 함을 의미한다.

'시식편'과 달리 '재공편'은 별도로 상권에 편제돼 있다. 상주권공, 영산재, 각배재, 생전예수재, 수륙재 의 등인데, 이 또한 재공이라고 하고 있다. 이때 재는 불공과 같은 의미의 공양으로 인식하지 않고 재齋로 인식하고 있음을 알 수 있다.[25]

하권에는 '제불통청'에서 '태세청'에 이르는 20개의 제불보살과 신중의 청사가 있다. 공양의식을 위한 청이라고 할 수 있다. 특이한 것은 '진언권공'이 제불통청의 부록으로 존치돼 있다는 점이다. 하지만 실제는 청사 이후의 공양의식으로 진언권공을 택하고 있음을 의미한다. 이 점에 대해서는 IV장에서 구체적으로 정리될 것이다. 청사 이후 공양법이 시설되었지만 이름은 그대로 '~청'이라고 칭해지고 있다. 『석문』의 '재공편'에는 천도의식이 편재돼 있는데 이를 재공이라고 하고 있다. 이때의 '재'는 재공양의 약칭으로 재승 승보공양이라는 뜻인데, 영가 천도를 위해서는 승재僧齋 재승齋僧이 필수적이라고 할 수 있다. 천도를 위해 재를 올리는 대표적인 경전인 『우란분경』의 오백승재에서 쉽게 확인할 수 있다.

상권에 소재한 '예경편'과 '송주편' 또한 마찬가지인데, 대웅전 예경편으로 '향수해례, 소예참례, 오분향례, 칠처구회례, 사성례, 강원상강례, 대예참례, 관음예문례'의 아홉 편의 예참문이 제시되어 있고, 극락전 등 14개의 전각에 예경문이 제시되어 있다. 이전의 불교 자료집들에서는 '예경편'이라는 편목이 목격되지 않는다. 예경편이 한 편을 차지하고 있다는 것은 예경의 필요성이 대두되었다고 할 수 있다.

'송주편' 또한 이전 의례 자료집에는 없는 분류로 조석 송주들을 배대하고 있다. 아침송주로는 정구업진언 등 송주 전송前誦의식을 필두로 하여 '나무 대불정 여래밀인 수증요의 제보살만행 수능엄 신주', '정본 관자재보살 여의륜주', '불정심 관세음보살 모다라니', '불설소재 길상다라니'를 주주主呪로 하고 〈준제행법〉과 여래십대발원과 발사홍 서원, 그리고 정토업의 장엄염불 등이 후송으로 제시되어 있고,[26] 저녁 송주로는 정구업진언 등 송주 전송前誦의식을 필두로 하여 '천수다라니 행법'[27]이 제시되었다. 현재 『천수경』으로 이해하는 참회진언까지를 독송하고 〈준제행법〉에서 '정토업'까지를 아침송주와 같다고 제시하고 있다.

결국 『석문』의 찬자는 아침 송주는 4대주, 저녁 송주는 천수주로 이해하고, 〈준제행법〉과 〈정토업〉을 아침저녁 후송으로 이해하고 있음을 보여준다.

시식, 공양, 예경과 송주에 해당되지 않는 의식으로 점안편, 이운편, 수계편, 다비편, 제반편, 방생편, 지송편, 간례편, 가곡편, 신비편과 격외염롱문이 배치돼 있다.

---

26 『석문』 상권, pp.80~93.

27 拙著, 『천수경, 의궤로 읽다』(정우서적, 2011), pp.22~296. 이 책은 '현행 천수경'은 5개의 각기 다른 행법으로 형성된 것으로 이해하고 있다.

③ 황성기의 분류[28]

황성기의 분류는 『석문』을 따르고 있다고 보이는데, 이름을 천혼편薦魂篇이라고 하면서 '시식'이라고 병기하고 있다. 천혼의 의미를 이렇게 설명하고 있다.

영혼靈魂에게 시식施食하여 천도薦度를 행行함이니, 여기서 중요한 것은 시식을 행하는 사람과 시식을 받는 자가 주의할 점이 있다. 위의 불타님이나 보살에게 행하는 권공勸供에는 행하는 사람이 약간의 궐례闕禮가 있더라도 정성精誠을 받는 이는 불·보살님이므로 큰 문제는 아니 되나, 시식에 있어서는 천도하는 것이므로 받는 자와 베푸는 자의 마음과 마음이 통하는 것이므로 뜻을 모르고 말만으로는 무의미하게 된다. 그러므로 재래在來 승가僧家에서 불공佛供은 아무나 행할 수 있으나 영가靈駕에 시식을 행함에는 반드시 강사나 법사가 아니면 못하게 되어 있다. 즉 글 뜻을 알고 송문관의誦文觀義해서 행해야 되는 것이다. 시식을 받는 영혼도 반드시 불·보살님의 가피력加被力을 힘입어서 비로소 가능하므로 차 한 잔, 밥 한 그릇이라도 꼭 지장보살이나 관세음보살을 모신 다음에 행하게 되어 있다. 그러므로 ① 명부세계冥府世界 지장보살을 모시고 행하는 시식을 전시식奠施食이라 하고, ② 관세음보살을 모시고 행하는 것을 관음시식觀音施食이라 하고, 또한 화엄경華嚴經의 경구법문經句法門에 의해서 행하는 것을 ③ 화엄시식華嚴施食이라고 한다. 또한 신중神衆의 함원含怨을 받아 병고에 신음하는 자를 위해서 책주귀신

---

28 黃晟起, 『佛敎에 대한 認識·倫理·儀禮』(保林社, 1989), pp.247~249.

嗔主鬼神에게 시식하여 구병救病하는 것을 ④구병시식救病施食이라
고 한다.[29]

위 글은 공양의례보다 시식의례가 행하기 어려움을 설명하고 있다.
기본적으로『석문』의 분류를 따르지만 각청편도 공양으로 이해하고
있다. 재공편은 삼단시식과 승보공양의 종합고혼천도의식이라고 할
수 있다. ①상주권공재常住勸供齋, ②시왕각배재十王各拜齋, ③영산
재靈山齋, ④생전예수재生前預修齋, ⑤수륙재水陸齋 등을 재공으로 구
분하고 있다.

『석문』의 예경편만을 소개하고 송주편은 분류에 보이지 않는다.
시식, 공양, 예경 외에는 점안편點眼篇, 이운移運, 수계편受戒篇, 다비편
茶毘篇을 분류하고 있는데, 의례를 전부 분류했다기보다『석문』의
주요 편을 수용한 수준에 불과하다.

④박세민의 분류[30]

종래 특별한 문제의식 없이『석문』을 기준으로 의례를 이해하고 진행해
온 현실에, 박세민은 불교의례 자료를 집성하여『한의총』(1993)을
편찬 보급함으로써 이전 시대 불교의례를 수월하게 접할 수 있게 하여
의례 연구의 획기적 전환점을 제공했다. 박세민은 홍윤식의 입장을
수용하여 의례 구분을 구체화하였다. 현행 불교의례를 신앙 형태적
측면에서 선정형禪定形 의례, 밀교형密敎形 의례, 정토교형淨土敎形

---

29 黃晟起, 앞의 책, pp.248~249.
30 박세민 편,『한의총』1, pp.11~20.

의례로 구분하고, 내용적 측면에서는 자기 향상을 위한 자행의례自行儀
禮와 자기 향상을 바탕으로 타자들의 의뢰에 의해 이뤄지는 가지加持
기도祈禱를 타행의례他行儀禮로 구분하고, 자타의례에 소속되지 않는
의례를 특수의례로 구분한다. 2원적 구분이라고 하겠다. 박세민의
분류에 의하면 시식은 정토교형 의례이고, 내용적 측면에서는 타행의
례에 해당된다.

자·타행의례로 구분하는 분류에 따라 공양의례를 상용의례로 이해
한다면 자행의례에 속한다고 하겠다. 공양과 시식이 함께 존재한 '재공'
을 타행의례로 분류하고 있으므로 공양의례는 자행과 타행의례라고
할 수 있다.

예불과 송주, 예참은 대표적인 자행의례이고 송주는 밀교형 의례라
고 할 수 있다.

시식과 공양, 예불과 예참에 해당되지 않는 의례로는 선정형 의례로
다비작법을, 특수의례로 진산의례, 이운의례, 점안의례와 수계의례를
제시하고 있다.

2) 설행 중심 분류

설행設行 중심 분류는 의례가 매일 또는 자주 설행되는가의 정도에
따라 상용과 비상용, 정기·비정기로 의례를 구분하는 분류이다.

①홍윤식의 분류[31]

홍윤식은 불교의례를 정기와 비정기의례非定期儀禮로 1차 대분류하고, 정기의례는 세시풍속의례와 일상신앙의례로 구분한다. 이 분과에 의하면 시식施食은 비정기의례로 사자死者신앙의례와 영혼천도의례를 지칭하며, 하부의례는 49재와 수륙재, 예수재 등의 의례라고 하고 있다. 또 시식을 영혼천도의례의 대타의례로 분류하고 있다.

신수불공身數佛供과 재수불공財數佛供 등은 비정기의례의 공양의식으로 이해하고 있다.

정기의례로서 조석예불을 자행의례自行儀禮로 분류하고 있으며, 송주의례에 대한 별다른 구분은 보이지 않는다.

홍윤식의 분류에 의하면 시식, 공양, 예경과 송주를 제외한 기타의례로는 정기의례인 세시풍속의례와 비정기의례인 소재신앙의례消災信仰儀禮가 있다.

②월운의 분류[32]

월운은 『일용의식수문기』에서 불교의례를 광의적廣義的 의식과 협의적狹義的 의식으로 일차 구분한다. 협의적 의미에서 전문의식專門儀式과 일용의식日用儀式으로 구분하며, 일용의식을 기초의식, 상용의식, 특별의식, 일반의식으로 세분한다. 이 분류에 의하면 공양과 시식은 상용의식에 해당된다. 또 '정기의식定期儀式'과 '부정기의식不定期儀式'을 시기적으로 분류하고 있다. 이때 '시식'은 부정기의식의 '어려운

---

31 홍윤식, 『불교와 민속』(현대불교신서 33, 동국역경원, 1980), p.21.
32 월운, 『日用儀式隨聞記』(중앙승가대학 출판국, 1991), pp.9~81.

바가 있을 때'의 구병시식救病施食과 '영가를 천도할 때'로 세분된다.
'영가를 천도할 때'는 '특정 영가를 위할 때' 하는 천도재薦度齋와 '불특정
영가를 위할 때' 하는 수륙재水陸齋와 예수재豫修齋로 구분하고 있다.
정기의식으로 천도법요薦度法要를 들고 있는데, 아마 지장재일과 같은
천도법회를 염두에 둔 분류가 아닌가 한다. 월운의 분류에 의하면
시식은 협의적으로 상용의식이고 부정기의식이며, 어려움이 있을 때
나 영가를 천도할 때 행해진다고 이해하고 있다고 하겠다. 또 특정
영가를 위한 '천도재'와 불특정 영가를 위한 '수륙재'와 '예수재'를 구분
하고 있는 점은 의례의 성격보다 '설행의 현실'과 '규모의 대소'에 따른
분류라고 할 수 있다.

공양은 시식과 마찬가지로 협의적 의식이고 일용의식의 상용의식에
해당한다.

예불과 송주는 협의적 의식이며 일용의식으로 기초의식이며, 시기
별로는 예불은 정기의식의 일상적 규범에 속한다.

정기의식으로 세시와 성절聖節, 국절國節의식과 포살 수계식, 식당
작법, 고사식, 시다림, 기우祈雨, 기청祈晴 등을 제시하고 있다.

③『통일』찬자의 분류[33]

『통일』(2003)의 의례 구분은 상식적이라고 할 수 있으며, 분과는 월운
의 영향을 받았다고 보인다. '상용의식'에 불공과 천도재와 시식·영반
을 배치하여 상용하는 의식이라고 이해하고 있다. 천도재를 49재라고

---

33 『통일』(2003), pp.20~22.

하는 것으로 볼 때 49재는 천도재로, 시식과 영반은 제사의식으로 이해하고 있다고 보인다. '시식·영반'에 '상용영반, 화엄시식, 구병시식, 종사영반, 전경의식'을 배치하고 있는데, 『석문』의 그것과 비교하면 전시식과 관음시식이 빠지고, 전경의식이 추가되어 있다. 전시식이 빠진 것은 전시식을 전문의식이라고 이해하고 있기 때문이다. 관음시식은 천도재에 배치하여 천도재와 시식·영반을 달리 이해하고 있다. 또 '전문의식'의 재공의식도 시식의식과 공양의식이 함께 있는 의식이라고 하겠다.

상용의식의 불공편이 공양의식인데, '1) 삼보통청에 상단불공과 중단퇴공을 하위분류하고 있는 점을 제외하면, 2) 미타청, 3) 지장청, 4) 관음청, 5) 약사청, 6) 미륵청, 7) 나한청, 8) 신중청, 9) 칠성청, 10) 독성청, 11) 산신청, 12) 조왕청, 13) 용왕청, 14) 삼화상청'을 공양의식으로 제시하고 있다. 시식과 마찬가지로 『석문』의 각청과 비교하면, '현왕청, 제석청, 사천왕청, 풍백우사청, 가람청, 정신청, 태세청'의 여섯 단의 공양이 빠지고 불사의 증명 3화상을 청하는 '삼화상청' 공양이 추가되었다. 빠진 청들은 활용도가 적다고 볼 수 있었기 때문이라고 할 수 있고, 삼화상청은 가사이운의 증명청이었는데, 청에 등장한 것은 발간 주체의 종파적 특성이 반영된 것이라고 할 수 있다. 또 '전문의식'의 재공의식도 공양의식과 시식의식에 해당된다고 할 수 있다.

일용의식은 예불과 송주로 구성되었다고 해도 과언이 아니다. 이전의 『석문』에 보이지 않는 '도량석'이 항목으로 승격되고 제반편의 '종송'이 송주와 합편된다. '도량석'으로는 천수경, 사대주, 반야심경, 화엄경

약찬게, 의상조사 법성게가 제시되어 있다. '아침종송' 이후 '정토업'이
자리 잡고 있다.『석문』에 보이는 조석 송주의 차별성은 보이지 않는다.
'도량석'과 '종송'이 분화과정을 겪으면서 조석 송주의 차별은 사라지고
종송만 차이가 있을 뿐이다. 이 점은 저녁 송주의 주주主呪였던 천수주
가 아침저녁 후송을 편입하여 '천수경'으로 확립된 데 그 원인이 있을
것으로 보인다.

『통일』소재 기타의식은 일용의식과 상용의식을 제외한 의식이라고
할 수 있다. '제반의식'으로 점안의식, 이운, 방생, 다비·시다림, 욕불의
식, 통알의식, 소심경 등이 있고, '전문의식'에는 상주권공과 시왕각배·
대례왕공, 영산작법, 법회의식, 평생 명절의례 등이 있다. 하지만
전문의식도 내용으로 볼 때는 재공齋供이므로 시식과 공양의식으로
분류할 수 있다.

④정각의 분류[34]

정각은『한국의 불교의례-常用儀禮를 중심으로』에서 이전에 의례를
분류한 이들의 의견을 종합하여 세밀한 구분을 하고 있다. 의례의
목적에 따라 의례를 세분하고 있지만, 시식과 공양 등은 여러 곳에
흩어져 있다.

이 분류에 의하면 시식의식은, 비상용의식 '①통과의례'의 '일상통과
의례'로 분류하고 있는 구병시식과 ②사자의례死者儀禮에 분류된 의례
들이라고 할 수 있다.

---

34 정각,『한국의 불교의례-常用儀禮를 중심으로』(운주사, 2001), pp.40~41.

공양의례로는 초하루 보름 등 매월 정기적으로 봉행되는 불공을 신앙의례로 이해하고 있고, 신수불공과 재수불공을 비상용의례의 공양의례로 분류하고 있다. 소심경과 반야심경의 식당작법을 수련의례의 일상의 공양의례로 분류하고 있다.

예참과 송주의례의 경우, 예불은 일상의 '수련의례'에 배치되지만 '송주 및 예참'은 일상의 '기도 및 예참의례'로 분류돼 있다. 예참과 예불이 어떻게 구분되고 있는지는 확인하기 어렵다.[35]

기타 의례로는 '성불도놀이', '제석단지', '중구일中九日', '야광귀夜光鬼' 등이 있는데, 갖가지 세시의례까지도 불교의례로 분류하는 등 다양한 의례들이 소개되어 있다.

3. 구조 체계

한국불교의 의례 자료 목록이나 분류 유형을 볼 때 일상에서〔日常儀式〕 상용되는〔常用儀式〕 '시식의례'와 '공양의례'는 한국불교의 상용의례라고 할 수 있다. 이 시식과 공양의례에는 여럿이 있다. '시식'이라는 명칭으로 시식의례를 살펴보면, 『작법귀감』(1826)에는 '상용시식의常用施食儀', 『석문』(1935)에는 '전시식奠施食·관음觀音시식·구병救病시

---

35 예불과 예참에 대해서 필자는, 예불은 시방삼주 삼보에게 예경하는 '삼정례' 예불을 지칭하며, 예참은 소청해 모셔서 예를 올리고 참회를 하는 의례라고 이해한다. 졸고, 「상주예경과 소청예불」, 『동아시아불교의례문화연구소 출범 및 기념세미나』(2011), pp.27~41; 졸고, 「불교예불의 의미와 행법」, 『淨土學硏究』(한국정토학회, 2011), pp.85~112.

식·화엄華嚴시식'이 시설되어 있고, 『한글』①(2005)에는 '관음시식과 상용영반시식'이 제시되어 있다. 세 자료 목록에 동일한 의문은 없다. 하지만 『석문』과 『한글』에는 '관음시식'이 보이고, 『작법귀감』의 '상용시식의常用施食儀'도 관음시식의 원문과 상당 부분 일치한다. 그러므로 '관음시식'이 한국불교 시식의례의 한 전형이라고 할 수 있다.

『석문』이나 『한글』②의 공양의례문은 삼보통청 등 20여 개의 의문이 있다. 『석문』에는 '진언권공'이 삼보통청 다음에 '부附'로 되어 있지만 『한글』②에는 삼보통청과 진언권공이 하나의 의식으로 융회되었다. 자료 목록의 순차에서 삼보통청이 공양편의 첫째 자리에 놓여 있고, 일반적인 '불공'의 대본이라고 할 수 있으므로 '삼보통청'이 한국불교 공양의례의 한 전형이라고 할 수 있다. 한국불교의 상용의례인 시식의례와 공양의례를 요약 도시하면 다음과 같다.

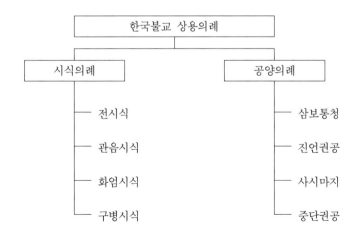

〈도II-1〉 한국불교의 상용의례

한국불교의 상용의례라고 할 수 있는 시식의례와 공양의례의 한 전형이라고 할 수 있는 관음시식과 삼보통청의 구조와 체계를 살펴보기로 한다.

1) 관음시식

『석문』(1935)은 시식과 영반을 '시식편'으로 분류하고 4종의 시식의례를 제시하고 있지만, 『통일』(2003)에는 '천도재'편의 관음시식과 '시식•영반'편에 상용영반, 화엄시식, 구병시식, 종사영반, 전경의식이 시식과 영반이 구별되지 않고 혼재된 채 편제돼 있다. 『한글』① 제1편 '천도의식'에는 신중단 퇴공 이후 관음시식과 상용영반시식이 연이어 편철돼 있다.[36]

'관음시식觀音施食'은 시식의례의 일반적인 구조인 '① 소청召請, ② 시식施食, ③ 왕생往生'의 3단 구조로 이루어져 있다. 이는 『석문』의 의례 목차와도 그 편제가 유사하다. 그런데 의례의 서두에 명호를 칭명하여 그분의 가피를 청하며 의례를 여는 의식인 거불이 『석문』과 『한글』에 다르게 나타나고 있다.

『석문』 나무원통교주 관세음보살, 나무도량교주 관세음보살, 나무
    원통회상불보살
『한글』 나무극락도사 아미타불, 나무관음세지 양대보살, 나무접인
    망령 인로왕보살

---

36 『한글』①과 『사寫범음집』(1923)의 관음시식 한문 원문은 부록으로 편철한다.

거불擧佛은 거불명호의 줄임으로 그날 법회의 주불이신 불보살의 명호를 칭하며 예경하는 의식이다. 『사寫범음집』(1923)[37] 관음시식에는 '나무극락도사 아미타불, 좌 관세음보살, 우 대세지보살'이라고 하여 『범음산보집』(1723) 대령의 거불[38]이 쓰이고 있는데, 『석문』에는 관세음보살이, 『한글』에는 관음보살과 대세지보살이 합편되고, 인로 왕보살이 새롭게 칭명되고 있다. 그런데 『작법귀감』(1826) 상용시식의 거불은 '나무아미타불, 나무관세음보살, 나무대세지보살'이 칭명되지만 대령에는 '나무대성인로왕보살'을 삼설 삼배가 언급된다.[39] 『사寫범음집』 대령의 거불은 '나무대성인로왕보살, 좌보처 관세음보살, 우보처 대세지보살'[40]로 필사돼 있다. 시대별 의식 서적에 나타나는 거불의 변화 추이를 다음과 같이 정리할 수 있다.

(1723) '나무극락도사 아미타불, 좌 관세음보살, 우 대세지보살'

(1826) '나무대성인로왕보살'

(1923) '나무대성인로왕보살, 좌보처 관세음보살, 우보처 대세지 보살'

(2005) '나무극락도사 아미타불, 나무관음세지 양대보살, 나무접 인망령 인로왕보살'

---

37 『사寫범음집』, p.102.

38 智還 集, 『天地冥陽水陸齋儀梵音刪補集』, 『한의총』 3, p.5上.

39 肯璇 集, 『作法龜鑑』, 『한불전』 10, p. 562下; p.560中.

40 『사寫범음집』, p.67.

아미타불이 인로왕보살로 칭해지고, 이어 인로왕보살의 자리에 다시 아미타불이 불격佛格으로 회귀된다. 그리고 보처보살이 합편되고 다시 인로왕보살의 하위에 등장한다. 의미상으로 볼 때 영가를 대면하는 '대령'이나 길을 인도할 때는 인로왕보살이, 머물며 시식을 할 때는 '아미타불, 관세음보살, 대세지보살'이 거불로 활용되고 있음을 알 수 있다. 거불 이후 시식의식은 '소청→시식→왕생'의 삼단 구조로 진행된다.

①소청

소청김請은 불러 청하는 의식으로 창혼과 청혼으로 구성되었다. 혼을 불러 착어[법어]를 들려준다. 중간에 양구[良久: 침묵의 법문]의 시간을 갖고 이어 재차 법이 설해진다. 그리고 진령게, 풍송가지(천수찬게), 신묘장구다라니, 화엄경일구게, 파지옥진언, 해원결진언, 보소청진언이 이어진다. 이 과정은 파지옥의 과정이라고 할 수 있다. 이어 가피를 구하는 거불과 경전의 명칭이 창창해지고, 명계청冥界請으로 증명청과 고혼청이 행해진다. 증명으로 모신 분에게 자리를 올리고[獻座] 차茶를 올린다. 이어서 고혼을 청해 자리에 앉게 하고 다를 올리며 소청이 끝나게 된다. 고혼청은 3청으로 진행되고 있는 경우가 많은데,[41] 『석문』이나 『한글』②에는 단청(單請: 단 한 번 청하는 의식)으로 시설되어 있다.

---

[41] 『통일』(2003), pp.337~338.

② 시식

시식施食은 음식을 베푸는 의식으로 시식의례의 중심이다. 한량없이 청한 이들에게 평등하게 음식을 베풀려면, 먼저 음식이 한량없이 준비되어야 한다. 이 의식을 변공變供이라고 하는데 변공은 변식진언 등 4다라니로 봉행되고, 5여래 명호를 염송하는 칭양성호로 무외시를 한다. 변화시킨 음식을 재시財施로 베푸는 진언으로는 시귀식진언과 보공양진언이 활용된다. 이어 음식을 받게 된 것을 찬탄하고, 진리를 설해 주는 법시로 들어간다. 법시로는 금강경 게송, 여래십호, 법화경 게송, 열반경 게송의 순서가 『석문』 이래 정착되었다.

③ 왕생

청해서 시식을 베풀고 나서 초청한 이들을 돌려보내는 의식을 봉송이라고 한다. 봉송에 앞서 선근의 공덕을 짓게 하여 고통이 없는 극락세계에 왕생하도록 도와주는 의식이 펼쳐진다. 장엄염불로 알려진 정토업과 봉송의식으로 구성되었다.

수륙재나 '몽산시식' 등의 시식에는 법시 다음, 또는 공양 전에 '귀의삼보의식'[본서의 명칭으로는 수계의식]이 행해지지만 현재의 관음시식에는 봉송 직전에 이뤄지고 있는 점이 특이하다. 상품상생진언 이후의 수삼귀의의 자리에는 '자삼귀의'로 행해지는 것이 적의한데, 굉장히 이른 시기부터 와전돼 정착되었다고 할 수 있다.

2) 삼보통청

공양의례는 예경과 더불어 의미 중심 분류나 설행 중심 분류의 첫 자리에 놓인다. 제불이나 삼보에 올리는 공양은 수륙재의 '상위헌공', 영산재의 '헌공' 등 재공의례에서도 행해진다. 『석문』소재 20개의 청은 공양을 위한 의문이므로 '제불(삼보)통청'만이 공양의례라고 할 수는 없다. 현재의 제불통청은 삼보도청의 형태이지만 제불통청은 제불보살을 연이어 통하여 청한다는 뜻이다. 청하는 양식의 일종이 제불통청이다. 통청 공양이 아닌 상주삼보에 행하는 '진언권공'이나 매일 사시에 올리는 '사시마지'가 대표적인 공양의례라고 할 수 있다.[42]

『석문』각청편의 '제불통청'(혹칭 삼보통청)과 『한글』② '삼보통청三寶通請'의 구조는 그 이름에서 알 수 있듯이 삼보를 통으로 청해 공양 올리는 의식의 의문인데, 시식의례와 같은 '소청 → 공양 → 봉송'의 구조를 크게 벗어나지 않는다. 하지만 이를 좀 더 세분하면 ①소청, ②헌좌, ③권공勸供, ④풍경諷經, ⑤표백表白으로 진행된다고 할 수 있다.

거불을 보면, 『작법절차』(1496)나 18세기 이전 '제반문'의 '거불'은 영산재 공양문의 '6거불'이 칭명되지만, 『작법귀감』에는 현재와 같은 '나무불타부중광림법회'의 거불이 칭명되고 있다. 이 '거불'법은 크게 청하는 대청大請의식이 아닌, 사시마지 때 간단히 청하는 '단청單請의식'의 거불이다.[43] 하지만 『작법귀감』 이래 현재까지 유치·청사를 봉행

---

42 『한글』② 소재 '1. 불공'편의 (1)삼보통청과 『석문』제불통청의 부록으로 되어 있는 '진언권공'은 『진언권공』소재 의문과 『佛教儀式各論』Ⅲ 소재 '巳時摩旨'를 부록으로 제시한다. '삼보통청'은 일체 삼보를 청하여 공양을 올리는 의식이고, '진언권공'은 진언으로 공양을 올리는 공양의식인데, 현재는 그 일부만 삼보통청 불공의 한 편으로 편입돼 있으므로 진언권공의 원형을 제시한다. 사시마지는 매일 사시에 상주삼보께 마지공양을 올리는 의식이다.

하는 법회에서도 '나무불타부중광림법회'의 거불이 봉행되고 있다.
이에 대한 논의가 절실히 요청된다.

① 소청

거불 이후에 '일심봉청 ～불타야중, ～달마야중, ～승가야중'으로 청하
는 삼보도청의 유치·청사가 봉행된다. 이를 세 번 청하는 모습을 보이고
있다. 『석문』과 『한글』②가 다르지 않다. 단지 청사 말미에 '향화청'으
로 진행되는 『한글』②와 달리 『석문』에는 '산화락' 세 번과 '원강도량
수차공양'이라는 지문이 함께 제시되어 있다.

② 헌좌

헌좌獻座의식은 『석문』과 『한글』②가 동일하다. 헌좌 이전에 가영을
하며, '고아일심귀명정례'로 반절을 하는데, '정례'라고 말하였으므로
큰절을 하였다고 할 수 있다. 의례 순서상 헌좌게송 다음에 오는 것이
적합할 듯하다. 이전 의식에는 변화가 보이고 있다. 헌좌게송의 말구는
'자타일시성불도'로 통일되어 있지만, 수륙재의 대표적인 의문인 『결수
문』에는 '회작자타성불인廻作自他成佛因'이 쓰이고 있다. 의미 있는 것
으로 본론(IV장 3절)에서 다루었다.

③ 권공

권공勸供은 공양을 올리기 위해 공양물을 변화시키는 '변공'과 '헌공'으

---

43 『靈山大會作法節次』, 『한의총』 2, p.143上.

로 구성되었다. 내역을 자세히 보면,『석문』에서는 정법계진언으로
변공의식이 시작되며, 다게 이후에 진언권공 소문과 변식진언, 시감로
수진언, 일자수륜관진언, 유해진언, 운심공양진언, 보공양진언, 출생
공양진언, 정식진언, 보회향진언이 이어진다. 하지만『한글』②에서는
운심공양진언 이후 7정례의 예참과 보공양진언, 보회향진언으로 진행
된다. 출생공양진언과 정식진언은 보이지 않으며,『통일』(2003)에는
운심공양진언이 보이지 않고, 예참의 경우 '예참②'가 더해져 있다.

④ 풍경

경전을 염송하는 풍경諷經의식이『석문』이나『한글』②나『통일』(2003)
등에 보이지 않는다고 하여 의미 없다고 말하기 어렵다.『작법귀
감』(1826)에는 보회향진언 다음에 능엄주, 원성취주, 보궐주, 축원의
순서가 보이고,[44] 현행 유통 법요집에도 그렇다.[45] '삼보통청' 이외 공양
의례에도 풍경의식 흔적이 산견된다. 신중청의 제 진언 염송과 칠성청
의 북두주, 산신청의 산왕경, 조왕청의 환희조왕경이 그 예이다.[46]

⑤ 표백

아뢰는 말인 표백表白은 여러 가지가 있다. 찬탄도 있고, 소원을 비는
축원도 있다. 이곳에서는 축원을 이른다. 축원은 삼귀의축원, 회향축
원, 보통축원 등이 있는데,『한글』②에는 재자를 중심으로 망혼축원과

44 『作法龜鑑』,『한불전』10, p.556中.
45 법안 편,『법요집』, 대성사, 1999〔2007〕, pp.128~130.
46 『통일』(2003), pp. 212~218; pp.229~230; pp.247~250; pp.256~257.

법계축원으로 이루어져 있다.

　사시마지는 이미 상주常住하시는 분께 공양을 올리는 의례이므로
별도의 소청과 헌좌獻座 없이 헌공과 표백만으로 진행된다. 하지만
축원은 봉행되고 있다.

Ⅲ. 시식의례

1. 의미와 구조

1) 시식의 의미와 공덕

① 시식의 의미

'시식'은 음식을 여타의 사람들에게 보시하는 것이며, '시식의례'는 시식하는 예법과 절차를 지칭한다. 보시布施는 범어 dāna의 뜻풀이 말로, '단나檀那'·'타나柁那'·'단檀'으로 음역되며, '시施'라고 의역되었다. 또는 범어 dakṣiṇā의 역어로, '달친達嚫'·'대친大嚫'·'친嚫'으로 음역되며, '재시財施'·'시송施頌'·'친시嚫施'라고 의역된다. 재물을 보시하는 사람을 단월(梵 dānapati, 布施主라는 뜻, 施主라 의역)이라 하고, 베푼 재물은 '친자嚫資'·'친재嚫財'·'친금嚫金'·'친전嚫錢'·'당친(堂嚫: 승당의 스님들에게 재물을 베풀었다는 뜻)'·'표친(俵嚫: 재물을 나누어 준다는 뜻)'·'신시(信施: 신도가 재물을 보시했다는 뜻)' 등으로 번역되었다.

이 외에도 돈과 재물을 헌상하는 것을 '상친上嚫'이라 하고, 재물을 베풀어 불전에 공양하는 것을 '하친下嚫'이라고 한다. 보시는 자비심으로써 다른 사람에게 복과 이익을 베푼다는 뜻인데, 붓다께서 재가신자 (우바새·우바이)들에게 권함으로써 그들을 인도하는 한 행법이 되었다. 그 기본 뜻은 옷과 음식 등의 물품을 대덕大德이나 빈궁한 이에게 베푸는 것이었는데, 대승불교 시대에 접어들면서 육바라밀의 하나가 되었다. 다시 여기에 법시法施와 무외시無畏施 둘이 추가되어 보시의 의미가 확대되었다. 타인에게 재물과 체력·지혜 등을 베풀어주는 것은, 타인을 위해 복을 짓고 지혜를 이루게 되고 공덕을 쌓게 되는 것을 구할 수 있다. 이로써 해탈에 이르게 하는 수행의 한 방법이다.[1]

『대승의장大乘義章』 권12에는 보시의 뜻을 이렇게 해석하고 있다.

> 보시라고 하는 것은, 자신의 재물과 일을 다른 이들에게 나누어 베푸는 것을 '편다〔布〕'고 이름하고〔名〕, 자신을 고달프게 하고 남을 은혜롭게 하는 것을 '베푼다〔施〕'라고 이름한다〔目〕. 그 보시로 인하여 사람과 재물이 도를 인연하게 되므로 보시섭布施攝이라고 이름한다.[2]

보시의 '보'와 '시'에 대해 재물을 베푸는 것과 은혜롭게 하는 것을

---

1 『佛光辭典』, p.1901中. '布施'

2 遠法師 撰, 『大乘義章』 卷第12, T. 44, p.694b. 이하 별기하지 않는 한 필자의 번역임.

구분하여 인식하고 있다. 다분히 중국적인 발상이라고 할 수 있다. 『잡아함경雜阿含經』에는 육념법[3]에 대해 설명하면서 보시를 염송하는 공덕이 이렇게 설해져 있다.

> 보시공덕을 염하는 것은, 스스로 보시를 생각하며 마음이 저절로 기뻐져서 간탐심을 없애버린다. 비록 집에 머물러 있더라도 해탈의 마음으로 보시하며, 항상 하는 마음으로 보시하며, 즐거운 마음으로 보시하며, 갖추어진 마음으로 보시하며 평등한 마음으로 보시를 한다.[4]

대승 이전, 보시布施, 지계持戒, 생천론生天論을 설하는 가르침에서 보시의 목적은 개인의 인색함과 탐심을 깨 없앰으로써 오는 세상의 빈곤의 원인을 면하게 하고, 환희심·명정심明淨心을 내 삼보에 귀의하여 오계를 수지하게 하는 데 있었다.[5] 그에 비해 대승불교에서의 보시는 곧 대자대비의 가르침과 연결되어 중생을 뛰어넘어 제도하는 데 쓰이게 된다. 보시는 또 사섭법의 하나로 '보시섭布施攝', 육바라밀과 십바라밀의 하나로 '보시바라밀布施波羅蜜', 또는 '단바라밀檀波羅蜜'이 있으며, 보시는 사람들로 하여금 탐심에서 멀리 떠나게 한다. 불佛과 승僧을 대하듯이 빈궁한 사람에게 의복과 음식 등 물자를 보시하면 반드시

---

3 "六念法. (一)念佛, (二)念法, (三)念僧, (四)念戒, (五)念施, 念布施有大功德, 能除衆生之慳貪. (六)念天."
4 求那跋陀羅 譯, 『雜阿含經』, T. 2, p.145b.
5 『中阿含』卷九「郁伽長者經」, T. 1, p.460.

행복의 과보를 감응하여 부를 수 있을 것이다.

　사람들에게 정법을 펼쳐 설하면 공덕과 이익을 얻게 되므로 법시法施라고 하고, 사람들이 갖가지 공포를 열어 떠나게 하므로 무외시無畏施라고 한다. 재시와 법시를 이종시二種施라고 하며, 만일 무외시를 더하면 곧 삼종시三種施라고 칭해진다. 이 세 보시는 보살이 반드시 행해야 하는 것이다. 그 가운데 법시의 공덕이 재시의 그것보다 더 크다. 보시가 만일 탐심을 멀리 떠나 깨달음을 열기를 바라는 데 목적이 있다면 청정한 보시가 되지만, 그렇지 않으면 청정하지 못한 보시가 된다. 법시에 대해 말하자면, 사람들에게 인천人天에 태어나도록 권하는 가르침을 설하면 세간의 법시가 되지만, 사람들에게 붓다를 이루도록 권하는 법을 가르치면 출세간 법시가 된다. 이외에도 『우바새계경』에는 보시와 보시바라밀이 다음과 같이 구별되고 있다.

　성문·연각·범부·외도의 보시나 보살이 처음의 2아승기겁에 있으면서 행하는 보시는 '시施'라 하고, 보살이 제3아승기겁에서 행하는 보시를 곧 '시바라밀施波羅蜜'이라고 한다.[6]

　또 『보살선계경』에는 재가보살이 행해야 하는 보시에 대해 이렇게 설한다.

　재가보살은 재시와 법시를 행한다. 출가보살은 필시筆施·묵시墨施·

---

6 曇無讖 譯, 『優婆塞戒經』, T. 24, p.1042c.

경시經施·설법시說法施 등 네 종의 보시를 행한다. 출가보살은 이
네 종의 보시를 구족하여 성취하면 그 마음을 조절할 수 있고,
교만을 파괴하여 인욕을 닦아 이룰 수 있다. 이렇게 무생인을 얻은
보살이 곧 구족시具足施·대시大施·무상시無上施의 삼시三施를 얻게
된다.[7]

『구사론』은 '수지시隨至施·포외시怖畏施·보은시報恩施·구보시求報
施·습선시習先施·희천시希天施·요명시要名施·위장엄심爲莊嚴心' 등
의 8종의 보시를 설하고 있고,[8] 『화엄경(舊譯華嚴經)』 권12 「십무진장
품十無盡藏品」에도 '수습시修習施·최수난시最後難施·내시內施·외시外
施·내외시內外施·일체시一切施·과거시過去施·미래시未來施·현재시
現在施·구경시究竟施' 등 10종의 보시가 설해지고 있다.[9] 위에서 말한
보시를 성취하는 행위의 내용·태도·목적 등이 같지 않다. 단지 갖가지
로 분류할 뿐이다. 보시를 하는 자, 보시를 받는 자, 보시하는 물건은
본질적으로 공하므로 어떤 집착도 할 수 없는 것이다.

②시식의 공덕
가. 시식과 공양
다양한 보시 가운데 왜 하필 음식을 베푸는지에 대해 알아보자. 본
연구는 III장에서 시식의례를 다루고, IV장에서는 공양의례를 다루고

---

7 求那跋摩譯, 『菩薩善戒經』, T. 30, p.960c.

8 玄奘 譯, 『阿毘達磨俱舍論』, T. 29, p.96.

9 佛馱跋陀羅 譯, 『大方廣佛華嚴經』, T.9, p.476b

있다. 시식과 공양은 어떤 차이가 존재하는지에 대해 간략히 한국불교의 시식의례에서 먼저 살펴보고, 시식의 공덕을 알아보기로 한다.

『삼단시식문』에는 불공佛供·제천공양諸天供養·고혼수향孤魂受饗을 합해 '삼단시식三壇施食'[10]이라고 칭해지고, 『유가집요시식의궤瑜伽集要施食儀軌』에는 '장봉삼보시식將奉三寶施食'[11]이라는 표현이 등장하고 있다. 시식과 공양이 처음부터 명확한 경계가 있었다고는 보기 어렵다.

시식은 능시能施와 소시所施의 관계가 '상上→하下'임을 다음의 『불설구면연아귀다라니신주경』에서는 보여주고 있다.

내가 마땅히 다라니의 힘으로써 방편을 구족하여 무량 아귀와 바라문과 신선에게 음식을 베풀고, 여러 아귀에게 음식을 베푼 까닭으로써,[12]

이 같은 관점에서 볼 때 '시식이 아귀(餓鬼, preta)에게 베풀어지므로 제례'라고[13] 이해하는 데는 무리가 있다. 왜냐하면 한국의 전통 제사(례)

---

10 學祖 譯, 『三壇施食文』, 『한의총』 1, pp.470~496.

11 袾宏, 『瑜伽集要施食儀軌』, X. 59, p.259b.

12 實叉難陀 譯, 『佛說救面然餓鬼陀羅尼神咒經』, T. 21, p.466a.

13 정각(문상련), 「불교 제례의 의미와 행법」, 『한국불교학』 제31집(한국불교학회, 2002)에서는 불교의 '先祖를 위한 祭禮의 外的 起源'으로 施餓鬼會를 소개하고 있는데, 輪廻의 개념에서 행해지는 인도 전통적 제례인 施餓鬼食과 저승(彼生)에서 후손을 도와주는 조상신으로 숭배되는 한국의 제사와는 차이가 있지 않을까 생각한다.

는 조상신을 숭배하며 제사를 올리고 그들에게 보호를 청하는 의식이기 때문이다. 불교의 십법계로는 아귀가 인천人天보다 낮은 데 있으므로 음식을 베풀고 법을 들려주어 구제하는 시식을, 조상신(祖上神, 祖靈)으로 받들어 음식을 올리는 제례로 이해할 수는 있지만 제례라고 하기에는 무리가 따른다. 제사는 위에서 아래로 내려주는 시식과 달리 '위로 받든다'는 개념이 강하다. 삼대봉사三代奉祀니, 사대봉사니 하는 말로 볼 때 그렇다고 할 수 있다.

필자는 이 문제를 해소하기 위해 한국불교에 상용영반·종사영반宗師靈飯이라는 형태의 의식이 생성되었다고 생각한다. 일찍부터 선조사先祖師의 기일忌日에 행하는 다례茶禮와 같은 의식이 종사영반으로 확립되고 일반인들에게 적용된 상용영반常用靈飯으로 확장되었다고 생각한다.[14]

이와 반대로 공양에 대해서, 다음 경전은 능공能供과 소공所供의 관계가 아래에서 위인 '하下 → 상上'의 구조라고 확인해 준다.

> 만일 비구 비구니가 항상 이 다라니를 외우고, 아울러 음식을 받들어 백 천구지 여래에게 공양하여 공덕을 이룰 수 있다면,[15]

'시아귀회(施餓鬼會, 食)'이나 '불공佛供' 등의 술어에서 알 수 있듯이 시식과 공양은 매개물[음식]은 같을지라도 대상과 방향에 따라 달리

---

14 이 점에 대한 논구는 본서에서는 다루는 것이 무리이므로 별도의 논문으로 발표할 예정이다.

15 實叉難陀 譯, 『佛說救面然餓鬼陀羅尼神咒經』, T. 21, p.466b.

72

불리고 있다. 그렇다고 시식과 공양이 반드시 '상上→하下'나 '하下
→상上'의 입장에서만 쓰였다고 할 수는 없다.『삼단시식문』의 예도
그렇고,『수설유가집요시식단의修設瑜伽集要施食壇儀』의 "오로지 상주
삼보님과 찰해의 만령과 역대조사 일체 성중님과 항하사 모든 유와
유현의 성범께 공양 올리오니, 다 진향에 의지하여 널리 함께 공양합니
다(專伸供養, 常住三寶, 刹海萬靈, 歷代祖師, 一切聖衆, 河沙品類, 幽顯聖
凡. 悉仗眞香, 普同供養)"나 '삼보시식三寶施食'이라는 표현이 이를 증명
해 준다. 시식과 공양이 크게 구별돼 쓰이지 않고 있는 것이다. 하지만
이후의 한국불교 의례에는 시식과 공양이 삼단三段의 소례의 위치에
따라 '상단불공上壇佛供', '중단퇴공中壇退〔勸〕供', '하단시식下壇施食'이
라는 용어로 구분되어 정착되었다.[16]

나. 시식의 공덕

『수가장자업보차별경首迦長者說業報差別經』에서는 '예불탑묘禮佛塔
廟, 봉시보개奉施寶蓋, 봉시증번奉施繪幡, 봉시종령奉施鍾鈴, 봉시의복
奉施衣服, 봉시기명奉施器皿, 봉시음식奉施飲食, 봉시화리奉施靴履, 봉
시향화奉施香華, 봉시등명奉施燈明, 공경합장恭敬合掌'의 예경하고 받
들어 보시하는, 열 가지 선업에 대한 공덕을 설파하고 있다. 이 중
음식을 보시하는 공덕을 보자.

---

16 졸고,「韓國佛敎의 '施食儀' 認識과 變形考察─『增修禪敎施食儀文』의 受容과
理解를 中心으로─」,『생사의례(供養)의 문화비교 연구발표회 자료집』(서울:
日本, 供養の 文化比較 硏究會, 2008), pp.34~35.

첫째는 수명을 얻는다. 둘째는 안색을 얻는다. 셋째는 힘을 얻는다. 넷째는 안락함을 얻어 언변의 장애가 없다. 다섯째는 두려움이 없어진다. 여섯째는 게으름이 없어져 여러 사람들이 존경하고 우러른다. 일곱째는 여러 사람들이 좋아하고 기뻐한다. 여덟째는 큰 복덕의 과보를 얻는다. 아홉째는 명이 다하면 하늘에 난다. 열째는 속히 열반을 증득한다.[17]

열 가지 공덕에 보이듯이 시식의 공덕은 적지 않다. '목구멍이 포도청'이니 '금강산도 식후경'이니 하는 속어처럼 음식을 보시해 배고픔을 더는 공덕은 여러 경전에 산견된다. 『불설식시획오복보경』은 음식을 보시하여 획득하게 되는 다섯 가지 과보를 설하고, 명을 베푸는 까닭을 이렇게 설하고 있다.

일체 중생은 음식에 의지하여 몸과 목숨을 부지한다. 밥과 음식을 먹지 못하면 7일이 지나지 않아 문득 수명이 다한다. 그런 까닭에 음식을 베푸는 것은 곧 목숨을 베푸는 것이다. 그 목숨을 베푸는 자는 오는 세상마다 장수하고 하늘세간에 태어나 요절하지 않으며, 의복과 음식이 저절로 갖춰지며, 재물과 부귀가 한량이 없다. 색을 베푸는 것은 무엇인가. 음식을 베풀어 먹게 되면 안색이 광택이 난다. 음식을 먹지 못할 때는 성이 나 윤기가 없고 얼굴과 눈이 초췌해져 드러낼 수가 없다. 그러므로 음식을 베푸는 것은 곧 색을 베푸는 것이 된다. 그 색을 베푸는 자는 오는 세상마다 단정하고

---

17 瞿曇法智 譯, 『首迦長者說業報差別經』, T. 1, p.895a.

하늘세간에 태어나 용모가 밝게 빛나며, 세상에 희유하여 멀리서 고개 숙여 예를 올리는 사람이 보이지 않을 수 없다. 힘을 베푼다는 것은 무엇인가. 사람이 밥과 음식을 먹게 되면 기력이 강성해져 들고 움직이고 나아가고 머물고 하는 데 어렵지 않다. 음식을 먹지 못하면 굶주려 머리를 열나게 하여 기와 호흡이 모자라고 약하게 된다. 그러므로 음식을 베푸는 것은 힘을 베푸는 것이다. 그 힘을 베푸는 자는 오는 세상마다 힘이 많고 하늘세간에 태어나 힘에서 비교될 이가 없어 출입하거나 나아가거나 머무는 데 약해서 다하지 않는다.[18]

다른 이에게 음식을 베푸는 것은 생명과 안색과 힘과 안정과 변재를 베풀어 살리는 것이므로 음식을 베푼 자는 세세생생 단정한 모습으로 밝게 빛나며, 요절하지 않고 재물이 한량없고, 힘이 강성해서 출입하는 데 장애가 없고, 총명하며, 언행이 지혜롭고 아름다워 뭇 사람들이 기뻐하고 존경하게 된다는 것이다.

다. 시식의례의 공덕

이상의 보시의 의미와 시식의 공덕은 대승 이전의 일반적인 보시에 해당된다. 본서에서 설명하는 '시식의례'에서의 '시식'은 진언으로 가지하여 변식된 음식을 일체 중생에게 먹게 하는 특수한 종교행위이다.

다음은 운서 주굉(雲棲 袾宏, 1532~1612)이 보주한 『수설유가집요시식단의』의 시식의례에 대한 설명이다.

---

18 失譯人名, 今附東晉錄, 『佛說食施獲五福報經』, T. 2, p.855.

시식은 범어 단나로서 이곳의 말로는 보시라고 한다. 육바라밀의
머리에 머물며 만행의 선두이다. 재시·법시·무외시의 3종으로 나눠
지며, (시식의의) 제목에는 비록 시식이라고 홀로 표시되어 있으나
문장 속에는 곧 겸해 있다. 경에서 말씀하셨다. "일체중생은 다
음식에 의지하여 머문다. 만일 음식이 없으면 신체는 주리고 야위어
져 설령 재물과 법이 있더라도 어찌 몸과 목숨을 제도하겠는가.
대개 극도의 고통에 있는 중생으로 연유하여 자비심을 일으켜 제도
한다. 그러므로 먼저 그 음식을 베푸는 것이다."[19]

'시식의례'의 명칭에는 비록 '시식'만 들어 있지만 '무외시', '법시'가
다 들어 있다는 갈파이다. 보시의 공덕과 시식의 공덕을 살폈으니,
이제 이곳에서 다루는 시식의례의 근원경전인 『유가집요구아난다라
니염구궤의경』에서 설하는 붓다의 법음을 들어볼 차례이다.

다라니법으로 가지한 이 음식과 물은 그 양이 법계의 음식과 같아져
다함이 없어서 모두가 다 성과聖果를 얻어 괴로움의 몸을 벗어난다.
부처님께서 아난에게 말씀하셨다. "그대는 지금 이 다라니법을 받아
지녔으므로 그대의 복덕과 수명은 늘어날 것이고, 아귀들은 하늘나
라에 나고, 또 정토에 나고, 인천의 몸을 받을 것이다. 시주로 하여금
장애를 굴려 재앙을 없애며 수명이 더욱 늘어나고, 현재는 수승한
복을 불러들이고 미래에는 보리를 얻는다."[20]

---

19 雲棲 袾宏 補註, 『修設瑜伽集要施食壇儀』, X. 59, p.272a.

20 不空 譯, 『瑜伽集要救阿難陀羅尼焰口軌儀經』, T. 21, p.469a.

시식의례의 핵심인 '다라니법'으로 가지를 하면 한 그릇의 음식이 갖가지 감로음식으로 변해지는데 그 양은 법계의 음식과 같아진다. 그렇게 되어야만 다함없는 이들이 먹을 수 있다. 먹고 나면 괴로운 몸을 벗어나게 된다. 또 시식의례를 행한 시주는 복덕과 수명이 늘어나고 시식을 받는 아귀들은 하늘나라에 나고, 정토에 나며, 인간의 몸을 받는다고 설하고 있다.

2) 시식의례의 기원과 구조

① 시식의례의 기원

시식의례는 『불설구발염구아귀다라니경佛說救拔焰口餓鬼陀羅尼經』, 『불설구면연아귀다라니신주경佛說救面然餓鬼陀羅尼神咒經』에 근거한 의궤에 기초한다. 잘 알려진 두 경전의 개략적인 이야기는 대동소이하다. 다음은 『불설구발염구아귀다라니경』의 요약이다.

아난이 홀로 조용한 곳에서 소수법所受法을 염念하고 있었다. 밤 삼경三更이 지났을 때 매우 마르고 누추한 염구焰口라는 아귀가 "삼일 뒤 너는 명이 다하고 아귀계에 태어날 것이다"고 했다. 이 말을 듣고 두려워 아난이 "만일 내가 죽어 아귀로 태어나는 것을 면하려면 어떻게 해야 하는가" 하고 물어 아귀로부터 "백천 나유타 항하사수 아귀에게 음식을 대접하고 또 아귀들을 위해 삼보께 공양 올리면 면할 수 있다"는 대답을 듣게 된다.[21]

---

21 不空 譯, 『佛說救拔焰口餓鬼陀羅尼經』, T. 21, p.464c.

아난은 삼경에 소수법所受法을 닦고 있던 중 아귀로부터 3일 뒤에 명이 다해 죽게 되고 이후에 아귀세계에 태어나게 된다는 말을 듣는다. 놀란 아난은 붓다께 방법을 청한다. 붓다로부터 붓다가 전세에 관세음보살로부터 받은 '무량위덕자재광명수승묘력無量威德自在光明殊勝妙力' 다라니와 4여래四如來의 명호와 진언을 받아 가르침대로 행해 아귀들에게 시식한다. 이렇게 함으로써 시식의施食儀의 근거가 마련된 것이다. 시식의 연유는 아난이 수명 연장과 사후 아귀계를 면하기 위해 아귀에게 시식을 하는 표면적 구조로 이뤄져 있다.

아난은 소수법을 염했기 때문에 아귀를 보았다. 삼경에 소수법을 닦지 않았다면 아난이 아귀를 볼 수도, 수명을 연장할 수도 사후 아귀계를 면할 수도 없었다. 이 점은 많은 것을 시사한다. 필자는 아난이 이때 '신수심법身受心法' 사념처四念處의 '수염처(受念處: 感受)'를 관觀하였다고 생각한다. 삼경에 일어날 수 있는 최고의 감수感受는 누가 뭐래도 하루에 아침 한 끼를 먹는 수행자에게는 배고픔이라고 할 수 있다. 아난은 삼경에 이르는 정진을 통해 배고픔이라는 인간의 근원적 고통에 대해 다시 한 번 인식하였고, 그것을 통해서 배고픈 이들을 볼 수 있었다고 생각할 수 있다.

어떻게 배고픈 이들을 먹일 수 있는가, 또 어떻게 하면 배고픈 아귀의 고통을 덜게 할 수 있는가에 대한 대답이 시식의례施食儀禮의 등장 배경이라고 할 수 있다.

만일 시주가 대승에 깊은 믿음으로 유가를 바라고 다라니陀羅尼 감로법문을 좋아한다면, 모든 유정을 건지겠다는 마음을 내고 은근

히 찬탄하며 큰 재보를 희사하여 스승을 삼청해서 시식施食/단법檀法
을 청하며 한결같이 평등한 마음으로 미워하고 원망하는 마음을
떠나 후회하지 않는 보시를 항상 행하며.[22]

시식은 진언염송과 같은 종교적 행위와 더불어 보시를 통해 배고픈
이를 구제하는 사회적 행위에 기초하고 있음을 알 수 있다. 곧 시주자施
主者는 재보財寶를 보시하고, 수행자修行者는 '가지加持'라는 종교적
의례를 통해 공양물을 '정화淨化/성화聖化'하는 과정을 거쳐 일체 여래
와 선신仙神과 귀중鬼衆, 그리고 배고픈 이들에게 베풀어 먹게 하는
것이 시식의례이다. 이는 종교적 의례라는 표면적 모습이지만 진정한
사회복지의 실현이라고 할 수 있다.

붓다가 아난의 고민을 풀어주기 위해 설해준 '무량위덕자재광명승묘
력진언無量威德自在光明勝妙力變食眞言'이라는 다라니로 가지(加持: 宗
敎的 聖化)를 하고, 또 불보살의 자비 원력願力에 의해 한 그릇의 음식이
한량없는 음식으로 변화된다. 한량없는 음식으로, 한량없는 아귀를
먹일 수 있게 되고, 배부른 이들은 (편안한 마음을) 불타의 진리를
듣고 복덕과 수명이 증장된다. 뿐만 아니라 깨달음(bodhi)까지도 얻게
되는 것이다.

그대가 지금 수지受持한 이 다라니법陀羅尼法은, 그대는 복덕과 수명
이 증장되고, 아귀는 천상과 정토에 나고 인천의 몸을 받게 한다.
시주는 장애와 재앙을 없애고 수명을 더욱 늘리며, 수승한 복을

22 不空 譯, 『瑜伽集要救阿難陀羅尼焰口軌儀經』, T. 21, p.469b.

불러오고 보리를 증득하게 한다.[23]

시식의례는 '시식'과 '공양'이라는 보시를 통해 타자他者를 해탈시킬
뿐만 아니라, 자신도 복덕을 성취해 마침내 지혜를 이루게 하는 것임을
보여주고 있다.『지장보살본원경』「이익존망품利益存亡品」의 '망자亡
者를 위해 올린 공양의 복덕과 이익의 일체 성스러운 것의 칠분의
일은 망자가 받지만 칠분의 육은 자신이 받는다'는 칠분공덕설七分功德
說[24] 또한 시식의 공덕이 자신의 선업을 닦는 것임을 분명하게 설하고
있다.

이상의 여러 경전들의 언설로 볼 때 시식의례는 '상구보리 하화중생'
이라는 대승의 보살도인 보시바라밀을 실천하는 장이라고 할 수 있다.

그러므로 중생구제의 자비와 자기완성의 지혜를 닦는 도량道場인
시식의례는『불설구발염구아귀다라니경』을 바탕으로 하여 의례로 정
착된 것으로 이해할 수 있다. 여기에『유가집요시식의궤瑜伽集要施食儀
軌』나『증수선교시식의문增修禪敎施食儀文』등이 더해져 더욱 정교화
되었다.『불설구발염구아귀다라니경』의 진언 중심의 초보적 단계의
행법에 수인手印과 작관법(作觀法: 意想) 등이 더해진 시식의례로 성립
되었다고 할 수 있을 것이다.[25]

---

23 不空 譯,『瑜伽集要焰口施食起敎阿難陀緣由』, T. 21, p.473a.

24 實叉難陀 譯,『地藏菩薩本願經』, T. 13, p.784b.

25 졸고,「韓國佛敎의 '施食儀' 認識과 變形考察－『增修禪敎施食儀文』의 受容과
理解를 中心으로－」,『생사의례(供養)의 문화비교 연구발표회 자료집』(供養の文
化比較硏究會, 2008), pp.35~37.

② 한국불교 주요 시식의례의 구조

한국불교 주요 시식의례라고 할 수 있는 관음시식은 선행 시식의례의 영향 등 여러 여건으로 인해 적지 않은 변형을 겪었다. 시식의례를 담고 있는 시식의문은 대개 독자적으로 발행된 경우보다 제반작법諸般作法이나 각청의식各請儀式과 함께 편제되어 있다. 의식집 편찬자의 한결같은 고민은 의식에서 봉행되는 소청召請이나 진언眞言의 역할과 차례次第 등인데, 주요 의식집의 출입出入·산보刪補·삼증芟增 등이[26] 이를 증명한다. 비고정적非固定的이고 비확정적으로 인식하는 불교의 사고[27] 체계는 비교적 새로운 사상과 형식의 수용에 관대해, 의례 변형에도 적용되었다고 할 수 있을 것이다.

가. 관음시식의 구조

〈표Ⅲ-1〉은 한국불교의 시식의례를 '서분·정종분·봉송분'으로 분과하고 있다.

---

26 正覺, 前揭論文, p.333에서 '현행 제례의 성립 개관을 위한 공람표'라는 도표에서 6종의 의식집을 비교하고 있다.

27 다카쿠스 준지로 지음, 정승석 옮김, 『불교철학의 정수』(대원정사, 1989〔1996〕), pp.39~72. 불교철학의 근본원리로 '(1) 연기의 원리, (2) 비결정론과 불확정의 원리, (3) 회통의 원리, (4) 참된 실재(眞如)의 원리, (5) 총체성(法界)의 원리, (6) 완전한 자유(涅槃)의 원리'를 제시하고 있다.

〈표III-1〉『일용의식수문기』의 시식의례 분과[28]

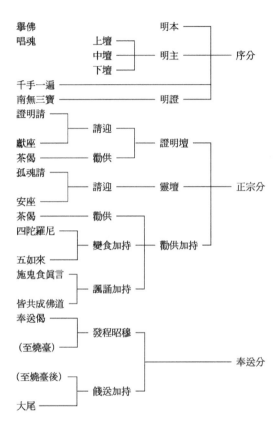

이 분과는 이전의『한국불교 의례の연구』의 시식분과와 크게 다르지
않다. 〈표III-1〉은 '시귀식진언'부터 '개공성불도'까지를 '풍송가지'라고
하여 권공가지의 하위로 세분하고 있지만『한국불교 의례の연구』는
'칭양성호', '시귀식진언', '보공양진언·보회향진언'과 '여래십호·아미

---

28 월운,『日用儀式隨聞記』(중앙승가대학출판국, 1991), pp.60~61.

타불염불·장엄염불 후송염불'을 동격으로 분류하고 있다.[29] 〈표Ⅲ-1〉
의 분과에서는 무외시·재시·법시의 삼단三檀을 드러내기 어렵지만
『한국불교 의례の연구』의 분과는 변식과 법시·재시 등을 대등격으로
이해하고 있다.

시식의례는 음식을 베푸는 의식이므로 음식을 베풀려면 베풂을 받을
이들을 청해〔召請〕, 음식을 베풀 뿐만 아니라 무외시와 법시를 하고〔施
食〕, 보시를 받은 이들이 있을 자리로 돌려보내는〔奉送: 往生〕 순서와
구조를 가지고 있다. 그런데 위의 분과를 보면 창혼은 서분에, 청혼은
정종분에 배대하고 있다.

이에 비해 필자는 거불에서부터 '고혼청의 다게'까지를 '① 소청召請'
으로 분류하고, 변식에서부터 법시의 열반게송까지를 '② 시식施食',
정토업부터 마지막까지를 '③ 왕생往生'이라고 분과한다. 의미 층위를
아래와 같이 계단식으로 도시할 수 있다.

1) 召請
　　唱魂 著語
　　請魂 진령게
　　　　　풍송가지: 천수찬게, 천수주
　　　　　　　　파지옥게·진언, 파지옥진언, 해원결진언
　　　　　보소청진언
　　　　　나무삼보, 나무대방광불화엄경
　　　　〔冥界請〕 증명청, 향화청, 가영, 헌좌, 다게
　　　　　　　　고혼청, 청사, 향연청, 가영, 수위안좌진언, 다게
2) 施食
　　變食 〔풍송가지〕 변식 사다라니

---

29 洪潤植, 『韓國佛敎儀禮の硏究』(隆文館, 昭和 51年), pp.218~219.

施食〔無畏施〕 칭양성호 오여래
　　　　〔財施〕 원차가지식~, 시귀식·보공양진언,
　　　　　　　공양찬(수아차법식~처처안락국)
　　　　〔法施〕 반야게송, 여래십호, 법화게송, 열반게송
　3) 往生
　　정토업: 장엄염불, (송주성) 칭명가지(아미타불 등 제보살명호),
　　　　　왕생발원, 봉송, 왕생발원
　　보례삼보
　　행보: 법성게,
　　봉송: 봉송소, 풍송가지(시방삼세일체불~마하반야바라밀)
　　　　원왕생발원 소전진언·봉송진언·상품상생진언
　　회향: 보회향진언, 회향게, 삼회향 가지

　다음은『사寫범음집』소재 관음시식의 구조를 분석할 수 있지만, 시식의례에는 시식만 단독으로 행하는 경우도 있으나 수륙재, 영산재와 같은 재공의례에서도 하단의 시식이 행해진다. 그러므로 '삼단시식'으로 행해지는 수륙재 가운데 가장 짧고 수인법이 있는『결수문』의 구조를 살펴보면 시식의례의 구조를 분석·설명하는 데 의미가 있을 것이다.

나.『결수문』의 구조

『결수문』은 '수륙재촬요'의 별칭으로 '설회인유편 제1'에서 '봉송육도편 35'까지로 분편되어 있는데 35편을 6편으로 대분과하고 그 하위는 의미 단락이 분장되는 곳에는, 가령 제1편은 6장, 5편은 3장, 6편은 2장으로 세분하거나 계단식으로 분위하였다.[30]

---

30 저본은『水陸無遮平等齋儀撮要』(忠州 月嶽山 德周寺 版, 1573,『한의총』1 所載,

84

제1편 도량건립·고지개로의
　　〔1〕설회인유편 (정삼업진언, 계도도장진언, 삼매야계진언)
　　〔2〕엄정팔방편 (쇄정호마다라니, 건단진언, 개단진언, 결계진언)
　　〔3〕발보리심편 (발보리심진언)
　　〔4〕주향통서편 (분향진언)
　　　〔주향공양편〕
　　〔5〕소청사자편 (소청사자진언)
　　　〔안위공양편〕
　　　〔봉송사자편〕(봉송진언)
　　〔6〕개벽오방편 (보소청진언)
　　　〔안위공양편〕(개통도로진언)
제2편 상위소청의
　　〔상위소청편〕(불부소청진언, 연화부소청진언, 금강부소청진언)
　　〔헌좌안위편〕(헌좌진언)
　　〔보례삼보편〕
제3편 중위소청의
　　〔소청중위편〕(소청삼계제천주, 소청오통선인주, 소청대력선신주)
　　〔천성예성편〕
　　〔헌좌안위편〕(헌좌진언)
제4편 하위소청의
　　〔소청하위편〕(파지옥진언, 멸악취진언, 소아귀진언, 보소청진언)
　　〔인예향욕편〕(정로진언)
　　〔가지조욕편〕(목욕진언, 작양지진언, 수구진언, 세수면진언)
　　〔가지화의편〕(화의재진언, 수의진언, 착의진언, 정의진언)
　　〔출욕참성편〕(지단진언)
　　〔가지예성편〕
　　〔수위안좌편〕(안좌진언)
제5편 삼위공양의

---

pp.623~649)이고, 분과는 『삼밀시식행법해설』(법안·우천 공저, 정우서적, 2011)
의 분과이다. 공저자 우천은 필자임.

〔1〕상위공양

　　[가지변공편]

　　정법계진언, 변식진언, 출생공양진언, 헌향진언, 헌등진언, 헌화진
　　언, 헌과진언, 헌수진언, 헌병진언, 헌식진언, 운심공양진언

〔2〕중위공양 (운심공양진언)

〔3〕하위보시

　　[선양성호편]

　　다보여래진언, 묘색신여래진언, 광박신여래진언, 이포외여래진
　　언, 감로왕여래진언

　　[설시인연편] (십이인연진언)

　　[선밀가지편] (멸정업진언, 해원결진언)

　　[주식헌공편] (변식진언, 시감로수진언, 수륜관진언, 유해진언)

　　[고혼수향편] (시귀식진언, 보공양진언)

　　[참제업장편] (참회진언)

　　[발사홍서편] (원성취진언)

　　[사사귀정편] (귀의삼보진언)

　　[석상호지편] (지계진언)

　　[수행육도편]

　　[관행게찬]

제6편 회향·봉송의

〔1〕회향의식

　　[회향게찬]

〔2〕봉송의식

　　[봉송육도편] (봉송진언)

　　수륙재의들은 의문에 따라 상이한 구조를 띠고 있다. 대표적인 예로 위의『결수문』에서처럼 상위와 중위와 하위를 다 청하고 나서 상위와 중위에 공양을 올리고 하위에 가지과정〔가지변공〕을 거친 후 시식을 행하지만, 경우에 따라서는『지반문』에서와 같이 상위를 청하고 바로 공양을 올리고, 중위를 청하여 공양을 올리고 하위를 청하여 가지를 하고 나서 시식을 베풀기도 한다.[31] 또『중례문』의 경우는『결수문』과

같이 상위의 불보살이나 중위의 신중들도 하위를 청해 목욕을 마치고 성현께 인사를 드리게 한 이후에 공양을 올리고 있다.[32]

　한국불교의 시식의례는 관음시식과 같은 단독의 시식의례뿐만 아니라 수륙재나 영산재와 같은 종합 공양의례에 나타나는 시식의문을 함께 살펴보지 않으면 그 모습을 온전히 살펴보기 어렵다. 그러므로 본서의 시식의례체계는 관음시식을 바탕으로 하되 수륙재나 영산재 등 재공의 하단시식을 함께 보면서 의례체계와 인식을 살펴보고 있다. 관음시식의 구조를 소청, 시식, 왕생〔봉송〕으로 분과할 수 있지만 이를 다시 대상을 청하는 '소청召請', 소청한 이들에게 삼보의 힘을 의지하게 하는 '가피加被와 귀의歸依', 소청한 이들을 목욕하게 하는 '목욕의식沐浴儀式', 음식을 변화시켜 소청한 이들에게 베푸는 '변식變食·시식', 법문을 들려주어 마음을 열어주고 사홍서원을 하는 '법시法施·서원誓願', 소청한 이들에게 정토에 가서 날 수 있도록 선업을 닦는 '정토업淨土業·봉송奉送'으로 세분하여 논의를 진행한다.

2. 소청의식

시식을 개최하고자 하면 시식을 여는 법회도량에 시식을 받을 대상을 초청해야 한다. 소청召請은 곧 부르는 의식이다. 부르는 의식이 한

---

31 志磐 撰, 『法界聖凡水陸勝會修齋儀軌』, 俗離山 空林寺 版, 1573, 『한의총』 2, pp.575~619.

32 竹庵 編, 『天地冥陽水陸齋儀纂要』, 江原道 雪嶽山 神興寺, 1661, 『한의총』 2, pp.227~250.

편을 이룬다는 것은 그만큼 부르는 절차가 만만찮다는 것을 의미한다. 『한글』① 소재 관음시식 등에 나타나 있는 소청은 혼을 부르는 창혼唱魂과 혼을 청하는 청혼請魂으로 이뤄져 있다. 어떤 차이 때문에 다른 표현을 하고 있는지를 보자.

1) 창혼
① 『한글』① 소재 관음시식의 창혼

사바세계 남섬부주 동양 대한민국 ○○시 ○○동 ○○사 청정수월도량에서 오늘 ○○재일을 맞이하여 향단 차려 천도 온 ○○시 ○○동에 거주하는 행효자 ○○○ 등이 엎드려 부르옵나니, 망엄부(망자모) ○○후인(유인) ○○○영가시여 – "據 娑婆世界 此四天下 南瞻部洲 東洋 大韓民國 ○○市 ○○洞 ○○寺 淸淨水月道場 今此至誠 第當 ○○齋之辰 薦魂齋者 ○○市 ○○洞 居住 某人伏爲 所薦 先嚴父(先慈母) ○○後人 ○○○靈駕"[33]

위 예문은 '행효자는 부르고[召], 법주法主는 모모 영가시여라고 창唱하고' 있다. 하지만 실제 의식에서 행효자는 마음속으로 부를 수는 있겠지만 발성을 하지 않는다. 행효자는 '효도를 행하는 자'라는 의미로, 본인이 직접 자신을 지칭할 때는 '효자 효손'이라고 한다. 그러므로 '행효자'라고 하면 '타자'가 대신 창하고 있음을 의미한다.

동일 구문인 『사寫범음집』의 창혼은 '행효자'라는 표현이 등장하지

---

33 『한글』①, pp.83~84.

않고 곧바로 '모인'이라고 하면서 '모인에 의해 천도를 받게 되는 모인 영가'를 삼설[34]하고 있다. 이에 비해 『한글』①은 아래와 같은 '재설'을 시설하고 있다.

영가를 중심하여 지난 세상에 먼저 돌아가신 스승, 부모, 여러 대의 종친, 형과 아우, 숙부, 백부, 모든 친족 등 여러 영가와 이 도량 안과 밖, 마을의 위와 아래, 주인 있고 주인 없는 외로운 영혼들과 나라 위해 목숨 바친 충의장졸 영령들과 지옥계와 아귀도중 고통받는 고혼이시여 – "(再說) 靈駕爲主 上逝先亡 曠劫父母 多生師長 累世宗親 弟兄叔伯 姉妹姪孫 遠近親戚等 各列位列名靈駕 此道場內外 洞上洞下 一切 有主無主孤魂 諸佛子等 各列位列名靈駕 建國以來 爲國節士 忠義將卒 各列 位列名靈駕 五無間獄 餓鬼道中 受苦含靈等 各列位列名靈駕"[35]

『통일』(2003)의 '재설'은 '당해 영가(망엄부·망자모) ○○후인(유인) ○○○영가시여'를 '재차 설하라'는 지문으로 읽힐 수 있다. 하지만 『한글』①은 '재설再說'이 한문 원문에서 개행되어 당해 영가가 아닌, 영가를 중심으로 함께 청하는 영가를, '재차 설하라'는 것으로 읽혀진다. 이에 비해 『사寫범음집』에는 함께 청하는, 즉 다시 말해서 고혼을 청하는 항목이 없다. 『한글』①과 달리 당해 영가만을 창하고 있는 것이다.

---

34 『사寫범음집』(1923), p.102前面. "據 娑婆世界 云云 居住 今日 云云 某人伏爲 所薦亡 某人 靈駕(三說)"

35 『한글』①, p.84.

당해 영가만을 칭하는 '모인 영가'는 곧 '모령某靈'만 청하는 것이므로 널리 공양을 하는 '시식'의 개념이 약해진다. 해당 법회에 불리는 특정 영가에게만 시식을 행한다는 것임을 알 수 있다. 기제사와 유사한 개념이라고 할 수 있다.

『사寫범음집』이 필사된 시기와 크게 차이가 나지 않는 『석문』(1935) 소재 관음시식의 창혼은 "진령삼하거사바세계운운振鈴三下據娑婆世界云云"이다. 요령을 세 번 내리고 "거사바세계운운"라고 하는 것은 "거사바세계 모처 거주 모인 복위 소천망 모인 영가"라는 것을 거론할 필요조차 느끼지 않았기 때문이라고 보인다. 생략이 아니라 당해 영가를 부를 때는 재자의 주소를 말하고, 시식을 거행하는 재자가 청하는 당해 영가를 창하는 것은 당연하므로 『사寫범음집』과 같이 구체적으로 표현되지 않았다고 하겠다. 그러므로 『석문』도 창혼의 대상은 당해 영가로 이해하고 있다고 할 수 있다. 그런데 『석문』에는 착어 다음 구절에서 관음시식의 대상이 확장되게 되는 단초가 보인다.

靈源湛寂 無古無今 妙體圓明 何生何死 便是 釋迦世尊 摩竭掩關之時節 達磨
大師 少林面壁之家風 所以 泥蓮河側 槨示雙趺 嶺途途中 手携隻履 諸佛子
還會得 湛寂圓明底一句麼[36]

신령한 영가의 근원은 맑고 고요해 옛날도 지금도 없으며, 신묘한 영가의 본체는 뚜렷이 밝아 나고 죽음 어디에 있겠습니까. 이 도리는 석가세존 마가다국에서 묵묵히 동함 없이 앉아 머무시는 참 도리이며 달마 대사 소림에서 면벽하신 소식입니다. 이 때문에 석가세존

---

36 『석문』 하권, p.71.

니련하 강가에서 관 밖으로 양쪽 발을 내보이셨고, 달마 대사 총령고
개 넘으시며 짚신 한 짝 들고 가셨습니다.
여러 불자여, 청정하고 고요하며 또렷이 밝은 말을 떠난 이 소식을
아시겠습니까.

착어에 이어 『사寫범음집』은 당해 영가를 창했으므로 '모령'이라고
하고 있지만 『석문』은 '제불자諸佛子'라고 하여 여러 영가와 불자를
창하고 있다. 착어를 듣는 이들이 여럿이 있으니 '여러 불자'가 된다.
수륙재나 영산재의 재후齋後 시식의 경우에는 부르는 영가가 많으므로
'여러 불자'라고 할 수 있지만, 부르는 영가가 특정 영가일 때는 '모령'으
로 한정된다. 『석문』에 당해 영가를 창하고 당해 영가를 위주로 일체
친족 영가 등 일체 인연 영가를 청하는 과정이 생략되었다고 볼 수도
있지만 『사寫범음집』의 창혼을 보면 그렇게 수긍하기도 어렵다.
　관음시식에 대해 현재 한국불교계에서 어떻게 인식하고 이해하고
있는지 알아보려면 『통일』과 『한글』①의 시식의례 목차를 비교해볼
필요가 있다.

〈표Ⅲ-2〉『통일』과 『한글』①의 관음시식 관련 목차

『통일법요집』(1998)	『통일법요집』(2003)	『한글』①(2004)
2. 시식	1) 시련	제1 대령
1) 관음시식·천도	2) 재대령	제2 관욕
2) 상용시식·영반	3) 관욕	제3 지장불공
3) 화엄시식·영반	4) 신중작법	제4 신중단 퇴공
4) 구병시식·천도	5) 거량·설법의식	제5 관음시식
5) 사십구재시식·천도재	6) 불공·지장청	제6 상용영반시식

3. 천도의식 　1) 천도재 　2) 설법순서~	7) 중단퇴공 8) 관음시식	

　관음시식에서 천도의 대상을 당해 영가로 하는가, 아니면 일체의 인연 영가로 하는가 하는 것은 시식의 범주와 관련이 있다. 『한글』①은 관음시식과 상용영반시식을 함께 제시하고 있는데, 이는 상용영반과 관음시식을 같은 천도시식으로 이해하기 때문이라고 할 수 있다.

　하지만 현재의 관음시식은 당해 영가와 영가 위주의 영가까지 창혼의 대상으로 삼고 있다. 그런데 『한글』①에서는 '재설'을 '영가 위주 인연 영가'에 배치하고 있다. 이것은 당해 영가를 한 번 창하고 영가 위주 인연 영가를 두 번 설하여 삼창하는 것으로 이해되고 있는 것으로 볼 수도 있다.

　필자의 생각에는 오기誤記라고 이해된다. 의궤에서 '삼창', '삼설', '삼편' 등을 표기할 때 의문儀文의 앞에 선행하여 표기하거나 끝에 후행하여 표기하기도 하는데, 『한글』①은 『통일』의 뒤에 나타나고 있던 것을 인자 과정에서 앞으로 보내고 이것을 다시 줄을 바꾸는 과정에서 선행하게 되어 '다시 설하는〔再說〕' 것으로 이해되었다고 보인다.

　결국 현재 『한글』① 관음시식의 창혼은 당해 영가를 한 번 창하고 영가 위주 인연 영가를 두 번째 설하여 창하는 것으로 이해하고 있다고 하겠다. 그렇다면 현대 이전의 시식의문의 예는 어떤지 보기로 한다.

②근대 이전 의문儀文의 창혼

〈표Ⅲ-2〉의 『통일』(1998) 목차에서 확인할 수 있듯이 시식은 천도와 영반의례라고 이해하고 있다. 천도와 영반이라는 두 의례의 차이에 대해서도 차츰 논구해 나가겠지만 당해 영가를 청하는 의례의 하나라고 보이는 『작법귀감』(1826) 소재 '통용진전식'의 창혼은 어느 정도 의문을 해소해 주고 있다.

(아무 영가여), 쓸쓸하고 고요하며 맑고 텅 비었으니 멀리서나마 이 금탁金鐸의 맑은 소리를 듣고 속히 하늘같이 높은 난야(蘭若: 절)에 이르소서. 그리하여 마음을 가다듬고 자리에 편히 앉아 저의 이 법의 음식 받고 무생을 단번에 깨달으소서. 〔일설에는 편안하게 앉게 하는 진언을 한다고 한다.〕

(아무 영가여), 향로 속에 몇 개비 향을 사르니 향냄새 온 법계에 두루 퍼져서 시방의 하늘에 가득하고, 단 위에 한 점의 등불을 돋우니 그 불빛 여섯 갈래 세계에 사무쳐서 어두운 거리를 비추어 어두움을 깨뜨리나이다.……

(아무 영가여), 신비한 지혜는 밝디 밝으니 굽혀 이 음식을 흠향歆饗하 소서.[37]

---

37 "(某靈) 蕭然空寂 湛爾冲虛 遠聞金鐸之淸音 速赴雲霄之蘭若 攝心安座 受我法食 頓悟無生(一說安座眞言) (某靈)數枝香爇爐中 周徧法界 而方盈十虛 一點燈挑壇 上 光通六途 而照破昏衢 ~ (某靈)神智昭然 俯歆斯奠." 亘璇 集, 『作法龜鑑』(『한불 전』 10), p.565中; 김두재 역, 『작법귀감』(동국대학교 출판부, 2010), p.84.

법어를 들려주는 대상은 '아무 영가(모령某靈)'으로 한정돼 있다. 현재의 관음시식처럼 영가 위주 인연 영가로 확장되지 않았다. 『사寫범음집』과 『석문』에도 '모령'에 한정되었던 것이 인연 영가로 확대되는 연유를 살펴보자. 위 '통용진전식'과 달리 『작법귀감』 소재 '상용시식의'나 '상용영반'은 "제불자諸佛子", "법계유주무주애고혼불자法界有主無主哀魂佛子"[38]라고 하여 특정 영가가 아님을 알 수 있다.

그럼에도 불구하고 현재의 관음시식에는 창혼의 대상이 확대되고 있다. 관음시식은 당해 영가에 대한 제사 개념보다 일체 영가에게 시식하고 천도하는 의미를 가지고 있다고 이해하고 있기 때문이라고 할 수 있다. 관음시식이 시식이라는 이름을 갖는 순간, 천도라는 개념으로 확대되게 된다고 할 수 있다.

재를 길게 봉행할 시간이 없을 때 행하는 관음시식과 시간이 허락될 때 행하는 전시식奠施食[39]의 창혼을 비교해 보자.

(唱魂云) 上來 迎請齋者 時會大衆 各伏爲 (云云) 乃至 此寺 創建以來 乃至 一切 哀婚等衆 各 列位靈駕[40]

전시식을 위한 창혼에는 청하는 재자와 시회대중의 각 복위 내지 차사 창건 이래 내지 일체 애혼 등중 각 열위 영가들이 창혼되고 있다.

---

38 亘璇 集, 『作法龜鑑』, 『한불전』 10, p.565上.

39 智禪 編, 『五宗梵音集』, 『한불전』 12, p.175上. "忙迫則觀音施食可也; 從容則奠施食可也."

40 『석문』 하권, p.65.

〈표III-3〉 근대 이전 시식의문의 창혼과 청혼[41]

『三壇施食文』(1496)	『增修』(16世紀中)	『雲水壇謌詞』(1627)	『作法龜鑑』(1826)
一請 奉爲某靈駕	一請 請魂(請詞)	一請 冥途鬼界	一請 奉請某靈駕
二請 奉爲某靈駕· 法界亡魂	二請 召請某靈· 法界亡魂	二請 無	二請 無
三請; 諸餓鬼衆· 奉爲某靈駕· 無主孤魂	三請; 證明引路· 奉爲某靈駕· 爲首法界亡魂	三請; 鬼王等衆· 某靈· 地獄受苦衆生	三請 伏爲某靈駕· 爲主先亡· 無主孤魂

『삼단시식문』(1496)은 설판재자가 있는 수륙재의 성격을 가지고 있고, 『운수단가사』(1627)는 운수 스님들에 의해 봉행된 시식이라고 보이는데, 『증수선교시식의문』(16세기 중)과 『작법귀감』(1826)은 유사한 성격의 것으로 이해된다. 『작법귀감』의 '상용시식의'나 '통용진전식'에는 2청, 즉 재설과 같은 창혼이 없다.[42] 이 점은 상용시식이나 통용진전식의 성격을 파악하는 데 도움이 된다. 상용시식은 문자 그대로 상용하는 시식이고, '통용진전'은 진전進奠할 때, 제수를 올릴 때 통상적으로 쓰이는 의식이라고 이해할 수 있다.

③창혼의 성격

창혼唱魂은 혼의 이름을 부르는 것이다. 불러서 법을 일러드리고 시식

---

41 『增修禪教施食儀文』, 16世紀中, 『한의총』1, pp.365上; 『삼단시식문』, 1496, 『한의총』1, pp.476下~477;
『雲水壇謌詞』, 1627, 『한의총』2, pp.17~18; 『作法龜鑑』, 1826, 『한불전』10, pp.562~563.
42 법계 창혼이 보이지 않지만 지극히 당연한 것이므로 생략되었다는 견해도 있다.

을 한다. 이후의 청혼과 다른 점은, 창혼의 대상은 부르기만 하면 올 수 있는 곳에 머물고 있지만 청혼은 그렇지 않다는 것이다. 제시한 예문에서 볼 수 있듯이 창혼 이후에 착어라는 법문을 시설하고 있는 것으로 볼 때 더욱 그렇다.『석문』이나『사찬범음집』에서와 달리『통일』이나『한글』①에서는『석문』이후의 본들이 그렇듯이 당해 영가의 창혼에 영가 위주 인연 연가를 함께 불러 법문을 들려주고 이후의 시식이 진행되고 있다.

결국 간단한 시식이라고 할 수 있는 관음시식은 초기에는 제사용과 같은 의미로 사용되었다고 보이지만 후대로 올수록 크게 행하는 '전시식'과 같은 역할을 함께 봉행하게 되면서 창혼의 확장이 일어났다고 보인다. 다시 말해 당해 영가뿐만 아니라 인연 영가 등 법계의 고혼을 함께 청하여 시식을 베풀게 되었다는 것이다. 마치 속담에서처럼 수저 하나 더 놓는 심정으로 말미암아 확장의 길을 걷게 되었다고 보인다. 이 같은 저간의 사정을 반영하듯이『석문』이후 의례 서적에는 '전시식'이 잘 보이지 않는다.

2) 청혼
① 청혼의 구조
창혼은 영가를 부르는 것이다. 곧 거명만 하면 된다. 마치 출석을 확인하듯이 선생님이 호명만 하는 것이다. 그에 비해 청혼은 이름을 부르고 '오십시오' 하고 청해야 한다. 이것이 창혼과 청혼이 다른 점이다. 〈표III-1〉에서는 창혼은 서분으로, 청혼은 정종분으로 분과하고 있지만[43] 본서에서는 창혼과 청혼을 소청이라고 분과하였다. 본서의 논지대로 분과하면 청혼은 다음과 같이 세분된다.

請魂〔진령게〕
    풍송가지: 천수찬게, 천수주
        파지옥게·진언, 파지옥진언, 해원결진언, 보소청진언
    〔가피〕 나무삼보, 나무대방광불화엄경
    〔명계청〕 증명청, 향화청, 가영, 헌좌, 다게
        고혼청, 청사, 향연청, 가영, 수위안좌진언, 다게

  계단식으로 표기한 『한글』① 소재 관음시식 구조 분석에서 보였듯이, 필자는 '진령게'에서 '보소청진언'까지의 1단계, '나무삼보'에서 '대방광불화엄경'의 칭명·창제 가피의 2단계, 증명청에서 고혼의 '안좌와 다게'까지를 명계청의 3단계로 나누었다.

  1단계는 청하는 단계로 진령게부터 시작된다. 요령을 울려 청하는 게송은 현교로 청하는 법이다. 그러므로 진령게 이후에는 보소청진언이 등장하게 된다. 수륙재 상·중단의 진령게 이후에는 한결같이 소청진언 앞에 진령게가 등장하고 있다.[44] 게송과 진언 구조로 이루어진 현밀의궤의 특징이다. 현밀의궤란 현교의 의식과 밀교의 의식이 합해져서 생성된 의궤로[45] 한국불교의 의례는 소수의 예경·예참법을 제외하고는 거의가 현밀의궤라고 해도 과언이 아니다. 문제는 이곳의 1단계에서

---

43 월운, 앞의 책, p.60.

44 『결수문』, 『한의총』 1, p.625上, 626上, 627上; 『지반문』, 『한의총』 1, p.583下, 585, 586上.

45 '현밀의궤'라는 이름을 단 대표적인 의궤로 遼 道殷의 『集顯密圓通成佛心要集』(T. 46)이 있다.

불릴 대상의 혼[영가]은 부르기만 하면 올 수 있는 곳에 있는 이들이 아니라는 것이다. 지옥에 빠져 있는 이들이다. 그러므로 풍송가지를 하게 된다. 이때 풍송하는 의궤가 바로 대비주이다. 구체적인 내용은 본론에서 다룬다.

2단계는 『한글』① 소재 관음시식 "나무상주시방불 나무상주시방법 나무상주시방승 나무대자대비구고南無大慈大悲救苦 관세음보살 나무 대방광불화엄경"이다. 이는 고혼을 청하기 위한 당구가피當求加被의 의식이다.

3단계는 명계의 영가를 청하는 의식인데, 명계의 영가를 청하기 전에 증명 성현을 청해 다茶를 올린다. 그리고 고혼을 청해 자리에 앉히고 다를 권하는 곳까지를 설정하였다.

② 풍송가지諷誦加持

진령게송을 보자. 앞의 창혼에서는 모인의 모인 영가와 고혼을 창唱해 착어를 들려주었다. 이제 진령게송은 청할 대상을 '명도의 귀계에 있는 영가'라고 분명히 못 박고 있다. 물론 그곳에는 당해 영가와 고혼도 있을 수 있으므로, 일단 명도의 귀중을 부른다는 것을 밝히고 있다. 이 요령 소리를 듣고 이 향단에 내려오라고 청하는 것이다. 그런데 『한글』① 소재 관음시식을 보면 한문은 '명도귀계보문지冥途鬼界普聞知'라고 하면서 해석은 '오늘의 영가여'[46]라고 하여 해당 영가를 부르고 있다. 『석문』의 진령게[47]도 원문은 『한글』①과 같다. 『한글』①

---

[46] 『한글』①, p.87.

[47] 『석문』 하권, p.71.

은 한문은『석문』을 따르고 있지만 내용은 '오늘의 영가여'라고 하여
『사寫범음집』의 한문과 같다.[48] 제본의 진령게송의 2구 소청영가를
살펴보자.

〈표Ⅲ-4〉 제본의 진령게 소청 영가 비교[49]

『增修禪教施食』	『雲水壇謌詞』	『作法龜鑑』	『사寫범음집』	『釋門儀範』
召請某靈·法界亡魂	冥途鬼界普聞知	冥途鬼界普聞知	今日靈駕普聞知	冥途鬼界普聞知

〈표Ⅲ-4〉는 중요한 단서를 보여주고 있다. '관음시식'을 '천도의식'이
라고 이해하지만 당해 영가를 위한 시식으로 인식하고 있다는 것이다.
『사寫범음집』은 영가를 부를 때 '모령'이라고 하여 특정 영가를 지칭하
고 있다. 『한글』① 소재 관음시식이 이곳에서 '오늘 영가여' 하고 있는
것으로 볼 때『사寫범음집』과 같이 전통적인 관음시식은 특정 영가를
위한 의식이라고 인식하고 있었다고 말할 수 있다. 물론 금일 영가를
특정 당해 영가만을 지칭하는 것이 아니라 '오늘 부를 일체의 영가'라고
확대 해석한다면 일리도 있겠지만, 그렇게 해석한다면 이후의 풍송가
지를 통해 이뤄지는 파지옥破地獄의 의미를 살리지 못하게 된다. 특히
『작법귀감』의 찬자는 '입영가심불가入靈駕甚不可'라고 협주하고 있다.
시식에서는 특정 영가를 진령게에 넣는 것이 불가함을 강조하는 언표라

---

48 『사寫범음집』, p.102後面.

49 『增修禪教施食儀文』,『한의총』1, p.365上;『雲水壇謌詞』, 1627,『한의총』2,
   p.17下;『作法龜鑑』, 1827,『한불전』10, p.563上;『寫梵音集』, p. 102後面;『석문』
   하권, p.71.

하겠다.

　진령게송을 하였으니 이제 명도의 귀계 중생들이 들을 수 있도록 진언의 힘에 의지하여 지옥을 파하게 된다. 그런 다음에야 비로소 밀교의 행법이라고 할 수 있는 보소청진언을 염송하게 되는 것이다.

가. 천수주에 의지하다

진령게 이후에 천수주를 찬탄하는 게송이 등장한다. 『한글』① 소재 관음시식에는 '착어'라고 하는 게송의 이름이 붙어 있다. 이 게송에 대해 현재와 같이 착어著語[50] 또는 표백表白[51]이라는 이름을 주로 달고 있는데, 그 내용은 관세음보살과 천수주의 공능을 찬탄하는 내용이다.

　자비광명 비춰면 연화가 피고/ 혜안으로 살피면 지옥이 비네.
　대비의 다라니 의지한다면/ 중생이 성불함은 찰나 간이리.

　이 게송을 착어로 이해할 수도 있겠지만, 중생의 고통을 자비 광명으로 비춰 지혜의 눈으로 살피시는 관세음보살의 공능을 설파하는 게송이다. "어젯밤엔 보타산에서 자재로이 관하시고[52] 오늘 아침 이 도량에

---

50 『作法龜鑑』, 1827, 『한불전』 10, p.563上; 『석문』 하권, p.71.

51 『釋王寺 勸供諸般文』, 1574, 『한의총』 1, p.670上; 『금산사 諸般文』, 1694, 『한의총』 2, p.508上; 심상현, 『영산재』(문화재관리국, 2003), p.328.

52 '昨夜寶陀觀自在'는 "어젯밤엔 관음보살 보타산에; 계시다가"(『한글』②, 62쪽); "어제 보타락가산에 계시다가"(진홍원, 『통일법요집』, 1988, p.45)로 '觀自在'는 '관음보살'로 번역하거나 번역하지 않고 있다. 이는 다음 구절 '今日降赴道場中'의 '降赴'의 의미상 대구로 인식하였다. '어젯밤에는 보타락가산에서 선정에 들어

강림하시네" 하는 관세음보살을 찬탄하는 가영과 그 맥을 같이한다. 자비광명과 혜안을 가지고 계신 관세음보살님과 그분의 위신의 힘이 고스란히 담긴 대비신주에 의지하면 중생들의 성불도 찰나 간에 이뤄진다는 것이다. 대비주에 의지하면 지옥을 파破할 수 있고, 그래야만 지옥의 중생들이 법회에 도착할 수 있는 것이다. 대비주에 의지해 지옥을 파하므로 대비주가 법문이라고 할 수 있지만, 이때 대비주는 우리의 '소원을 채워 주는 만원다라니이며, 업장을 녹이는 파악破惡다라니요, 마음속의 삼악도를 없애는 멸악취滅惡趣다라니'라고 할 수 있다.[53] 그러므로 이 게송은 착어나 표백이라고 하기보다는 '천수찬게'[54]라고 명명하는 것이 옳다고 할 수 있다.

그러니 "내가 이제 천수주 일 편을 고혼을 위해 (설하오니) 지극한 마음으로 들으시고 지극한 마음으로 받으시라"는 것이다.[55] 이 구절은 근대 이후의 본에서 보이고 있는데, 『한글』①이나 『석문』은 진령게에서와 같이 대상을 고혼孤魂이라고 한정하고 있다. 그렇지만 『사寫범음집』은 진령게의 '금일 영가'로 한정하였으므로 이곳에서도 '위망령爲亡

일체 중생의 고통을 살피시다가'로 이해한 것이다. 觀함에 자재하신 것이다. 자재하게 관하였으므로 중생의 소리를 듣고 오늘은 도량 중에 내려오실 수 있게 된 것이다.

53 졸저, 『천수경 의궤로 읽다』(정우서적, 2011), p.15; 伽梵達摩 譯, 『千手千眼觀自在菩薩廣大圓滿無碍大悲心陀羅尼經』(T. 20, p.110a)에는 '廣大圓滿, 無礙大悲, 救苦, 延壽, 滅惡趣, 破惡業障, 滿願, 隨心自在, 速超上地'의 아홉 가지 다른 이름이 있다.

54 智還 編, 『梵音刪補集』, 『한불전』 11, p.498上; 『要集』, 『한의총』 4, p.482上.

55 『석문』 하권, p.71; 『한글』①, p.88. "千手一片爲孤魂 至心諦聽 至心諦受."

靈'이라고 하지, '고혼'이라고 하지 않고 있다.

이는 천수주에 의지할 대상이 고혼인지, 명도귀계의 '귀중鬼衆'인지, '망령亡靈'인지를 알려주는 장치라고 할 수 있다. 『한글』① 소재 관음시식은 명도귀계의 고혼이 천수 대비주의 가피를 입을 대상임을 밝히고 있다. 하지만 이는 진령게송의 한글 해석과 일치하지 않는다. 고혼이든 망령이든 관세음보살의 자비와 천수주에 의지하여 지옥을 벗어나게 되었으며, 법회에 참예參詣할 수 있게 된다.

나. 지옥과 원결을 풀다

천수주와 관세음보살의 공능이 뛰어나지만 아직도 지옥을 벗어나지 못한 고혼이 있을 수 있다. 그들을 위해 파지옥의 게송과 진언이 마련되었다.

> 삼세의 부처님 경계를 아시려면/ 법계 성품 관할지니
> 모든 것은 마음이 지었나니.

이 게송은 『석문』 이래 '화엄경 제일게' 『한글』①의 '화엄경사구게'라는 이름으로 불리고 있다. 아래 기사는 이 게송에 대해 의미 있는 정보를 제공해 준다.

> "화엄회중 각림보살께서 설한 게송이다. 이 지옥을 파하는 진언을 지송하면 일체의 지옥에서 고통받는 죄수들이 영원히 명도를 벗어나 선도에 옮겨 날 수 있다. 대중은 7편을 함께 염송하지만 많이 할수록

더욱 좋다. 법사는 시방의 지옥과 철위산성의 문이 한 번 (요령과 진언) 울리면 열리고, 그곳에 숨어 있는 일체의 죄수들은 솟아 나와 진언을 듣고 모두 본심을 알고 서로 알려 법회에 달려 와서 해탈을 구할 것을 염원한다고 마음으로 생각한다."[56]

이 게송과 진언은 '파지옥게주'[57]라는 하나의 이름으로 인식되어 왔지만, '파지옥게'라는 게송의 제목이 생략되는 순간 '파지옥진언'과는 관련성을 상실해가게 되었다고 할 수 있다. 화엄경이 유심唯心의 도리를 설하는 경전이고, 그 제일의 원리를 담고 있는 것도 사실이다. 유심을 떠나 어떤 세계도 설명할 수 없기 때문이다. 파지옥게는 행위를 지칭한다면, 화엄경 제일게라는 표현은 물리적이며 상징적 개념이라고 할 수 있다. 하지만 여기서 '화엄경 제일게', 곧 화엄경의 첫째 게송이라는 상징적이고 물리적 의미를 드러내는 것도 의미는 있을 것이다. 하지만 이어지는 '파지옥진언'이라는 진언명과 대비해 보면 '파지옥게'[58]로 부르는 것이 현밀顯密의 대응에 적합하다고 하겠다.

　파지옥진언에 이어 해원결진언이 이어진다. 진언의 의미를 굳이 찾지 않더라도 파해야 하는 대상이 지옥이고, 그 지옥은 다름 아닌 원결冤結이라고 이해할 수 있다. 지옥이라는 구조는 깨버리고, 맺힌

56 『法界聖凡水陸勝會修齋儀軌』, X. 74, p.807a; 법안·우천 공저, 『삼밀시식행법해설』(정우서적, 2011), pp.71~72.

57 『增修禪教儀文』, 16世紀中, 『한의총』 1, p.365上. "次誦破地獄偈及眞言"

58 沈祥鉉, 『불교의식각론』 VI(한국불교출판부, 2001), p.131; 우천·일휴 공편, 『신행요집』(정우서적, 2005[2011]), p.253.

원결이라는 마음속의 앙금은 풀어버리는 것이다. 맺힌 마음을 풀지 않고, 화해를 하지 않고는 참다운 진여의 세계에 갈 수 없다. 소청을 받으려면 지옥에서 나와야 하고〔出離〕 원결을 풀어야〔解冤〕 하는 것이다. 지옥을 파하고 원결을 푸는 진언을 염송하는 까닭이다. 진언의 힘에 의지하여 지옥을 파하고 원결을 풀게 해야 – 진언으로 가지를 베풀어야[59] 고혼들이 요령소리를 들을 수 있게 된다.

『증수선교시식의문』[60]이나 『선문일송禪門日誦』의 '몽산시식'[61]에는 해원결진언이 보소청진언 다음에 놓여 있는데, 이는 한국불교의 시식의례, 곧 『진언권공』 내지 『권공제반문』, 『운수단가사』, 『제반문』 등 대부분의 행법은 몽산덕이蒙山德異가 찬한 『증수선교시식의문』을 답습하는 정도에 그치고 있다[62]고 할 수 없음을 반증한다.

관음시식의 대상이 명계의 고혼들이듯이 병자의 책주귀신에게 시식을 하기 위해 아귀들을 부르는 구병시식 때는 파지옥진언과 해원결진언에 멸악취진언이 더해진다.[63] 또 수륙재 때는 해원결진언 대신 멸악취진언과 소아귀진언이 염송된다.[64] 악취는 삼악도의 다른 이름이다. 지옥을 파하였으니 이제 악취를 없애야 그곳에 있는 귀중들이 법회에 참여해

---

59 『결수문』(『한의총』 1, pp.637下~638上)은 멸정업진언과 해원결진언이 '宣密加持' 의 실행진언임을 보여주고 있다.

60 『增修禪敎施食儀文』, 『한의총』 1, p.365下.

61 『禪門日誦』, 上海佛學書局, p.75.

62 정각, 전게논문, p.332.

63 『석문』 하권, pp.78~79;

64 『결수문』, 『한의총』 1, p.630下; 『지반문』, 『한의총』 1, p.601下. 『지반문』에는 소아귀진언 앞에 '구소제악취중진언'이 더 있다.

법식을 받을 수 있다.

멸악취진언은 '불공대관정광진언不空大灌頂光眞言'이며 '광명진언光
明眞言'으로 약칭된다. 대일여래의 진언이고 일체제불보살의 총주로서
『불공견삭비로자나불대관정광명진언경』不空羂索毘盧遮那佛大灌頂光
明眞言經에 의거한다. 멸악취진언과 광명진언은 차이가 있지만 음운변
화 정도에 불과하다. 멸악취진언은 광명진언보다 음운 변화를 더 겪은
후에 음사되었을 것으로 보인다.

이제 천수주, 파지옥게송과 진언, 해원결진언을 끝내고 진령게에서
부른 고혼을 부르는 진언인 보소청진언을 하여 진령을 완성한다. 진령
은 요령을 울려 법회에 참석을 청하는 것이니 청첩이라고 할 수 있겠다.

③ 당구가피當求加被

보소청진언 이후에는 '나무상주시방불·나무상주시방법·나무상주시
방승, 나무대자대비 구고 관세음보살, 나무대방광불화엄경'이 이어진
다. 이 당구가피를 대개 '시방에 항상 계신 부처님에게 목숨 다해
지심으로 귀의합니다'[65]라고 해석하거나 이해하면서 별다른 언급이
없다. 단지 『불교의식각론』 VI에서는 '귀명삼보'라는 제목 아래 '청혼淸
魂으로 하여금 시방에 상주하신 삼보님께 귀의하게 하는 의식'[66]이라고
하여 수계의식의 잔영으로 이해하고 있다. 여타의 이해에 비해 진일보
했다고 할 수 있다.

불교의궤에서 '나무南無'는 귀의하다, 귀명하다, 예경하다의 의미를

---

65 학담, 『연화의식집』(큰수레, 1997〔2002〕), p.261.

66 沈祥鉉, 『불교의식각론』 VI(한국불교출판부, 2001), p.134.

가지고 있는 예경사지만, 현밀의궤에서는 가피를 구하는, 일종의 진언
을 만드는 역할을 한다.[67] 가피를 당구當求하는 의문으로 현재의 관음시
식에는 삼보와 관세음보살, 화엄경이 활용되고 있지만, 『증수선교시식
의문』[68]이나 『선문일송』의 '몽산시식'[69]에서는 본사 석가모니불, 지장
보살, 시식의례가 형성하게 된 인연이 있는 아난존자 등 세 성인께
가피를 구하고 있다. 국내 의궤로는 『운수단가사』(1627)에 『증수선교
시식의문』과 유사한 구조가 나타나고 있을 뿐이다.

가. 삼보의 가피를 구하다

가피를 구하는 이 의문은, 『작법귀감』(1826)에는 '나무시방불·나무시
방법·나무시방승'이었던 것이 근대 이후의 『석문』 등에는 '나무상주시
방불'이라 하여 '상주常住'가 추가된다. '나무시방불·나무시방법·나무
시방승'의 귀명삼보는 의례를 행하기 전에 행하는, 가피를 구하는
의궤이다. 이곳에서는 삼보의 가피를 구하고 있다. 이후의 성중과
경전의 가피를 구한 뒤에 '귀의삼보'라는 수계의례가 행해지고 있다.
하지만 국내 시식의문으로는 『증수선교시식의문』을 따르고 있는 『운
수단가사』[70]에서만 귀의삼보의식이 존치돼 있다. 수계에 대해서는 다

---

67 '나무'와 '귀의'에 대해서 다음 글에서 다루고 있다. 대한불교조계종 포교원 포교연
구실 기획, 이성운 대표집필, 「나무, 귀의로 번역해도 되나」, 〈불교신문〉, 2010.2.3
일자; 졸저, 앞의 책, pp.126~131.

68 『增修禪敎施食儀文』, 『한의총』 1, p.366下.

69 『禪門日誦』(上海佛學書局), p.75.

70 『雲水壇謌詞』, 『한의총』 2, p.19上.

음의 '3. 삼보께 귀의하다〔授戒〕'에서 다룬다.

나. 성중과 경전의 가피를 구하다

한국불교의 시식의문은 변화를 겪고 있다. 거기에는 여러 가지 요인이 있겠지만 현장의 상황이나 시식을 설행하게 된 배경에 영향을 받고 있다고 할 수 있다. 성중과 경전의 가피를 구하는 이곳에 현재는 '관세음보살'과 '화엄경'만 등장한다. 앞에서 언급하였듯이 본사 석가모니불, 지장보살, 아난존자는 생략되지만 『운수단가사』에서는 세 분의 성인께 가피를 구하고 있다. 이 의문은 운수 스님들에 의해 설행되는 삼단시식이라고 할 수 있는데, 이전 전통이 강하게 유지되고 있다는 것을 보여주고 있다.

'나무대방광불화엄경'은 『증수선교시식의문』이나 『운수단가사』에는 보소청진언 다음에 이어진다. 이는 파지옥破地獄이 끝난 이후 보소청진언의 완결적 의미의 가지라고 이해할 수 있다. 또는 반대의 경우도 예상할 수 있겠지만 가능성은 크지 않다. 하지만 『작법귀감』(1826) 등 국내 시식의문에는 귀명삼보와 관세음보살 칭명 이후에 '나무대방광불화엄경'이 시설되어 있다. 관세음보살은 시식의례가 형성되는 인연이 있는 보살이고, 화엄경은 시식을 가능하게 하는 마음도리〔唯心所作〕이므로 그 명칭을 칭명하여 가피를 구하고 있다고 볼 수 있다.

만일 『운수단가사』나 『석문』의 '전시식奠施食'에서처럼 석가모니불, 관세음보살, 지장보살, 아난존자 등이 칭명된다면[71] 본사本師, 정업定業

---

71 『석문』 하권, p.66.

과 업장業障을 소멸해 주는 두 보살, 그 인연을 지은 존자의 삼위가 정연하게 일체화되어 있다고 할 수 있다. 하지만 현행 관음시식에서는 '귀명상주삼보', '관세음보살', '화엄경'의 칭명으로 간략하게 가피를 완성하고 있다.

④ 명계청冥界請

현행 관음시식에는 '증명청'과 '고혼청'이라는 소목이 등장하는데, 본서에서는 두 청을 '명계청'이라는 이름으로 합편하였다. 『증수선교시식의문』에 '별청別請'이라는 소목을 부여하고 있는 데서 착안하였다. 이곳에서는 '별청'이라는 이름 아래 현재 관음시식과 유사한 증명청과 고혼청을 병립시키고 있다. 인로왕보살을 청하는 증명청과 당일 모령과 법계 망혼을 청하는 고혼청이 그것이다.[72] 인로왕보살과 고혼을 별도로 청한다고 하지만 인로왕보살은 명계의 고혼을 청하기 위한 증명보살로 청하는 것이라고 볼 수 있으므로 결국 '명계청'의 부분이라고 할 수 있을 것이다.

가. 증명청

시식하며 양법揚法하는 법회에 동참하여 공덕을 쌓는 것을 증명해 주는 인로왕보살님을 먼저 청한다. 고혼들은 비록 부처님의 가피를 입어 새롭게 태어났다고 하지만 아직도 두려움에 떨고 있다. 마치 "칠취중음의, 한량없는 일체 중생은 모습이 7세 정도의 어린아이와

---

72 『增修禪敎施食儀文』, 『한의총』 1, p.365下.

같다"[73]고 할 수 있다. 어린아이에게는 부모의 보호가 필요하듯이 시식
법회에 참석할 고혼들을 위해서는 자비의 인로왕보살의 길 인도가
필요한 것이다. 여기서 잠시 인로왕보살에 대해 생각해 보자.

'인로引路'라는 이름으로 볼 때 인례라는 직책을 나타내는 보통명사이
며, 인로왕보살은 그 책임자라고 할 수는 있겠지만 인례자는 주최
측의 법회대중 모두이겠으나 질서 유지상 책임자가 있어야 하므로
책임자를 선발하여 '인로'라 하고 그 끝에 불보살의 존칭으로 쓰이는
'왕'자를 더해 인로왕이라 지칭한다고[74] 보기는 어렵다. 인로왕보살은
당해 법회의 성격에 따라 달라진다고 할 수 있다. 관음시식에서의
인로왕보살은 망령을 인도하는 접인아미타불, 또는 좌보처인 관세음
보살의 시현인 면연 대사面然大師, 초면귀왕焦面鬼王이라고 이해할 수
있다.[75] 또 전시식奠施食의 경우 거불에서 볼 수 있듯이 '명양구고지장왕
보살冥陽救苦地藏王菩薩'이라고 할 수 있다. 『작법귀감』이나 전시식에
서처럼 증명청을 하지 않는 경우도 적지 않다. 또 『증수선교시식의
문』에는 청영請迎 이후에 '고아게'로 알려진 가영도 없고, 헌좌와 다게도
없다. 증명청의 특징이라고 보이는데 근대 이후의 국내 시식의문에는
삽입이 일반화되었다.

73 志磐 謹撰, 袾宏 重訂, 『法界聖凡水陸勝會修齋儀軌』, X 74, p.802c.

74 沈祥鉉, 『불교의식각론』 II(한국불교출판부, 2000), p.51.

75 鳩摩羅什 譯, 『佛說阿彌陀經』, T. 12), p.347b; 佛光山寺, 『瑜伽燄口』, 中華民國
   高雄: 裕隆佛教文物社, 中華民國 94年, p.6, 12.

나. 고혼청

『한글』① 소재 관음시식의 고혼 청사는『석문』이래 채택되었다고
보인다. 『사(寫)범음집』의 경우는『증수선교시식의문』이나 대령(對靈)의
고혼 청사[76]를 따르고 있다. '실상이명~수첨법공'의 청사를 3청하기도
하지만『사(寫)범음집』의 '인연취산~'으로 1청, '약인욕식불경계若人欲
識佛境界'로 2청, '생종하처래生從何處來 사향하처거死向何處去'로 3청을
하는 경우도 목격된다.[77] 대령할 때의 고혼청이라고 할 수 있다. 고혼청
은 '일심봉청'의 전체 술어와 '모령 등'의 목적어 사이에 착어(著語:
法語)를 삽입하여 행하고 있다. 청하며 착어를 들려주는 형태이다.
이어 가영과 안좌를 하고 다게를 올림으로써 청혼을 마치게 된다.
청혼을 마치고 안좌를 하면『증수선교시식의문』이나 수륙재와 같은
삼단시식에서처럼 수계가 행해져야 하는데,『한글』① 소재 관음시식
에는 존재하지 않으므로 별도로 하나의 절을 시설하여 수계편의 체계를
살펴볼 것이다.

⑤ 청혼의 특징

호명呼名만 하면 올 수 있는 창혼唱魂과 달리 청혼請魂은 길고 복잡한

---

76 『增修禪敎施食儀文』,『한의총』1, p.365下;『석문』하권, p.66. "一心奉請 因緣聚散
今古如然 虛徹廣大靈通 往來自在無碍 今日至誠 薦魂齋者 ○伏爲 ○靈駕 唯願
承佛神力 仗法加持 來詣香壇 受霑法供." 『석문』에는 원망동사 '唯願'이 결락되어
있고, 이를 이었다고 보이는『한글』①도 다르지 않다.

77 법안 편,『염불문』(대성사, 2011), pp.192~195; 李奉洙,『常用佛敎儀範』(寶蓮閣,
1977), pp.273~275. '실상이명'으로 1청, '인연취산'으로 2청, '생종하처래'로 3청을
하는 경우도 흔하다.

구조를 가지고 있음을 확인하였다. 청혼의 특징을 다음과 같이 정리할
수 있다.

첫째, 요령이 사용된다. 창혼은 법주가 합장하여 낭송으로 진행되지
만 청혼은 진령게로 시작하는 데서 알 수 있듯이 요령을 사용하여
명도귀계의 영가를 청하고 있다. 요령은 금탁金鐸이라고도 하는데
범종과 같이 명계의 중생을 부를 때 사용된다. 강한 쇳소리를 울려
저 멀리 지옥까지 전달해야 하기 때문일 것이다.

둘째, 지옥을 파하는 과정이 복합적이다. 대비주, 파지옥게송과
진언, 해원결진언, 멸악취진언 등이 쓰이고, 지옥 중생을 위한 귀명歸命
의 당구가피가 진행된다.

셋째, 길을 인도하는 인로왕보살에 의지해야 한다. 이와 같은 삼단계
의 과정을 거쳐야만 명도 귀계의 고혼들을 청할 수 있는 것이다.

『증수선교시식의문』이나 『몽산시식』에서도 그러하지만 국내에 유
입되어 정착되는 동안 청혼이 변형과 축약을 거치고 있음을 알 수
있고, 삼청의 특성상 각기 다른 법어를 담은 청사로 고혼을 3청하고
있다.

3. 수계의식

관음시식에는 수계편이 선행하지 못해 '몽산시식'이나 『운수단가사』의
수계편의 구조를 분석해 보기로 한다.[78] 수륙재에서는 공양이 끝나고

---

78 '몽산시식', 『선문일송』, pp.75~76; 『雲水壇謌詞』, 『한의총』 2, p.19.

업장을 참회하고, 사홍서원을 발원하고, 그 다음에 '사사귀정(捨邪歸
正: 삿된 스승을 버리고 바른 스승께 귀의함)'의 귀의삼보와 오계를 수지하
고 있고 있다.[79] 이에 비해 『작법귀감』에는 상품상생진언 다음에 '삼귀
의'편이 존재하고,[80] 『석문』이나 『사寫범음집』의 관음시식에도 봉송편
말미의 상품상생진언과 '처세간여허공 여연화불착수 심청정초어피
계수례무상존'에 이어 다음과 같은 수계편이 등장하고 있다.

歸依佛 歸依法 歸依僧
불보에 귀의하소서. 법보에 귀의하소서. 승보에 귀의하소서.
歸依佛兩足尊 歸依法離欲尊 歸依僧衆中尊
양족존 불보에 귀의합니다. 이욕존 법보에 귀의합니다. 중중존 승보
에 귀의합니다.
歸依佛竟 歸依法竟 歸依僧竟[81]
불보에 귀의하였습니다. 법보에 귀의하였습니다. 승보에 귀의하였
습니다.

『통일』(1998〔2003〕)에는 봉송 말미에서나마 등장하지만,[82] 『한
글』①에는 어떤 연유에서인지 보이지 않는다. 동일 종단의 동일 기관에
서 불과 수년 차를 두고 발행한 의례 서적의 의문이 서로 다르게 나타나

---

79 『結手文』, 『한의총』 1, pp.640~641.
80 『作法龜鑑』, 『한불전』 10, p.564下.
81 『석문』 하권, p. 77; 『사寫범음집』, p.106.
82 『통일』(1998), p. 206; 『통일』(2002), p.353.

고 있다. 결락한 의도를 알 수 없고, 또『운수단가사』와 달리『작법귀
감』이나『석문』,『사寫범음집』등의 봉송 말미에서 행해지게 된 것에
대해, '귀의삼보'에서 '화남성중'까지는 '다시 귀의삼보하여 하좌에 대
한 증명을 구함을 청하는 것'이라고 하며 이후에 불전을 향해 회향게를
창한다[83]고 하는 주굉의 보주는 의미가 있다. 그런데 이 보주의 설명이
반드시 위의 삼귀의라고 하기는 어렵다. 왜인가?『청문』등에는 이곳의
삼귀의는 화엄경 정행품의 '자삼귀의'로 행해지고 있기 때문이다.[84]
또『시식집요염구시식의』의 마지막 '삼귀의찬'은 '지심신례불타야양
존존' 하는 영산의 '삼지심'임을 유의할 필요가 있다.[85] 위 삼귀의가
문자 그대로 귀의삼귀의라면 정행품의 삼귀의는 의례를 봉행하는 이들
이 발원하는 삼귀의이다. 이 점은 깊이 연구가 필요하다. 다음은 이전
의문의 수계 행법을 살펴보자.

1) 몽산시식 등의 수계 행법

귀의삼보의 수계의식을 설명하는 데는『증수선교시식의문』이나 '몽산
시식蒙山施食'의 설명이 유용하다. 법주는 귀의삼보를 거행하는데 대중
은 여법하게 화음으로 창하며 관법을 짓는다.[86] 행자는 자리에서 나와
부처님께 삼배를 한다. 반드시 삼보와 석가, 관음, 지장, 아난과 '본원력

---

83 袾宏 補註,『修設瑜伽集要施食壇儀』, X. 59, p.300a. 이에 대한 원문은 "皈依三寶,
上來設放瑜伽燄口平等甘露法食, 功德圓滿, 無限良因, 普沾沙界(衆和), 和南聖
衆."(『修設瑜伽集要施食壇儀』, X. 59, p.271a)이다.

84 『청문』(1529), 동국대 도서관 소장 자료. p.8.

85 『瑜伽集要焰口施食儀』, T 21, p.484a.

86 『增修禪教施食儀文』,『한의총』1, p.367.

으로 나의 명호를 칭해 들으면 허공에 나타나 아귀들을 건져 고통에서 벗어나게 한다'라고 하는 것을 관상해야 한다.[87]

'귀의불' 할 때 '불'자에서 절을 하고, '귀의불양족존' 하면 손바닥을 뒤집고, '귀의불경' 하면 일어난다. 이렇게 '귀의승경'까지 하고 나면 인사를 한다. 이렇게 삼 편을 하고, 자리로 돌아간다. 이후에 '아석소조 제악업我昔所造諸惡業 개유무시탐진치皆有無始貪嗔癡 종신구의지소생 從身口意之所生 일체아금개참회一切我今皆懺悔'라고 하는 참회게를 하는데, 첫 구 '아석我昔'과 마지막 구 '아금我今'의 자리에 '불자佛子, 유정有情, 고혼孤魂'을 상황에 따라 교체해서 행한다. 그리고 사홍서원을 서원한다.[88]

2) 『결수문結手文』의 수계 행법

수륙재 하단 시식의 수계 행법을 행하는 곳은 사홍서원을 발하고 나서 이어지는 '사사귀정捨邪歸正'편이다. 사사귀정은 '삿된 스승을 버리고 바른 곳에 귀의한다'는 뜻인데, 삼보를 믿고 의지하는 삼귀의계를 받는 의식이다.

"여러 불자시여, 이미 그대들을 위해 서원을 발해 마쳤으니 다시 그대들을 위해 삼귀의계를 받겠습니다. 까닭이 무엇이겠습니까. 궁실宮室을 지으려면 먼저 기초를 견고하게 하듯이 부처님의 계를

---

87 '蒙山施食', 『禪門日誦』, pp.75~76.

88 '蒙山施食', 『禪門日誦』, p.76. 이곳에는 3편을 하라는 별도의 지문은 없는데, 3편은 『增修禪教施食儀文』(『한의총』 1, p.367上)을 따랐다.

114

받으려면 먼저 삼보에 귀의해야 합니다. 이 까닭에 이제 수계를 권합니다. 다시는 다른 인연을 맺지 마십시오. 각각 제 음성을 듣고 말을 따라 화음으로 염하십시오."[89]

법사는 '귀의불, 귀의법, 귀의승'을 3편 설한다. 그리고 '귀의불양족존歸依佛兩足尊, 귀의법이욕존歸依法離欲尊, 귀의승중중존歸依僧衆中尊'을 3편 설하고 나서 이를 설명해준다.

"지금까지 칭했으니 부처님을 스승으로 삼았습니다. 다시는 삿된 마귀와 외도에 귀의하지 마십시오. 삼보님이시여, 자비로써 거두어 주십시오." 이어서 "자민고(慈愍故: 자비로 중생을 연민히 여기소서)" 라고 세 자를 삼설한다.[90]

"귀의불경, 귀의법경, 귀의승경." 이렇게 삼설하여 삼귀계 수계를 마친다.[91] 귀의삼보를 마친 고혼들에게 이어지는 의식은 목욕의식이다.

4. 정화의식

정화淨化는 목욕을 하거나 업장을 깨끗이 하는 것을 말한다. 몸을 깨끗이 하는 목욕은 관욕灌浴이라고도 한다. 목욕의식도 수계의식처럼

89 『결수문』, 『한의총』 1, p.640上.
90 『결수문』, 『한의총』 1, p.640上.
91 『결수문』, 『한의총』 1, p.640上.

관음시식에는 보이지 않는다. 관음시식이 대령, 관욕, 시식이 함께 봉행되는 간단한 천도재薦度齋의식이라면 관욕의 목욕의식이 진행되는 것은 의미가 있을 것이다. '관욕'은 완전한 목욕의식이니 언급하지 않는다. 그러므로 '전시식'이나 『삼단시식문』, 『운수단가사』, 『증수선교시식의문』 등에 나타나는 목욕의식과 수륙재의 목욕의식 등을 살펴보자.

1) '전시식奠施食' 등의 정화

수계의 귀의삼보 이후에, '전시식'에는 지장보살멸업장진언, 관세음보살멸정업진언이,[92] 『운수단가사』와 『증수선교시식의문』이나 『선문일송』의 '몽산시식'에는 지장보살멸업장진언, 관세음보살멸정업진언, 개인후진언, 삼매야계진언[93]이 이어지고 있다. 3편의 진언 염송을 통해 진언의 힘에 의지해 고혼의 업장을 정화하는 것이다.

'전시식'에는 관세음보살 멸정업진언 이후에 보소청진언을 염송하고 삼매야계진언이 제시되고 있는데, 개인후진언(唵 步步底哩 伽哆哩 怛哆 誐哆耶)[94]과 보소청진언(南無 步步帝哩 伽哆哩 怛哆誐哆野)[95]은 첫째 구 한자와 셋째 구 '가다리'와 '가리다리' 정도의 차이에 불과할 정도로 나머지가 일치한다. 『석문』은 아마도 『운수단가사』의 개인후진언(唵

---

92 『석문』 하권, p.67.

93 『운수단가사』, 『한의총』 2, p.19; 『增修禪敎施食儀文』, 『한의총』 1, p.367下; 『禪門日誦』, pp.76~77.

94 『禪門日誦』, p.76.

95 『眞言集』, 『한의총』 3, p.283上.

步步帝哩 伽哩哆哩 怛哆誐多野)[96] 표기에서와 같이 오기誤記된 셋째 구가 수용되는 과정에서 이 진언을 보소청진언으로 이해하여 이름을 바꾸게 되지 않았을까 추측된다.

'전시식' 등의 의궤에는 이후에 선밀가지의 변식이 이어지는데 관음시식이나 수륙재와 달리 수위안좌하는 의식이 보이지 않는다. 또 관음시식에서는 안좌 이후에 다茶를 올리고 있지만 전시식에는 보이지 않는다. 전시식은 안좌 없이 시식이 베풀어지는 격이라고 할 수 있다. 이 점이 관음시식과 크게 다르다. 여러 가지 원인이 있겠지만, 소청에서 살폈듯이 관음시식이 금일의 특정 영가를 모시기 때문에 위패를 모시고 행할 수 있는 데 비해 '전시식'은 일체 귀중이라 그 같은 장치가 생략되지 않았을까 한다.

2) 『결수문』의 정화

수륙재문인 『결수문』에서는 하위의 고혼을 소청하는 마지막 진언인 보소청진언을 염송하고 나면 도착한 고혼과 유정에 대한 목욕이 이어진다. 목욕의식은 관욕의 그것과 크게 다르지 않다. 욕탕으로 인도하여 머리에 물을 부어 목욕을 시키고 있다. 고혼은 업의 때〔塵垢〕를 그대로 가지고 있는 이들이다. 그래서 머리에서부터 온몸을 씻어야 비로소 부처님을 뵐 수 있는 것이다. 『결수문』에는 상·중위의 관욕은 보이지 않지만, 하위에 대한 관욕이 시설되었다. 목욕게송은 목욕의 의미를 잘 밝혀 주고 있다.

---

96 『운수단가사』, 『한의총』 2, p.19.

"제가 이제 향탕수로

고혼과 유정들을 목욕하려 하니,

몸과 마음 깨끗이 씻어 청정하게 해

본래 공을 증득해 상락 향에 드십시오."[97]

목욕진언, 작양지진언, 수구진언, 세수면진언으로 목욕의식을 행하고, 화의재진언, 수의진언, 착의진언, 정의진언으로 옷을 입힌다. 그리고 성인께 인사를 하고 수위안좌진언으로 자리에 앉게 한다. 안좌 이후 상위와 중위의 단에는 차를 올리는 '봉다탕奉茶湯'이 보이지만 하위의 단에서는 안좌 이후에 '봉다탕'이라는 협주가 보이지 않는다. 『한글』①의 관음시식에는 '3. 수계'와 '4. 정화' 의식이 제대로 드러나지 않지만 여타 시식의문을 중심으로 간단하게 논구하였다.

5. 변식의식

'변식變食'은 음식을 변화시키는 것인데, 변식을 해야 하는 이유는 다음과 같다. 첫째는 한정된 음식으로 한량없는 이들에게 베풀어야 하므로 양적으로 변화시켜야 하고, 둘째는 음식을 받는 이들이 먹을 수 있도록 음식을 질적으로 변화시켜야 한다. 질적 전화轉化가 이뤄져야 하는 것이다. 그래서 변식의 장치가 필요하다.

한국불교 시식의례의 변식에는 『한글』① 소재 관음시식이나 수륙재

---

97 『결수문』(『한의총』 1, p.632上).

118

인『결수문』이나 여타 하위의 시식의례에는 한결같이 사다라니로 통칭
되는 변식진언變食眞言, 시감로수진언施甘露水眞言, 수륜관진언水輪觀
眞言, 유해진언乳海眞言이 활용되고 있다. 중국의 시식이나 수륙재
의문『염구시식燄口施食』, 『수륙재의궤회본水陸齋儀軌會本』[98]이나 공
승재의문供僧齋儀文인 『국제공불재승대회國際供佛齋僧大會』[99]에는 변
식진언과 감로수진언만 보인다. 하지만 『선문일송』의 '몽산시식'[100]이
나『조만과송본』등에는 도착한 이들을 정화하는 의식(멸정업·멸업장·
개인후진언) 이후에 변식·감로수·일자수륜관·유해진언(이하 '사다라
니')의 네 진언이 등장하고 있다. 사라니 행법의 전거와 실제에 대해
살펴보자.

1) 사다라니 행법의 전거

Ⅲ장 1절 '시식의례의 기원과 목적'에서 보았듯이 변식진언은『불설구
발염구아귀다라니경』에 근거하며, 아귀에게서 3일 뒤에 죽게 되고
곧 아귀로 태어나게 된다는 것을 들은 아난의 고뇌를 해소하는 가운데서
등장한다. 붓다는 전세 관세음보살의 처소와 세간자재위덕여래의 처
소에서 받은 '무량위덕자재광명수승묘력無量威德自在光明殊勝妙力' 다
라니를 염송하여 한량없는 공양을 만들어 아귀들에게 음식을 베풀어
굶주림을 벗어나게 한다.[101] 이것이 시식의궤의 변식變食사다라니에

---

98 『燄口施食』, p. 13; 『水陸齋儀軌會本』, pp.378~380.
99 中華國際供佛齋僧功德會, 『國際供佛齋僧大會』, pp.17~18.
100 『禪門日誦』, p.77.
101 不空 譯, 『佛說救拔焰口餓鬼陀羅尼經』, T. 21, p.464c.

대한 연유이다. 사다라니 행법이 등장하는 염구 계통 경전의 사다라니
행법의 유래를 일별해 보자.[102]

①『불설구면연아귀다라니신주경』[103]

음식을 깨끗한 그릇에 담고 '일체덕광무량위력' 7편으로 음식에 가지를
하여 문 안에서 팔을 펴 깨끗한 땅으로 일곱 번 사방으로 튕겨 베푼다.
그렇게 하면 아귀들이 두루 배불리 먹고 하늘에 나게 된다. 바라문과
선인仙人에게 베풀고자 할 때도 7편을, 일체 삼보에는 21편을 하여
공양하도록 하고 있다. 아귀, 바라문선과 삼보에 대한 진언 염송 편수의
차이를 보이고 있다. 이 의궤경전에는 칭양성호에 대한 언급이 없다.[104]

②『불설구발염구아귀다라니경』[105]

장수하고 복덕을 늘리고 속히 보시바라밀을 성취하려면 매일 아침이나
일체 장애가 없을 때 깨끗한 그릇에 깨끗한 물을 담고 면과 떡을 놓고,
오른손으로 그릇을 잡고 '무량위덕자재광명수승묘력' 7편을 외워 가지

---

102 사다라니에 대한 개괄은 졸고,「한국불교 공양의식 일고」(『한국불교학』 57,
　　한국불교학회, 2010, pp.354~358)의 연구에 의지하였으며, 이 경궤들에는 다음
　　절 布施에 관련된 무외시를 위한 여래의 성호도 함께 거론되고 있다. 이 절목에서
　　는 인위적으로 분리하지 않고 제시한 후 인용한다.
103 唐 實叉難陀 譯,『佛說救面然餓鬼陀羅尼神呪經』, T. 21, pp.466a~466b. 대정장은
　　불공 역『불설구발염구아귀다라니경』을 선편하였지만 본문 내용이나 의궤구조
　　로 볼 때 실차난타본이 먼저 성립되었을 것으로 추정하고 먼저 소개하고자
　　한다.
104 『佛說救面然餓鬼陀羅尼神呪經』, T. 21, p.466a.
105 『佛說救拔焰口餓鬼陀羅尼經』, T. 21, pp.464c~465b.

한 후 다보여래, 묘색신여래, 광박신여래, 이포외여래의 4여래 명호를 칭하며, 또 바라문선에게는 14편을, 삼보에는 밀언 21편을 가지하라고 제시하고 있다. 아귀에게는 공양의 변공뿐만 아니라 아귀의 외적·내적 전환의식을 곧바로 제시하고 있는 점이 주목된다.

③『시제아귀음급수법병수인』[106]

이 의궤에서는 아귀를 소청하고 소청한 아귀의 상태를 전환해 주는, 즉 목구멍을 열어주는 개인후開咽喉 수인을 하고 송주 이후에 변공을 하고 있다. '무량위덕자재광명승묘지력가지음식다라니' 7편으로 가지하여 일체 아귀가 칠칠 곡(49斛)의 음식을 먹고 생천하거나 정토에 태어나게 한다. 이후에 '감로법미진언, 시감로진언' 7편을 하여 음식과 물이 한량없는 우유와 감로로 변해져서 일체 아귀의 인후(목구멍)가 열려 널리 많이 평등하게 음식을 먹게 한다.

이어서 '비로자나 일자 심수륜관진언'인 '밤'자를 관상하는데 오른손 심중의 '밤'자가 마치 우윳빛과 같은데 8공덕해로 변해져서 일체의 감로제호가 유출된다. '밤'자 7편을 하면 우유 등이 '밤'자에서 한량없이 나와 일체 아귀들이 다 배불러지고 조금도 모자람이 없게 된다. 이어서 '보시일체아귀인진언'이라고 하는 현재의 유해진언 '나모 삼만다 못다 남 밤'을 7편을 하여, 사람이 다니지 않는 깨끗한 땅이나 물가 나무

---

106 不空 譯, 『施諸餓鬼飮及水法幷手印』(T. 21, pp.466c~467c, 이하 『施諸餓鬼飮及 水法』). 불공이 역한 것으로 되어 있지만 1706년 일본에서 간행된 자료이고, 국내 수륙재 등의 의궤와 차제가 일치한다. 하지만 불공 당시에 성립되었다고 단정하기 어렵다고 보인다.

아래 쏟는다. 그리고는 5여래 명호를 칭송하고 있다. 현재의 수륜관진언과 유해진언의 공능을 확인할 수 있다. 현행 변공의식과 가장 유사하다.

④『불설감로경다라니주』[107]

이 경궤에는 "나모 소로바야 다타아다야 다냐타 옴 소로소로 바라소로 바라소로 사하"의 현행 시감로수진언이 실려 있다. 그리고 "물 한 움큼을 쥐고 그곳에 주呪하여 공중으로 흩는다. 그 물 한 방울이 10곡의 감로로 변해진다. 일체아귀가 그것을 마실지라도 조금도 모자라지 않고 다 배불리 먹을 수 있다"고 하고 있다.

⑤『유가집요구아난다라니염구궤의경』[108]

'무량위덕자재광명여래다라니법' 7편을 잘 가지하면 한 그릇의 음식이 종종의 감로음식으로 변해져서 백천 구지 나유타 항하사수의 일체 아귀와 바라문선과 이류 귀신을 충분하고 족하게 할 수 있고, (이들이) 이 뛰어난 음식으로 배부르게 된다. 또한 이 음식과 물(감로)의 양은 법계와 같아 다함이 없으며, 성과를 얻어 괴로운 몸을 벗어난다. 제목에서 볼 수 있듯이 의궤이므로 지옥문을 열고, 아귀를 부르고, 죄를 없애고, 참회를 하고, 시감로수진언을 외워 일체의 귀신들의 업화를 청량하게 한다. 이어 목구멍을 열고, 7여래(보승, 이포외, 광박신, 묘색신, 다보, 아미타, 세간광대위덕자재광명여래)의 명호를 칭양하여 모든

107『佛說甘露經陀羅尼呪』, T. 21, p.468b.

108 不空 譯,『瑜伽集要救阿難陀羅尼焰口軌儀經』, T. 21, pp.468c~472b.

불자들의 외적·내적 변화와 공덕을 충족하게 한 후 삼귀계를 주어 보리심을 발하고 삼매야계를 받게 한 다음 변공變供을 진행하고 있다.

무량위덕자재광명여래다라니 '옴 살바 다타아다 바로기데밤 바라바라 삼바라 삼바라 훔'을 '시식진언'이라고 하고 있는데, 현재의 변식진언과 비교하면 수륜관진언의 '밤'자와 감로수진언에 등장하는 '바라'가 삽입되어 있다. '나모 삼만다 못다남 밤'(현재의 유해진언)을 가지하여 감로가 바다같이 유출돼 일체유정에게 보급하여 충족시켜 무생인을 얻는 것을 관상하라고 하고 있다. 이어서 현재와 같은 '옴 아아나 삼바바 바아라 혹'의 보공양진언을 송한다. 지금까지 베푼 공양은 고해에 빠져 해탈할 수 없는 그간의 공양과 달리, 과거세 삼보에 공양한 선근으로 오늘 이 자리를 만났으니 오로지 성불을 서원하게 되었다고 일러주고, 음식을 베푼 공덕을 법계유정과 회향하고, 소청한 이들을 봉송하는 것으로 마치고 있다.

⑥ 『유가집요염구시식기교아난다연유』[109]

'무량위덕자재광명여래다라니법' 7편으로 한 그릇의 음식을 한량없는 음식으로 변하게 하는 것으로, 공양하는 법은 앞의 의궤와 크게 다르지 않다. 또한 일체 유정을 이롭게 하고 즐겁게 하고자 하는 이들의 행법에 대해 자세히 소개하고 있다. 재산과 보배를 희사하는 이들을 칭찬하고 스승에게 계단을 열도록 세 번 청하고, 원망하고 미워하는 생각을 떠나 한결같이 평등하게 항상 보시를 행하되 후회하지 않으며, 좋은

---

109 不空 譯, 『瑜伽集要焰口施食起教阿難陀緣由』, T. 21, pp.472b~473c.

벗을 가까이하고 용맹 정진할 것을 말하고 있다. 또 수행처를 고르고 장엄하는 법을 개략적으로 설하여 변공과 시식이 제도중생과 바라밀의 실천임을 보여주고 있다.

⑦『유가집요염구시식의』[110]

『유가집요구아난다라니염구궤의경』보다 정교한 의궤로 삼귀의와 예참을 시작으로 운심공양, 삼보시식 등 후대 시식의례의 전형이 잘 나타나고 있다. 진언 구절은 차이가 있지만 운심공양이 삼보시식을 위한 변공임을 보여준다. 삼보시식三寶施食 이후 관음선정에 든 후 파지옥 등을 하고 난 다음, 소청召請한 아귀들을 위해 7여래 명호를 칭양한다. 이어 '귀의삼보' 이후에 무량위덕자재광명여래 인印과 진언, 유해진언, 시귀진언, 보공양진언 등이 봉행되고, 마지막 봉송이 진행된다. 삼보시식에는 운심공양진언이, 아귀들에게는 변식진언과 유해진언이 쓰이고 있다. 이 의궤는 진언, 수인圖, 관상觀想의 밀교 삼밀가지 의례를 잘 보여주고 있다. 뿐만 아니라 불정존승다라니, 축원, 삼귀의 축원, 금강살타 백자주, 보궐, 삼귀의찬 등을 볼 수 있다.

---

110 『瑜伽集要焰口施食儀』, T. 21, pp.473c~484a. 대만 불광산사의 『瑜伽焰口』는 이 의식의 실행요집이라고 할 수 있다. 현재 한국불교에서 행해지고 있다. '예불대참회문: 108참회문'은 이 의궤에 연원하고 있다고 할 수 있다. 이 참회문은 중국불교의 저녁과송 예참발원문이 국내에 도입되어 108예배하는 참회문으로 정착되었다고 할 수 있다. 정영식은 「아시아 근대불교의례와 『선문일송禪門日誦』의 유통」(『韓國思想과 文化』 52, 한국사상문화학회, 2010, pp.187~212)에서 『선문일송』과 '예불대참회문'이 성철 스님에 의해 국내에 유통·보급되었다고 하고 있다.

⑧『불설시아귀감로미대다라니경』[111]

아귀에게 음식을 베푸는 다라니 경궤에는 아난이 등장하는데 이 경에는
월애보살이 등장한다. 그는 육취의 아귀들을 소청하고 목구멍을 열리
게 한 다음에 변공의궤를 진행한다. 행자는 매일 아침 깨끗한 물 한
움큼을 떠 동방을 향해 시수진언(시감로장다라니신주) '나모 소로바예
다가다타야 다철타 소로소로 바라소로 사바하' 7편을 염송 가지하여
동쪽을 향해 공중으로 뿌린다. 그 물은 다라니의 힘으로 한 방울이
땅에 떨어지면 하늘 감로 미음으로 변해져 여러 귀신들이 배불리 먹고
한량없이 환희한다. 이어서 '나모 사바 다타가다 나바게데 삼마라
삼마라'의 시감로식다라니주가 설해지고 있다. 이 진언은 현행 변식진
언과 음운이 유사하다.

2) 사다라니 행법의 실제

소청한 하위의 고혼들에게 시식을 하기 위해 쓰이는 네 진언의 의미와
행법을 알아보았다.『결수문』의 '주식현공呪食現功'편이 변식의식에
해당된다. 주식현공은 음식에 공덕이 드러나도록 비는 편으로 상위공
양의 '가지변공加持變供'과 같은 역할을 한다. 진언가지로 공양물을
변화하는 것은 같지만 이름을 달리하고 있다. 사다라니 행법에 대한
『결수문』의 이해를 보자.

"여러 불자시여, 대중이 염송하는 이 진언에 의지하여 정업은 이미

---

111 跋駄木阿 譯,『佛說施餓鬼甘露味大陀羅尼經』, T. 21, pp.484b~488b.

없어졌고 원망과 맺음은 이미 풀렸습니다. 이제 그대들을 위해 변식·시감로·수륜관·유해다라니로 가지합니다. 이 음식이 변화하여 참과 실이 곧 성취되고, 셀 수 없고 가없는 하늘 선인의 아름다운 맛이 되어, 그대들로 하여금 선열禪悅의 음식을 먹게 하여 몸은 윤택해지고 업화業火는 맑고 서늘하게 합니다."[112]

사다라니의 순서에 대한 단서이다. 앞 편의 정화(淨化: 멸정업진언이나 해원결진언 염송)를 통해 업장이 맑아진 고혼들에게 시식을 하기 위해 변식을 하게 된다고 알려주는 장면이다. 사다라니를 통해 음식이 선열의 음식으로 변화되었다. 이제 이것을 먹게 되면 몸은 윤택해지고 업화는 맑고 서늘하게 한다고 말하고 있다.

변식의 가지를 행하기 전에 하는 여는 말인 개계開啓, 표고標告 "선밀가지(宣密加持: 진언으로 가지를 펴니), 신전윤택(身田潤澤: 몸이 윤택해지고), 업화청량(業火淸凉: 업의 불길 청량해져서), 각구해탈(各求解脫: 각기 해탈을 구하네)"은 『사寫범음집』이나 『석문』에는 보이지만 『작법귀감』에는 보이지 않는다. 이에 대해 이 4언4구를 표고라고 하면서 '『작법귀감』과 『범음집』 등에 없는 것으로 볼 때 그 사이에 누군가에 의해 삽입揷入된 것이 아닌가'[113] 하고 추정하기도 한다. 사다라니 행법이 어떻게 전승되었으며, 이해되고 행해지고 있는지 그 실제를 살펴보자.

---

112 『결수문』, p.638上.
113 월운, 『일용의식수문기』, p.72.

① 사다라니 행법의 전승

『한글』① 소재 관음시식 사다라니에 대한 행법에는 '(3번)'이라는 진언 염송 편수만 제시되었을 뿐이다. 위 행법에서 보이는 방법을 찾기는 힘들다. 진언 염송 편수의 경우도『사寫범음집』(1923)에만 해도『불설 구면연아귀다라니신주경』등 사다라니 유래 경전의 7편 염송이 지켜지고 있지만『석문』의 관음시식에는 별도의 언급이 없다. 다만 전시식奠施 食에는 3편 염송이 제시되고 있다.[114]

시식은 수인(手印: 身密), 진언염송(眞言念誦: 口密), 작관(作觀: 意密)의 삼밀 행법으로 행해졌다고 보이는데, 현재 대개의 의문에는 진언염송만 남아 있다. 작관이나 수인법은 보이지 않는다. 구밀중심이라고 하겠다. 하지만『증수선교시식의문』(16세기 간행)과『작법귀감』에는 각 사다라니 말미에 자세한 작관과 행법이 소개되고 있다.

변식진언: 7편을 독송한다. 음식을 올리는 법사는 향을 사루고 꿇어앉아서 오른손 무명지를 쭉 펴서 옴𑀰 만𑀫 두 글자를 공양하는 음식 위에 쓰고 만𑀫의 위신력으로 한 그릇이 한량없이 많은 그릇으로 변하고, 한 알이 한량없이 많은 알로 변화하여 알알이 이와 같이 되게 하여 법계를 가득 채워줄 것이라고 마음속으로 생각한다.
감로수진언: 7편을 독송한다. 향로 안에 향 연기가 자욱해지면 양 손을 가지고 향 연기를 쪼인 다음에 왼손으로 물이 담긴 사발을 들고 오른손으로는 버드나무 가지를 잡고 향 연기를 쪼여서 물속에 담갔다가 꺼내고 이렇게 세 차례 한다.

---

[114] 『석문』 하권, p.67.

일자수륜관진언: 7편을 독송한다. 버드나무 가지로 옴ॐ 밤ḍ 두
글자를 물속에 쓰고, 인하여 그 물을 세 차례 휘휘 저어서 물수레바퀴
를 만들고, 밤ḍ의 신통력이 향해香海 미묘한 물을 흘러나오게 하여
공중에 두루 뿌려진다고 관상한다.

유해진언: 7편 독송한다. 버드나무 가지로 향기롭게 만든 물을
공양할 음식 위에 세 차례 뿌리고, 또 공중에도 세 차례 뿌린다.
그리고 나서 백골이 된 고혼孤魂들이 배가 부르게 먹었을 것이라는
상상을 한다.

이상의 작관作觀하는 규범은 상중하단 세 단에 다 통용하는 것이니,
이는 곧 증명법사가 하는 의식이다. 혹 특별히 작관법을 거행하는
일에 익숙하지 못하면 헌식법사獻食法師가 집전한다. 만약 관觀하는
힘이 없으면 비록 종일토록 주문을 독송한다 해도 마음의 힘만
허비할 뿐이다.[115]

한국불교 의례에는 진언 염송의 구밀口密과 의상意想의 의밀意密은
간간이 나타나지만 신밀身密의 수인법이나 도상圖像은 『결수문』과
관욕灌浴[116] 정도에 불과하다고 하겠다. 『결수문』에는 사다라니 외에도
전 진언의 수인법手印法이 제시되어 있다. 하지만 어떤 연유들로 인해
작관作觀의 의밀意密이나 수인手印의 신밀身密 행법은 제대로 전승되지

---

115 『作法龜鑑』, 『한불전』 10, pp.563下6~564上; 김두재, 『작법귀감』(동국대학교출
　　판부, 2010), pp.73~74.
116 『결수문』은 제목처럼 결수도와 印法이 보이고, 그 외에 『통일』 등 제반 의례서
　　관욕 편에 수인법과 도상이 전승되고 있다.

못했다고 할 수 있다. 『밀교개간집密敎開刊集』(1784)에는 사다라니와 서양조사瑞陽祖師 찬초撰抄한 '헌식법獻食法'이라는 '변공법'이 별도 항목으로 제시되고 있고,[117] 『석문』(1935)에도 상용영반 뒤에 '헌식규獻食規'가 별도로 시설되어 있다.[118] 이 점은 당연히 알고 있는 것이고, 또 송주 중심으로 의례를 진행할 때 번잡하다고 생각하여 뒤편에 별도로 편제하였다고 볼 수 있다. 하지만 작법을 바르게 인식했다고 보이는 당대 때는 상관없겠지만, 시공時空이 상거相距되고 전승傳承이 단절斷絶되면 의미를 놓칠 수 있게 된다. 그 결과 구밀을 제외한 여타의 행법들은 서서히 자취를 감추게 되었다고 할 수 있다.

② 사다라니 행법의 실제

행법의 유래에서 살펴본 행법의 의미와 현재 한국불교에서 이해하고 있는 행법과는 어떤 차이가 있는지, 제 의례서와 해설서를 중심으로 사다라니 행법의 실제를 살펴보자. 『일용의식수문기』에 '사다라니는 원래 아귀에게 밥을 주기 위해 설해진 네 편의 주문呪文인데 이를 칠 편을 염하면 귀취鬼趣, 삼·칠 편을 염하면 삼보께 공양供養하는 의식이 된다'[119]고 원의미를 전하고 있다. 또 『불교의식각론』에서도 사다라니에 '일칠편'이라는 행법을 설명하고 있다.[120] 하지만 현재 사다

117 蒙隱 編, 『密敎開刊集』(1784, 『한의총』3)에는 '사다라니'는 p.250에, '헌식법'은 pp.253~254에 편재돼 있다.
118 『석문』 하권, pp.87~88.
119 월운, 『일용의식수문기』, p.72.
120 沈祥鉉, 『佛敎儀式各論』 Ⅵ(한국불교출판부, 2001), pp.160~161.

라니를 7편 염송하라는 의례서는 찾아보기 힘들다. 대개 '(3번)' 또는 '(3번)'이라고 진언 끝에 표기하고 있다.[121] 심지어 『일용의식수문기』와 동일 편자의 『삼화행도집』(1986)에서조차 사다라니 염송은 '(3번)'이라고 하는 지문이 확인된다.

현행의 사다라니 행법과 그 이해를 확인하기 위해서는 의례서의 주석에 의지하거나 현장을 목격하거나 의례를 집전하는 스님들의 자문을 구하는 방법이 있다. 이 같은 방법 가운데 일차 의례서의 주석이나 해설서에 드러난 이해와 방법을 살펴보자.

『불교의식』에는 '북·태징, 목탁, 호적의 반주에 맞추어 대중이 창화唱和한다'고 하고 있고,[122] 『통일』이나 『한글』에는 '사다라니는 법주, 바라지는 요령·목탁을 사용하며 송주성으로 표고標告에서부터 '원이차공덕' 하는 정토업의 마지막까지를 진행을 한다'[123]고 하고 있다. 그러나 작관作觀이나 전승된 행법을 확인하기 힘들다. 『불교의식』의 설명은, 국가기관에서 민속자료 수집 차원으로 1969~1971년경에 진행된 조사로 현대 한국불교의 의례 추이推移를 확인하는 데 의미가 있다고 하겠다.

---

121 李奉洙 編, 『佛教儀範』(1976), pp.277~278; 韓定燮 編著, 『신석문』(1982), pp.474~475; 대한불교진흥원 편, 『통일법요집』(1988), p.278; 滋曠 編, 『성불합시다』(김용사, 1993), p.472.

122 藝能民俗研究室 編, 『불교의식』(문화재연구소, 1989), p.221. 이 책자는 1969~1971년에 문화재관리국 문화재연구실에서 민속자료조사 계획에 따라 조사 집필한 자료인데, 이를 재정리 편집한 것으로, 불교의식은 洪潤植이, 의식무용은 金千興이, 사찰음식은 黃慧性이 집필하였다.

123 『통일』, p. 339; 『한글』①, p.96.

사다라니의 의미에 대한 이해를 보자. 변식진언에 대해 '무량한 위덕과 자재한 광명, 그리고 빼어나고 묘한 힘으로 일체의 제 영가께서 부족함이 없이 공양하실 수 있도록 음식을 양量을 변하게 하는 진언',[124] '밥을 변화시키는 진언'[125]이라고 설명하고 있다. 진언 명칭 해석을 통한 이해라고 할 수 있는데, 변식진언의 출전 경전의 전거와 크게 다르지 않음을 알 수 있다.

시감로수진언에 대해서 '소공所供께 감로수를 올리는 진언, 제 영가 께 감로수를 베푸는 진언'[126]이라거나 '단이슬의 물을 베푸는 다라니'[127] 라고 진언의 이름을 중심으로 이해하고 있다. 이 진언의 전거典據에서 보이는 설명이나 행법에서 확인되는 설명으로 이해되고 있지 않다. 그러나 '본 진언의 주제는 감로甘露이며, 감로는 아므리따amṛta의 번역 으로 불사不死 및 천주天酒의 뜻을 지닌 생명수生命水다. 즉 소시所施로 하여금 기갈飢渴을 면하게 함은 물론 청정한 삶을 누리게 하려는 데 목적을 두고 감로수를 베푸는 진언이다'[128]라고 하는 설명은 이를 보충 하고 있다. 이 진언명칭에 붙은 '시施'자를 '올린다, 베푼다, 베푸는' 등으로 해석하고 이해하는 것은 무리가 아니다.

하지만 이 진언에 대한 설명 중 '음식과 물이 한량없는 우유와 감로로 변해져서 일체 아귀의 인후(목구멍)가 열려 널리 많이 평등하게 음식을

---

124 沈祥鉉, 『佛敎儀式各論』 Ⅵ, p.160; 沈祥鉉, 『영산재』(문화재관리국, 2003), p.336.
125 학담 편역, 『연화의식집』(큰수레출판사, 1997〔2002〕), p.267.
126 沈祥鉉, 『佛敎儀式各論』 Ⅵ, p.160; 沈祥鉉, 『영산재』, p.336.
127 학담 편역, 『연화의식집』, p.267.
128 沈祥鉉, 『佛敎儀式各論』 Ⅵ, p.160.

먹게 한다'[129]고 하는 설명을 귀담아 들을 필요가 있다. 이 교설을
의지하면 이 진언은 완전성을 가지고 있다. 변해지는 변식 과정과
베푸는 시식이 합편돼 있는 것이다. 완결성을 띠고 있는 원래의 의미와
그 대상이 아귀라는 사실을 중시하면 이 진언이 하위下位의 고혼이
아닌, 상위上位의 성현에게는 활용되기 어렵다는 것을 알 수 있다.
결국 이 진언 명칭의 '시施'자는, 이 진언이 변식變食의 개념이 아닌
시식施食, 곧 행위의 개념으로 이해할 개연성을 담고 있다. 또 그렇게
이해하고 설명돼 왔다고 할 수 있다.

　일자수륜관진언에 대해서는 '밤 일자로부터 대지大地를 받치고 있는
물만큼 많은 감로제호甘露醍醐가 유출流出됨을 관하는 진언',[130] '한 글자
로 물을 살피는 진언'[131]이라고 해석하고 있다. 『작법귀감』과 『석문』의
헌식 행법을 비교해 보자.

　　일자수륜관진언 7편을 독송한다. 버드나무 가지로 옴ᅕ 밤ᅕ 두
　　글자를 물속에 쓰고 인하여 그 물을 세 차례 휘휘 저어서 물수레바퀴
　　를 만들고, 밤ᅕ의 신통력이 향해香海 미묘한 물을 흘러나오게 하여
　　공중에 두루 뿌려진다고 관상한다.[132]
　　수륜관진언을 외울 때 이 양지로써 '옴 밤' 두 자를 물그릇 위에
　　쓰고 그 물을 세 번 휘 저어 향연기가 물과 합해지게 하고, '밤'자의

---

129 不空 譯, 『施諸餓鬼飮及水法幷手印』, T. 21, p.467b.

130 沈祥鉉, 『佛敎儀式各論』 Ⅵ, p.161; 沈祥鉉, 『영산재』, p.336.

131 학담 편역, 『연화의식집』, p.267.

132 『作法龜鑑』, 『한불전』 10, p.563下.

132

위력과 신력으로 향해香海의 묘수(妙水: 좋은 물)가 유출되어 (그것
을) 공중에 두루 뿌린다.[133]

위의 두 예에서 보이는 행법의 차이는 『석문』에 진언 염송 편수가
제시되지 않은 것밖에 없다. 또『밀교개간집』에는 정법계진언을 염송
할 때 양지 또는 무명지無名指로 할 수 있다[134]고 하는 정도의 차이만
있다. 만일『작법귀감』의 행법이나『석문』등의 헌식 행법을 참고하며
설명했다면 '한 글자로 물을 살피는 진언'이라는 현재와 같은 해석은
나올 수 없을 것이다.

유해진언은 '소공所供께 감로제호를 올리는 진언, 제 영가께 감로제
호를 베푸는 진언'[135]이라거나 '진리의 젖 드리는 진언'[136]이라고 설명하
고 있다. 이 진언의 명칭은『시제아귀음급수법』에는 '보시일체아귀인
진언'으로 나오며, 이에 대해『불교의식각론』 III에는 다음과 같이 설명
하고 있다.

〈유해진언〉에 의해 '밤' 일자一字로부터 대지大地를 받치고 있는
물만큼 많은 감로제호甘露醍醐가 유출流出됨을 과하였다. 이제 본
진언은 그 많은 감로제호가 모든 소시所施에게 모자람 없이 베풀어지

133 『석문』하권, p.87.
134 蒙隱 編, 『密教開刊集』, 『한의총』 3, p.253上,
135 沈祥鉉, 『佛敎儀式各論』 VI, p.161; 沈祥鉉, 『영산재』, p.336.
136 학담 편역, 『연화의식집』, p.267.

도록 관하며 지송하는 진언이다.[137]

『시제아귀음급수법』의 설명에 따르면 이 진언은 아귀에게 행하는 '시식진언'이라고 이해할 수 있다. 실제 의례에서는 변식의 진언으로 이해되고 수용돼 활용되고 있지만 『시제아귀음급수법』의 설명대로라면 '변식'과 '시식'이 함께 행해진다는 것을 알 수 있다.

결국 변식의 사다라니는 경전의 근거대로 진언염송 위주로 행해지고 있지만, 실제 의례에서는 변식의 기능에 한정되고 시식은 이후에 별도의 진언으로 행해지고 있다고 할 수 있다. 이는 하나의 진언으로 일체의 기능을 수행하면서 출발하였지만 점차 후대로 내려올수록 각 진언이 갖고 있는 전체성보다 핵심적인 고유 기능 중심으로 인식되고 수용되어 활용되었다고 할 수 있다. 이는 불교의례에서 빈번히 보인다. 이것은 각각의 개체로 하여금 고유성을 극대화해 주면서도 개체와 전체의 조화를 추구하는 화엄사상적인 사고라고 볼 수 있을 것이다.

6. 시식의식

변식이 끝났다. 다라니로 음식을 한량없이 변하게 하여 베풀게 되는 것은 단檀바라밀 가운데 재보시가 되고, 여래의 명호를 칭명하여 아귀로 하여금 공포로부터 벗어나게 하는 것은 무외시가 되며, 경전이나 게송을 독송하거나 염송하여 법문을 들려주는 것은 법보시를 행하는

---

137 沈祥鉉, 『佛教儀式各論』 Ⅲ(한국불교출판부, 2001), p.276.

것이다. 시식施食이라고 하여 겉의 제목에는 시식을 말하고 있지만 무외시無畏施와 법시法施를 포함하고 있다[138]는 것이 이곳에서 증명된다. 그러므로 이 삼단보시를 잘하는 것은 육바라밀을 원만히 닦는 것[139]이라는 견해는 탁견이라고 하겠다.

시식施食은 변식을 끝낸 음식을 베푸는 것이다. 그간 시식을 위해 당해 영가와 고혼을 청하고 가피를 입게 하고 정화를 하였다. 드디어 소청 영가에게 시식을 하게 된다. 이 시식의례의 정점이라고 할 수 있다. 시식이라고 하지만 변식變食된 음식물을 베풀려면 먼저 초청한 고혼에게 음식을 받을 수 있도록 무외시를 베풀어야 한다. 무외시는 두려움을 없애주고 목구멍을 늘려주는 등 몸과 마음에 대한 베풂과 더 나은 곳으로 가서 나도록 하는 역할을 수행한다. 그리고 법을 들려주어 깨달음을 얻게 하는 법시法施를 베푸는 것이다.

1) 무외시

시식 가운데 무외시無畏施는, 여기서 언급하는 선양성호 외에 '청혼에서의 가피'도 무외시라고 할 수 있다. 청혼에서의 가피는 법회에 도착한 이들에게 삼보에 예경하며 귀의시키는 장치로 시설된 측면이 강하다. 그러므로 '선양성호'가 본격적인 무외시라고 할 수 있다. 내용을 보자.

① 선양성호 행법의 추이

성인의 명칭을 칭하는 이 행법은 선양성호宣揚聖號, 칭양성호稱揚聖號

---

138 雲棲 袾宏 補註, 『修設瑜伽集要施食壇儀』, X. 59, p.272a.
139 德異 修註, 『增修禪敎施食儀文』, 『한의총』 1, p.363.

라는 이름으로 불린다. 변식을 위한 다라니가 시설될 때 함께 언급되는 이 '선양성호'의 여래 명칭은 실차난타 역『불설구면연아귀다라니신주경』에는 보이지 않고, 불공 역『불설구발염구아귀다라니경』에서부터 나타나기 시작하는데 성호가 5여래가 아닌 4여래이다.『불설구면연아귀다라니신주경』에서는 '일체덕광무량위력'(곧 변식진언)이 4여래 칭양의 공덕을 함께 수행한다고 할 수 있다. 그렇지만『불설구발염구아귀다라니경』에서는 4여래가 등장하여 각기 그 역할을 수행하게 된다. 『시제아귀음급수법』에서는 5여래,『유가집요구아난다라니염구궤의경』에는 7여래 명호 칭명의 행법이 등장하고 있다. 〈표Ⅲ-5〉와 같이 경전에 따라 칭양성호가 달라지고 있다

〈표Ⅲ-5〉 경궤의 칭양성호 확장 과정[140]

區分	稱揚聖號
『佛說救面然餓鬼陀羅尼神呪經』	無
『佛說救拔焰口餓鬼陀羅尼經』	多寶·妙色身·廣博身·離怖畏如來
『施諸餓鬼飮及水法』	寶勝·妙色身·甘露王·廣博身·離怖畏如來
『瑜伽集要救阿難陀羅尼焰口軌儀經』	寶勝·離怖畏·廣博身·妙色身·多寶·阿彌陀·世間廣大威德自在光明如來
『瑜伽集要焰口施食儀』	寶勝·離怖畏·廣博身·妙色身·多寶·阿彌陀·世間廣大威德自在光明如來

---

140 『佛說救面然餓鬼陀羅尼神呪經』, T. 21, pp.466a~466b;『佛說救拔焰口餓鬼陀羅尼經』, T. 21, p.465a;
『施諸餓鬼飮及水法幷手印』, T. 21, pp.467c~468a;『瑜伽集要救阿難陀羅尼焰口軌儀經』, T. 21, p.471a;『瑜伽集要焰口施食儀』, T. 21, pp.478~479a.

136

이 같은 현상은 한국불교의 시식의문에서도 〈표Ⅲ-6〉과 같이 발생하고 있다. 『불설구발염구아귀다라니경』의 4여래 명호는 한국불교 시식의문에서는 찾아볼 수 없고, 『통일』이나 『한글』① 소재 관음시식에는 『결수문』의 5여래 칭명이 이뤄지고 있다. 선양성호를 『증수선교시식의문』(16C)이나 『운수단가사』(1627), 『해인사 제반문』(1719)에서와 같이 7여래 성호를 칭양하는 근대 시식의문은 『석문』의 전시식, 『사寫범음집』(1923) 등의 구병시식 정도이다.[141] 그러므로 한국불교의 선양성호는 5여래 중심으로 편제돼 왔다고 할 수 있다. 이에 비해 중국불교의 조모과송朝暮課誦 '몽산시식'이나 『선문일송』의 '몽산시식'에는 『증수선교시식의문』 이래 보이는 다보多寶 · 보승寶勝 · 묘색신妙色身 · 광박신廣博身 · 이포외離怖畏 · 감로왕甘露王 · 아미타여래阿彌陀如來의 7여래로 칭양성호를 하고 있다.[142] 이는 선양성호에 대한 인식의 차이에서 오는 것이라고 보인다. 이 순차는 선양성호 초기 행법이라고 할 수 있는 『불설구발염구아귀다라니경』의 4여래 명호칭명 행법을 기본 축으로 하고 있다고 보인다.

---

141 『석문』 하권, pp.67~68; 『사寫범음집』, p.149後面에도 7여래를 거론하고 있다.
142 承天禪寺, 『早晚課誦本』, p.85; 陳文富 編輯, 『佛門必備課誦本』, p.67; 『禪門日誦』, p.78.

〈표 III-6〉 한국불교 제 시식의문의 칭양성호[143]

區分	稱揚聖號
『增修禪敎施食儀文』(16세기)	多寶·寶勝·妙色身·廣博身·離怖畏·甘露王·阿彌陁如來
『結手文』(16세기)	多寶·妙色身·廣博身·離怖畏·甘露王如來
『釋王寺 勸供諸般文』(1574)	多寶·寶勝·妙色身·廣博身·離怖畏·甘露王·阿彌陁如來
『雲水壇謌詞』(1627)	多寶·寶勝·妙色身·廣博身·離怖畏·甘露王·阿彌陁如來
『金山寺 諸般文』(1694)	多寶·妙色身·廣博身·離怖畏·甘露王如來
『海印寺 諸般文』(1719)	多寶·寶勝·妙色身·廣博身·離怖畏·甘露王·阿彌陁如來
『作法龜鑑』(1826)	多寶·妙色身·廣博身·離怖畏·甘露王如來
『사寫범音집』(1923)	多寶·妙色身·廣博身·離怖畏·甘露王如來
『釋門儀範』(1935)	多寶·妙色身·廣博身·離怖畏·甘露王如來

〈표III-5〉의 순서에서처럼 『시제아귀음급수법』의 5여래, 『유가집요
구아난다라니염구궤의경』의 7여래 명호칭명 행법 순서의 발달에 대한
그 어떤 연관성을 찾기는 어렵다. 한국이나 중국불교의 시식의례 선양
성호 의식은 5여래 칭명이든 7여래 칭명이든 다보여래로 시작한다.
하지만 『불설구발염구아귀다라니경』 이외의 경궤에는 보승여래가 거

---

143 『增修禪敎施食儀文』, 『한의총』 1, p.368下; 『結手文』, 『한의총』 1, pp.636~637;
　『釋王寺 勸供諸般文』, 『한의총』 1, p.671下; 『雲水壇謌詞』, 『한의총』 2, p.20上;
　『金山寺 諸般文』, 『한의총』 2, p.506; 『海印寺 諸般文』, 『한의총』 2, p.655下;
　『作法龜鑑』, 『한불전』 10, p.564; 『사寫범음집』, p.104後面; 『釋門儀範』 하권,
　p.74.

수居首하고 있다. 그렇다면 4여래, 5여래, 7여래의 확장 과정에는 어떤 사고와 인식이 투영되어 있는지를 고구해 보기로 한다.

'다보·묘색신·광박신·이포외여래'와 '다보·묘색신·광박신·이포외·감로왕여래'를 비교해 보면 5여래에는 '감로왕여래'가 더해졌으며, 다시 5여래를 '다보·보승·묘색신·광박신·이포외·감로왕·아미타여래'의 7여래와 비교하면, '보승여래'와 '아미타여래'가 더해지고 있음을 알 수 있다. 두 번의 확장에 숨은 의미를 찾아보자.

첫째로 4여래가 등장하게 된 배경과 추가로 등장하고 있는 여래의 공덕을 비교하면 그 의미를 찾을 수 있을 것으로 보인다. 4여래는 시식의례의 생성 배경인 아난이 만난 염구의 모습과 연결된다고 할 수 있다. 염구는 배가 고프고, 모습이 파리하고, 좁은 목에서는 불이 솟아나고, 두려움에 떨고 있다. 이를 해소해 주는 분들이 바로 4여래다. 네 분의 여래는 각각 가난한 이에게 보배를, 못생겨 위축돼 있는 이에게는 미인의 몸을, 목이 좁아 먹지 못하는 이를 위해서는 목 넓힘을, 두려워 떠는 이를 위해서는 두려움으로부터 벗어나도록 하겠다는 서원을 하신 분이다.

그래서 네 분 여래의 원력이 필요한 것이다. 가령 다보여래의 명호와 진언을 칭명하여 가지하여 주므로 일체 아귀들의 다생 동안 지은 인색하고 탐내는 악업이 깨지고 곧 복덕이 원만해진다. 묘색신여래의 명호와 진언을 칭명하여 가지하여 주므로 아귀들의 못생긴 모습이 깨지고 원만한 색상이 구족해진다. 광박신여래의 명호와 진언을 칭명하여 가지하여 주므로 모든 아귀의 목구멍이 넓혀져 베푸는 음식이 마음대로 채워지게 된다. 이포외여래의 명호와 진언을 칭명하여 가지하여 주므

로 여러 아귀들의 일체 두려움이 다 없어져 굶주린 아귀들의 세계를
떠나게 된다.[144]

선양성호 행법은 출전 경전처럼 명호와 진언이 함께 설해지는 의문은
수륙재 행법에서나 볼 수 있고,[145] 제반 시식의문에서는 목격되지 않는
다. 오히려 명호와 진언을 칭명하고 베풀어 줌으로써 명호와 진언을
듣는 이들이 질적 전환에 대한 교설을 축원으로 활용하고 있다.

명호와 진언을 염송하는 선양성호 행법은 『결수문』 등 수륙재문에는
진언이 잔존하였고, 『결수문』을 이었다고는 보이는 『석문』의 수륙재
문까지 그렇다. 하지만 간단한 시식이라고 할 수 있는 시식의례에는
진언이 보이지 않는다. 시식의례라고 해도 수륙재에서는 무외시의
선양성호 이후에 고혼에게 음식을 베풀기 위한 변식이 이루어진다.[146]
한국불교에서 재생산되었다고 보이는 『삼단시식문』에서는 상위와 중
위의 공양이 끝나고 곧바로 7여래의 선양성호를 하고 삼귀의계와 오계
를 수여하고 나서 고혼의 정화淨化를 위한 가지를 하고, 변식을 해서
시식을 하는 구조를 가지고 있다.[147] 순차의 문제이긴 하지만 '몽산시식'

<hr>

144 『佛說救拔焰口餓鬼陀羅尼經』, T. 21, p.465a.
145 『결수문』, 『한의총』 1, p.636上; 『志磐文』, 『한의총』 1, p.609下; 『中禮文』,
『한의총』 2, p.240上. "諸佛子, 由稱多寶如來名號及眞言加持力故, 能令汝等具
足法財, 稱意所須受用無盡."
146 본서에서 주로 인용하는 국내의 수륙재 시식의문인 『지반문』(『한의총』 1,
pp.609~612), 『중례문』(『한의총』 2, pp.239~241), 『결수문』(『한의총』 1,
pp.636~638)에는 선양성호/선밀가지편을 먼저 봉행하고 변식편인 '주식현공'편
을 봉행하고 있다.
147 『삼단시식문』, 『한의총』 1, pp.481~487.

이나 일반적인 한국의 시식의문에서는 변식 이후에 선양성호가 베풀어지고 있다. 이는 '몽산시식'의 형태라고 할 수 있다.

『통일』(2003) 소재 관음시식에는 5여래 행법으로 태징을 달고 치는 법이 소개돼 있으며, 『한글』① 행법에는 이보다 더 자세히 요령과 목탁 사용법이 제시돼 있다. 별다른 설명이 없기는 하지만 5여래 행법의 중요성을 보여주는 것이라고 할 수 있다. 현행 선양성호 행법을 보면 5여래 명호는 법주가 두 번 칭명하고, 이어지는 세 번째는 바라지와 함께 칭명하고 축원으로 넘어간다. 가령 '나무다보여래 나무묘색신여래 나무광박신여래 나무이포외여래 나무감로왕여래'를 두 번 칭명하고, 세 번째는 '나무다보여래 원제고혼 파제간탐 법재구족' 등 나머지 여래의 칭명과 축원이 함께 행해진다.[148]

② 선양성호 행법의 수용

선양성호 행법이 어떻게 이해되고 수용되어졌으며 행해졌는가를 보자. 이를 위해 이 행법의 추이를 보고, 현재의 이해를 살피는 것으로 진행한다. 수륙재문 이외에는 대개의 시식의문들이 『증수선교시식의문』과 같은 형태로 진행되었다고 보인다. 『삼단시식문』(1496)부터 근대 이후의 주요 본까지 선양성호 행법의 의문은 〈표Ⅲ-7〉과 같다.

---

[148] 현행 행법은 대한불교조계종 행자교육원 교수사 정오 스님의 자문을 받았다.

〈표III-7〉 선양성호 중 감로왕여래 축원문의 추이[149]

區分	祝願文
『삼단시식문』(1496)	南無甘露王如來 願某靈駕 法界亡魂 咽喉開通 獲甘露味
『釋王寺 勸供諸般文』(1574)	南無甘露王如來　　　　　　咽喉開通 獲甘露味
『雲水壇謌詞』(1627)	南無甘露王如來　　　　　　咽喉開通 獲甘露味
『作法龜鑑』(1826)	南無甘露王如來 願諸孤魂　　咽候開通 獲甘露味
『釋門儀範』(1935)	南無甘露王如來 願我各各[150]　咽喉開通 獲甘露味

〈표III-7〉을 통해서 몇 가지를 확인할 수 있다. 선양성호의 4여래,
5여래, 7여래 명호 가운데 굳이 감로왕여래를 택한 이유도 동시에
찾을 수 있다고 보인다. 첫째 선양성호의 공능이다. 성호聖號와 진언眞
言을 칭명과 염송으로 가지하여 듣는 이들이 각 여래의 서원에 의해
각각 그 상태로 전환된다. 그러므로 『삼단시식문』의 "모 영가와 법계
망혼이 목구멍이 열려 감로미를 얻게 하기를 바랍니다"라고 청원하는
의미의 차원과는 다르다. 『삼단시식문』(1496)과 달리 『증수선교시식
의문』(16세기)에서는 "나무감로왕여래 원모영가 인후개통 획감로미"
라고 하여 '원모영가'만 제시하였고, '법계망혼'은 보이지 않는다. 하지
만 『증수선교시식의문』에서도 '법계망혼'이 소청되므로 생략되었을

---

149 『삼단시식문』, 『한의총』 1, p.483上; 『석왕사 勸供諸般文』, 『한의총』 1, p.671下;
『운수단가사』, 『한의총』 2, p.20上; 『작법귀감』, 『한불전』 10, p.564上; 『사寫범음
집』, p.104後面.

150 『일용의식수문기』(p.74)에, 『작법귀감』에 "원제고혼"이 "願我各各"으로 다르게
나타나고 있다고 하지만 『작법귀감』에는 다르지 않고 석문에 다르게 나타나고
있다.

142

뿐이라고 보인다.

그렇지만 19세기 이후『작법귀감』(1826)에 이르러서는 현재와 같이 "원제고혼願諸孤魂"으로 확정되었다고 할 수 있지만, 20세기 초의『사寫 범음집』(1923)에도 19세기 이전과 같이 "나무감로왕여래 인후개통 획감로미"라고 하여 '원모영가'나 '원제고혼'이 보이지 않는 것으로 볼 때 어느 시기에 변이變異되었는지는 단정하기 어렵다. 하지만『석 문』에 오면 감로왕여래의 원망동사구를 "원아각각願我各各"이라고 하 여 '모든 고혼이 이러이러하기를 원한다'의 차원을 뛰어넘어 '제가 각각이 이러이러하기를 원합니다'라고 하고 있다. 결국 선양성호의 공능을 축원으로 이해해 오고 있음을 확인할 수 있다.

둘째는 4여래, 5여래, 7여래 각각의 역할이다. 4여래를 기준으로 늘어난 여래는 감로왕여래, 보승여래, 아미타여래인데, 4여래와 달리 이 세 여래는 염구 아귀를 기준으로 볼 때 아무래도 염구에 대한 1차적 해방이라기보다 한 단계 높은 다른 차원의 세계로 인도하고 있다고 할 수 있다.

감로왕여래는 몸과 마음에 법(수)을 부어 쾌락을 받게 하고,[151] 보승 여래의 명호를 칭명하고 찬탄하여 들리게 된 이들은 번뇌와 업의 불길이 다 소멸되게 한다. 또 만일 아미타여래의 명호를 칭명하고 찬탄하여 들리게 되면 그대들은 서방 극락세계에 왕생하여 연화에 나고 불퇴전에 들게 된다.[152] 그런데 5여래가 등장하는『시제아귀음급수법』에는,『증 수선교시식의문』이래 감로왕여래의 공덕으로 행해지는 '인후개통咽喉

151 『施諸餓鬼飮及水法』, T. 21, p.467c.
152 『瑜伽集要救阿難陀羅尼焰口軌儀經』, T. 21, p.471a.

開通 획감로미獲甘露味'와 유사한 "인후관대수묘미咽喉寬大受妙味"가 광박신여래의 공능으로 나타나고 있다.[153] 이것은 5여래 칭명 행법이 4여래 이후임을 의미하는 것이라고 할 수 있다.

결국 4여래 이후 등장하는 감로왕여래, 보승여래, 아미타여래는 1차적 공능이 해소된 이후에 좀 더 높은 영적 상태로 전환하는 공능을 발휘하고 있다고 볼 수 있다. 감로의 상태는 곧 불사의 상태이니, 아미타의 상태이다. 1차적 공능은 바로 염구 아귀의 상태를 해소하는 장치를 의미한다. 배고픔과 열등감, 음식을 받을 수 있는 상태로 전화轉化되고 두려움이 해소되고 난 이후에 좀 더 나은 세계로 전환하도록 인도하는, 곧 2차적 공능이라고 할 수 있을 것이다.

셋째는 1차적 공능과 2차적 공능의 교체 현상이다. 5여래가 등장하는 『시제아귀음급수법』에서 감로왕여래는 "관법신심灌法身心"이고 광박신여래는 "인후관대수묘미咽喉寬大受妙味"이다. 그런데 〈표III-6〉에서 볼 수 있는『결수문』, 『작법귀감』, 『석문』 등의 5여래 선양성호에서 광박신여래의 공능은 "사육범신捨六凡身 오허공신悟虛空身"이고, 감로왕여래는 "인후개통咽喉開通 획감로미獲甘露味"이다. 4여래 선양성호 행법이 출현된 이래 각 여래의 공능이 유지되고 있지만 광박신여래만은 공능이 변화되고 있다. 4여래, 5여래, 7여래 칭명성호의 공능은 "인후관대咽喉寬大"와 관련된다.[154]

---

153 『施諸餓鬼飲及水法』, T. 21, p.467c.

154 『佛說救拔焰口餓鬼陀羅尼經』, T. 21, p.465a; 『施諸餓鬼飲及水法』, T. 21, p.467c; 『瑜伽集要救阿難陀羅尼焰口軌儀經』, T. 21), p.471a. 7여래 칭명에서만 "餓鬼針咽"이라고 표현될 뿐 의미는 같다.

그럼에도 불구하고 시식의례에 이르러서는 광박신여래의 본래 공능은 감로왕여래가 수행하고, 광박신여래는 "육범의 몸을 버리고 허공의 몸을 깨닫게 하는" 역할을 수행한다. 연유에 대해 고구해 보자. 앞에서 4여래의 공능은 염구 아귀의 1차적 구원에 있다면, 이후 추가로 등장하는 세 여래는 2차적 공능을 수행하는 데 목적이 있다고 보았다. 그런데 2차로 등장하는 세 분 여래 가운데 감로왕여래는 '감로'라는 불사不死의 천주天酒를 부어주는 역할을 담당한다. 여기서 주목해야 할 게 나타난다. '감로'라는 '천주'나 감로라는 말에는 마시는 것, 액체, 물 이미지가 자연스럽게 연상되게 된다. 물은 마셔야 한다. 그러기 위해서는 아귀의 목구멍이 넓어져야 하는 것이다. 감로왕여래는 '법'이라는 감로를 몸과 마음에 부어 업의 불길을 씻어주는 역할을 하지만, 아마도 시식의문을 생성할 당시의 우리네들에게는 그것이 물의 '마시는' 이미지로 인해 업의 불길을 끄는 것과 더불어 불사의 감로를 마시는 것으로 이해하고, 염구의 바늘 같은 목구멍을 늘려주는 역할에 배대하였다고 보인다. 감로왕여래에게 그 역할을 양여한 광박신여래에게는 자연스럽게 그 본래의 1차적 역할을 넘어 새로운 2차적 의미와 공능이 주어져야 할 필요성이 제기되었다고 할 수 있다.

이 같은 상황에서 발견된 것이 다름 아닌 시식의례의 의문에서 등장하는 "육범의 몸을 버리고 허공의 몸을 깨치는" 것이다. 목구멍을 늘려주는 1차적 공능에서 '여섯 범부의 몸에서 허공의 몸, 곧 4성인의 경지를 깨쳐주는' 역할로 교체되게 되었다고 할 수 있다. 이렇게 볼 수 있는 시식의례에는 수륙재 계열과 염구경전을 기반으로 하는 시식의施食儀, 저녁과송으로 채택된 '몽산시식' 등이 있다. 『결수문』 수륙재 하위시식에는 광박신여래의 역할이 "인후관대咽喉寬大"로 수용돼 있지만 '몽산시식'에 몽산 덕이가 수주修註를 한『증수선교시식의문』에 "사육범미세신捨六凡微細身 오허공신悟虛空身"[155]으로 수용된 이래 국내 시식의문에는 "육범미세신六凡微細身"에서 육범신을 규정하는 "미세微細"가 삭제된 채 현재의 모습으로 정착되었다고 보인다.

선양성호에 등장하는 4여래, 5여래, 7여래 칭명 행법에서 감로왕여래 칭명 행법이 시식의례의 추이와 인식 등을 확인할 수 있다고 보기 때문에, 여러 여래 가운데 예문으로 채택하게 되었음을 해명할 수 있을 것이다. 이를 다음의 〈도Ⅲ-1〉과 같이 표현할 수 있을 것이다.

多寶, 妙色身, 廣博身, 離怖畏如來의 4여래 등장: 염구아귀의 1차적 구제
寶勝, 甘露王, 阿彌陀如來의 3여래 추가 등장: 염구아귀의 2차적 구원

↓

여래의 공능 교체 및 확장
감로왕여래: 身心快樂 → 咽喉寬大 (2차적→1차적)
광박신여래: 咽喉寬大 → 悟虛空身 (1차적→2차적)

〈도Ⅲ-1〉 선양성호에 등장하는 여래의 역할 교체

이 같은 인식은 4여래와 5여래, 7여래로 확장하여 수용하게 되었다고 보인다. 그럼에도 불구하고 여래의 성호는 들려주기만 해도 이뤄지지만 믿음이 부족한 이들을 위해 다시 한 번 청원하여 확실히 들려주는

---

155 『增修禪敎施食儀文』, 『한의총』 1, p.368下.

축원으로 정착되게 되었다고 할 수 있다. 중국의 『선문일송』이나 '조모 과송'의 '몽산시식'에는 현재까지도 한결같이 '선양성호 행법'에서 7여 래 전통이 이어지고 있다. 그렇지만 19세기 이후 한국불교 시식의문에 는 한결같이 5여래의 선양성호가 정착되었다. 아마도 1차적 구원을 중시하는 한국인의 현실적 세계관이 반영된 결과가 아닌가 한다. 5여래 가운데 2차적 구원을 행하는 광박신여래가 그대로 등장하지만 원형이 나 전통을 유지하기 위한 조처라고 할 수 있을 것이다.

선양성호를 통해 무외시가 이뤄졌으므로 법회에 참석한 영가와 고혼 들이 깨끗이 몸을 단장하게 되고 편협한 마음도 버리고 편안한 마음으로 음식을 받을 수 있게 되었다. 이제 음식을 베풀 수 있게 되는 것이다.

2) 재시

재시財施는 재물을 베푸는 것이다. 몸을 가진 존재는 음식을 먹지 않고는 삶을 유지할 수가 없다. 오늘날은 경제성장과 농축산업의 발달 로 음식의 과잉섭취가 문제라고 하지만 아직도 다른 한편에는 가난이 극심해 먹지 못하고 굶주리는 인류가 적지 않다. 적어도 시식의례가 생성될 고대에는 '먹는 문제'가 삶의 가장 큰 문제였을 것이다. 시식의례 에 등장하는 베풂을 받는 이들은 망령과 고혼들이라고 할 수 있으나 수륙재 등에는 육도중생이라고 분명하게 밝히고 있다. 시식의례의 재시 구조와 그것에 대한 인식에 대해 살펴보기로 한다.

①재시의 구조

『한글』① 소재 관음시식의 재시는 '시식게송'과 시귀식진언과 보공양

진언, '찬반게송'으로 이루어져 있다. 『일용의식수문기』는 이곳에서부
터 봉송게 이전까지를 '풍송가지'라고 하고 있고,[156] 『불교의식각론』
VI(2001)이나 『영산재』(2003)는 별다른 분과를 하고 있지 않고 '㉓시식
게~㉚권반게'라고 하여 연번을 부여하고 있을 뿐이다.[157] 이 같은
모습은 현재 불교의식을 소개하고 있는 여타의 서적에서도 그대로
적용된다.[158] 필자는 재시財施를 다음과 같이 삼단계로 세분한다.

〔시식게송〕願此加持食 普遍滿十方 食者除飢渴 得生安養國
〔시식진언〕 시귀식진언, 보공양진언 (보회향진언)[159]
〔시식찬탄〕受我此法食 何異阿難饌 飢腸咸飽滿 業火頓淸凉
　　　　　頓捨貪瞋癡 常歸佛法僧 念念菩提心 處處安樂國

첫째 단계는 베푸는 시식을 받으시라는 것과 극락세계인 안양국에
날 수 있다는 것을 표하는 단계이다. 시식의 목적을 밝힌다.
둘째 단계는 명도의 아귀들에게 진언으로 공양을 베푸는 것인데,
상위나 중위에 공양할 때와 달리 시식을 받는 이들을 분명하게 밝히는
것이 다르다.

---

156 월운, 『일용의식수문기』, pp.75~76.

157 『불교의식각론』VI, pp.164~165; 『영산재』, pp.337~338. 『靈山齋 成立과 作法儀
禮에 關한 硏究』(위덕대 박사논문, p.368)에서도 따로 언급하지 않고 '㉘시식게~
㉞권반게'로 연번만 순연되었을 뿐이다.

158 홍윤식, 『불교의식』(1989), pp.222~223; 학담, 『연화의식집』(1997〔2002〕),
pp.268~269.

159 『통일』(2003)에는 『석문』(1935) 등에서와 같이 '보회향진언'이 있으나 『한글』①
에는 보회향진언이 보이지 않는다.

셋째 단계는 귀중들에게 베푼 음식이 시식의례의 가르침을 열었던 아난의 그 음식과 조금도 다르지 않다는 것과 그것을 배불리 먹고 번뇌를 시원하게 없애 탐진치를 문득 버리면 항상 삼보에 귀의하고, 보리심을 안 여의면 처처가 극락이 된다는 것을 표하는 단계이다.

②재시에 대한 인식

재시에 대해 '시식게송'부터 '봉송게송' 앞까지를 한꺼번에 진행되는 '풍송가지'로 인식하거나[160] 〈시식게〉로부터 〈무상게〉까지 대중이 함께 염불성으로 거행한다[161]고 하고 있는 것으로 볼 때 재시財施와 이어지는 법시法施를 특별히 구분하려고 하지 않는다고 할 수 있다.

시식게송에 대해서는 특별히 다른 인식을 보이고 있지 않지만 재시의 실행 진언이라고 할 수 있는 시귀식진언과 보공양진언 등에 대해서는 '출입出入'이 나타나고 있다. 대표적인 것으로는 시귀식진언의 범위를 확장하는 '시무차법식진언施無遮法食眞言'의 등장이다. 『통일』과 『한글』① 소재 관음시식은 이 '시무차법식진언'을 채용하지 않고 있지만 『연화의식집』이나 『불교의식각론』 VI에는 이 진언이 시설돼 있다. 이 진언은 '전시식奠施食'에 보이는데,[162] 전시식의 대상에는 명도의 귀계뿐만 아니라 일체의 법계망령 등이 포함되므로 일어난 현상이라고 할 수 있다. 결국 이 '시무차법식진언'이 시설돼 있는 것은 시식의 범위를 최대한 확장하려는 의도가 들어 있다고 할 수 있다.

---

160 월운, 『일용의식수문기』, p.75.
161 심상현, 『영산재』(2003), p.337.
162 『석문』 하권, p.68.

다음은 찬반게송에 대한 인식이다. 첫 구 '수受'를 권유로 볼 것인가, 아니면 '받았으니'와 같은 결과로 볼 것인가이다. 이를 권유로 하여 "받으소서"[163]라고 하면 앞의 실행진언의 현교顯敎적 이해라고 할 수 있다. 하지만 '다 받았으니/이미 받으니'[164]라고 하면 공양을 하고 난 이후의 찬탄이 된다. 또 '받으소서'라고 하면 보공양진언과 같은 공양 권유가 되고, '받으셨으니'와 같이 이해하면 받은 음식과 시식한 이들을 찬탄하는 게송이 된다고 하겠다. 그렇지만 이 게송은 찬반게송이라고 할 수 있으므로 '받으소서'와 같은 표현은 적합하지 않다고 할 수 있다.

다음은 찬반게송을 하나의 게송으로 볼 것인가, 아니면 두 개의 게송으로 볼 것인가 하는 점과 일곱 번째 구절 "염념보리심念念菩提心"의 의미에 대해서이다. 필자는 의미상 하나의 게송, 곧 5언 율시의 형태로 보아야 할 것으로 생각한다. 7, 8구에 대한 번역을 보자.

예1 생각생각 날 때마다 보리심이요/
    곳곳마다 안락국에 태어나리라.
예2 생각마다 깨달음을 향한 마음이시면/
    이르는 모든 곳이 안락국토랍니다.
예3 생각마다 보리의 마음이 되고/
    가는 곳 곳곳마다 극락이 되리.
예4 보리심을 잊잖으면/ 모든 곳이 극락이리.[165]

163 심상현, 『불교의식각론』 VI, p.165; 『영산재』, p.338.
164 학담, 『연화의식집』, p.269; 『한글』①, p.100.
165 예1 『한글』①, p.100; 예2 『불교의식각론』 VI, p.165; 예3 『연화의식집』, p.269;

제시한 세 번역은 '염념念念'을 생각으로 번역하였고, 예4(필자)는
'보리심을 잊잖으면'이라고 하여 '염念'을 특별히 번역하지 않았지만
시간단위로, 다음 구절 '처처'는 공간 개념이라고 이해한다. 그리고
『한글』①을 제외하고는 유심정토적 입장에 있음을 확인할 수 있다.
시식의례가 구극에는 왕생극락의 구조를 가지고 있고, 그 왕생이 서쪽
으로 십만 억 국토를 지난 곳에 시설된 서방극락세계에 가는 것이라고
하지만 곳곳에 시설된 유심정토사상이 이렇게 표출돼 있다고 할 수
있다. 그런데 문제는 여기에 있다. 유심唯心이라는 구조로 볼 때 '염념念
念'[166]이 '생각'이라는 의미라고 이해할 수 있지 않은가 할 것이다. 시간도
공간도 일심에 있다는 '유심'을 강조하는 입장에서 '생각'을 논하면
그럴 수도 있겠지만 염念이 인지되는 순간 염念은 시공간을 확보하여
실체화되므로 그 생각 안에서 보리심을 염한다고 하는 것은 그럴 듯하지
만 순간순간 보리심에 있음을 드러내기는 어렵다. 그러므로 7, 8구는
시간적 의미와 공간적 개념이 조화를 이루는 구조를 띠고 있다고 할
수 있다.

본서는 진언에 대해서는 그 뜻을 굳이 밝히거나 표기 등을 언급하지
않고 있다. 본서가 시식이나 공양의례를 다루고 있다고 하지만, 다루는

예4 졸역.

166 一念: 時間單位. 乃指極短之時間單位, 或作瞬間, 或指某一事甫成就之片刻. 如仁
王般若經卷上(大八·八二六上):「九十刹那爲一念, 一念中, 一刹那經九百生
滅; 乃至色, 一切法亦如是.」往生論註卷上(大四〇·八三四下):「百一生滅名一
刹那, 六十刹那名爲一念.」或謂「二十念名爲一瞬, 二十瞬名爲一彈指.」皆泛指極
短促之時間. 又發起一個意念之間, 稱爲一念頃或一發意頃. 〔摩訶僧祇律卷十七
·大智度論卷三十八·華嚴經探玄記卷十八〕『佛光辭典』, p.48-下.

분야가 지나치게 넓을 뿐만 아니라 한두 글자의 의문儀文까지 다루므로
자칫하면 논지의 의미가 퇴색되지 않을까 하는 이유에서이다. 그럼에
도 불구하고 재시財施의 실행 진언이라고 할 수 있는 보공양진언의
진언표기를 좀 다루고자 한다.

훈민정음 창제 후 진언에 음을 단『5대진언』(1485)이 간행된 이래
달린 진언음은 큰 변화가 없었다. 망월사판『진언집』(1800)의 표기
와 그 이전의 표기 사이에는 특이한 점이 적다. 굳이 있다면 음가가
소실되었다고 알려진 'ㅿ'이 있고 없는 정도에 불과하다. 하지만
이후는 우리말 음운변화와 표기법에 어느 정도 영향을 받게 된다.
그 예로 구개음화, 이음합음 등의 원칙이 잘 전승되지 않고 있다.
그 결과 같은 소리와 뜻이 다르게 적히게 되고 발음에 따라 음운첨가
와 음운축약이 일어났고 이 때문에 동일발음과 의미라도 한 진언에
서 다르게 적히고 있다.
표준법요집뿐만 아니라 현재 거개의 시중 법요집은 그저 현실 유통
음을 따르고 있을 뿐 따로 그 근거를 제시하지 않고 있는 것이
아닌가 하는 생각이다. 소리 나는 대로 적기만 하면 능사라고 하기에
는 진언의 변화가 적지 않다. 먼저 유사한 구절의 진언의 표기와
오류가 적지 않다고 보이는 보공양진언의 표기는 다음과 같다.

(1496) 옴 아아나 삼바바 바ㅿ라 혹(斛)『진언권공』
(1784) 옴 아아나 삼바바 바ㅿ라 혹『밀교개간집』
(1880) 옴 아아나 삼바바 바ㅇ라 혹(唬)『진언집』

152

(1927) 옴 아은나 삼 바 바 바아라 혹 『대각교의식』, 8-506.

(1927) 옴 아은나 삼바바 바아라 훔 『대각교의식』, 8-471.

(1935) 옴 아아나 삼바바 바아라 훔(吽) 『석문』 하권, p. 5.

보공양진언의 말구 혹은 현재 거개가 '훔'으로 변한 것으로 볼 수 있다. 여기서 '혹(斛)'은 종자진언으로 보이는데 『석문』 이후 그 영향으로 거개 진언의 종결구라고 보이는 '훔'으로 정착되었다.[167]

위 예문은, 현실음을 따라 진언 음가가 변천돼 왔음을 확인해 준다. 심지어 『대각교의식』은 동일 책자에서도 다르게 표기돼 있다. 고찰의 대상 본 가운데 보공양진언의 말구를 '혹'으로 표기하고 있는 본은 『불교의식각론』 VI의 표기가 유일하다.

3) 법시

재시가 끝났으니 이제 초청된 영가와 고혼들에게 마음을 깨달을 수 있는 부처님의 진리의 말씀인 법문을 들려주는 차례이다. 곧 법시法施가 이루어지게 된다. 이 항에서는 법시의 구조와 의문에 따라 법시의 형태가 새롭게 변화를 겪게 되는 것에 대해서 언급하려고 한다.

① 법시의 구조

『한글』① 소재 관음시식의 법시는 다음과 같은 구조를 가지고 있다.

---

167 졸고, 「표준법요집과 의궤구조」, 『표준법요집(상용의식편) 주석본』, 대한불교조계종 포교원, 2009, pp.163~164; 졸고, 「표준법요집과 의궤구조」, 『佛敎와 社會』, 대한불교조계종 포교원, 2009, pp.267~270.

〔반야경 사구게〕 凡所有相 皆是虛妄 若見諸相非相 卽見如來
〔여래십호〕 如來 應供 正遍知 明行足 善逝 世間解 無上士 調御丈夫 天人師
    佛世尊
〔법화경 사구게〕 諸法從本來 常自寂滅相 佛子行道已 來世得作佛
〔열반경 사구게〕 諸行無常 是生滅法 生滅滅已 寂滅爲樂

반야·법화·열반경의 핵심 게송이 법시로 등장하고 있고, 그 가운데
에 '여래십호'가 존치되어 있는 양상이다. 여래십호는 '나무'라는 '귀경
사'를 가지고 있지 않지만 칭명가지의 의미로 행해지는 의식으로 일종
의 거불과 같은 공능을 위해 시설되었다고 볼 수 있다. 또 부처님의
법문을 들려주는 기능이므로 '부처님이란 이런 분이다' 하고 알려주는
역할을 하고 있다고 할 수 있다. 그런데 어떻게 된 연유로 인해 게송의
사이에 현재와 같이 자리하고 있다. 『작법귀감』에는 찬반게송 이후
여래십호가 반야게송보다 선행하고 있지만,[168] 최근의 의례서나 해석서
가운데도 『작법귀감』과 같은 구조로 돌려놓았거나 그렇게 이해하여
해석하는 경우도 있다.[169]

반야게송은 『금강경』 사구게로 잘 알려져 있고, 법화게송은 수륙재
관행게편의 핵심을 이룬다. 무상게는 석존 인행 시에 얽힌 전생담에
등장하며 '제행무상게' 또는 '설산게'라고도 불리며,[170] 『대반열반경』
「성행품」[171]이나 『미륵성불경』[172] 등에도 나타나고 있다.

---

168 『작법귀감』, 『한불전』 10, p.564中.

169 우천·일휴 공편, 『신행요집』(정우서적, 2005〔2010〕), p.263; 학담, 『연화의식집』,
　　 pp.269~270.

170 심상현, 『불교의식각론』 VI, p.168.

154

세 게송의 공통된 주제는 '법法', '행行', '상相'이라고 할 수 있는데, 이를 정리하면 불교의 진리를 드러내는 기제인 삼법인의 구조와 법시의 구조가 일치하고 있음을 알 수 있다. 그러므로 법시는 '제행무상'과 '제법무아'와 '열반적정'의 진리를 설해 주어, 제행을 바로 보는 수행을 통해서 붓다를 이루라는 의미라고 하겠다.

諸法無我: 반야게송, 열반게송
諸行無常: 열반게송, 반야게송
涅槃寂靜: 열반게송, 법화게송

〈도 III-2〉 법시의 삼법인

② 법시의 추이

재시가 현재와 같은 모습으로 정착되는 과정을 살펴보기로 한다. 다음의 〈표 III-8〉은 『한글』① 소재 관음시식의 법시 구조가 확정된 것은 오래된 모습이 아니라는 것을 알려주고 있다.

〈표 III-8〉 한국불교 시식의문의 법시[173]

區分	法施內容
『增修禪敎施食儀文』(16세기)	12因緣法, 반야게송: 一切有爲法~, 若以色見我~ 등 2게송
『結手文』(16세기)	觀行偈讚: 법화게송 諸法從本來 외 2게송
『釋王寺 勸供諸般文』(1574)	12因緣法, 반야게송: 一切有爲法~, 若以色見我~

171 「聖行品」『大般涅槃經』, T. 12, pp.692~693上.
172 『彌勒成佛經』, T. 14, p.430中.

	등 2계송
『雲水壇謌詞』(1627)	12因緣法, 반야게송: 一切有爲法~, 若以色見我~ 등 2계송
『金山寺 諸般文』(1694)	12因緣法, 반야게송: 一切有爲法~, 若以色見我~ 등 2계송
『海印寺 諸般文』(1719)	12因緣法, 반야게송: 一切有爲法~, 若以色見我~ 등 2계송
『作法龜鑑』(1826)	여래십호, 반야게, 법화게(諸法從本來~)
『사寫범음집』(1923)	반야게송(凡所有相~), 여래십호, 법화게송(諸法從本來~)
『釋門儀範』(1935)	반야게송, 여래십호, 법화게송, 열반게송

〈표III-8〉에 등장하고 있는 시식의문이 한국불교 시식의례의 전부라고는 할 수 없다. 그렇다고 해서 전승되는 자료가 많지 못하고 의례에 대한 이해 대해 검토가 많지 못한 현실에서 단정하기 어렵다. 하지만 〈표III-8〉의 자료로 법시로 반야게송이나 열반게송이 활용되기 이전에는 12인연법설이 중심이었다는 것을 알 수 있다.

12인연법이 제법 또는 제행의 생멸을 보여주어 실상을 깨우쳐 주는 법시라고 할 수 있다면 반야·법화·열반의 게송으로 이루어지고 있는 현행의 법시는 12인연법설을 더욱 축약하고 있다고 할 수 있다.

한국불교 의례의 특징으로 의례현장의 상황을 설명할 때 거론되는

---

173 『增修禪教施食儀文』, 『한의총』 1, p.370~371上; 『結手文』, 『한의총』 1, p.64136~637; 『釋王寺 勸供諸般文』, 『한의총』 1, pp.672~673下; 『雲水壇謌詞』, 『한의총』 2, p.20上; 『金山寺 諸般文』, 『한의총』 2, pp.510~511; 『海印寺 諸般文』, 『한의총』 2, pp.656~657; 『作法龜鑑』, 『한불전』 10, p.564中; 『사寫범음집』, p.105; 『석문의범』, p.75.

'견기이작見機已作'은 '기미(상황)를 봐서 (소리를) 지어서 하는 법'이라
는 뜻이다. 의례 상황에 따라 세밀하게 하거나 줄여서〔廣略〕 의례를
봉행한다는 것으로 의례과정이나 의문을 상황 따라 생략하는 것을
의미하지 않는다. 지금 이곳에서 볼 수 있듯이 12인연법설과『금강
경』·『법화경』의 여러 게송으로 설법하던 것을 상황에 따라 핵심사상이
들어 있는 반야·법화게송만으로 법(보)시함으로써 의례의 현장성과
의미를 일거에 성취하고 있다고 할 수 있다. 이는 한국불교의 융통성과
역동성, 완결성을 동시에 이루는 쾌거라고 하겠다.

7. 정토수업淨土修業

시식의례의 핵심이라고 할 수 있는 무외시·재시·법시의 시식을 마쳤으
므로 부른 이들을 돌려보내는 의식이 시작된다. 돌려보내는 의식으로
17세기 이전 시식의문들에는『반야심경』과 왕생정토주가 활용되고
있다.[174]

   좀 더 구체적으로 말하면,『증수선교시식의문』(16세기)은『반야심
경』과 왕생정토주 제시에 그치지만『석왕사 권공제반문』(1574)이나
『운수단가사』(1627)[175]에는 왕생정토주(진언) 이후에 염불 운운이 보
인다.『운수단가사』는 다양한 종류의 봉송게를 제시하고 있는데[176]

---

174 『增修禪教施食儀文』,『한의총』1, p.371上;『勸供諸般文』,『한의총』1, p.673上.
175 『雲水壇謌詞』(1627)는 17세기 간행본이지만 찬자 서산 휴정 생몰(1520~1604)로
    볼 때 16세기 의례라고 이해할 수 있다.
176 『雲水壇謌詞』,『한의총』2, p.22. 월운은『일용의식수문기』(p. 77)에서 이곳에

16세기를 지나면서 왕생의식이 체계화되기 시작했다고 볼 수 있다. 이어 『금산사 제반문』(1694)에는 찬반게 이후 법시가 보이지 않고 '아미타불진금색阿彌陀佛眞金色' 등 현행과 유사한 정토업이 등장하며,[177] 『작법귀감』(1826)에 이르러 정토왕생의 선업을 닦고 상품에 상생하도록 인도하는 행법의 원형이 확립되었다고 보인다.

이 의식을 종전에는 법문으로 이해하거나 '장엄염불'이라는 제목을 달고 있다. 본서에서는 정토에 갈 수 있는 선업을 닦는다는 의미로 '정토수업淨土修業'이라는 제목을 붙였다. 이 '정토수업'은 필자의 박사학위논문에서 처음 부여하였지만 정토업은 명명된 적이 있다.[178] '정토업'이 장엄염불이라는 이름으로 불리기 시작한 연유에 대해 알아보자.

첫째는 그 내용이 장엄염불이기 때문일 것이다. 장엄염불은 아미타부처님과 극락세계의 장엄함을 찬탄하며 아미타불을 염불하는 염송의식이다. 이 염송의식의 목적은 누가 뭐래도 염불로 정토에 나고자 하는 발원에서일 것이라고 하겠다. 둘째는 상황에 따라 행해지는 염송과 게송의 출입이 빈번해지므로 분과分科 인식을 찾기가 용이하지 않으므로 봉송이라는 전체성에 주목하게 된 까닭이라고 할 수 있다. 정토에 왕생하는 업을 닦는 데는 여러 가지가 있지만 그 가운데 첫째는

소개된 7가지 봉송(배송)게 예문을 소개하고 있는데, 두 의례서 찬자들의 편집 의도는 의례의 체계에 대한 고뇌라고 할 수 있을 것이다.

177 『金山寺 諸般文』, 『한의총』 2, pp.506~507.

178 '정토업'의 명칭은 『作法龜鑑』(『한불전』 10, p.564中)에 보이기 시작하는데, 『일용의식수문기』(p.76)에도 "淨土業, 卽 '願我盡生無別念~ 莊嚴念佛~ 皆共成佛道'이라고 하며 往生極樂을 다짐시키는 순서로서 장엄염불은 시간이 허용하는 範圍에서 모실 것이니"라고 하고 있다.

158

'십념왕생원'이라고 할 수 있다. 정토업의 아미타불 십념 염송과 이어지는 찬탄게송은 '아미타불' 염불로 마감한다.

1) 정토수업의 구조

대개의 옛 의례서는 장엄염불에 대해 구체적인 표기를 하지 않고 있다. 가령 법시 이후에 "원아진생무별념願我盡生無別念 아미타불독상수阿彌陀佛獨相隨 운운云云 내지乃至 동견무량수同見無量壽 개공성불도皆共成佛道"[179]라거나 "자아미타불진금색自阿彌陀佛眞金色 지관구서방아미타불至觀求西方阿彌陀佛"이라고 이른 뒤 "원이차공덕願以此功德 보급어일체普及於一切 아등여중생我等與衆生 개공성불도皆共成佛道"[180] 하라고 하고 있다.

두 지문으로 그치더라도 의례를 잘 이해하고 있는 이들에게는 별다른 문제가 없을 것이다. 그렇지만 한국불교의 근대 의례를 확인할 수 있는 두 자료만 보더라도 정토업으로 제시되는 염송이 일치하지 않는다는 것을 알 수 있다.

먼저 『석문』에서 시작하고 있는 정토업은 천태 원 법사 발원문과 집주게와 아미타불 십념의 차서로 제시되고 있고, 『사寫범음집』에서는 염불작법의 '아미타불찬'으로 시작하고 있다.[181] 『석문』은 서문에서 동일한 의문이 중복한 곳에 지문 '운운'을 기입한다고 하고 있는 것으로

---

179 『석문』하권, p.75.
180 『사寫범음집』, p.105.
181 明衍 集, 『염불보권문』, 『한불전』 9, pp.56~57; 捌關 編, 『三門直旨』, 『한불전』 10, pp.146~148.

볼 때 '조석송주의 장엄염불에 있다'는 입장에서 생략한 것으로 보인다.

『석문』의 주석서인『신석문』소재 정토업과『한글』① 소재 정토업의
구조를 분석해 보고자 한다.

①『신석문』소재 관음시식 정토수업[182]

'※이하는 어떤 시식에나 다 통하는 염불입니다. 시간 따라 간추려
하면 됩니다.'라는 지문으로 다음과 같은 의문을 제시하고 있다.

발원게송

願我盡生無別念 阿彌陀佛獨相隨 心心相係玉毫光 念念不離金色相

제가 목숨이 다하도록 다른 생각 없이

아미타부처님만을 홀로 따르면서

마음은 옥호의 광명을 생각하며

(생각은) 언제나 금빛 모습 떠나지 않기를 바랍니다.

집주게송

我執念珠法界觀 虛空爲繩無不貫 平等舍那無何處 觀求西方阿彌陀

제가 염주를 쥐고 법계를 관찰하니,

허공을 끈 삼으니 모두 통하고

평등하신 노사나부처님이 두루 계시니

서방의 아미타부처님을 관찰하며 (그곳에 왕생하기를) 바랍니다.

십념 행법

南無西方 大敎主 無量壽如來佛 南無阿彌陀佛

나무서방 대교주 무량수여래불 나무아미타불

극락세계 십종장엄[183]

미타인행 사십팔원

---

182 安震湖 編, 韓定燮 註,『신석문』(법륜사, 1982, pp.477~481)은 원문을 한글로만
표기하고 있는데, 이에 한자를 표기하고 해석은 필자가 붙였다.

제불보살 십종대은
보현보살 십종대원
석가여래 팔상성도
다생부모 십종대은
오종대은 명심불망
고성염불 십종공덕

찬불게송

靑山疊疊彌陀窟 滄[184]海茫茫寂滅宮 物物拈來無罣碍 幾看松亭[185]鶴頭紅
첩첩한 푸른 산은 아미타부처님의 거처이고
망망한 푸른 바다는 고요한 적멸궁이니
세상사 살아감에 걸림이 없으면
소나무 위에 머리가 붉은 학을 보게 되리라.
極樂堂前滿月容 玉毫金色照虛空 若人一念稱名號 頃刻圓成無量功
달빛은 극락전 앞마당에 가득하고
(법당의 아미타부처님의) 옥호는 금빛으로 허공을 비추네.
일념이라도 아미타불 명호를 칭하는 이 있다면
순식간에 무량한 공덕을 원만히 이루리.
三界猶如汲井輪 百千萬劫歷微塵 此身不向今生度 更待何生度此身
삼계에 윤회하는 것이 마치 우물의 두레박이 오르내리는 것 같아
백천만겁의 작은 먼지처럼 많은 세월을 지내왔네.
이 몸을 받은 이번 생에 깨닫지 못하면
또 어느 생을 기다려서 이 몸을 깨달을 수 있겠는가.
天上天下無如佛 十方世界亦無比 世間所有我盡見 一切無有如佛者
하늘 위나 아래에도 부처 같은 이는 없고
시방세계에도 또한 비교될 이 없으니
인간 세상 빠짐없이 찾아보아도
부처님 같은 이는 일절 없어라.
刹塵心念可數知 大海中水可飮盡 虛空可量風可繫 無能盡說佛功德
세상의 티끌 숫자를 알 수 있고
큰 바다 물을 마실 수 있고
허공의 크기를 재고 바람을 묶는 재주일지라도
부처님의 큰 공덕을 다 말하지 못하리.

假使頂戴經塵劫 身爲牀座遍三千 若不傳法度衆生 畢竟無能報恩者
머리 위에 (경전을) 이고 무량 세월 지나고
몸으로 평상 삼아 삼천대천세계 두루 해도
법륜을 전해 중생을 제도하지 않는다면
끝끝내 부처님의 은혜를 갚지 못하리.
阿彌陀佛在何方 着得心頭切莫忘 念到念窮無念處 六門常放紫金光
아미타부처님은 어디에 머무시는지
마음에 새겨 잊지를 않고
모든 망념 다해져서 염하는 이도 없어지면
여섯 문(안이비설신의)에서는 항상 자줏빛 금빛 광명 나오게 되리.
報化非眞了妄緣 法身淸淨廣無邊 千江有水千江月 萬里無雲萬里天
보신과 화신은 진신이 아닌 허망한 인연이고
법신만이 청정하여 널리 가없다네.
일천 강물 위에 일천 개의 달이 뜨고
일만 마을 구름 없어 일만 마을 하늘일세.

왕생발원

願共法界諸衆生 同入彌陀大願海 盡未來際度衆生 自他一時成佛道 南無
阿彌陀佛
함께 법계의 여러 중생이
아미타부처님의 원력의 바다에 같이 들어가서
미래세상 다하도록 중생을 제도하며
나와 남이 일시에 불도를 이루기를 바랍니다. 나무아미타불

십념 전송으로 천태 원 법사 발원게송과 집주게송을 배치하고 십념
행법이 시설되었는데 이는 전통의 행법으로 보인다. 이어서 극락세계

---

183 발원 또는 대은의 내용이 제시되고 있으나 생략한다.

184 '滄'은 『作法龜鑑』(『한의총』 3, p.399上)을 따르기로 한다.

185 '幾看松亭鶴頭紅'에서 '亭'은 '亭'(『작법귀감』, 『한의총』 3, p.399上)과 '頂'(『석문』
하권, p.8)이 혼재.

162

십종장엄 등 8개의 발원, 10종·5종의 대은 공덕 등을 찬탄하고 있다. 그리고 찬불게송을 9송 제시하고 있고, 마지막에 결론적 발원으로 마감되었다. 찬불게송이나 발원게송 등 각 구의 '나무아미타불' 염송 행법을 별도로 시설하지 않고 있지만 인자印字의 번거로움을 덜려고 생략하였다고 보인다. 극락세계 십종장엄, 아미타불 48원 등은 『석문』의 관음시식에서는 생략되었던 것인데, 이 책에서는 '조석송주'의 염불작법 행법[186]이 전재되어 있다.

②『한글』① 소재 관음시식 정토수업[187]

'위패와 사진을 모신 연화대를 법주 앞 절하는 자리로 내려 모시고 유족, 친지들은 합장하고 합송한다. 아미타불 정근은 시간에 따라 알맞게 한다'라는 행법을 서두에 소개하고 있다.

발원게송
원하오니 이내 몸이 다할 때까지/ 아미타불 부처님만 항상 떠올려
마음마다 옥빛 광명 항상 이어져/ 생각마다 금색상이 빛나지이다.

집주게송
염주 잡고 일심으로 법계 관하니/ 허공으로 노끈 삼아 모두 엮어서
어느 곳도 빠짐없이 비로자나와/ 서방정토 아미타불 구하옵니다.

십념 행법
나무서방대교주 무량수여래불 나무아미타불 나무아미타불 나무아미타불

찬불게송

서방정토 극락세계 나무아미타불/ 만월 같은 얼굴 가진 나무아미타불
금빛 몸과 옥호광명 나무아미타불/ 온 허공을 비추나니 나무아미타불
누구든지 한결같이 나무아미타불/ 그 명호를 부르면은 나무아미타불
무량공덕 순식간에 나무아미타불/ 또렷하게 이루리라. 나무아미타불
아미타불 부처님은 나무아미타불/ 어느 곳에 계시는가 나무아미타불
마음 깊이 새겨두고 나무아미타불/ 간절하게 잊지 마라. 나무아미타불
생각생각 다하여서 나무아미타불/ 무념처에 이르면은 나무아미타불
여섯 문의 어디서나 나무아미타불/ 금색 광명 보게 되리. 나무아미타불

왕생발원

원하오니 시방법계 나무아미타불/ 한량없는 모든 중생 나무아미타불
아미타불 원력바다 나무아미타불/ 모두 함께 들어가서 나무아미타불
미래제가 다하도록 나무아미타불/ 모든 중생 제도하고 나무아미타불
너도나도 모두 함께 나무아미타불/ 무상불도 이뤄지다. 나무아미타불

이 정토업은 『신석문』 소재 관음시식의 정토업에 비해 최소한으로 압축되었다. 『신석문』과 같이 '아미타불찬'은[188] 생략되어 있고 발원과 집주염송의 두 게송을 십념의 전송으로 하고 찬불게송은 두 게송만 배치하고 있다. 이는 관음시식의 특성상 현장 상황을 고려한 배치라고 보인다.

정토업의 핵심은 '나무아미타불' 염불을 하는 것이므로 축약으로 인해 의식의 엄숙함이나 경건함이 저감된다고 보지 않는다. 오히려 정토업의 본질이라고 할 수 있는 염불을 한글 해석의 두 음보마다 칭명할 수 있도록 시설함으로써 법주와 동참 대중이 화음으로 창하기

---

188 '阿彌陀佛眞金色 相好端嚴無等倫 白毫宛轉五須彌 紺目澄淸四大海' 등 절구 7수를 칭하고 '是故我今恭敬禮'로 끝맺고 있다. 『석문』 상권, p.84.

164

쉽도록 하고 있다. 이 점은 장엄염불 행법이 한글로 정착될 수 있는 모범을 보여주고 있다고 하겠다.

한문 7언 혹은 한 절구 이후에 1회 아미타불 염불하는 형태보다 같은 게송을 2배로 칭명하며 의미를 전달할 수 있다고 할 수 있다. 또 아미타불 십념을 '10번 내지 시간에 따라 알맞게 한다'[189]고 하거나 '천성千聲 만성萬聲'이라는 지문을 통해 상황을 고려한 의궤라고 할 수 있다. 『한글』① 소재 관음시식 '정토업'은 이전의 『통일』(2003)의 '정토업' 축약보다 그 강도가 더하다고 하겠다.

2) 정토수업의 추이

'정토업'은 앞에서 거론하였듯이 대체로 장엄염불莊嚴念佛이라는 이름으로 유통되었다. 정토수업의 축약과 이해 등에 대해서 언급해 보자.

① 장엄염불의 축약

단순히 두 예문만의 비교 같지만 실은 한국불교 시식의례의 변형을 어느 정도 드러낼 수 있다고 생각한다. 서두와 말미의 발원게송, 그리고 집주게송, 십념 행법은 동일하다. 단지 찬불게송만이 다를 뿐이다. 『신석문』은 찬불게송 절구 9수로 찬불하며 아미타불 염송을 하고 있고, 『한글』①은 한문 원문 두 게송을 번역하여 찬불하고 있는 점이 다르다. 게송으로 말하면 아홉 게송이 두 게송으로 축약되었다.

---

189 『한글』①, p.104.

『신석문』: 찬불 절구 게송 9수

『한글』①: 찬불 절구 게송 2수

단순히 볼 때는 20여% 감소하고 있지만 염불 행법을 기준으로
하면 말이 달라진다. 『한글』①은 7언 1구를 우리말 4음보로 번역하게
되어 2음보마다 '나무아미타불' 염불을 하고 있다. 『신석문』에는 별다
른 언급은 없지만 전통적으로 매 7언 1구마다 '나무아미타불' 염불을
화음으로 창한다면[190] 9수 36구이므로 36번을 하게 된다. 『한글』①은
절구 2수 8구를 번역하여 한 구에 두 번 칭명하므로 16번의 염불이
행해진다. 그러므로 염불 횟수는 50%에 이른다. 한문 원문으로 볼
때는 20여%로 축약됐지만 해석으로 행하므로 축약은 절반에 불과하
다. 『한글』①이 안고 있는 편찬의 장점이라고 하겠다.

한문을 우리말로 번역하면 당연히 길어질 수밖에 없다. 그것을 해소
하기 위해서는 의미 중심의 간명한 번역을 택할 수밖에 없다. 경전의
경우는 간경 내지 독송이므로 외재율이 크게 문제되지 않는다. 하지만
의례문의 번역은 운율/운곡을 염두에 두어야 하고 현장성을 고려하지
않으면 안 된다.

그 결과 찬불게송을 전통에 얽매이지 않고 두 수만 채택하여 의미를

---

[190] 『신석문』에는 볼 수 없으나 통일에서는 칠언마다 '나무아미타불'이라고 소자로
괄호로 표기하고 있다. 이는 전통적인 행법의 반영이라고 보인다. 『통일』(2002,
pp.343~346)에서 보이는 형태의 선행 자료로는 『불교의식』(문화재관리국 발행,
1989, p.223); 『佛敎儀式要集』(삼영출판사, 1995, pp.200~203) 등이 있고, 이
행법이 적지 않게 목격된다.

166

살리는 데 목적을 두었다고 할 수 있다.[191]『한글』① 이전의『통일』
(2003)은『신석문』의 극락세계 십종장엄 등 대은大恩과 발원의 하위
본문을 생략하고 제목만 제시하며 '나무아미타불' 염불을 행하고 있는
데,[192] 이는『한글』①의 찬불게송 생략의 한 단초를 제공하고 있다고
할 수 있다.

②장엄염불에 대한 이해

『통일』(2003)은 정토업을 염송할 때는 연화대를 법주法主 앞 배석拜席
에다 내려 모시고 유족친지는 환형으로 둘러앉아 합장하고 전념미타專
念彌陀케 한 뒤 종두鐘頭는 헌식을 떠서 내는 등 봉송준비를 하는 것이
가하다[193]는 설명을 따라 "이때 승늉을 올리고 헌식을 하며 봉송할
준비를 한다. 위패와 사진을 모신 연화대를 법주 앞 절하는 자리로
내려 모시고 유족 친지들은 원형으로 둘러앉아 합장하고 아미타불을
염송한다. 아미타불 정근은 시간에 따라 알맞게 한다"[194]고 구체적으로

---

191 대한불교조계종 포교원은 2008년부터 2011년까지『한글』①과 ②에 대한 개정작
업을 시행하였다. 이때 논의된 결과는 공표를 앞두고 있는데, 현재 한국불교
의례의 중심에 있다고 할 수 있는 '천수경' 번역본을 발표하면서 그 특징을
다음과 같이 정리하고 있다. '1) 의미 중심의 간명한 번역, 2) 인과 구조 복원,
3) 독송 운곡의 적합성과 불교술어 미 번역, 4) 순차 의미 복원, 5) 정근문의
진언화, 6) 염불작법의 의궤화.'(이성운,「새 번역 '한글천수경' 해제」,『불교와
사회』4집, 대한불교조계종 포교원, 2552, pp.232~240). 이는 이후『한글』①과
②의 개정에 통용되고 있다고 할 수 있다.
192『통일』(2003), p.343.
193 월운,『일용의식수문기』, p.76.
194『통일』(2003), p. 342.

행법을 예시하고 있다. 이 점은 크게 다르지 않은 것 같다.

그렇다면 장엄염불에 대한 이해와 인식이 어떠한지에 대해, 번역을 중심으로 살펴보기로 한다.

천태 원 법사 발원문[195]으로 알려져 있는, 장엄염불을 여는 발원 게송은 대체로 발원과 축원이 결합된 한국불교 고유의 인식이라고 할 수 있는 '하여지이다'와 같은 "빛나지이다"[196]로 이해한다. 그런데 간혹 발원의 의미가 잘 드러나지 않는 "생각생각 금빛이신 그 모습을 그립니다"[197]라고 하여 평서문으로 이해하고 있는 경우도 보인다. 하지만 "금빛 모습 안 떠나오리"[198]라고 하여 순수한 발원으로 이해하고 있는 경우를 확인할 수 있다.

다음 게송은 근체시의 시형을 따르고 있다고 할 수 있다. 게송은 문학적이라고는 할 수 있지만 문학이라고 하기는 어렵다. 문학적 장치는 게송의 의미를 찾는 데 중요한 역할을 할 뿐이다.

心心相係玉毫光 심심상계옥호광

念念不離金色相 염염불이금색상

천태 원 법사 발원문은 7언 4구로 이 게송의 3·4구는 대구이다.

---

195 『禮念往生文』, 『한의총』 4, p.226下.

196 『한글』①, p.183.

197 심상현, 『불교의식각론』 Ⅲ(한국불교출판부, 2001), p.185.

198 학담, 『연화의식집』(p.271). 이는 필자의 "떠나지 않으리다"와 같은 맥락으로 이해하고 있다는 것을 알 수 있다.

168

심심心心과 염념念念, 상계相係와 불리不離, 옥호광玉毫光과 금색상金色
相으로 정연한 대를 이루고 있다. 대구를 어떻게 활용하여 번역을
하는가는 사상의 이해와 문학적 장치에 대한 이해가 전제되어야 한다.
번역을 보며 이해를 살펴보자.

예1   마음마다 옥빛 광명 항상 이어져
      생각마다 금색상이 빛나지이다.
예2   일편단심 옥빛백호 그 광명을 연모하와
      생각생각 금빛이신 그 모습을 그립니다.
예3   마음마음 옥호광에 늘 매어 두며
      생각생각 금빛 모습 안 떠나오리
예4   마음속에 옥호광명 더욱 깊이 연모하고
      언제나 금빛 붓다 떠나지 않으리다.¹⁹⁹

예1과 예3의 번역은 '마음마다/ 생각마다', '마음마음/ 생각생각'이라
고 하여 원문과 같이 번역에서도 대구가 실현되고 있으며, 마음과
생각이라는 것을 유사한 개념으로만 이해하고 있다고 보인다. "마음에
는/ 생각생각"²⁰⁰이라고 이해하는 것이나 '생각마다'와 '생각생각'이라
고 이해하는 것의 차이가 없는지를 보자. '생각마다'는 부사어라고
할 수 있고, '생각생각'은 동사 또는 술어라고 할 수 있다.

199 예1『한글』①, p. 183; 예2 심상현, 『불교의식각론』 Ⅲ, p.185; 예3 학담, 『연화의식
   집』, p.271; 예4 필자.
200 자광 편, 『성불합시다』(김룡사, 1993), p.475.

　그렇지만 예2의 '일편단심'과 '생각생각'은, '일편단심에는'이라고 이해한다면 부사어로 볼 수 있지만 '일편단심 연모한다'로 보면 부사가 되므로 의미가 달라진다. 또 '생각생각 안 떠난다'고 이해하고 있다면 부사가 된다. '생각생각'을 '생각생각에서' 안 떠나겠다는 것으로 읽힐 여지가 없다면 이곳의 '심심心心'과 '염념念念'은 단순히 '마음'이나 '생각'이 유사한 다른 표현이라고 보기 어려운 점이 있음을 발견하게 된다. 이 구조는 유사한 의미의 대구라기보다 마음〔心〕이라는 공간적인 의미와 찰나〔念〕라는 시간적인 의미로 이해할 수 있는 기회를 제공받을 수 있다.

　결국 마음과 마음이 일심불란하여 항상 이어져 있다는 것을 드러내고 있다고 할 수 있다. 장엄염불이 정토에 가기 위한 선업善業을 닦는 의식이라는 것이 여기서 잘 드러나고 있는 것이다. 마음과 마음은 '옥호광玉毫光'이라는 아미타불 염불로 이어지고 찰나찰나, 곧 순간순간 '금색상金色相'을 떠나지 않겠다는 것을 표현하고 있다. 금색상이나 옥호광은 아미타불의 다른 표현일 뿐이다.

　정토업을 여는 발원게송은 '마음이라는 경계 없는 공간'과 '끊어짐 없는 찰나'라는 절묘한 시간의 대구를 통해 정토업의 핵심을 보여주고 있는 것이다. 하지만 대부분의 본에서 시간적 개념을 드러내는 인식을 찾기 어렵다. 예4는 필자의 번역이며 이를 수용하며 현재 대한불교조계종 포교원의 『한글』①의 개정작업에는 이 의견이 반영돼 "마음마다 옥호광명 떠올리고/ 찰나마다 금빛모습 간직하리"[201]라는 역문을 산출

---

[201] 대한불교조계종 의례위원회 소위원회 제6차 회의(2011년 8월 8일) 때까지 확정된 번역이다. 이 역은 의례위원회와 종회가 통과되면 정식 조계종단 번역으로

170

하였다.

다음은 9수의 찬불게송 중 첫 게송의 3·4구 "물물념래무가애物物拈來
無罣碍 기간송정학두홍幾看松亭鶴頭紅"의 인식을 살펴보기로 한다.

예1　만물이 오가는 데 걸림 없거니
　　　솔나무 정자에 붉은 학머리
예2　온갖 물건 잡아오되 걸릴 것이 없나니
　　　정자에 붉은 학머리 몇 번이나 보았던가.
예3　어느 것을 가져와도 걸릴 바가 없으련만
　　　몇 번 봤나 솔정자에 학의 머리 붉어짐을.[202]
예4　두두물물 어디에도 걸림이 없게 되면
　　　소나무 꼭대기의 붉은 학을 보게 되리.

먼저 판본을 확정할 필요가 있다. 결구인 "기간송정학두홍幾看松亭鶴
頭紅"의 넷째 언 '정亭'자는 판본에 따라 '정頂'자로 출현하는 경우가
많다. 이 게송의 찬자는 잘 알려져 있지 않고 선행하는 두 구는 원효
대사라는 견해가 있다.[203] 먼저 판본의 표기를 비교해 보자.

채택되게 된다.

202 예1: 曺性坡 編, 『불자염송경』(선문출판사, 1988), p.68; 예2: 학담 역, 『연화의식집』
　　(큰수레출판사, 1997), p.273; 예3: 沈祥鉉, 『佛敎儀式各論』Ⅳ, p.28; 예4는
　　필자의 역.
203 沈祥鉉, 『佛敎儀式各論』Ⅳ, p.156.

〈표 III-9〉 '기간송정학두홍幾看松亭鶴頭紅'의 표기

幾看松頂鶴頭紅	幾看松亭鶴頭紅
西河 編,『仔夔刪補文』, 1664,『한의총』2, p.405下.	亘璇 編『作法龜鑑』(1826,『한불전』10), p.570下.
井幸 編,『茶毘作法』, 1882,『한의총』3, p.405下.	安震湖 編『석문』상권(법륜사, 1935), p.88.
安震湖 編『釋門儀範』하권, p.8.	李奉洙 編,『佛教儀範』, 보련각, 1976, p.68.
	韓定燮 註,『釋門儀範』, 법륜사, 1982, p.103.

비교 예문이 많지 못하지만 '정頂'자가 '정亭'자로『작법귀감』에서 변화를 보이기 시작한다.『석문』의 장엄염불에 동일 책자에서조차 혼동된 이래 '정亭'자가 이후의 본에 채택되었다고 할 수 있다.

다시 예문으로 돌아가서 특징적인 몇 곳을 보면, 첫째는 '물물物物'에 대해 '만물', '온갖 물건', '어느 것' 정도로 이해하고 있고, 둘째 '념래拈來'는 '오가는 데', '잡아오되', '가져와도'이고, 셋째 '기간幾看'은 1차적 의미는 드러내지 않고 2차적 의미로 해소하고 있거나 '몇 번이나 보았던가', '몇 번 봤나' 등 의문사로 이해하고 있다. 또 이를 '사생육도에 머물고 있는 자신의 모습을 확인시켜 여기로부터 벗어날 것을 재촉하는[204] 의미로 설명하기도 한다.

그런데 '기간幾看'에 대해 생각해 보면, '기幾'자를 의문사로 이해할 수도 있으나 '기幾'자의 훈訓은 '기미機微'로 낌새가 일차적 의미이다.

---

[204] 沈祥鉉,『佛教儀式各論』IV, p.157.

그러므로 '기幾'자를 의문사로 보기보다는 기미로 읽어야 한다. 이와 유사한 구절로는 묘명진각妙明眞覺 무견도無見睹 화상和尙이 화정華頂 선흥선사善興禪寺에 머물면서 남긴 어록語錄 권하에 '영명 선사永明禪師'에 화운和韻한 시 한 수가 있다.

春暮山深花木香, 咿嗚桐角鬧村鄕.
晴潭波暖魚遊躍, 古樹枝高蔓引長, 終日獨看松頂鶴.
百年誰悟草頭霜, 閒思往古英豪事, 總屬人間夢一場.[205]

선행 두 구에 대한 화운인데, 3구에 종일토록 홀로 소나무 위의 학을 본다고 하고 있다. 백 년이 지날지라도 누가 풀 위에 서리 내린 것을 알겠는가 하고 물으며 한가롭게 고금의 영웅호걸들의 일을 생각하니 다 인간사 일장춘몽이라는 것이다. 여기서 4구의 의문사에서 볼 수 있듯이 '기간幾看'을 의문사로 읽힐 여지가 없지 않기는 하다. 다시 '산다山茶'를 노래하는 소식蘇軾의 시 두 구를 보자.

"葉厚有稜犀角健 花深少態鶴頭丹"[206]
잎이 두터우니 언덕 위 무소 뿔 튼튼하고
꽃이 깊으니 작은 자태 학 머리처럼 붉네.

학의 머리처럼 붉다는 표현처럼 학의 머리가 붉어지는 것이 아니라

205 『妙明眞覺 無見睹和尙語錄』卷下, X. 70, p.589b.
206 丁若鏞 原著, 金鍾權 譯註, 『雅言覺非』(一志社, 1976〔2001〕), pp.42~43.

홍학을 의미한다. 혹자는 학 머리가 몇 년에 한 번씩 붉어진다는 언설을 하는 경우를 보게 되는데 창조적 오독이라고 할 수도 없고, 과잉상상이라고 할 수 있을 것이다.

이제 논의 견해를 펼치고자 한다. '물물'은 '두두물물'의 축약으로 보이고, '념래'는 '집어온다'는 의미이겠지만 이때 '래來'는 방향 접미사로 이해되므로 '집는다'는 1차적 의미에서 온갖 사물과 인물을 대하고 행한다는 것으로 이해된다. 선행 두 구는 외경外境이고 후행 두 구는 화자의 서정抒情이라고 볼 수 있다. 그러므로 3구는 '누구라도 일체처일체사를 행할 때 걸림이 없다면'이라는 조건절로 이해하고 4구는 결구로 그러할 때, 곧 '기간幾看'은 그러한 '기미幾微'가 비로소 보인다'는 뜻이라고 할 수 있다. 전제 조건이 이루어지면 조짐이 일어난다는 것이다. 그 조짐은 '송정松亭'의 '학두홍鶴頭紅'이 보인다는 것으로 읽을 수 있다. '정亭'은 '정頂'의 와전이라고 보이지만 의미는 더욱 확대된다. '송정松頂' 하면 단순히 소나무 꼭대기 정도로 읽히며, 정상을 상징할 수 있으므로 최정상 이미지가 떠오른다. 다비작법의 착관하며 하는 '최상정문最上頂門', 수행의 과를 상징할 수 있다. '송정松亭' 하면 소나무 위에 앉은 학의 모습을 은유할 수도 있으며, 수행자 자체로도 읽힐 수 있는 것이다.

松頂: 最上頂門, 修行果　　松亭: 住處隱喩, 修行人

'송정松頂'을 택하든 '송정松亭'을 택하든 수행을 상징할 수 있으며, 수행자가 소나무 위에 앉아 있는 홍학을 볼 수 있게 된다는 것이다. 자성의 발현을 드러내는 것이며, 타자와 자아의 일치를 엿볼 수 있는 선적禪的인 시구라고 할 수 있다.

정토업 장엄염불 게송에 대한 이해를 논하려면 지나치게 많으므로 이 정도로 그친다. 다음은 염불로 정토의 선업을 닦은 힘과 부처님의 가지의 힘에 의지하여 동참한 중생들의 봉송의식이 시작되게 된다.

8. 왕생의식

법회 도량이 끝나기 전에 부르고 청했던 일체의 고혼들과 중생들을 본래의 자리로 돌아가게 하고 정토로 보내드리는 의식이 시작된다. 『통일』(2003)은 '봉송의식'의 시작을 봉송게부터 봉송편이라고 설정하고 있지만,[207] 『한글』①에는 『통일』에 실려 있는 '봉송소'가 보이지 않고 '봉송편'이라는 시작도 따로 보이지 않는다. 단지 본서의 분과[208]와 같은 위치에 '송주성'이라는 제목에 '봉송게'와 같은 '네모 상자'를 처리하고 있다. 이로 볼 때 『한글』①의 찬자는 『통일』의 찬자와 달리 장엄염불이라는 정토업과 봉송이라는 사이의 '칭명거불'은 차이가 있음을 인식하고 있었다고 할 수 있다. 본서에서는 봉송奉送과 회향廻向의식을 왕생往生이라고 분과하여 논의를 진행한다. 왕생의식의 구조와 인식을 중심으로 살펴보겠다.

---

207 『통일』(p. 348)에는 『일용의식수문기』(p.76)의 분단을 따라 '봉송편'을 설정하며 『삼화행도집』(1986, pp.352~353)의 봉송소가 삽입돼 있다.

208 본서와 같은 분과로는 『불교의식각론』 Ⅵ이 있는데, 분과의 인식에는 차이가 있다. 본서는 거불과 같은 칭명은 새로운 의례나 의례 사이에 새로운 항목이 펼쳐질 때 행해지는 것이라는 견해에 입각해 분과하였고, 『불교의식각론』 Ⅵ은 '총관상', '별관상'이라는 인식으로 분과를 단행하고 있다고 할 수 있다.

1) 왕생의식의 구조

소청召請의 대구로는 봉송奉送이 분과 명칭으로 적합하다고 보이지만 시식의 목적은 단순히 보내는 데만 있는 것이 아니다. 정토에 왕생하게 해야 한다. 그러므로 본서에서는 봉송을 왕생의 한 하위 항목으로만 이해한다. 필자는 왕생의식을 선행의 정토업과 봉송하는 왕생, 그리고 회향으로 아래와 같이 분과한다.

〔선행의식〕 정토업: 장엄염불

〔봉송가지〕 (송주성) 칭명가지(아미타불 등 제보살명호),~皆共成佛道

〔봉송의식〕 왕생발원, 봉송, 왕생발원
　　　　　 보례삼보,
　　　　　 행보 나무인로왕보살, 법성게,
　　　　　 봉송 봉송소, 풍송가지(시방삼세일체불~마하반야바라밀)
　　　　　 원왕생발원 소전진언·봉송진언·상품상생진언

〔회향의식〕 보회향진언, 회향게, 삼회향 가지

　왕생편은 선행의 정토업과 가지를 위한 칭명의식, 왕생발원문 낭송을 시작으로 상품상생까지 하는 봉송의식이다. 극락세계 상품에 상생하는 것으로 왕생을 완성하게 되며, 회향진언과 게송 삼회향가지의 회향의식으로 시식도량은 끝나게 된다.

① 봉송가지

봉송奉送을 위한 가지加持는 나무아미타불 칭명으로 봉행된다. 그런데 단순히 칭명에 그치는 것이 아니라 아미타불의 공덕을 찬탄하는 구절이

길게 이어진다. 이 구절은 『신석문』, 『삼화행도집』(1986), 『통
일』(2003) 등이 정토업의 하나라고 이해하고 있는 부분이며, 『한글』①
에는 송주성이라는 항목이 부여되어 있고, 『불교의식각론』Ⅵ에서는
이곳에 해당하는 부분을 총관상, 별관상, 발원게, 왕생게, 공덕게로
나누고 이를 봉송의 '준비의식'이라고 명명하고 있다.[209]

　『불교의식각론』Ⅵ에 싣고 있는 '별관상'이라고 하고 있는 '나무무견
정상상 나무아미타불' 등의 아미타불 10별호 염송만 해도 1990년대
이전 발간된 송주 책자에는 반드시 등장하고 있지만[210] 그 이후 발간되는
책자에서는 점차 그 모습을 찾아보기가 어려워지고 있다. 또 공덕게송
'원이차공덕 보급어일체 아등여중생 당생극락국' 이후에 밀교형 정토
업 닦는 진언을 열거하고 있다.[211] 아미타불 10별호와 공덕게 이후
제 진언의 출입을 제하고는 별다른 구조의 차이를 확인할 수 없다.

② 봉송의식

봉송게송에서 상품상생진언까지 진행되는 봉송의식은 왕생편의 본의
식이라고 할 수 있다. 봉송의식은 다시 『한글』①에서는 봉송게송,
왕생발원과 보례삼보, 그리고 인로왕보살 칭명을 시작으로 하는 행보
의식, 봉송소에서 상품상생진언까지 진행된다. 『통일』에는 계수게송
과 '귀의삼보'가 여느 본처럼 존치되어 있으나[212] 『한글』①에는 보이지

---

209 심상현, 『불교의식각론』 Ⅵ, p.181.

210 오고산 편, 『불자수지독송경』(보련각, 1976), p.104; 조성파 편, 『불자독송집』(선
　　문출판사, 1988), pp.74~75.

211 자광 편, 『성불합시다』(김룡사, 1993), pp.477~479.

않는다.

그렇지만 『한글』①은 봉송게송 이후 왕생발원문을 삽입하고 있고, 『통일』은 봉송게 앞에 『삼화행도집』의 봉송소를 별도로 채용하고 있다. 『삼화행도집』은 앞에서 봉송소라는 이름을 사용하여 소대燒臺봉송소奉送疏에 대해서는 전송소라는 이름으로 해석하고 있다.[213]

그런데 『통일』은 전송소餞送疏는 채용하지 않고 있다. 소疏, 게송, 가지를 위한 풍송, 왕생발원, 파산을 위한 소전진언, 봉송진언, 상품상생진언으로 끝맺는 봉송의식은 '법당→소대→전송'이라는 동선動線이 존재하여 다소 복잡한 구조이다.

③ 회향의식

회향廻向의식은 회향게송, 회향진언, 파산게송, 삼회향으로 비교적 명료하다. 하지만 그 속에 깊은 의미를 담고 있다. 진언은 그렇다 치더라도 게송은 그동안 이룩한 단을 한순간에 파破하여 본래 공의 자리를 완성하고 있다고 이해할 수 있기 때문이다. 왕생이라는 본래의 업을 마친 이들이 가져야 할 마음자세를 보여주고 있다고 하겠다.

2) 왕생의식에 대한 인식

왕생의식은 복잡한 구조를 가지고 있다. 그 결과 같은 발간기관의 산물인 『통일』과 『한글』①의 두 법요집은 분과와 출입, 그리고 순차에서 차이를 보이고 있다. 단순한 구조라면 서로 다른 인식을 보일 이유가

---

212 『통일』, p.353.
213 월운 편, 『삼화행도집』(보련각, 1986), pp.356~357.

178

많지 않을 것이다. 왕생의식의 차례 구조와 구문, 그리고 회향에 대한 인식을 중심으로 살펴보고자 한다.

① 구조에 대한 인식

왕생의식의 구조에 대한 인식으로 언급해야 할 것으로는 봉송의식 시작을 어디서부터 볼 것인가, 왕생발원이나 봉송소 등을 별도로 해야 하는가 등이 있다. 그렇다면 어디부터인가 등에 대해 살펴보자.

본서는 앞 절을 왕생의 시작으로 보고 있다고 할 수 있는데, 『통일』 등 여타의 의례에서는 장엄염불로 인식하고 있다. 그러나 『한글』①은 '송주성'이라는 별목을 두고 있는 것으로 볼 때 『통일』과는 좀 다른 입장을 견지하고 있다. 그렇지만 『통일』에서도 장엄염불을 설명하면서 봉송을 준비한다고 하고 있는 것으로 볼 때 크게는 본서의 앞 절(정토업)부터 봉송의식의 시작이라는 인식은 공유하고 있다고 할 수 있다. 그렇지만 봉송의 준비의식이라고 할 수 있는 칭명가지를 정토업의 장엄염불로만 인식하고 있는 점이 다르다.

『한글』①의 왕생발원이나 『통일』이나 『삼화행도집』의 발원 등은[214] 새로 삽입한 의문이라고 할 수 있는데 이는 현실적 필요에 의해서였다고 할 수 있다. 우리말로 발원을 하는 것은 좋은 일인데 봉송 의문 자체가 이미 발원으로 이어지고 있는 점을 고려하면 옥상옥屋上屋과 같은 느낌을 지우기 어렵다.

『통일』처럼 원문〔漢文〕으로 진행된다면 만부득이해서라고 이해할

『삼화행도집』, pp.356~357; 『통일』, pp.348~349; 『한글』①, p.109.

수 있지만, 『한글』①처럼 우리말로 의식을 집전하고 장엄염불로 정토를 가기 위한 선업을 쌓았다고 믿는다면 굳이 일상적인 왕생발원을 더할 필요성이 있다고 하기는 어렵다. 한문 중심으로 의식이 진행될 때는 효과적일 수 있겠지만, 의례 구조상 이미 선업을 완성한 상태이므로 더 이상의 축원은 이전의 선업에 대한 확신이 부족하거나 지나친 배려, 아니면 기우杞憂라고 할 수 있기 때문이다.

② 구문에 대한 인식

본문이 상당하므로 모든 구문句文에 대한 인식을 살펴보기는 어렵다. 그러므로 문제가 있다고 인식하고 있거나 차이가 심하게 일어나는 부분에 대해서만 살펴보기로 한다.

가. 불가설불가설전불가설不可說不可說轉不可說

"불가설 불가설 전불가설"로 읽어야 하는데 "불가설 불가설전 불가설"로 잘못 읽고 있다거나[215] "불가설불가설전"은 『화엄경』「아승기품」에 근거하여 수사라고 설명하며, 불가설불가설전의 수식의 대상을 '진리'가 아닌 '중생'이다[216]고 하는 등의 논의들이 현존하고 있다. 그렇다면 이 구절이 등장하는 아미타불 칭명가지에 대한 번역을 비교해 보자.

예1   ~마흔 여덟 넓고 크신 원으로써 중생을 건져주는 말할 길

---

215 『일용의식수문기』, p.76.
216 김호성, 「'한글화의 원칙과 실제'(이도흠)에 대한 논평」, 『표준법요집 편찬을 위한 공청회』(대한불교조계종 포교원, 2009), p.96.

전혀 없는 간지스 강 모래 수 불세계 속 가는 티끌 숫자의
한량없고 끝이 없는 벼와 같고 삼대 같고 갈대 같은 삼백육십만
억 일십일만 구천오백 같은 이름 큰 자비의 우리 스승 금빛
여래 아미타부처님께 귀의합니다.

예2 48원으로 중생을 구제하시며, 가히 말할 수 없는, 가히 말할
수 없음을 거듭해도 가히 말할 수 없는 갠지스강, 그 강들의
모래수 같은 불국토의 작은 티끌 수 같이 많아 벼·삼·대·갈대
처럼 수로는 헤아릴 수 없는 삼백육십만억 일십일만 구천오백
분으로, 같은 명호를 지니셨고 대자대비하옵신 저희들의 위대
한 스승, 금빛 찬란한 여래! 아미타부처님께 귀의하옵니다.

예3 사십팔원으로 갠지스 강 모래알보다 더 많은 한량없는 중생
건지시고, 삼백육십만억 일십일만 구천오백 이름으로 불리
며, 대자비로 우리를 이끄시는 스승 금색여래 아미타부처님께
귀명합니다.

예4 마흔여덟 큰 원으로, 불가설불가설전으로 말할 수 없고 갠지스
강 모래와 같은 부처님 나라의 티끌 수와 같은 벼·삼·대·갈대
처럼 한이 없고 끝이 없는 중생들을 해탈시켜 제도하시는
삼백육십만억 일십일만 구천오백 같은 명호를 지니신 크신
사랑 크신 자비 우리들을 이끌어 주시는 스승 금빛여래 아미타
부처님께 귀명합니다.[217]

---

217 예1 학담 역, 『연화의식집』(큰수레출판사, 1997), p.275; 예2 沈祥鉉, 『佛敎儀式各
論』 VI, p.182; 예3 대한불교조계종 의례위원회 소위원회(2011.8.22) 시안; 예4
필자의 역.

『일용의식수문기』에서의 지적처럼 잘못 읽는 문제를 염두에 두고 〔인식하고〕 원문을 표기하거나 번역하는 경우는 보기 드물다. 오히려 피수식이 중생이라는 지적을 수용하고 있음을 알 수 있다. 예3은 '한량 없는'으로, 예1은 '말할 길 전혀 없는'으로 축약하고 있다. '수사라는 견해'와 같거나 그렇게 수용되었다.

불가설불가설전의 피수식어가 중생이라는 견해는 적절한데, 예1과 예2의 번역은 적어도 표면적으로는 '불가설불가설전'이 갠지스 강을 수식하는 것처럼 보이는 것이 문제이다. 또 '한량없고 끝이 없는 벼와 같고 삼대 같고 갈대 같은 삼백육십만억'이라거나 '헤아릴 수 없는 삼백육십만억'이라고 하여 내부의 충돌을 피하지 못하고 있다. 삼백육 십만억 하면 이미 유한 숫자이지 무한숫자가 아닌 것이다. 무한의 숫자는 유한의 아미타불에 도탈(度脫: 제도하여 건짐)한 중생인 것이다.

예3은 앞의 '수사'라는 지적을 수용하여 개선하고 축약한 본이고, 예4는 필자의 번역인데 축자역을 존중하여 수사를 살리고 '도탈중생'이 라는 핵심 술어와 목적어를 도치시켰다. 후치하는 문장이 선행하는 주어나 목적어를 수식할 경우 국어 문법에서는 선행하여 번역하는 것이 문장의 의意와 미味를 드러낼 수 있다고 보기 때문이다.

나. 봉송게奉送偈의 '건도량建道場'

도량을 건립한다는 것에 대해 살펴보자. '영가를 전송하는 입장에서 보다 좋은 여건을 조성하여 다시 만나게 되기를 약속하며 석별의 정을 나타내는 것인지, 아니면, 보다 좋은 여건이란 불국토의 건설이니 전송하는 입장에서 일보 전진하여 불국토 건설을 목표로 용맹정진할 것을 다짐하는 것'[218]으로 이해해야 하는지 보자.

예1 다른 날에 법의 도량 세우게 되면

예2 이 몸이 다른 날 도량을 건립커든

예3 다른 날에 다시 한 번 청하오리니.

예4 저희들이 다음 날에 도량 세우면[219]

유사하지만 예2는 의미의 확장이 일어나고 있다고 보인다. 아마도 주어 '아我'에 대한 발견이라고 볼 수 있다. 내가 법을 세운다, 마치 깨달음을 이룬다는 의미로 읽히기 때문이다. 그렇게 되므로 예2의 역자가 말하는 불국토의 건설을 의미한다고 보인다. 일상적인 시식도 량이 아니다. 하지만 여타 본들이 '법의 도량', '시식도량'이라고 하든, '청한다'고 하든 이는 오늘과 같은 '시식도량'이라고 할 수 있다. 이 점은 한국불교 전반의 인식으로, 금일의 시식도량에 청해진 이들에 대한 인식이라고도 할 수 있다. 다시 말해 시식을 받는 이들은 금일 영가와 같은 입장에 있는 조상이나 무주고혼인데 이들에게 음식을 베풀겠다는 것으로 읽어야 하기 때문이다. 이는 불교의 주제라고 할 수 있는 무아론, 중음[有]설, 윤회사상 등과 상치된다고 할 수 있다. 그럼에도 불구하고 한국적 풍토로 자리 잡고 있다. 이는 조상숭배 사상을 배척하지 않는 현상이라고 할 수 있다. 다음 날 다시 여는

---

218 沈祥鉉, 『佛敎儀式各論』 VI, p.187.

219 예1 학담 역, 『연화의식집』, p.277; 예2 沈祥鉉, 『佛敎儀式各論』 IV, p.186; 예: 『한글』①, p.108; 예4는 필자의 역.

도량은 시식도량이라고 할 수 있다. 그 시식도량에 와서 시식을 받으라는 것으로 이해해야 한다.

그렇다면 불교 무아론과 어떻게 조화를 이루고 있는가. 불교에서 설하는 무아론이 단순히 무론이 아닌 한 윤회하는 어떤 주체를 반드시 설정할 필요는 없을 수 있다. 가령 내가 받드는 제사에 초빙된 어떤 실체(조상영이든 간에)를 윤회의 주체로서 인식하는 것이 아니라 우리들의 마음속에 담고 있는 조상이라고 이해하고 수용하며 받드는 것이라고 할 수 있다.

설령 조상의 영체가 윤회의 길을 떠났다고 하더라도 그것은 문제가 되지 않는다. 내 마음속에 부모를 그리워하고 내 마음속에 고통받는 무주고혼을 건져내는 것은 자기구원과 다르지 않은 것이다. 중생무변서원도는 '자성중생서원도'와 불이의 관계임을 불교시식의례에서 확인할 수 있는 것이다. 결국 한국불교의 시식의례는 자타自他의 구원이 불이不二의 관계를 구현하고 있음을 보여주고 있다고 하겠다.

③회향에 대한 인식

회향진언과 게송, 파산게송과 삼회향 가지로 시식의례는 끝마치게 된다. 현재 드러난 의문에는 영가와 고혼들의 봉송만이 보일 뿐이다. 삼단시식으로 봉행되는 수륙재·영산재 등이나 봉청, 시식, 봉송이라는 삼단 구조로 봉행되는 의례의 특성상 각청各請하여 시식하였다면 당연히 봉송의 절차로 진행되어야 한다. 그럼에도 불구하고 배송은 크게 부각되지 못하고 큰 재에서나 행해지고 있다.

『석문』은 청請, 시施, 송送의 정연한 삼단구조로 편제돼 있다. 앞의 한국불교 의례에서도 지적하였지만 각청편, 시식편, 배송편이 그것이다. 그러나 '각청'에서는 '각청'만 봉행되어야 하는데 '각청'에 공양/시식이 설행된다. 그리고 그곳에서 봉송을 행한다. 그 결과 굳이 『석문』의 편제에서와 같이 이곳에서 행해져야 할 배송은 화석화되게 될 수 있고 실제 그렇다고 보인다.

하지만 이 같은 구조에 대해 또 다른 인식을 유추해 볼 수 있다. 삼청으로 청하고 삼단(三檀: 무외시·재시·법시)으로 시식을 베풀어 삼단(三壇, 三位: 불단·신중·혼단)의 차이를 무화無化하는 일불승一佛乘으로 이해한다는 것이다. 그 같은 인식은 '행보게'에서 잘 보여주고 있다고 하겠다. 올 때는 따로 왔지만 떠나는 그 순간에 "성인과 범부가 함께 법왕궁에서 만나게 되는 것이다(聖凡同會法王宮)." 그렇게 하기 위해서는 돌아가는 길에 세속적인 정情을 잊으면 이룰 수 있다는 것을 설파하고 있다.

이렇게 됨으로써 삼단 도배송의 차이는 무화되어 버린다. 재회齋會 이전의 성범(聖凡: 성인과 범부)은 단지 한 언어에 불과함을 갈파한다. 무차별의 경지에 떠남은 없지만 떠나는 유심과 타방의 정토가 일체화되고 있다. 이제 시식을 통한 공덕은 명계(冥界: 죽은 이)와 양계(陽界: 산 이)조차도 무화한 왕생이 실현되고 있는 것이다.

하지만 이 같은 시식의례는 일조일석에 이루어지는 것이 아니다. 소청이나 변공, 왕생의 업을 성취하려면 관력을 성취하는 부단한 정진이 요구된다. 본서에서는 별도로 다루지 않았지만 시식이나 공양의례는 다양한 소임을 가진 이들에 의해 진행되는데, 특히 변공과 같은 고도의 관상이 필요한 의식은 수행이 높은 스님들에 의해 봉행된다.

그러므로 공부를 이루지 못하고는 중생제도의 시식을 원만히 이룰 수 없다는 것을 알 수 있다.

봉송게송의 '내가 다음 날 다시 도량을 세우겠다'고 서원하는 것은 행자[法主]이다. 힘이 되는 대로 도량을 세워 일체의 외로운 이들에게 음식을 베풀겠다는 서원이 그것이다. 다음 날 세우는 법의 도량에 오시라는 청을 잊지 않는 곳에서 회향의 참 의미가 드러나며, 봉송의 그 순간, 그것을 위한 수행을 놓지 않겠다는 서원이 올곧이 담겨 있다 하겠다.

IV. 공양의례

1. 공양의례의 개요

본서에서 시식施食이나 공양供養이라는 용어를 사용하는 것은, 본서가 한국불교의 의례를 목적보다 의미와 행위를 중심으로 분류하고 있다는 것을 의미한다. 음식을 베풀어 주는 것을 시식이라고 하였고, 음식 등 일체의 물건을 올리는 의례를 공양이라고 인식하고 있기 때문이다. 한국불교 공양의례에 대한 논의에 앞서 붓다 재세 시 공양법 한 장면을 보자.

부처님께서 파탈리푸트라로 오셨다는 소식을 듣고 그곳 주민들은 부처님이 계신 곳으로 모인다. 32상 80종호가 장엄하신 불신을 뵙고 법문을 듣기도 전에 신도들은 환희한다. 그리고 부처님께 예배하고 한쪽에 앉는다. 부처님은 그들을 위해 점차로 설법하여 이롭게 하신다. 설법을 듣고 신도들은 삼귀의를 하고 오계를 받들 것을 서원한다. 그리고 공양을 올릴 수 있게 해달라고 청한다. 부처님 은 침묵으로 허락하신다. 신도들은 여래를 위하여 강당을 지어 계실 곳을 마련하고 물 뿌려 소제하고 향을 사르고 자리를 깔고 공양 준비를 마친다. 그리고 부처님께 '모든 준비는 끝났습니다. 성자여, 때를 아시옵소서' 하고 아뢴다. 부처님은 가사를 걸치고 발우를 들고 대중들과 함께 강당으로 나아가신다. 거기서 손발을 씻으시고 그 복판에 앉으신다. 공양을 마치고 법을 설하신다.[1]

공양을 올리고자 하는 이가 부처님께 아뢰고 부처님의 허락을 얻은 다음 정성껏 공양을 준비한 후 부처님께 아뢰면, 부처님은 그곳에 오셔서 공양을 받으시고, 법문을 설하신다. 이 한 기사를 놓고 모든 것을 판단할 수는 없지만 붓다 재세 시 공양법은 대체로 먼저 '부처님을 공양에 초대하고, 허락을 받아, 공양을 준비하여, 공양을 올리고, 이어서 부처님의 법문을 듣는' 순서인 듯하다. 공양의례의 차례에 대한 단초를 제공하고 있다고 할 수 있으며,[2] 공양의례의 구조를 분석하는 데 도움을 받을 수 있다.

또 인도의 여섯 단계 귀빈접대 법식인 (1) 호신법護身法, (2) 결계법結界法, (3) 도량법道場法, (4) 권청법勸請法, (5) 결호법結護法, (6) 공양법供養法이나 참법의 차례 등도 공양의례의 구조 분석에 참고가 될 수 있다.

1 佛陀耶舍共竺佛念 譯, 「遊行經」, 『佛說長阿含經』 卷第二, T. 1, p.12.
2 졸고, 「佛敎 供養 次第 考」, 『문학 | 사학 | 철학』 창간준비6호(한국불교사연구소, 2006), pp.227~242.

본서가 분과에 참고하는 '소청, 헌좌, 권공, 풍경, 표백'의 차례를 활용하여 한국불교의 주요 공양의례라고 할 수 있는 삼보통청과 진언권공, 사시마지 (부록 소재) 구조를 분석하고 그것을 기준으로 공양의례를 소청에서 표백에 이르는 여섯 단계로 나누어 그 체계와 인식 등을 고찰해 나갈 것이다.

1) 주요 공양의례의 구조

『일용의식수문기』는 불공의식을 〈표IV-1〉과 같이 분과하고 있다.

〈표IV-1〉 『일용의식수문기』의 불공의식 조직[3]

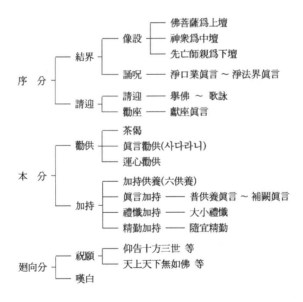

3 김월운, 『日用儀式隨聞記』, pp.40~41.

시식의례에서처럼 서분, 본분, 회향분의 3분으로 대분류하고 있는
데, 변식과 공양의 구분이 잘 보이지 않는다. 또 진언가지의 보공양진
언, 원성취진언, 보궐진언 등의 공능이 가지로만 표현되어 과목에서
그 역할이 잘 드러나지 않는다.

①『한글』② 소재 '삼보통청'의 구조

그간의 필자의 견해에 의지하면『한글』② 소재 삼보통청[4]은 다음과
같이 분과될 수 있다.

```
선행정근 ─ 普禮偈呪, 千手經
봉청의식 ┬ 擧佛,
         ├ 普召請眞言
         └ 由致, 請詞 香花請
헌좌의식 ┬ 歌詠
         └ 獻座偈呪
헌공의식 ┬ 淨法界眞言
         ├ 供養偈〔呪〕
         ├ 變供 眞言勸供
         │      加持疏
         │      稱名加持 南無佛法僧
         │      變食眞言, 施甘露水眞言, 一字水輪觀眞言, 乳海眞言
         ├ 運心供養偈呪
         ├ 獻供 禮懺 7정례공양
         │      普供養眞言
         └ 普回向眞言
수계발원 ─ 願成就眞言
풍경의식 ─ 補闕眞言
```

4『한글』②, pp.87~118.

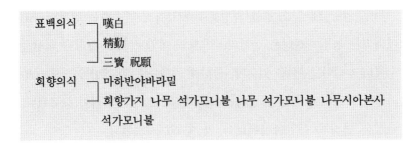

```
표백의식 ┬ 嘆白
        ├ 精勤
        └ 三寶 祝願
회향의식 ┬ 마하반야바라밀
        └ 회향가지 나무 석가모니불 나무 석가모니불 나무시아본사
          석가모니불
```

　헌공의식을 정법계진언부터 보회향진언까지로 설정하였다. 진언권
공을 변공과 헌공으로 나누고 있는 점이 〈표IV-1〉과 다르다.

②'진언권공'의 구조

'진언권공'은 『진언권공』(1496)에 그 원형이 보이기 시작하며, 17세기
말의 '제반문'에도 비슷하게 잔영이 남아 있다. 그러다가 『석문』에
이르면 삼보통청 뒤편 부록에 편제되어 있었지만 현재는 축소된 채
'삼보통청'에 삽입돼 있다.

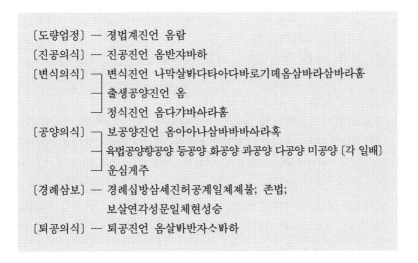

```
[도량엄정] ─ 정법계진언 옴람
[진공의식] ─ 진공진언 옴반쟈바하
[변식의식] ┬ 변식진언 나막살바다타아다바로기뎨옴삼바라삼바라훔
          ├ 출생공양진언 옴
          └ 정식진언 옴다갸바사라훔
[공양의식] ┬ 보공양진언 옴아아나삼바바바사라훅
          ├ 육법공양향공양 등공양 화공양 과공양 다공양 미공양 [각 일배]
          └ 운심게주
[경례삼보] ─ 경례십방삼셰진허공계일체계불; 존법;
            보살연각성문일체현성승
[퇴공의식] ─ 퇴공진언 옴살바반자스바하
```

『진언권공』에서, 도량을 엄정嚴淨하기 위해 염송하는 진언이라고
이해되는 정법계진언은 선행의식이자 의례의 시작을 알리는 역할을
수행하고 있다고 할 수 있으며, 공양을 펼치는 진공進供진언으로 공양
의식이 시작되어 공양을 물리는 퇴공의식으로 공양의식이 종료된다.
핵심은 변식과 공양의식이라고 할 수 있을 것이다.

③'사시마지'의 구조

삼보통청의 약례[5]도 사시마지라고 할 수 있지만 부록의 공양의례 3)에
제시한 사시마지巳時摩旨가 필자의 입장에서 볼 때 가장 바람직한
사시마지라고 이해해 채택하였다. 일상의 사시巳時에 상단과 신중단에
공양하는 의례라고 할 수 있다.

〈巳時金〉
〔上壇〕
  〈茶偈〉 供養十方調御士 演揚淸淨微妙法 三乘四果解脫僧 願垂慈悲哀
       納受
  〈三頂禮〉 志心頂禮供養 十方三世 帝網刹海 常住一切 佛陀耶衆; 達摩耶
       衆; 僧伽耶衆
  〈唯願〉 唯願 無盡三寶 大慈大悲 受此供養 冥薰加被力 願共法界諸衆
       生 自他一時成佛道

---

5 『한글』②는 '삼보통청(약례)'이라고 하여 보례게주, 정삼업진언 등 건단 4진언,
거불, 보소청진언, 정법계진언, 공양게, 진언권공의 가지소와 4진언, 보공양진언,
보회향진언, 원성취진언, 보궐진언, 정근 삼보축원의 순서를 제시하고 있는데,
이는 삼보통청에서 유치·청사만 생략하였을 뿐이지 소청진언을 행하고 있는 점으
로 미뤄볼 때 마지의 의미와 같다고 할 수 없다. 또『불교의범』'사시불공'에서는
삼보통청의 유치·청사만 제외하고, 심지어 운심공양진언도 포함한 의식을 사시불
공이라고 제시하고 있다.

〈祝願〉
〔神衆壇〕
　〈茶偈〉　　以此淸淨香雲供 奉獻擁護聖衆前 鑑察我等虔懇心 願垂慈悲哀
　　　　　　納受
　〈三頂禮〉　志心頂禮供養 華嚴會上 欲色諸天衆; 八部四王衆; 護法善神衆
　〈嘆白〉　　帝釋天王慧鑑明 四洲人事一念知 哀愍衆生如赤子 是故我今恭
　　　　　　敬禮

　상단은 공양게로 다게가 활용되고 있고 삼정례 공양과 축원으로
이뤄져 있다. 중단은 다게, 삼정례 공양, 탄백으로 진행된다. 예경의식
처럼, 모시고 있는 삼존불과 39위 신중을 3위로 압축하여 그것들에
공양하고 있는 구조로서 정연한 체계를 이루고 있다고 할 수 있다.

2) 공양의례의 주요 개념

요의 도진道殷은, 도道를 바라는 자는 위로 삼보께 공양하고 아래로
사생을 건지지 않으면 복과 지혜가 증장되지 못한다[6]고 하며 '공양을
하는 것은 도를 구하는 법'이라고 설파하였다. 한국불교의 삼보통청
공양의례에는 제목에서처럼 청이 있고, 진언권공과 '사시마지' 공양의
례에는 청이 없다. 청해서 올리는 공양을 할 때는 공양 올릴 분을
청해야 하므로, 청하게 된 연유를 자세히 진술하고, 정성을 다해 청하는
말〔청사〕로 정중하게, 꽃을 뿌리며, 최상의 정성으로 청하게 된다.
그리고 찬탄하며 인사를 올리고 그분들이 앉으실 자리를 준비한다.
　그리고 특별히 그날 모시는 분들을 위해 공양을 마련해야 하고,

---

6 道殷,「供佛利生儀」,『顯密圓通成佛心要集』卷下, T. 46, p.1004bc.

또 올려야 한다. 그리고 오신 분께 법회에 관련된 특별한 소원을 아뢰며 이루어주실 것을 믿고 삼청한다. 물론 이 같은 의례를 이루기 위해서 참회의 정근은 필수적이다. 그분들을 모실 수 있는 힘이 있어야만 청할 수 있기 때문일 것이다. 하지만 '진언권공'이나 '사시마지'에는 그 같은 많은 의식들이 보이지 않는다. 공양을 드리는 분들이 따로 청해 모시는 분이 아니라는 것을 알 수 있다. 그러므로 '진언권공'이나 '사시마지'는 공양게송과 삼정례 공양과 축원으로 간단하게 봉행되고 있는 것이다.

공양의례는 사시마지, 진언권공, 삼보통청만 있는 것이 아니다. 상주권공이나 영산대회(재), 수륙재 등에서도 상단이나 신중단에 공양을 올리고 있다. 공양의례의 전반적인 구조를 이루고 있는 '봉청奉請, 헌좌獻座, 변식變食, 헌공獻供, 풍경諷經, 축원祝願'을 중심으로 구조와 추이, 수용자들의 인식 등을 살피고 마지막 '회향廻向'절에서는 회향과 봉송이라는 주제로 전체 결론을 도출해 보고자 한다. 물론 삼보통청 앞에 시설된 보례게송과 『천수경』 운운의 선행의식은 다음 장에서 다루므로 이 장에서는 언급하지 않는다. 고찰에 앞서 의례에 관련된 주요 술어를 살펴본다. 명칭의 추이에는 다양한 한국불교 수용자들의 인식이 투영돼 있다고 보기 때문이다.

① 공양의례의 명칭

공양의궤들을 일별해 보면, 각단[位]에 올리는 공양의 명칭에 대해 그간 삼보통청 등 청사를 중심으로 거명하거나 '부처님께 공양한다'는 의미의 '불공佛供'을 붙여 상단불공, 신중불공, 지장불공 등으로 명명하

거나 '공양을 권한다'는 '권공勸供'을 붙여 진언권공, 상단권공, 신중권
공 등으로 제목을 부여하고 있다. 또 공양을 올린다는 '진공進供'을
붙여 상위진공, 중위진공 등으로 표기되고 있다. 근대에 와서는 성인께
공양 올린다는 '성공聖供', 공양을 바친다는 '헌공獻供' 등이 사용되고
있다. 각 명칭의 출처와 빈도를 간략히 살펴보자.

가. 불공

불공佛供은 가장 빠른 시기의 조어라고 할 수 있다. 신에게 공양하던
것이 부처님께로 전화되면서 쓰였다고 보이므로 불공이라는 말은 불佛
재세在世 때부터 쓰였을 것이다. 삼보 개념은 일찍부터 있었지만 삼단三
壇, 삼위三位 개념은 신중과 하위의 아귀 개념이 등장한 이후의 일이라고
볼 수 있다.

한국불교의 공양의례로 제시한 『진언권공』의 '권공'뿐만 아니라,
『삼단시식문』(1496)에는 상·중·하의 각 위에 따라 '불공', '제천공양',
'고혼수향'이라고 하여 명칭이 다르게 나타난다.[7] 『삼화행도집』(1986)
에서는 삼보통청~신중청을 '불공의佛供儀'라고 하고 있다.[8] '불공'은
부처님께 공양하는 의미로 상단의 불격에는 적합하다고 볼 수 있지만
'상단불공'은 상단이 곧 불을 의미하므로 이중서술이 된다. 불공하거나
'상(불)단공양'이 어법상 어울린다.

---

7 『삼단시식문』, 『한의총』 1, pp.470~496.

8 『삼화행도집』, p.103.

나. 권공

권공勸供은 『진언권공』(1496)에서 알 수 있듯이 상단의 불격에 공양을
권해 올릴 때 사용되었다. 이후 '진언권공'이 변식의궤로 축소되어
권공 또한 그 의미가 축소되면서 현교의식의 공양과 더불어 밀교의식의
진언권공으로 이해되었다. 『범음산보집』(1739)도 '상단권공', '중단권
공', '하단시식'으로 정형화하고 있다.[9] 짧지 않은 기간 동안 '상단불공',
'중단권공', '하단시식'으로 굳어져 마치 '권공'이라는 용어가 상단용이
라기보다는 (신)중단용에 적합하다는 인식이 자리하게 되었다고 보
인다.

다. 진공

『운수단가사』(1627)는 상위진공進供, 중위진공이라고 하고 있고, 『중
례문』(갑사, 1607)은 상위진공, 중위진공, 하위시곡下位施斛이라고 구
별하고 있다. 또 『운수단의문』(1732)도 상위진공, 중위진공이라고
이해하고 있다.[10]

　하지만 '진언권공'에서 정법계진언 후 공양물을 올리는 것을 진공進供
진언이라 하고, 그것을 내리는 것을 퇴공退供진언이라고 하고 있는
것으로 볼 때 진공은 권공보다는 하위적 개념으로 볼 수도 있다고
하겠다.

---

9 智還 集, 『天地冥陽水陸齋儀梵音刪補集』, 『한불전』 11, p.478.
10 『운수단가사』, pp.16~17; 『天地冥陽水陸齋儀纂要』(갑사, 1607, 임종욱 역주,
　　동해시, 2007), p.81, 88; 『운수단의문』, 『한의총』 3, pp.191~192.

라. 성공과 헌공

『대각교의식』(1927)에는 성공聖供 절차라는 용어가 쓰이고, 『불광법회요전』(1983)에는 헌공獻供 작법이라는 표현이 등장한다.[11] 성공은 불공과 유사한 어법구조라고 할 수 있으므로 전체 공양 명칭으로 적합하지 않다고 보인다.

또 헌공은 헌좌, 헌향, 헌화, 헌다, 헌과, 헌병, 헌수 등에 보이듯이 구체적인 공양물을 올릴 때 쓰이고 있으므로 진공進供 개념보다 더 작은 행위에 쓰이고 있다.

상위나 중위에 공양을 올리는 행위를 표현하는 용어들의 쓰임으로 보았을 때 가장 넓은 의미는 '공양을 권한다'는 '권공'이라고 할 수 있고, 그 다음은 '공양을 올린다'는 '진공'이라고 할 수 있으며, '헌공'은 가장 구체적이고 세밀한 의미를 담고 있다고 할 수 있다.

② 통청과 도청

한국불교의 대표적인 공양의례의 하나가 '삼보통청三寶通請'이다. 삼보통청의 상위 편으로 '제불통청'을 설명하기도 하고 '혹은 제불통청'이라고도 하고 있다.[12] 제불통청과 삼보통청이 상위와 하위의 관계인지, 아니면 별칭인지를 확인해 보자.

『작법귀감』(1826) 이전의 청문이나 제반문 등에는 삼보통청이라는 용어는 잘 보이지 않는다. 삼보통청의 의문과 같은 내용은 청문의

---

11 『대각교의식』, 1927, 『한의총』 4, p.35; 『불광법회요전』, 1983, p.50.

12 『석문』 하권(p. 1)은 '혹은 삼보통청'이라고 칭한다고 하고 있고; 『신석문』(p.9)에는 '제불통청'에 삼보통청과 중단권공을 하위 항목으로 설정하고 있다.

제불통청이나 『운수단가사』 등의 소청상위召請上位에서 확인된다. 『해인사 제반문』(1719)에는 상주권공과 유사한 공양문과 소청명부, 약례왕청, 나한청, 관음청, 가사청, 제석청, 제불보살통청, 시식문, 조사공양문, 점안문, 삭발문, 성도재문, 다비작법, 북두칠성청의문, 현왕재의문, 지장청, 독성재의문 등이 편제돼 있는데, 삼보통청의 원형이라고 할 수 있는 '제불보살통청'의 의문으로 보이고 있을 뿐이다.[13] 공양명칭으로 삼보통청이 확립되지 않았다고 할 수 있다.

단지 『금산사 제반문』(1694)에는 '삼보도청三寶都請'이 등장하고 있는데,[14] 이곳에도 '제불보살통청'이 등장하고 있다. 이 제불보살통청문은 이전의 『청문』(1529)[15]의 모습과도 같다. 『금산사 제반문』의 제불보살통청을 살펴보자. '〔 〕'부분은 협주이다.

諸佛菩薩通請

仰惟〔某佛菩薩〕大聖者 從眞淨界 興大悲雲 非身現身 布身雲於三千世界 無法說法 灑法雨於八萬塵勞 開種種方便之門 導茫茫沙界之衆 有求皆遂 如空谷之傳聲 無願不從 若澄潭之印月 是以 三寶弟子〔某處某人〕伏爲〔某事〕以今月今日 就於〔某寺〕虔設淨饌供養〔某佛菩薩〕仰祈妙援者/右伏以爇名香而禮請 呈玉粒以修齋 財體雖微 虔誠可愍 冀廻慈鑑 降赴香筵 謹秉一心 先陳三請[16]

---

13 『해인사 제반문』, 『한의총』 2, pp.639~682.

14 『금산사 제반문』, 『한의총』 2, pp.512~517上. 이 의문은 수계의식의 증명을 위해 삼보를 청하는 의식이다.

15 『청문』(1529), 동국대 도서관 소장 자료.

예문을 자세히 보면 통청의 '[모불보살某佛菩薩]'이라는 곳에 현재는 '삼보三寶'라는 말이 들어가 있음을 쉽게 발견할 수 있을 것이다. 유치의 '통서統緒'에 해당하는 이 문장은 예문에 보이듯이 그때그때 청할 불보살의 명칭을 넣고 사용할 수 있는 청문의 한 '전범'이라고 할 수 있다. 그렇다면 '모불보살'에 '삼보'를 넣는다면 삼보통청이라고 할 수 있는지 보고, '제불보살통청'이라는 의미는 단순한 한 표현인가 하는 의문을 잠시 정리해 보기로 한다.

『금산사 제반문』은 제불보살통청에 이어 비로청, 나한청, 사자청, 칠성청, 제석청, 미타청, 가사청, 관음청으로 이어지고 있고, 앞의 『청문』은 비로자나청, 노사나청, 석가청, 치성광청, 정광청, 미타청, 미륵청, 문수청, 보현청, 약사청, 풍악산 53석가청, 중향산 법기보살청, 지장청, 나한청, 사자청, 나한찬청, 관음청, 제석청, 가사청, 왕청, 시왕찬청, 봉송문, 사자별청, 오로별청으로 이어지고 있다.[17]

여기서 통청通請이 통청統請인가 하는 점을 확인해야 한다. 통청通請이 통합統合해서 청하는 것이라면 별 문제가 되지 않는다. 하지만 16세기 간행본에 보이는 '제불보살통청'은 제불보살을 통으로 청한다. 다시 말해서 이어서 청하는 한 예문이라고 보인다. 이 같은 전통은 『석문』에도 그대로 전승돼 '각청편'이 시설되고 있는데, 각 청 사이에 권공법을 시설하고 '통청'이라는 이름은 그대로 두었다. 그 이름은 어울리나 통청보다는 공양의식 의문이 된 것이다. 그 결과 제불보살을 통으로 (『청문』처럼 비로자나, 노사나, 석가와 같은 붓다와 법기·지장·관음

---

16 『금산사 제반문』, 『한의총』 2, p.517上.

17 『금산사 제반문』, 『한의총』 2, pp.517~526; 『청문』, pp.30~103.

보살, 제석과 시왕 등을 통합해서 청하는 의식) 청한다고 말하면서 그렇게 말하기 어렵게 되었다.

　'삼보를 통합해서 청하'는 현재의 '삼보통청三寶通請'은 '삼보통청三寶統請'이라고 할 수 있다. 그러나 함께 청하는 의식은 통청統請이라 하지 않고 도청都請이라고 한다. 현재 도청이라는 용어는 나한이나 칠성을 각각 청할 때는 나한각청·칠성각청이라고 하고 한꺼번에 청할 때 행하는 칠성청·나한청이라고 하는데 도청의 잔영이라고 할 수 있다.[18] 하지만 '통청統請'의 삼보통청은 '삼보도청三寶都請'이라고 하는 것이 적절한 표현이라고 할 수 있다.

　위 예문들을 종합해 보면 각청은 각각의 대상을 따로 청하는 것이고, 도청은 한꺼번에 청하는 것이며, 통청은 이어서 청하는 것이다. 마치 '나무일심봉청 비로자나불, 나무일심봉청 노사나불, 나무일심봉청 석가모니불' 하면 각청이고, '나무일심봉청 비로자나불, 노사나불, 석가모니불' 하면 도청이다. 각각의 청사가 이어져 있는 편제는 통청이라고 읽혀진다. 『석왕사 권공제반문』(1574)이나 『금산사 제반문』의 '삼보도청'을 다시 보면서 좀 더 논의해 보기로 한다.

　南無一心奉請 無邊佛寶 海藏金文 十地三賢 五果 四向 同受應感
　共作證明 普同供養[19]

---

18 『석문』 하권, pp.15~27. 그런데 『통일』은 나한청도청에 해당되는 곳에 증명청과 나한도청을 편제하고 있고, 칠성청에는 여래도청을 칠성청으로 이해하고, 칠성각청에는 성군격으로 이해하여 도청하고 있다. pp.198~200; pp.224~226.

19 『석왕사 권공제반문』, 『한의총』 1, p.674下; 『금산사 제반문』, 『한의총』 2, p.512下.

이 의식은 삭발문의 약례 삼보도청이다. 삭발을 하기 위해 진령게와 보소청진언, 유치와 삼 편의 각 청사[20]를 하고 그 이후에 '삼보도청' 또한 가능하다고 하면서 위의 청사를 제시하고 있다. '나무일심봉청~ 진여불보, 나무일심봉청~심심법장, 나무일심봉청~청정승보 유원 자비 강림도량 증명공덕 원강도량 수차공양' 하는 청사에서는 '나무일 심봉청'이 각각 삼 편 반복되면서 불법승보에 대한 찬탄과 수식이 가해지고 있다. 그런데 이 같은 삼청의 청사를 한꺼번에 수식어를 줄여 '귀명하옵고 해변불보 해장금문 십지 삼현 오과 사향을 일심으로 청하오니, 함께 감응하시고 증명을 지으시고 공양을 받으십시오' 하는 의식을 도청이라고 하고 있다. 이 의문의 끝에 '삼보도청은 바쁠 때 행하고, 바쁘지 않으면 삼 편 삼청을 하라'고 협주돼 있고, 『법계성범수 륙승회수재의궤』에도 삼보통청 끝에 "약례즉도청略禮則都請"[21]이라는 협주와 의문이 제시되고 있다.

하지만 수계를 행하는 의식에 '삼보도청'이라는 표현은 전승되지 못하고, 『작법귀감』의 동일한 수계의식에는 '삼보통청三寶通請'이라는 표현으로 등장하고 있다. 이것으로 볼 때 삼보통청에는 통청通請의 의미가 통청統請, 도청都請의 의미로 수용돼 있다고 할 수 있다.

---

20 삼 편의 각 청사는 "南無一心奉請 三身淨妙 四智圓明 ~ 淸淨法界 眞如佛寶 唯願慈悲 降臨道場 證明功德; 南無一心奉請 一眞本寂 萬法無言~甚深法藏 唯願 慈悲 降臨道場 證明功德; 南無一心奉請 頓悟漸悟 悲增智增~淸淨僧寶 唯願慈悲 降臨道場 證明功德, (衆和 '願降道場 受此供養')"을 지칭한다.

21 『석왕사 권공제반문』, 『한의총』 1, p.674下; 『금산사 제반문』, 『한의총』 2, p.512下; 志磐 撰, 『法界聖凡水陸勝會修齋儀軌』, 『한의총』 1, p.589下.

③ 거불의 역할

거불擧佛에 관한 본격적인 논의에 앞서 거불의 유형을 먼저 살펴보자.
『석문』에는 나한 칠성도청을 합해 22개의 청사가 있다.

〈표IV-2〉『석문』소재 각청의 거불

제불통청	南無佛陀部衆光臨法會 南無達摩部衆光臨法會
	南無僧伽部衆光臨法會
미 타 청	南無極樂導師阿彌陀佛 南無左補處觀世音菩薩
	南無右補處大勢至菩薩
약 사 청	南無東方藥師琉璃光佛 南無左補處日光遍照菩薩
	南無右補處月光遍照菩薩
미 륵 청	南無現居兜率彌勒尊佛 南無當來教主彌勒尊佛
	南無三會度人彌勒尊佛
관 음 청	南無圓通教主觀世音菩薩 南無道場教主觀世音菩薩
	南無圓通會上佛菩薩
지 장 청	南無幽冥教主地藏菩薩 南無南方化主地藏菩薩
	南無大願本尊地藏菩薩
나 한 청	南無一代教主釋迦牟尼佛 南無左右補處兩大菩薩
	南無十六大阿羅漢聖衆
칠 성 청	南無金輪寶界熾盛光如來佛 南無左右補處兩大菩薩
	南無北斗大聖七元星君
신 중 청	南無金剛會上佛菩薩 南無忉利會上佛菩薩
	南無擁護會上靈祇等衆
산 신 청	南無萬德高勝 性皆間寂 山王大神
	南無此山局內 恒住大聖 山王大神
	南無十方法界 至靈至聖 山王大神
조 왕 청	南無八萬四千竈王大神 南無左補處擔柴力士
	南無右補處造食炊母
독 성 청	南無天台山上 獨修禪定 那畔尊者
	南無三明已證 二利圓成 那畔尊者

南無應供福田 待竢龍華 那畔尊者
현 왕 청　南無冥間會主普現王如來　南無大梵帝釋兩大天王
　　　　　南無判官錄事使者等衆
제 석 청　南無忉利會上帝釋天王　南無左補處波數婁那天子
　　　　　南無右補處伊舍那天子
사천왕청　南無四方護世四大天王　南無統領八部四大天王
　　　　　南無四王天上一切賢聖
풍백우사청　南無十方佛 南無十方法 南無十方僧 (가람청도 같음)
용 왕 청　南無三洲護法韋馱天神　左補處沙伽羅龍王　右補處和修吉龍王
정 신 청　南無離塵濯熱保生歡喜主井神　左補處沙竭羅龍王
　　　　　右補處和修吉龍王
태 세 청　南無十方常住佛 法 僧[22]

20여 개의 청사를 모두 소개한 것은 이후의 논의를 위해서이다. 거불은 불·보살·신중 등 이름을 거명하며 '나무南無/귀명歸命'하는 예경의례라고 할 수 있다. 그런데 예경을 올린다면 예경을 받는 분이 이미 이 자리에 계시거나 오셨다는 것이 전제가 되어야 할 텐데 이후의 의식에는 청하는 의식이 전개되고 있다. 만일 항상 머물러 계신다면 굳이 따로 청하는 의식을 행할 이유가 없을 것이다. 단지 '부처님, 이러이러한 연유〔由致〕로 공양을 드리게 되었으니 받으십시오' 정도로 아뢰면 될 터이다.

그럼에도 불구하고 청하는 의식이 정연하게 전개된다. 그렇다면 거불의 의미와 역할은 무엇인가를 해명할 필요가 있다. 『석문』 소재 각청의 거불은 법회의 연유를 아뢰는 유치 앞에 놓여 있다. 놓인 위치로 볼 때 일종의 개회선언과 같은 의미를 띠고 있다. 그런데 문제는 20여

---

22 『석문』 하권, pp. 2~48.

개의 청사 가운데 제불통청의 청사에만 불타부중의 뒤에 '광림법회'가
더 있다는 것이다. 다른 거불명칭을 보면 극락에 계시는 아미타불이라
거나 천태산상에서 홀로 선정을 닦는 나반존자 등 명칭 앞에 거주처나
역할을 밝히고 있는데, 제불통청의 거불 '나무불타부중광림법회'는
'법회에 빛으로 임하다'는 의미의 광림법회가 명칭의 뒤에 나타나고
있다. 다른 청이 곧 법회에 청해 모시는 의식이라는 것을 전제한다면
색다른 형태라고 하겠다. 그렇다면 제불통청의 거불은 어떤 연유와
의미로 다른 거불과 다른 모습을 가지고 있는가를 보자.[23]

  '나무불타부중광림법회'는 거불이라 불리며, '거불성'이라는 독특한
소리로 봉행된다. 소리를 하며 큰절을 올린다. 적지 않은 세월 전부터
이렇게 봉행되어 왔다고 보인다. 『한글』②의 후속집인 『표준법요
집』(未刊)에서는 나무를 '귀명'이나 '귀의'로 번역하지 않고 소리대로
표현하기로 하였다. 범패와 같이 소리로 전승된 의례 행위는, 원의미를
드러내기보다 전통의 소리와 행위라는 2차적 의미도 유의미有意味하다
는 데 참여자들이 동의하였기 때문이라고 할 수 있다. 의미를 드러내는
데만 목적이 있다면 '우리말'로 풀어야겠지만, 그렇게 해서 얻는 것보다
한국불교 의례가 그동안 형성해온 수많은 무형의 자산을 잃어버릴
수 있다는 것이다. 현장법사의 '5종불번'(不飜: 다섯 가지 번역 하지
않는 원칙)을 말하지 않더라도 수긍할 수 있을 것이다. 물론 이해를
돕기 위해 법회, 강좌를 통한 설명과 의례의 내용을 설명해 주는 자료들

---

23 거불에 관한 이하의 논의는 대한불교조계종 포교원 포교연구실 기획, '표준법요집
  중요내용 미리보기' 이성운 대표집필, 「삼보통청의 거불은 예문인가, 청사인가」
  (〈불교신문〉, 2010.3.17일자)를 수정 보완하였다.

이 출판되어야 할 것이다.

〈표IV-2〉에서 볼 수 있듯이 제불통청을 제외한 어떤 '청'에도 '광림법회'라는 네 글자가 없다. '나무극락도사 아미타불'이나 '나무유명교주 지장보살'로 불보살의 명호 앞에 '나무'가 있을 뿐이다. 진언의궤로 이해하고 '나무'를 번역하지 않았으므로, '나무유명교주 지장보살'처럼 그대로 표기하였다. 그런데 이 삼보통청에만 '광림법회'라는 말이 있다. 그렇다면 '광림법회'에 대해 "광림은 '남이 찾아오는 일을 높여 이르는 말'이니~나무불타부중광림법회를 '(믿고 따르는) 부처님께서 법회에 나투시기를 원합니다' 또는 '부처님께서 찾아오신 법회' 정도"로 해석하면 괜찮은지를 보자.

'광림법회'는 불타부중이 '법회에 광림하다'는 평서문이지만 불타부중이 광림하여 달라는 청원이 원뜻일 것이다. 하지만 '불타부중'과 '광림' 사이에 '유원' 정도의 청하는 동사가 나타나지 않는다. 또 '법회에 강림하신' 불타부중이라는 주격보어로 이해하는 방법도 있을 것이다. '나무'는 예경의 의미이지만 의례에서는 가지(加持: 가호하고 지님)를 구하는 진언과 같은 장치를 만드는 데 쓰인다고 언급했다. 그럼에도 거불을 하면서 절을 한다. 만일 절을 하는 지문이라면 '나무' 자리에 현재의 '지심귀명례'나 '일심정례', '일심경례一心敬禮', '지심신례', '보례' 등의 문구가 쓰여야 한다. 그러므로 '나무'는 예경의 의미이지만 지문이라고 하기는 어렵다.

다음은 '나무불타부중광림법회'라는 이 거불이 한국불교 의례에 나타나기 시작하는 것은 『영산대회작법절차』(1634)와 같은 영산재문에서라고 할 수 있다. 이 의궤 절차는 현행 영산재의 그것과 크게 다르지 않다. 큰 재와 같은 의식을 봉행하기 위해 단을 마련한다. 그를 위해 주변을 청정하게 하는 결계結界와 엄정(嚴淨: 깨끗이 장엄함)의식이 봉행된다. 현재는 대부분 법회에서 『천수경』으로 봉행되고 있으며, 『천수경』 독송이 끝나고 거불로 들어간다. 『영산대회작법절차』도 그 기본 틀은 다르지 않은데, 대비주(신묘장구다라니) 독송이 끝난 후 사방찬과 도량찬을 봉행한 후 거불을 봉행한다.[24] 현재 영산재의 '나무 영산교주 석가모니불~나무 영산회상 불보살'의 여섯 불보살님 명호를 거명하는 '6거불'과 같다. 『작법절차』(1496)에서는 이를 '법화거불'이라고 하면서 '화엄거불', '참경거불', '미타참거불', '지장거불'을 함께 제시하고 있다.[25] 결국 이 자리는 당일 법회의 성격에 따라 부처님의 명호를 '거불'하는 것임을 알려주고 있다.

이어서 현재의 『영산재』(2003) '대불청大佛請'의 유치가 등장하고, "시방상주 일체 불타야중·달마야중·승가야중의 삼보를 일심으로 절하며 청하오니, 자비로 법회에 강림하소서"라고 대중이 화음으로 청하는 3정례청과 4직사자청이 이어진다.[26] 문제는 자리를 드리는 헌좌게송 앞에 '소례단청불즉小禮單請佛則'이라는 제목과 함께 '시방삼세 부처님과 용궁 바다에 감춰진 오묘하고 참된 경전과 보살·성문·연각승들을 받들어 청하오니, 자비를 버리지 마시고 강림하시기를 원합니다'라고 하는 봉청게송과 현재의 거불 '나무불타부중·달마부중·승가부중 광림법회'가 등장하고 있다는 것이다. 이후는 현재의 헌좌게송과 진언,

---

24 『靈山大會作法節次』, 龍腹寺, 1634, 『한의총』 2, pp.132下~133.
25 『작법절차』, 『한의총』 1, pp.451~453上.
26 『영산재』, pp.244~297.

그리고 '다게'로 차를 올리고 이어지는 설법의식이 진행된다. '소례단청
불즉'은 '대불청'과 대비된다. '대불청'은 시간이 많을 때, '소례단청불'은
'시간이 촉박해 간단히 부처님을 청할 때' 하는 의궤이다. 『영산
재』(2003)에서는 '④대불청 ⑤3예청 ⑥4부청 ⑦단청불 ⑧헌좌진언
⑨다게'라 하여 대소작법이 병렬로 전개되면서 대불청과 단불청이
혼재된 채 진행되고 있다고 보인다.

『영산대회작법절차』(1634)에서는 '사시에는 단청삼보하고 헌좌 헌
공 회향하라'[27]는 미주가 있고, 『금산사 제반문』(1694)에는 '혹설게或說
偈'라고 하여 봉청게를 설하거나 현재의 '나무불타부중광림법회'를 하
며 각 '1배를 하라'고 하고 있다.[28] 또 『범음산보집』(1723)에서는 '단청불'
의 제목 아래 '간략히 할 때는 각조원명覺照圓明부터 삼계 4부청을
빼고 단지 봉청게만 하라'[29]고 주석을 달고 있다. 이 의궤에는 '나무불타
부중광림법회'조차도 제시되지 않고 있다. 게송으로 봉청하여 자리를
드리고 차를 올리는 것이다.

다음은 '나무불타부중광림법회'가 어떻게 한국불교 삼보통청의 약청
으로 정착되었는지를 보자. 거불은 가지를 구하는 정근과 같다. 그러므
로 대체로 빠른 속도로 삼삼칭명(나무불, 나무법, 나무승을 세 번 칭하여
가피를 구함)을 반복하는데, 이 삼보통청의 거불은 절을 하고 있다.
절을 하고 청하는 3정례청의 영향이라고 일차 이해할 수 있다. 그러므로
'나무불타부중광림법회'에는 칭명하여 가피를 구하는 거불의 의미와

---

27 『靈山大會作法節次』, 龍腹寺, 1634, 『한의총』 2, p.143下.
28 『금산사 제반문』, 『한의총』 2, p.480下.
29 智還 編, 『天地冥陽水陸齋儀梵音刪補集』, 重興寺, 1723, 『한의총』 3, p.13下.

'대중이 함께 화음으로 청하는 말'인 3정례청의 '유원자비광림법회'와 '나무' 또는 그 앞에 '일심으로 절하며 청하오니'의 '일심예청一心禮請'의 의미와 동작[身業]이 어우러졌다고 할 수 있다.

하지만 현재는 거불 이후 '청하는 말'인 청사가 이어진다. 『금산사 제반문』(1694), 『범음산보집』(1723) 어디에도 있지 않은 '청사'가 봉행 되고 있다. 청하는 말이 반복되고 있는 것이다. '정성을 다해 두 번 청하는 것이 무엇이 나쁜가'라고 할지도 모른다. 세 번 청하는 것과 같은 의미를 반복하는 것은 다르다. 결례라고 할 수 있다. 이것이 현재와 같은 모습을 갖게 된 연유를 찾아보자. 18세기 문헌은 별로 보이지 않지만, 19세기 초엽의 한국불교의 의궤서적 가운데 비교적 예리한 협주를 많이 달고 있는 『작법귀감』(1826)에서 그 모습을 확인할 수 있다. 건단진언 후 거불에서 현재의 거불과 '1배'라는 지문의 협주를 만날 수 있다. 이후 『석문』(1935)에 수용되어 널리 유포되면서 현재에 이르지 않았을까 추측된다.[30]

현재처럼 불교의 재齋 의식들이 주간에 진행된 것은 그리 긴 역사를 갖고 있지 않고 주로 야간에 진행되었다는 증언을 흔히 만나게 된다. 야간에 상황이 급박해 긴 소리로 유치·청사를 할 수 있는 형편이 아닐 때 '나무 불타부중·달마부중·승가부중 광림법회'로 3정례의 예불 과 청사를 실현하였다고 볼 수 있다. 그렇지만 오랜 세월 동안 이 거불을 하고 청사를 봉행해 오고 있다. 의례는 합리성만으로 설명할 수 없는, 의례를 담지擔持하고 수용하는 대중의 정서와 관련을 맺고

---

30 『석문』 하권, p.2.

있다. 이는 옳고 그름의 문제가 아닌, 신앙의 문제이므로 더욱 그렇다.

예문도 아니고 청사도 아니었던 거불이지만, 현재는 예문과 청사로 수용돼 실행되고 있는 현실을 어떻게 이해하고 받아들여야 할지를 보자. 첫째는 현재대로 활용하면서 의미를 밝혀 설명을 해주는 것이다. 둘째는 청사를 봉행해야 하는 상황에서는 현재의 '나무불타부중광림법회' 대신에 그날 법회의 성격에 따라, 화엄법회라면 '나무 청정법신 비로자나불' 등 3신 거불을 하거나 법화경을 강설하는 법회라면 '나무 영산교주 석가모니불, ~나무 영산회상 불보살'의 6거불을 염(거불)하면 좋을 것이다.

또 사시마지 때는 청사를 하지 않듯이, 현재의 거불(나무불타부중광림법회)로 가지와 3정례와 소청召請을 마치고, 자리를 드리는 게송과 진언을 한 후 3정례 공양이나 7정례 공양으로 봉행하면 될 것이다. 영산재와 같은 큰 재의 경우 단번에 끝나는 법회가 아니고 3일간 진행되는 의례라고 한다면 첫날 청사 등을 통해 법회를 열게 된 연유를 밝혔으므로 더욱 그 의미가 적절하다고 할 수 있을 것이다.

제불통청의 '나무불타부중광림법회' 등의 거불은 청사의 축약이거나 법회에 광림하신 불타부중이라고 보이지만 청하는 의식에 거불로 봉행되고 있다. 이를 해소하려면, '법회에 광림하신'이 아닌 '법회에 광림하실'의 미래형으로 수용·이해하면 모순으로 보이는 것들이 해소될 수도 있을 것이다.

210

2. 봉청의식

공양을 올리려면 공양 받을 분을 청해야 한다. 공양 받을 분을 청해야
한다는 것은 공양 받으실 분이 이 자리에 현재 있지 않다는 것을 의미한
다. 그렇지 않다면 굳이 청할 필요가 없는 것이다. 앞의 진언권공이나
사시마지는 청하는 의식이 없는 것으로 볼 때 이 절에서 다룰 대상이
되지 않는다. 그러므로 봉청奉請에서 살필 비교 대상은 삼보통청과
같이 청하는 의식이 존재하는 수륙재, 공양문 등이라고 할 수 있다.

1) 봉청의식의 추이

봉청의식은 거불 이후에 행해지는 '보소청진언, 유치·청사, 향화청'이
라고 할 수 있다. 이 셋 가운데 보소청진언 이전에 존재할 수 있었다고
보이는 소청의 진령게송, 그리고 유치의 설행제자인 능행자能行者와
설행 장소인 소행처所行處 등에 대해 살펴보기로 한다.

① 소청의 게송

소청召請게송은 널리 청하는 보소청진언의 현교적인 게송이라고 할
수 있는 진령게송을 지칭한다. 소청게송은 소청하는 대상을 밝히는
게송인데, 진언에서 확인하기 어려운 의미를 알게 해준다. 그런데
현 삼보통청 공양의례의 보소청진언 앞에는 게송이 존재하지 않는다.
이로 인해 보소청진언의 역할이나 범주가 분명하지 못하다. 가령 시식
의례에서는 진령게송 이후에 천수찬게, 신묘장구다라니, 파지옥게송,
파지옥진언, 해원결진언 등 지옥을 파하는 여러 과정을 거친 후 보소청

진언을 행한다.[31] 공양의례에서 진령게송이 등장하는 의문으로는 수륙재문이 있다. 상단을 청하는 진령게송이 등장한다.

以此振鈴伸召請 十方佛刹普聞知 願此鈴聲徧十方 無邊佛聖咸來集
요령 울려 부르오니
시방의 부처님 나라에 계신 (부처님들은) 널리 듣고 아시리니,
요령 소리 시방에 두루 하여
가없는 부처님과 성인들께서는 모두 모이시옵소서.
請諸如來眞言 唵 微布囉 鉢囉黎 杜魯杜魯 吽吽
請諸菩薩眞言 唵 薩婆 菩提薩埵耶 湮醯湮醯 莎訶
請諸賢聖眞言 唵 阿哥嚕目㐃薩哩囌達哩摩拏阿寧也 阿耨怛半那埵
奉迎車輅眞言[32]

수륙재가 되었든 영산재의 형식이 되었든 상단을 청하는 의식은 다를 수 없다. 여타 의식이라고 해서 상단에 청해 모시는 불보살이 다르지 않는 한 다를 수 없다는 것이다. 위 예문은 진령게에서 시방의 불찰에 계시는 분들을 청하는 것임을 알 수 있다. 그리고 보소청진언을 행하는 자리에서 단순히 보소청하는 것이 아니라 상위를 여래, 보살, 현성의 삼단으로 다시 나누어 소청하고 있다. 세 청하는 진언이 끝나고 나면 거로(수레)로 맞이하는 진언을 염송한다. 이어서 유치를 아뢴다. 그리고는 청정법신 비로자나불, 노사나불, 석가모니불을 각각 '나무일

---

31 『한글』①, pp.87~89.

32 『지반문』, 『한의총』 1, p.586.

212

심봉청'으로 청한다. 이어서 미륵존불, 아미타불, 약사여래, 일체불보를 나무일심봉청으로 통청한다. 불보통청이 끝나면 일체 달마야중을 청하고, 일체 제보살과 일체 승가야중을 통청한다. 승가야중의 끝에는 통청과 도청에서 언급하였던 도청이 약례로 제시돼 있다. 통청으로 봉행할 상황이 되지 못할 때 행하는 도청 청사는 『제반문』의 청사보다는 수식어를 갖추고 있다.[33]

수륙재에는 상위의 성현을 청할 때 진령게송이 등장하고, 이어 상위 삼위에 대한 별도의 소청진언이 등장하고 있다. 간기를 알 수 없는 『요집문要集文』의 '권공절차勸供節次'에도 '불타부중광림법회'의 거불 이후에 진령게송과 보소청진언이 등장한다. 간기를 알 수 없지만 이 요집에 쓰이는 문법이나 체자(替字: 名茶를 茗茶로 표기하는 18세기 이후 본의 현상)[34] 등을 볼 때 적어도 18세기 이전의 본이라고 보인다. 그런데 현행의 삼보통청 공양의식에는 보소청진언만 있다. 수륙재와 더불어 또 하나의 상단공양법인 『작법절차』(1496)나 『영산대회작법절차』(1634) 등에서는 거불 이후에 염향拈香을 행하고 개경게와 진언을 한 이후에, 회주가 석제釋題와 동송同誦 이후에 청불請佛을 행하는데, 유치 이전의 보소청진언이나 상위 삼위의 소청진언이 보이지 않는다.[35] 한국불교에 유통되었던 『지반문』(『한의총』 1)과 동일 찬자의 『법계

---

33 『지반문』, 『한의총』 1, pp.589下~590上.

34 『要集文』, 『한의총』 4, pp.307~310.

35 『작법절차』, 『한의총』 1, p.453; 『영산대회작법절차』, 『한의총』 2, p.133; 『공양문-영산대회작법절차』, 선산 도리사 간, 1759. 위 의문들에는 석제 동송 등의 지문도 보이지 않고 거불 후 곧바로 '청불기두'라는 유치로 들어가고 있다.

성범수륙승회수재의궤』(X. 74)에도 상위를 청하는 유치 앞에 보소청진
언은 없다. 한국불교 수륙재의 상위소청에 해당하는 의식을 이 의궤에
서는 '행상당소청법사行上堂召請法事'라고 하고 있다. 차례를 보면, '지
심귀명례～상주삼보'로 예를 올리고 연향진언燃香眞言을 염송하고,
법사는 '향운이 시방의 불찰에 편재하여 일체 성현이 다 호념을 일으키
신다'고 마음으로 생각을 한다고 되어 있다. 쇄정진언灑淨眞言을 염송하
고, 표백表白은 깨끗한 길 위에 꽃을 뿌리고, 또 사방 상하의 깨끗한
도로에 뿌린다. 그리고 법사는 '그 물이 이르는 곳은 다 결계가 되고
넓은 곳이 깨끗하게 장엄된다'고 관상한다. 또 '깨끗한 도로는 광명과
구름과 같고, 누각이 천만 개가 그 위에 거듭되어 있다'고 생각한다.
표백은 요령을 울려 소청게송을 읽는다.[36]

稽首十方無上覺 圓詮敎行理三經 大心菩薩大乘僧 緣覺聲聞三寶衆
시방의 무상각과
원만한 가르침 펼쳐지고 실천과 이법을 가르친 삼부경전과
대심보살 대승승가,
연각 성문 등 삼보님들과
傳敎四依稱列祖 天仙八部衆神王 我今普度建壇場 願展慈光垂密證[37]
가르침 전하시어 사부중의 의지가 되시는 나열하신 조사님과

---

36 志磐 撰, 『法界聖凡水陸勝會修齋儀軌』, X. 74, pp.789b~789c.

37 志磐 撰, 『法界聖凡水陸勝會修齋儀軌』, X. 74, p.789c. 위 소청게송의 동사 '稽首'의
   목적어를 6구 신왕께까지로 이해하고 번역하였다. 일반 참법에서는 천선신은
   소청은 하지만 예경은 하지 않는데, 그의 입장이라면 '稽首'의 목적어는 4구
   삼보중에서 마감되어야 한다.

천신과 선신과 팔부중과 신왕들께 머리 숙여 절합니다.
제가 이제 널리 제도하는 단장 도량 세우오니
자비광명 펴시고 비밀 가지 베푸시어 증명하소서.

소청게송을 아뢰고, 소청하는 문장을 펼치고 있다. 이 소청게송은
한국불교 수륙재의 진령게송과 다르지 않다. 소청문은 '복이伏以'로
시작해 '원수강림願垂降臨'으로 끝맺고 있다. '일심봉청一心奉請' 하며
1석에서 청정법신 비로자나불, 원만보신 노사나불, 천백억화신 석가모
니불 등 13위의 불보佛寶를 청하여, 오로지 본래 서원 떠나지 마시고
유정들을 불쌍히 여겨 이날 지금 시간에 법회에 강림하여 주시기를
청원하고 있다. 그리고 나면 대중은 화음으로 "향화청"을 하고 바라를
울린다. 이같이 소청을 하고 법사는 '시방의 부처님들이 보좌를 타고
도모하지 않아도 변방과 허공이 잘 보여 알아서 스스로 오며, 저 모든
부처님들이 비록 항상 응하니 실로 나의 마음에 감응하시고, 실로
감응하신다'고 생각한다.

이렇게 상당법사는 10좌에 이르도록 행해지고 있다. 동일찬자의
의문이지만 한국불교와 중국불교에서 행해진 의례에 적지 않은 차이가
있다고 할 수 있다.[38]

한국불교의 영산재와 같은 공양문에는 삼보청을 위한 유치 앞에
보소청진언이 존재하지 않고, 중국의 수륙재문에도 유치 앞에 보소청
진언이 존재하지 않는다. 영산재라는 이름이 없을 뿐 영산재 의문과

---

[38] 志磐 撰, 『法界聖凡水陸勝會修齋儀軌』(X. 74)의 현행본이라 보이는 『水陸儀軌會
本』(臺灣: 宏願出版社, 中華民國 94) 역시 주석만 더해졌을 뿐 같다.

동일하다고 할 수 있는 『작법절차』(1496)나 수륙재 의문과 유사한 동편의 『삼단시식문』(1496)에는 보소청진언이 등장하지 않지만 『청문』(1529)의 '제반문' 등의 제불통청 앞에는 보소청진언이 상단의 진령게송에 이어 등장하고 있으며, 『권공제반문』(1574)의 삭발문에도 상단의 유치 앞에 상단을 청하는 진령게송과 보소청진언이 나타나고 있다. 또 『운수단가사』(1627)의 소청상위 편에도 상단의 진령게송과 보소청진언이 등장한다. 『제반문』이나 『운수단가사』 등은 수륙재문이나 공양문과 달리 한국에서 편집된 인상이 강한 의문인데, 이 같은 본에서만 보소청진언이 발견되고 있다. 이런 점으로 미뤄 볼 때 적어도 보소청진언 이전의 선행 진령게송이 적어도 『작법귀감』(1826) 이전에는 한국불교의 공양의례에 존재했다고 추측되며 이것은 수륙재 상위소청의 형태에서 영향을 받았을 것으로 보인다.

② 유치의 추이

제불통청의 유치由致와 현재의 유치 자체에는 큰 추이가 일어나지 않았다. 『청문』(1529) '제불통청'의 〔모불보살某佛菩薩〕 대성자大聖者' 구문이 『작법귀감』(1826) 이래 『한글』②에 '삼보대성자三寶大聖者'로 고정된 것을 제외하고는 공양제자와 공양도량에 관한 언급 정도라고 할 수 있다.

   예1은 『금산사 제반문』(1694), 예2는 『작법귀감』(1826), 예3은 『한글』②(2006)인데 세 예문을 먼저 비교한 후 '예3으로의 추이'를 살펴보기로 한다.

216

예1 是以 三寶弟子〔某處某人〕伏爲〔某事〕以今月是日 就於〔某
寺〕虔設淨饌 供養〔某佛菩薩〕仰祈□妙援者/ 右伏以爇名香
而禮請 呈玉粒以修齋 財體雖微 虔誠可愍 冀廻慈鑑 降赴香筵
謹秉一心 先陳三請[39]

예2 是以〔或云今有此日者非也〕三寶弟子 娑婆世界 此四天下〔此
句切勿漏失〕南瞻部洲 海東朝鮮國〔云云〕水月道場 空華佛事
齊者〔云云 若他處人 則某處居某人云云 或云謹於玆山 或云謹
於玆山 或云就於某處云云 皆不可也〕以今月今日〔的言某日〕
〔雖可 且通言今日 豈不無亂哉〕虔設淨飡 供養帝網重重無盡
三寶慈尊 勳薰作法 仰祈妙援者 右伏以爇名香而禮請 呈玉粒
以修齋 齋體雖微 虔誠可愍 冀廻慈鑑 降赴香筵 謹秉一心 先陳
三請[40]

예3 是以 娑婆世界 此四天下 南瞻部洲 東洋 大韓民國 某處 某山
某寺 水月道場 今此 至極之精誠 獻供發願齋者 某處 居住
淸信士 某生 某人 保體 淸信女 某生 某人 保體 以此因緣功德
一切厄難 永爲消滅 四大强建 六根淸淨 心中所求所願 如意圓
滿 亨通之大願 以今月今日 虔設法筵 淨饌供養 帝網重重 無盡
三寶慈尊 薰艱作法 仰祈妙援者 右伏以 爇茗香以禮請 呈玉粒
而修齋 齋體雖微 虔誠可愍 冀回慈鑑 曲照微誠 謹秉一心 先陳

39 『금산사 제반문』, 『한의총』 2, p.517上.
40 『작법귀감』, 『한불전』 10, p.554下. 영인본 『작법귀감』(『한의총』 3, p.377)에는
'仰祈妙援者'가 『금산사 제반문』(『한의총』 2, p.517上)에서와 같이 '仰祈□妙援者
/로 띄어쓰기와 行을 바꾸고 있다. 이는 이전 고본들의 공통된 특징이다. 영인본의
원형이 활자본에서는 행해지지 않고 있다.

三請[41]

제시한 세 예문의 가장 큰 차이는 공양하는 제자와 공양/도량이 베풀어지는 장소가 바뀐 점이라고 할 수 있다. 예1·2에는 '삼보제자三寶弟子'로 나타나지만 예3에는 '헌공발원재자獻供發願齋者'로 등장하면서 공양을 배설한 장소 이후에 등장한다.

예1의 본문을 잠시 보자. 선행 찬탄구절은 현행과 일치한다. 그러므로 '삼보제자 모처 모인이 삼가 엎드려 어떤 일을 위해'라고 하여 유치의 의미를 명료하게 보여주고 있다. 이어 '금월 이날 모사에 나아가 정찬을 경건히 마련하고 모모 불보살께 공양하며'라고 하여 더 이상 오해를 불러일으킬 만한 소지가 없다. 『석왕사 권공제반문』의 시왕청의 유치도 이 구조와 동일하다. '모처 거주 모인이 이 엎드려 모영가의 왕생극락 제7일재를 위해 모사에 나아가 이 금월 모일~'로 진술하고 있다.[42] 하지만 예2의 경우는 변화가 일어나고 있다. 서두는 앞의 『제반문』과 다르지 않다. 예1의 '시이是以 삼보제자三寶弟子〔모처某處 모인某人〕복위伏爲〔모사某事〕 이금월시일以今月是日 취어就於〔모사某寺〕' 부분이 확장되고 있다.

예4 是以 娑婆世界 (云云) 以今月今日 虔設法筵 淨飡供養 帝網重
　　重 無盡三寶慈尊 薰懃作法 仰祈妙援者 右伏以 爇茗香以禮請
　　呈玉粒而修齋 齋體雖微 虔誠可愍~[43]

---

41 『한글』②, pp.103~104.

42 『석왕사 勸供諸般文』, 『한의총』1, p.653下.

218

예4는『석문』의 유치인데 '삼보제자三寶弟子', '수월도량 공화불사'니
하는 구절이 드러나지 않고 모두 '운운'으로 처리되었다. 누구나 알아서
잘 할 수 있다는 것이 전제되었을 것이다.『제반문』에서는 '이금월시일
以今月是日' 다음에 불사를 일으킨 사찰을 적시하였지만『작법귀감』에
서 '수월도량 공화불사'로 인식한 이래 제자의 거주와 칭명에서 도량을
거명하게 되었으므로『석문』에서는 더 이상 고민할 필요가 없다고
생각한 듯하다. 그렇다면『석문』을 신편증주하고 있는『신석문』을
보자.

예5　是以 娑婆世界 此四天下 大韓民國 某道 某郡 某面 某里 某山
　　　某寺 水月道場 願我今此 至極至精誠 供養發願齊者 某郡 某面
　　　某里 某番地 居住 某某等 保體 以今月今日 虔設法筵[44]

예5는『석문』의 '사바세계 〔운운〕'을 구체적으로 적시하고 있는데
이 자리를, 재를 봉행하는 사찰을 지칭하고 '수월도량'이라는 수식을
후치 부가하고 있다. 또 공양 발원하는 재자 모모 등을 위해 '내가
원한다〔願我〕' 하여 축원의 형태로 변형시켜 놓고 있다. 결국 이 구절은
모사 수월도량에서 '내가 지금 지극정성으로 공양하는 발원재자 모모
거주 모모 보체를[45] 바란다'는 기묘한 문장이 되고 말았다. 축원의

43『석문』하권, p.2.
44『신석문』, p.250.
45 '무엇 무엇을 바란다'에서 무엇 무엇이 빠져 있다. 이 '원아금차' 구는 축원의
　 관용구이므로 보체의 사대강건 육근청정 따위의 소원이 적시돼야 한다.

재자만 거명했을 뿐 축원의 구체성을 드러내지 못하고 있다. 그렇다고 유치문은 더욱 못된다. '위모사爲某事', 곧 '무엇을 위해서'가 없다. 다음 구절로 연결된다고 해도 의미는 살아나지 않는다. 그렇다면 이 의범보다 조금 빨리 보급된『불교의범』(1976)은 어떤지 비교해 보자.

> 예6 是以 娑婆世界 南瞻部洲 海東 大韓民國 某道 某郡 某面 某洞
> 寺院 淸淨地道場 今此至極至誠 獻供發願齋者 某住所
> 乾名 某生 某人 保體/坤名 某生 某人 保體/長男 某生 某人
> 保體
> 以此因緣功德 一切苦難 永爲消滅 四大强健 六根淸淨 心中所
> 求所願 如意圓滿 亨通之大願
> 以今月今日 虔設法筵 淨湌供養 帝網重重 無盡三寶慈尊 勳懃
> 作法 仰祈妙援者 右伏以 爇茗香 以禮請 呈玉粒而修齋 齋體雖
> 微 虔誠可愍 冀廻慈鑑 曲照微誠/ 謹秉一心 先陳三請[46]

예6은 '원아願我' 하는 원망동사구는 보이지 않지만『신석문』보다 축원의 전형으로 구성되었다. '금차今此~형통지대원亨通之大願'의 축원 구조에서 눈여겨볼 것은 어조사 '지之'의 용법정도라고 생각한다. '일체고난一切苦難 영위소멸永爲消滅 사대강건四大强健 육근청정六根淸淨 심중소구소원心中所求所願 여의원만如意圓滿 형통亨通'하기를 크게 바란다는 원문이 되는데, '대원일체고난大願一切苦難 영위소멸永爲消滅

---

46 李奉洙 編,『佛敎儀範』, 寶蓮閣, 1977, p.117. '願我' 하는 원망동사구는 보이지 않는다.

220

사대강건四大强健 육근청정六根淸淨 심중소구소원心中所求所願 여의원
만如意圓滿 형통형통亨通'에서 '원원願'의 빈어〔목적어〕를 도치시키는 역할을
하고 있다는 것이다. 그리하여 이 문장은 축원문으로 성립할 수 있다.
축원문에서 '일고축, 재고축, 삼고축, 연후원'의 발어사와 같이 나타나
는 전체 문장의 서술동사로 기원을 나타내고 있는 것이다.

　『불교의범』은 '보련각'이라는 불교경전 전문출판사에서 그 대표가
의식에 익숙하지 못한 초심자를 위하여 백파 스님의 『작법귀감』을
위시하여 『제반집』 및 일상불교 등 여러 의식서적을 참고로 여러 의식책
의 장점만을 살려서 생략을 줄이고 차례대로 읽으면 손색없이 의식이
진행되도록 만들었다고 막장의 특징에서 밝히고 있다.[47] 『불교의범』이
나 『신석문』은 대한불교조계종의 『통일』이 출현하기 이전까지 한국불
교 의례의 전형적인 의문이었다고 해도 크게 어긋나지 않을 것이다.

예7　是以 娑婆世界 此四天下 南贍部洲 東洋 大韓民國 某道 某郡
　　　某山 某寺 淸淨之道場 某處 居住 某人 保體 以此因緣功德
　　　○○○之願/ 以今月今日 虔設法筵 淨飡供養 帝網重重 無盡三
　　　寶慈尊 勳懃作法 仰祈妙援者 右伏以 爇茗香以禮請 呈玉粒而修
　　　齋 齋體雖微 虔誠可愍 冀廻慈鑑 曲照微誠 謹秉一心 先陳懇請[48]

　『불교의범』의 '이차인연공덕' 구절은 그대로 가져왔지만 '○○○지
원之願'이라 하여, 이뤄지기를 원하는 목적어를 적시하지 않고 있다.

47 李奉洙 編, 『佛敎儀範』(寶蓮閣, 1977), 판권 상단.
48 『통일』(2003), p. 85; pp.126-127.

『청문』(1529)의 '삼보제자三寶弟子〔모처某處 모인某人〕복위伏爲〔모사某事〕 이금월시일以今月是日 취어就於〔모사某寺〕'와 같이 육하원칙이 명료하지는 않지만 진일보했다. 적지 않은 성과라고 할 수 있다. 하지만 예3(『한글』②)은 예6으로 제시된 『불교의범』의 건명·곤명을 청신사·청신녀로 바꿔 놓고 있을 뿐 '소축원'을 실현하고 있다. 이 같은 여러 가지 요소들이 『한글』①·②에 대한 개정 작업으로 이어지고 있다고 할 수 있다.

2) 봉청의식에 대한 인식

전항에서 공양, 거불, 통청과 도청, 그리고 유치청사의 추이를 살폈다. 봉청의식의 추이가 나타나는 것은 그것에 대한 수용자의 인식이 변했다는 것을 의미한다. 그렇지 않고는 전통과 엄숙함이 지배하는 종교의례에서 쉽게 그 모습이 변화되기 어렵다고 볼 수 있기 때문이다.

봉청에 관한 현대 한국불교 수용자들의 인식을 확인하기 위해서는 의문의 이해를 확인해야 한다. 그러기 위해서는 의례 해석이나 해설서 등에 나타나고 있는 의례 이해와 의례 현장에서 의례를 봉행하는 이들의 인식을 확인해야 할 것이다. 이 두 관점을 염두에 두고 봉청의식에 관한 수용자들의 인식을 고찰해 보기로 한다.

① 거불의 의미

거불擧佛은 칭명가지라는 논점을 피력했다. 그렇다면 거불을 현대 한국불교 수용자들은 어떻게 수용하고 있는가를 보자.

지혜복덕 구족하신 부처님께 귀의하오니
자비하신 불보시여 이 법회에 광림하소서.
해탈성불 이끄시는 가르침에 귀의하오니
자비하신 법보시여 이 법회에 광림하소서.
청정하고 존귀하신 스님들께 귀의하오니
자비하신 승보시여 이 법회에 광림하소서.[49]

필자의 견해와는 전혀 다르다. 『한글』②는 위 번역문의 원문으로
거불 "나무불타부중광림법회, 나무달마부중광림법회, 나무승가부중
광림법회"를 제시하고 있지만 『한글』②의 역문을 다시 한문으로 번역
하면 제시한 원문으로 환원되기 어렵다. 한문으로 재번역하거나, 아니
면 제시한 역문의 원전은 "귀의불양족존歸依佛兩足尊, 귀의법이욕존歸
依法離欲尊, 귀의승중중존歸依僧衆中尊"이라는 수계하는 귀의삼보 의문
으로 환원될 수 있을 것이다.

『한글』②의 역문은 거불을 귀의삼보로 이해하며 동시에 예경삼보로
활용하고 있다. 『한글』②의 거불에 대한 이해는 '귀의'와 '예경의 삼보',
그리고 향후 전개될 '권청勸請하는 봉청삼보'와의 차이를 극복해야
할 필요성이 있다. 그렇다면 여타의 의문에서는 어떻게 이해하고 있는
지를 보자.

"거룩한 부처님께 귀명하오니 이 법회에 광림光臨하소서"[50]라고 『한
글』②에서처럼 청하는 말[청사]로 이해한다. 청사로 이해하고 있는

49 『한글』②, p.101.
50 『통일법요집』(대한불교진흥원, 1988[1993]), p.49.

단초를 제공하고 있는 『일용의식수문기』의 거불에 대한 설명은 의미가 있다. 거불은 불의 위목位目을 거양擧揚한다는 뜻이니, 즉 불공佛供의 대상을 청해 모시는 의식이라고 하면서 거불에 대해 자세하게 해설하고 있다.

나무南無는 귀의歸依의 뜻을 담은 범언梵言의 음역音譯이란 것은 주지周知의 사실이거니와 불타부중佛陀部衆에 관하여 내 생각에는 여러 부류의 부처님이란 뜻이고, 달마達磨·승가僧伽 역시 한두 분이 아니라 부중이라고 본다. 원래 불공佛供을 비롯한 모든 의식은 밀교密教를 토대로 현교顯教의 각파 사상이 혼재되어 있는 것이 현실이다. 그래서 이 거불擧佛 역시 그런 차원에서 본다면 우선 현교와 밀교로 나누어 보아야 할 것이다. 현교에는 법法·보報·화化 삼신三身을 불보佛寶로 여기는 일반종파一般宗派와 아미타불阿彌陀佛·미륵존불彌勒尊佛 등을 주불主佛로 모시는 정토신앙淨土信仰이 있고, 밀교 중 금강계金剛界 만다라曼茶羅에서는 대일여래大日如來를 주불로 하는 불부佛部와 아촉여래阿閦如來를 주불로 하는 금강부金剛部와 보생여래寶生如來를 주불로 하는 보성부寶性部와 관자재여래(觀自在如來, 無量壽如來)를 주불로 하는 연화부蓮華部와 불공성취여래不空成就如來를 주불로 하는 갈마부羯磨部 등 오부五部로 보는 데 반해 태장계胎藏界에서는 불부, 연화부, 금강부 등 삼부三部로 본다고 한다.[51]

---

51 『일용의식수문기』, p.42.

그리고 불타부중을 도시하고 있다. 그리고 끝없는 불세계의 부처님들께서 광림법회光臨法會, 즉 이 법회에 빛으로서 강림降臨해 주소서[52] 하는 뜻이라고 본다고 하고 있다. 전반적으로 청하는 의식으로 이해하고 있다. 그렇지만 거불을 한국불교 의례의 수용자들이 청사로만 이해하고 있지는 않고, "불타님들 오시는 법의 모임에 목숨 다해 지심으로 귀의합니다"[53]라고 하여 순수한 귀의로 이해하고 있기도 하다.

'거불 예문이 써지기 시작한 것이 정확히 언제부터인지는 모르겠고, 단 위에서 말한 각종 의식문에도 같은 거불은 보이지 않는다'[54]라고 하는 『일용의식수문기』의 지적처럼 삼보통청 거불은 청사와 같은 역할을 수행하고 있다고 인식하고 있는 것이다. 하지만 전항의 세항 '3) 거불의 역할'에서 다루었듯이 거불은 '청해놓은 불타부중'이라는 의미이므로 청사를 진행하는 법회에는 적합하다고 할 수 없다.

② 보소청진언普召請眞言에 대한 인식

진언의 제목처럼 '널리 불러 청하는 진언'이라거나 '두루 부처님과 보살을 권청하는 진언'[55]이라고만 이해하고 인식해도 좋을지에 대해서 살펴보자. 먼저 『시제아귀음급수법』 초두에 보집진언普集眞言 "나무보보리 가리다리 다타아다야"라고 소개했는데, 아귀를 소청하는 진언으로 삼보를 소청召請했을까 하는 의문이 든다.

---

52 『일용의식수문기』, p.43.

53 학담 역, 『연화의식집』, p.54.

54 『일용의식수문기』, p.43.

55 학담 역, 『연화의식집』, p.55; 『통일법요집』(1988〔1993〕), p.49.

따라서 개인후진언 "옴 보보제리 가리다리 다타아다야"가 현행하는 소청진언召請眞言과 비슷함이 흥미롭다고 하면서, 이 진언의 출처는 모르겠으나 서산西山의 『설선의說禪儀』(1634)에는 이미 사용하고 있으니 어디엔가 그 근원根源은 있을 것이다. 여담이지만 고노古老들에게 들은 바에 의하면 석가말법釋迦末法에는 "나무 보보제리…"라 하고 미륵彌勒님 하생후下生後에는 "옴 보보제리……"라 한다고 했는데 그것이 어디서 나온 말씀인지는 기억치 못한다[56]라고 하는 의견은 이 진언에 대한 한국불교 수용자들의 인식에 대해 고찰할 수 있는 계기를 제공해 준다.

첫째는 왜 이 진언을 아귀를 청하는 진언에서 삼보를 청하는 진언으로 이해하게 되었는가. 둘째는 과연 진언의 서두어 '나모/무'와 '옴'에 대한 특이한 인식을 어떻게 설명할 수 있는가 등에 대해 살펴보기로 한다.

첫째, 앞의 수륙재 소청상위의 예에서 보았듯이 삼보를 여래, 보살, 성현으로 청할 때 활용된 진언이 각기 달랐다. 그런데 여기서는 보소청진언이 쓰이고 있다. 'Ⅲ장 시식의례'에서도 고찰하였지만 개인후진언과 보소청진언은 유사하다. 개인후진언은 '보보디리步步底哩'이고 보소청진언은 '보보디리部部帝唎'로,[57] 구개음화가 이뤄진 한국어 발음상 두 진언의 현 음가는 차이가 없다. 이로 인해 『석문』에서도 개인후진언을 보소청진언으로 오기하고 있음을 밝혔듯이 진언의 문제로 해명하기보다는 이 진언의 위치에서 의문을 해소해 보아야 한다. 앞에서 소청게

---

56 『일용의식수문기』, p.44.
57 『禪門日誦』, pp.75~76.

226

송에 대해 언급하면서 진령게송이 축약되었을 것이라고 보았다. 이는 진령게송의 문제에만 국한되는 것은 아니다. 수륙재의에서 보소청진 언이 등장하는 유형은 여러 경우가 있다. 상위를 소청하기 이전 의식으 로 예적원만성자 등중을 청해 결계를 청하고, 사직사자를 불러 계첩을 전하는 의식을 행한다. 이어 오방오제를 청해 '상위의 성현을 청하기 위해' 오로의 길을 열어달라고 청하는 데 문제의 보소청진언이 사용되 고 있다.[58] 사직사자四直使者를 청하는 진언은 '옴 보보리가다리리다가 야 사바하(唵 步布哩伽陀哩里多伽野 娑婆訶)'이고, 오방오제를 청하는 진언은 '나무 보보디리가리다리 다타아다야(南無步布帝哩伽哩多哩怛 他誐多野)'이다.

가령 영산재 의식의 축약이 상주권공이라는 사고를 원용한다면[59] 삼보통청 또한 영산재 또는 상주권공, 혹은 수륙재 상단권공의 축약이 라고 추론하는 것은 무리가 아닐 것이다. 그렇다면 삼보통청에 보이는 보소청진언을 삼보를 청하는 진언이라고 속단하기보다 선행의례가 축약되는 과정의 잔영이라고도 이해할 수 있다.[60] 삼보통청의 보소청진 언이 『제반문』이나 『운수단가사』와 같은 한국불교에서 회편會編된 의례에 남아 있는 것으로 볼 때 이 같은 추론이 무의미한 것만은 아닐 것이다.

둘째, 서두어 '나무'와 '옴'에 대한 한국불교의 인식이다. 정구업진언

58 『志磐文』, 『한의총』 1, pp.575~585.
59 沈祥鉉, 『佛敎儀式各論』 V, p.258.
60 만일 삼보를 청하는 진언이라면 『수륙재의궤회본』(p.109)에서처럼 현교의 일심봉 청의 통청이 끝난 후 봉청(소청)진언이 시설되어야 할 것으로 생각한다.

'수리 수리' 앞에는 다른 진언에 있는 '나무' 또는 '옴'이 부재하는 이유에 대해 "이 진언에 '옴'자가 없는 것은 미륵강생을 기다린 후에 '옴'자를 안치한다고 말하며 어떤 최상경 중에 나온다"[61]라고 하는 인식과도 그 맥을 같이한다. 이 같은 인식은 한국불교의 구원불로서 미륵불 출현을 갈망하는 내세사상이라고 할 수 있는 것이다.

이 보소청진언이, 상위의 삼보님이 오실 수 있는 길을 깨끗하게 열어주는 역할을 하는 오방오제를 청하는 진언이든, 삼보를 청하는 진언이든 간에 고난의 세상을 구해줄 이를 갈망하며 부르는 진언임에는 틀림없다. 하지만 영산재에서는 볼 수 없는 이 보소청진언은 한국불교의 공양의례에서, 여타 권공의식의 유치 앞에서, 당해 청사에서 모실 불보살이나 성중을 청하는 진언으로 인식된 채 거부감 없이 활용되고 있다.

③능행자와 소행처

능행자能行者란 법회를 열게 된 연유를 제공한 이, 곧 공양을 올리는 이를 지칭하고, 소행처所行處란 법회가 열리고 있는 곳을 지칭한다. 이 세항을 설정하게 된 연유를 설명하기 위해 '유치의 추이'의 예1(『금산사 제반문』), 2(『작법귀감』), 3(『한글』②)을 다시 인용한다.

예1 '三寶弟子〔某處某人〕伏爲〔某事〕以今月是日 就於〔某寺〕'
예2 '是以 三寶弟子 娑婆世界 此四天下 南贍部洲 海東朝鮮國〔云

---

61 井幸 編, 『日用作法』, 해인사, 1869, 『한의총』 3, p.526下.

云〕水月道場 空華佛事 齊者 以今月今日'

예3 '是以 娑婆世界 ~ 某處 某山 某寺 水月道場 今此 至極之精誠

獻供發願齋者 某處 居住 ~ 某人 保體 以此因緣功德 一切厄難

~ 心中所求所願 如意圓滿 亨通之大願 以今月今日'

예1은 '삼보제자 모인이 엎드려 무엇을 위해 금월 금일에 모사에 나아가'라고 하고 있고, 예2의 경우 삼보제자는 수월도량 공화불사 재자라고 규정되었다. 그러므로 삼보제자와 재자 사이에서 제자의 거처를 밝히고 그 제자가 행하는 불사를 '수월도량 공화불사'라고 밝히고 있다고 읽혀진다. 하지만 현재 예3의 모사는 수월도량이다. 위세 예는 유치에서 제자(재자)를 먼저 밝히고 그 다음에 그 제자가 수월도량 공화불사를 위해 어느 사찰에 나아갔음을 밝히고 있는 점이 다르다. 다시 말해 예1과 예2의 '도량'은 법회를 지칭한다고 할 수 있지만 예3은 사찰을 지칭하고 있다고 이해할 수 있다.

현재는 유치에서 모모에 있는 사찰을 밝히고 그 다음에 발원재자를 밝히는 구조를 지니고 있지만 위에서 제시했던 유치들은 그렇지 않다. 예1의 경우는 너무나 분명하여 오해의 여지가 없지만, 예2는 '수월도량 공화불사'로 인해 그 이후에 수월도량을 '청정도량' 등으로 등치하면서 수월도량에 대한 새로운 인식을 이끌게 된다. 그렇다면 도량은 사찰인가, 법단인가에 대해 논해 보자.[62]

불교에서는 많은 종류의 의식과 행사를 봉행한다. 의식과 행사의

---

62 졸저, 『천수경, 의궤로 읽다』(정우서적, 2011), pp.181~184.

성격과 방법, 그리고 그 내용에 따라 법회法會, 도량道場, 재齋, 법석法席, 의례儀禮, 참법懺法 등 다양하게 불리고, 법회 등도 그 성격에 따라 화엄華嚴법회, 강경講經법회 등 많은 종류로 분류되고 있다.[63]

불교가 국교로 신앙되던 고려 때 나라와 왕실에 의해 개설된 법회와 도량은 83종 1,038회나 되었고, 그 명칭은 법회·도량·설재·법석·대회 등으로 모두가 그 특유의 소의경과 사상으로부터 나왔으며,[64] 제종의 통합이 이루어지는 조선시대에 와서도 선왕선후先王先后의 칠칠재와 기신재가 수륙재로 봉행되었고, 이변을 없애는 소재도량과 비 오기를 비는 기우재祈雨齋, 비 멎기를 비는 기청재祈晴齋 등이 빈번히 개설되었다.[65] 이렇듯이 불교의 동일 개념의 법회와 도량 명칭이 근자에 이르러서는 사찰을 칭하는 명칭으로 둔갑되었다고 보인다. 그 원인은 여럿 있겠지만 '불공' 또는 '불사'라는 명칭에 대한 변천과 유사한 인식 때문이라고 할 수 있다. 부처님께 공양을 올리기 위해 설단을 하고, 그 연유를 밝히는 '유치'를 아뢰는데, 유치 해석 과정에서 불사도량을 사찰로 확대 해석하게 되지 않았을까 하는 생각이다.

현재 상단불공의 유치와 같은 문장이나 '수월도량 공화불사'라는 용어는 16세기 이후에 주로 보이는데, 현행 유치와 유사한 『작법귀감』의 유치는 예2에서 살폈으니, 『예수시왕생칠재의찬요』(1576)의 '통서인유' 후반부를 보면서 논의해 보자.

---

63 서윤길, 『한국밀교사상사』(운주사, 2006), pp.850~851.

64 서윤길, 위의 책. p.548.

65 서윤길, 위의 책, pp.822~830.

230

是夜 卽有大檀信 朝鮮國〔某道某州某里〕居住 齋者〔某人伏爲〕
現增福壽 當生淨刹之願 式遵科儀 預修十王生七之齋 以今月〔某日〕
就於〔某寺〕以大信心 發菩提願 捨世間之珎財 建冥王之勝會 食陳
百味 法演三乘 伏願大聖大慈三身 大覺大權大化 諸位冥君 俯賜加
持 悉令圓滿[66]

『작법귀감』의 유치를 보면, '삼보제자 어디 사는 수월도량 공화불사
재자'가 '금월 모일에 정찬을 마련하여, 제망중중의 삼보자존께 공양하
며'라고 이어진다. 그런데 찬자는 '이금월모일' 다음에 '모일'을 하지
않고 '금일'이라고 하면 잘못이라고 하면서 또 그 앞의 '모처 운운'을
잘못이라고 거론하고 있다. 하지만 이 의문을 보면, '어디 사는 재자
누구는 왕생정토의 원을 위해 의범을 따라 시왕생칠칠재를 미리 닦고자
〔伏爲〕 금월 모일에 모사로 나아가 큰 신심으로 보리원을 발하고 세간의
귀중한 재산을 희사해 명왕의 승회를 건립하고~'라고 하고 있다.
　또 『작법귀감』은 '모처 거주'와 '모처로 나아가'를 혼동하고 있음을
지적하고 있지만 『예수시왕생칠재의찬요』처럼 '어디로 나아가'라는
문장이 보이지 않는다. 지금이야 용왕재나 수륙재 등도 사찰에서 봉행
되고 하므로 모처로 나아가라는 표현이 등장할 필요가 적겠지만 예전의
의식은 '어디 어디에서'라는 설처設處가 반드시 따라온다. 예를 들면
경복궁 근정전에서 '화엄삼매참법석'이 열렸다면, 의당 설판 재자와
설판 이유, 설판 장소, 법회 명칭 등이 유치에 적시되었을 것이다.[67]

66 大愚 集述, 『預修十王生七齋儀纂要』, 『한불전』 11, p.427.
67 서윤길, 『한국밀교사상사』, p.831.

『작법귀감』의 유치에는 '수월도량 공화불사'라는 법회 명칭이 보이는
데, 정찬淨饌을 마련한 곳은 별도로 명시되지 않았다. 후일 재자의
주소를 부르는 곳에, 법회 명칭 '수월도량 공화불사'에서 '공화불사'는
빠지고 남은 '수월도량' 앞에 사찰 주소를 운운하게 되었다고 할 수
있다.

『작법귀감』의 '불가하다'는 여러 지적은 당시의 유치 문장이 꽤나
혼란했음을 반증하는 것이라고 보이는데, 재자의 주소와 법회(도량)
'말해야 할 자리(운운)'에 사찰 명칭을 거명하게 되면서 일어난 혼선이라
고 할 수 있을 것이다

『수월도량공화불사여환빈주몽중문답』[68]의 '서序'에 '원관의궤圓觀儀
軌'라고 하여 '수월도량공화불사'라는 공양도량의 원만한 작관을 하는
법을 말하고 있는데, 이것이 이를 증명한다고 하겠다. '도량'은 법회의
이칭이다. 공양단[法壇]을 도량이라고 한다. 이 도량을 엄정하고 작관
하여 일체 제불뿐만 아니라 일체 아귀에게도 공양하고 '아어타일건도량
(我於他日建道場: 내가 다른 날 도량 세우면)' 하여 또 공양할 수 있게
되는 것이다.

결국 수월도량 공화불사를 하려는 삼보제자, 곧 능행자能行者와
법연을 마련하려고 나아가는 사찰, 곧 소행처所行處의 도량이라는
이름에 대한 인식 전환으로 말미암아 법회 명칭이 사찰 명칭으로 교체되
었다고 할 수 있다.

누가, 무엇을 위해, 언제, 어디에서, 어떻게 하였다는 단순한 문법이

---

68 普雨, 『水月道場空花佛事如幻賓主夢中問答』, 『한불전』 7, pp.594中~599上.

도량, 불사 등의 개념 추이로 말미암아 인식의 변화를 가져왔다고 할 수 있는 것이다. 재齋나 법회 도량이 사찰이라는 개념으로 변하게 된 연유는 더 다양할 수 있겠지만 도량의 상설로 인한 인식의 변화도 적지 않은 영향을 미쳤다고 볼 수 있다. 가령 천일기도도량, 관음기도도량 등의 도량(법회나 기도) 표시가 도량(거행되는 所行地)으로 인식되게 되었다고 할 수 있다. 이 같은 인식의 전환 이면에는 '기도와 수행의 불리不離'라는 한국불교의 독특한 수행관이 담겨 있다고 할 수 있을 것이다.

3. 헌좌의식

'자리를 바치는 의식'인 헌좌獻座는 본서의 분과로는 가영과 헌좌게주에 불과하다. 〈표IV-1〉에는 '노래로 찬탄하는 가영'까지가 '청영請迎'으로 분과돼 있지만 본서의 분과에서는 헌좌로 독립되었다. 가영은 청영적 요소가 강하지만 가영 4구를 아뢰며 '고아일심귀명정례'로 귀명의 예를 올리고 있다. 이 점은 가영이 예경의식에 해당된다고 보이므로 청영이 아닌, 헌좌의 과목으로 분류함이 적절하다는 판단에서이다. 또 '헌좌'를 과목으로 설정하기에는 분량이 적지만 하나의 과목으로 독립시킨 것은, 『청문』 등에서 한결같이 소청 이후의 의식에 대해 '헌좌獻座, 권공勸供, 풍경諷經, 표백表白'이라는 순차를 제시하고 있기 때문이다. 평범하게 보이는 헌좌에 하나의 절을 부여한 것은 그 의미가 적지 않고, 변화가 일어나고 있기 때문이다. 가영과 헌좌게송의 추이와 한국불교 수용자들의 인식을 살펴보기로 한다.

1) 헌좌게송의 추이

현행 공양의례의 의문에 나타나는 헌좌게송이 한국불교의 공양의례에 정착되기 시작한 것은 16세기라고 보인다. 먼저 현행 헌좌게송을 보자.

> 妙菩提座勝莊嚴 諸佛坐已成正覺 我今獻座亦如是 自他一時成佛道
> 수승하게 장엄된 훌륭한 보리좌에 모든 붓다 앉으셔서 정각을 이루셨네.
> 제가 이제 올린 자리 그 같사오니, 자타가 일시에 붓다를 이루네.

헌좌게송 가운데 변화가 일어나고 있는 부분은 4구 '자타일시성불도 自他一時成佛道'인데 '회작자타성불도廻作自他成佛道'나 '회작자타성불인廻作自他成佛因'의 두 가지 유형으로 나타나고 있다. 〈표IV-3〉은 헌좌게송 말구의 추이를 보여주고 있다.

〈표IV-3〉 제 의문의 헌좌게송 말구

自他一時成佛道	廻作自他成佛道	廻作自他成佛因
『운수단가사』(1627)	『권공제반문』(1574)	『법계성범수륙승회수의재의궤』(1573)
『범음산보집』(1709)[69]	『금산사 제반문』(1694)	『권공제반문』(1574)
『산보범음집』(1713)		『수륙무차평등재의촬요』(1573)
『해인사 제반문』(1719)		『천지명양수륙재의찬요』(1607)
『작법귀감』(1826)		『오종범음집』(1661)
『필사본 범음집』(1923)		『자기산보문』(1661)
『석문』(1935)		『금산사 제반문』(1694)

234

16~17세기 중에 '회작자타성불인廻作自他成佛因'이 '회작자타성불
도廻作自他成佛道'로 교체되기 시작하고 있다. 심지어『석왕사 권공제반
문』(1574)이나『금산사 제반문』(1694)에는 한 책에서 두 형태가 동시에
나타난다. 그러다가 17~18세기를 지나면서 '자타일시성불도'로 확정
되었다고 할 수 있다. 18세기 이후의 본에서 '회작자타성불도'나 '회작자
타성불인'이 등장하는 본은 찾기 어렵다.

현재의 헌좌게송 결구 '자타일시성불도'는 여타의 술어가 나타나지
않는 한 '자신과 남이 일시에 불도를 이루다'라는 평서문이다. 그런데
표에서 보듯이 이전의 '회작자타성불인'과 '회작자타성불도'는 주어가
나와 남만이 아니다. 구 밖에 따로 있을 수 있다. 3구의 '아금헌좌역여시
我今獻座亦如是'의 '아我'로 설정할 수 있고, 어떤 다른 존재를 주어라고
할 수도 있다. 그런데 '회작자타성불인'과 '회작자타성불도'의 의미상
차이가 존재한다. '자타의 성불 인因을 돌이켜 짓고', '자타의 불도를
이룸을 돌이켜 짓는다'고 하고 있는 것이다.

2) 헌좌에 대한 인식

헌좌게송에 대한 번역을 살펴보면서 고래로부터 헌좌에 대한 한국불교
수용자들의 인식을 살펴보고자 한다.

예1　훌륭하게 장엄된 미묘한 보리좌菩提座
　　　모든 부처님 여기 앉으사 정각을 이루시었습니다.

___
69 智還 編, 道林寺 刊『天地冥陽水陸齋儀梵音刪補集』(『한의총』 3)은 1739년 간행으
로 되어 있으나 石室明眼과 無用秀演의 서문 간기에는 1709년으로 되어 있다.

저희가 드리는 이 자리 또한 그와 같사오니

나와 남이 다 함께 성불하여지이다.

예2　묘하도다. 깨달음의 자리여, 뛰어난 장엄이여,

시방삼세 일체제불 자리하사 정각을 이루셨네.

제가 지금 권하옵는 이 자리도 그와 같아

저희 모두 한 날 한 시 불도를 이루게 되어지이다.

예3　묘한 보리 연화좌를 훌륭하게 장엄하니

제불보살 앉으시어 깨달음을 이루셨네.

제가 이제 올린 법좌 그도 또한 이 같으니

나와 남이 모두 함께 성불하게 하옵소서.[70]

　　예1과 2는 1구를 감탄구문으로 이해하고 있는 데 반해 예3은 장엄의
주체가 표면화되어 있지는 않지만 '나'가 주어라고 할 수 있다. 그러니까
예1, 2는 수승한 보리좌 자체를 찬탄하고 있다. 다시 말해 일체제불이
수승하게 장엄된 보리좌에 앉아 깨달음을 이루셨다는 것이므로 그곳에
'나'라는 주어가 개입될 여지가 없다. 그렇지만 예3의 문법처럼 '장엄하
니'라고 하면 장엄하는 주체는 분명하게 '나' 또는 '우리'로 상정된다.
세 예문은 전 2구를 과거로 해석하고 있는데, 예2는 제불을 '시방삼세'라
고 하는 '일체제불'의 수식이 구체화된다. 삼세와 구세라는 불교의
시간관상 그와 같이 말할 수도 있겠지만 삼세라는 표현을 사용할 때
발생하는 모순을 해소하지 않고 있다. 이 같은 문법은 흔히 발견된다.

---

70 예1 진홍원, 『통일법요집』, p.51; 예2 심상현, 『佛敎儀式各論』 V, p.205; 예3
　『한글』②, p.106.

예4　과거 현재 미래의 모든 부처님이 반야바라밀다를 의지하여
　　　최고의 올바른 깨달음을 얻었으니

예5　삼세의 모든 부처님께서도 반야바라밀다를 의지한 연고로
　　　아뇩다라삼먁삼보리를 얻으셨느니라.

예6　과거 현재 미래의 모든 부처님도 이 반야바라밀다를 의지하므
　　　로 아눗다라삼먁삼보리를 얻느니라.[71]

원문은 "삼세제불三世諸佛 의반야바라밀다고依般若波羅蜜多故 득아
뇩다라삼먁삼보디得阿耨多羅三藐三菩提"이다. '제불諸佛'을 삼세제불三
世諸佛로 구체화하는 것은 해석과 인식의 지평을 열어주는 것이라고
할 수 있다. 그렇지만 삼세라는 시간관념을 도입하였다면 한국어 문법
의 시제를 굳이 무시할 필요는 없다. 예6은 '얻느니라'라고 하여 기본형
에 근접하고 해석하고 있는데, 옳은 해석이 아닌가 한다.

　다시 헌좌게송으로 돌아가, 세 예문 모두 불도를 이룬 제불이 앉으셨
던 자리라는 것을 분명히 하고 있다. 제불을 굳이 과거와 현재, 미래에
불도를 이루었거나 이룰 분들이라고 부연할 필요가 없다면 '불'이라는
이름을 붙이는 순간 과거의 일이 되고 마는 것이다. 아무튼 '묘보리좌승
장엄'은 곧 '제불좌이성정각'의 수식을 받는다고 볼 수 있다. 중국어
내지 영어와 같은 후치 수식어순과 달리 한국어는 어순을 달리한다.
　이때 후치 수식어는 어순을 재구조화[72]하여 주어 또는 목적어에

71　예1 진홍원, 『통일법요집』, p.296; 예2 심상현, 『佛敎儀式各論』Ⅰ, pp.184~185;
　　예3 『한글』②, p.247.
72　졸고, 『금강경 '우리말화'의 언어학적 연구』(동국대학교 불교대학원, 석사학위논

선행수식으로 번역하면[73] 의미 전달이 확연해진다고 할 수 있다. 그렇게 되면 '제불좌이성정각'한 '묘보리좌승장엄'이라는 구문을 얻을 수 있게 된다. "제불께서 앉으셔서 정각을 이루신 훌륭한 깨달음의 자리를 수승하게 장엄하여"라는 의미를 도출할 수 있을 것이다. 하지만 제시한 의문에서는 그와 같이 유추하기 어렵다.

  훌륭하게 장엄된 보리좌여!
  삼세제불 깨달음을 이룬 자리네.
  예 바치는 이 자리도 그와 같으니
  우리 함께 불도를 이루오리다.[74]

  위 번역은 본서의 논지와는 차이가 있지만 첫 구를 감탄문으로 처리하였고, 4 4 5자의 3음보 민요풍을 따라 찬탄의 노래로 불릴 수 있는 가사로 정했다고 할 수 있다.
  세 예문의 결구 서술은 '성불하여지이다./ 되어지이다./ 하옵소서'로 원망과 사역의 의미를 담은 축원의 의미로 해석하고 있다. 헌좌게송은 헌좌진언의 의미를 드러내고 찬탄하는 의미로 보이는데 축원의 의미를 담고 있는 것이다. '게주偈呪'의 유형은 불교 현밀顯密의례의 영향으로

문, 2004), p.79.
73 졸고, 「치문현토와 번역의 연관성 연구」, 『불교학연구』 27(불교학연구회, 2010), p.243.
74 대한불교조계종 의례위원회 제8차(2011.9.6) 소위원회에서 합의한 헌좌게송의 번역이다.

일반화되어 있다. 가령 보례진언을 하기 전에 게송으로 "제가 이제 한 몸에서 다함없는 몸을 내어 두루 계신 삼보 전에 빠짐없이 절합니다" 라고 하여 이후의 진언의 의미를 담아낸다. 경전을 염송할 때 하는 개경게송도 "위없이 깊고 깊은 미묘한 법은/ 영원 속에 만나기 어렵지만/ 저는 이제 뵙고 들어 받으오니/ 부처님의 참뜻을 깨치오리다" 하는 개경의 발원을 하는 것이다. 그러므로 결구는 찬탄의 감탄형이나 발원 으로 종결되는 것이 적합할 수 있을 것이다.

다음에는 헌좌게송의 추이를 중심으로 논의해 보자. 전항의 추이에 서 보았듯이 18세기 이후에 헌좌게송 결구는 '자타일시성불도'로 확립·정착되었으므로 이에 대한 더 이상의 변화된 인식을 찾기는 힘들다. 이제 '자타일시성불도' 이전의 '회작자타성불도'나 '회작자타성불인'에 대해 살펴보기로 한다.

'회작자타성불인廻作自他成佛因'은 앞에서도 언급하였지만 문장의 주어가 내재하고 있지 않다. 선행 '아금헌좌역여시我今獻座亦如是'의 '아我'로 보더라도 발원이나 축원으로 이해하기는 어렵다. 일단 문장을 분석하면 이 구절의 본동사는 '작作'으로 보인다. '짓다'의 주어는 다름 아닌 헌좌에 앉으실 분이라고 이해할 수 있다. '회작자타성불도廻作自他成佛道'도 마찬가지다. '자타일시성불도'가 헌좌게송의 결구로 적합한 지 보고, 그리고 '회작자타성불인'과의 차이는 무엇인지를 보자. '자타 일시성불도'는 '나와 남이 일시에 불도를 이루다'라는 자기 발원이라고 할 수 있다. 문장의 주체는 당연히 염송자이다. 그에 비해 '회작자타성불 인'은 헌좌를 받는 이들이 행하는 원행이라고도 할 수 있다. 이와 같이 '자타일시성불도'와 '회작자타성불인'은 주체가 다르므로 의미가 달라지게 된다.

상단의 헌좌게송 결구 '회작자타성불인'은 중위의 헌좌게송의 결구 '속원해탈보리과速圓解脫菩提果'와 비교하면 의미 있는 사실을 발견할 수 있다. 두 구의 7언은 순서에 따라 성분이 정확하게 일치한다. 부사(廻/速), 본동사(作/圓), 목적어(自他成佛因/解脫菩提果)가 그것이다. 또 말언(因/果)을 합언하면 '인과因果'가 된다. '상위는 인을 짓고, 중위는 과를 원만히 하다'라는 의미가 도출된다. 이는 상위와 중위의 역할을 확인하게 해준다. 이렇게 보면 헌좌게송의 의미가 더욱 확연히 드러난다.

게송 결구의 본동사로 '작'과 '원'을 인정한다면 '자타성불인'의 자타는 우리들이고, 우리들이 불도를 이룰 수 있는 인연의 종자를 심어 주는(짓는) 이들은 상위의 성현이 된다. 또한 성불의 구체적인 모습이 '해탈'이고 '보리'라는 과를 얻는 것이라고 한다면 그것을 원만하게 해주는 주체는 중위의 성현이고, 대상은 우리들이 된다.[75] 하지만 8세기경에 활동한 당의 지승智昇이 찬집한 『집제경예참의集諸經禮懺儀』에는 현재 한국불교 일반의 이해와 유사한 의미로 읽힐 수 있는 다음의 발원문을 볼 수 있다.

南無歸懺十方佛·願滅一切諸罪根·今將久近所修善·迴作自他安
樂因·唯願一切臨終時·勝緣勝境悉現前·願睹彌陀大悲主·觀音勢
至十方尊·仰惟神光蒙接手·乘佛願力生彼國·懺悔迴向發願已·至

---

75 법안·우천 공저, 『삼밀시식행법해설』(정우서적, 2011), pp.55~56.

心歸命禮阿彌陀佛[76]

나무참회시방불. 일체 여러 죄의 뿌리 소멸하고, 이제 멀고 가깝고 간에 닦은 선으로써 돌이켜 자타의 안락(으로 갈 수 있는) 인연을 짓기를 바랍니다. 오직 일체 임종을 맞을 때 수승한 인연의 경계가 다 현전하기를 바라고, 아미타대비주, 관음, 세지, 시방의 자존을 뵙기 원하옵니다. 신령한 광명으로 손을 잡아 이끄심을 입어 부처님의 원력에 올라 저 나라에 태어나기를 바랍니다. 참회와 회향과 발원을 마치고 지극한 마음으로 아미타부처님께 예경합니다.

위 예참은 참회와 회향을 마치고 하는 발원이다. '회작자타안락인迴作自他安樂因'은 '회작자타성불인迴作自他成佛因'과 외형적 구조는 다르지 않다. 성불의 인因과 안락의 인因의 본질적 차이는 있을지 몰라도 외형적 의미는 유사한데, 『집제경예참의』에는 참회, 회향 이후의 발원임이 분명하므로 '자타의 안락의 인연을 돌이켜 짓는' 주체는 발원자 자신으로 읽을 수 있다. 하지만 죄업의 소멸은 자신의 힘이 아닌 아미타불에게 하는 발원이므로 '소멸'하고 '회작'하는 주체는 아미타불이라고 읽을 수도 있다.

그런데 헌좌게송은 수승하고 묘한 보리좌, 그리고 그 같은 자리를 만들어 올리게 되었다는 것을 말하면서, 자타의 성불의 인연을 돌이켜 짓는다고 서원하는 데는 무리가 따른다. 광의로 해석하면 그럴 수도 있겠지만 한계가 있다. 그러므로 헌좌게송 3, 4구를 지배하는 원망동사 부재가 해결되지 않을 때 3, 4구를 헌좌獻座를 받는 분의 공능을 찬탄하

---

76 智昇 撰, 『集諸經禮懺儀』, T. 47, p.461c.

는 것으로 이해할 수도 있게 된다. 그 점에 대해 앞에서 신중의 헌좌게송
과 함께 살펴보았다.

　본서의 공양의례는 상단의 삼보통청을 중심으로 하고 있지만 공양과
관련된 의례를 함께 살펴보고 있으므로 '헌좌게송'의 의미와 관련이
된다고 보이는 것을 좀 더 살펴보고자 한다. 상단 이하 헌좌게송의
3, 4구는 '원멸진로망상심願滅塵勞妄想心 속원해탈보리과速圓解脫菩提
果'인데 이 게송의 해석을 보자.

　번뇌중생 망상심을 깨끗하게 버리고서
　하루속히 해탈보리 원만하게 이루소서.[77]

　『한글』②에서 상단의 헌좌 결구는 "나와 남이 모두 함께 성불하게
하옵소서"라고 우리들을 부탁하면서 신중 헌좌의 결구에서는 상대들이
원만하게 이루기를 발원하고 있다. 한국불교 일반에서 이해하고 있는
신중은 아직 번뇌를 다 소멸하지 못한 존재라는 인식에서 출발하고
있다고 할 수 있다. 다음의 '고천선게告天仙偈'는 이 같은 인식을 뒷받침
해 주고 있다.

　今向如來寶座前 願滅輪回生死因 五體投地歸命禮 速悟二空常樂體[78]
　이제 여래의 보좌 앞을 향해
　윤회생사의 인연을 소멸하고

77 『한글』②, p.224.
78 智禪 撰, 『五種梵音集』, 1652, 『한불전』 12, p.165上.

오체투지로 귀명하옵고 절하오며
이공의 상락의 몸을 속히 깨치기를 원합니다.

천天과 선인仙人은 39위 신중의 상단과 중단에 모셔지고 있는데,
이들에게 '알리는 게송'은 그들이 아직 깨치지 못한 것을 빨리 깨치라는
의미이다. 이 같은 인식 아래 한국불교의 신중神衆 사상은 비완전의
실체로서 예경의 대상이 아니라 교화의 대상으로 인식되고 있음을
알 수 있다. 『한글』②에는 신중의 헌좌게송이 있지만 『삼화행도집』,
『불광법회요전』, 『성불합시다』 등에는 신중청의 해당 위치에 헌좌게
송이 보이지 않는다.[79]

심지어 『삼화행도집』 가영에는 '고아일심귀명정례' 하는 고아게조차
도 없다. 이는 한국불교의 일불승 사상을 깊이 있게 드러내고 있는
것이라고 할 수 있다. 그런데 신중 헌좌게송과 상단 헌좌게송의 본질적
차이는 보이지 않는다. 다시 한 번 헌좌게송 원문을 비교해 보자.

上佛壇
妙菩提座勝莊嚴 諸佛坐已成正覺 我今獻座亦如是 自他一時成佛道
수승하게 장엄된 훌륭한 보리좌에
모든 붓다 앉으셔서 정각을 이루셨네.
제가 이제 올린 자리 그 같사오니
자타가 일시에 붓다를 이루네.

---

79 『삼화행도집』, p. 146; 『불광법회요전』, p.102; 『성불합시다』, p.399.

中神壇

我今敬設寶嚴座 奉獻華嚴聖衆前 願滅塵勞妄想心 速圓解脫菩提果

제가 이제 경건히 보배로 장엄한 좌를 마련하여

화엄성중 전에 받들어 올리오니,

번뇌와 헛된 망상 없애고

속히 해탈의 보리과를 원만해지기를 원합니다.

보리좌를 공경히 마련하던, 올리던 주체는 '나'이다. 상단의 결구에 대해 논의하고 있지만 "자타일시성불도"를 하고자 하는 것도 또한 나이다. 그렇다면 나와 남으로 하여금 일시에 불도를 이루게 하는 것도 나일 수밖에 없다. 그 같은 독법讀法으로 아래 화엄성중단의 헌좌게송을 보게 되면, 3구의 원망동사 '원願'의 주어도 나일 수밖에 없지 않을까 한다. 『집제경예참의』에서 보았듯이 그렇게 '되십시오'라고 하는 것이 아니라 그렇게 되기를 바란다고 이해하고, 상단의 독법을 원용하면 '나와 남의 번뇌 망상심을 소멸하고 하루속히 나와 남이 해탈보리과를 원만히 하기를 바랍니다'로 해독될 수 있을 것이다.

그렇다면 왜 '회작자타성불인'을 '자타일시성불도'로 변용變容하였는지에 대해 논해 보기로 한다. 필자는 위에서 헌좌게송을 '너(신중)의 문제'가 아닌, '우리의 번뇌소멸과 성불'이라는 과업의 성취를 발원하는 것으로 읽었다. 이 점은 한국불교가 단순히 '회작자타성불인'이라는 축원적인 발원을 극대화해 '자타일시성불도'라고 하여, 이미 우리는 성불도를 이루었다, 이룰 것이라고 하는 적극적 확신에 다름 아니라고 할 수 있다. 여기서 성불을 수행의 목적지로 분명하게 드러내게 된

것은 16~17세기를 지나며 형성된 강한 선적 자아의식과 유심정토唯心
淨土사상이 어우러진 화회和會의 산물이라고 할 수 있을 것이다.

이 같은 한국불교 의례의 변용은 한국불교에 체화된 일승과 일미라는
인식의 틀 위에서 단순히 다양한 개물들을 물리적으로 결합하는 데
머물지 않고 화학적으로 삼투되어 선교 화회로 만들어진 독창성과
종합성을[80] 보여주는 한국불교 사상의 한 단면이라고 할 수 있을 것이다.

4. 변공의식

공양을 변화시키는 변공變供의식은 앞장의 시식의례에서도 다루었다.
중복을 최대한 피하면서 상단 변공變供의식의 추이를 중심으로 논의를
진행한다. 변공의궤의 기원은 시식의례와 크게 다르지 않다. 아귀들에
게 시식을 하고, 또 삼보께 두루 공양을 올리면 그 과보가 지대함을
역설하고 있는 경전들을 앞에서 살펴보았다. 우리들이 올리는 공양은
한계적일 수밖에 없다. 그러므로 상단의 삼보님께 헌공을 하려면 변공
이라는 과정은 필수적이다. 이 과정에 등장하는 것이 변공의 진언이다.
부처님께서 내려주신 진언의 힘으로 가지해야만 한계를 벗어나 무한한
일체의 삼보께 공양을 올릴 수 있다. 이 절에서는 상단의 변공 행법과
의문儀文의 추이를 살핀다.

---

80 고영섭, 『한국불학사』 신라·고려시대편(연기사, 1999), p.19.

1) 변공의식의 추이

① 진언변공 진언의 추이

『통일』이나 『한글』② 등 1970년 이후 한국불교 의례 서적의 진언변공은 상단이나 하단에 대한 구별이 없이 일정하게 사다라니로 시설되어 있다. 하지만 『대각교의식』(1927)이나 『석문』(1935)에만 해도 그렇지 않다. '진언권공'의 사다라니인 유해진언 이후에 운심공양진언 게송과 진언, 보공양진언, 출생공양진언, 정식진언 이후에 '보회향진언, 원성취진언, 보궐진언을 행하라'는 괄호를 만날 수 있다. 그렇다면 이전의 의문儀文은 어떤지를 보자.

『작법귀감』(1826)에서는 '광즉廣則'과 '약즉略則'이라고 하여 상황에 따라 진언변공을 행하도록 하고 있다. 진언변공은 가지변공加持變供이라는 용어로 기술되는데 『작법귀감』에서는 '진언변공'[81]이라는 용어를 사용하고 있다.

〈표 IV-4〉 상단 진언변공의 차서

『진언권공』(1496)	『작법귀감』(1826)	『신석문』(1982)	『한글』②(2005)
정법계진언 37편	廣則	변식진언 3번	변식진언 3번
진공진언 3편	변식진언	시감로수진언 3번	시감로수진언 3번
변식진언	감로수진언	수륜관진언 3번	일자수륜관진언 3번
출생공양진언	수륜관진언	유해진언 3번	유해진언 3번
정식진언 각 37편	유해진언 각37편	출생공양진언	운심공양진언 3번
보공양진언 3편	略則	정식진언 3번	
육법공양 각 1배	운심진언게송 진언	운심공양진언3번	
운심공양진언 5편	진공진언 3편		

---

81 『작법귀감』, 『한의총』 3, p.379下.

경례삼보 각 1배	변식진언 출생공양진언 정식진언 상3주 각37편		

〈표IV-4〉에서 볼 수 있듯이 『석문』의 증주판인 『신석문』에서는 『석문』의 진언변공 차서[82]를 보완하여 운심공양진언 다음에 있던 보공양진언을 삭제하고, 출생공양진언과 정식진언을 운심공양진언 앞에 편제하고 있다.[83] 하지만 『통일』이나 『한글』②는 그간 관습화된 사다라니 진언변공을 채택하고 있다. 『통일』에는 운심공양진언이 삭제되었지만 『한글』②에는 운심공양진언이 다시 등장하고 있다.

진언 염송 편수의 경우 『작법귀감』(1826)에 이르기까지는 상단의 경우 행위진언은 3편을 염송하지만 가지를 구하는 진언은 3·7(21)편을 염송하고 있다. 『석문』의 경우 진언 염송 편수를 별도로 표기하고 있지 않지만 가지를 구하는 진언은 3·7편을 염송하였다고 보인다. 왜냐하면 『석문』 당대의 『사寫범음집』에도 3·7편 염송의 지문을 만날 수 있고, 누구나 당연히 아는 것으로 보고 별도의 표기가 생략되었다고 보이기 때문이다. 하지만 현대에 이르러서는 그 같은 염송 행법은 찾아보기 힘들다.

---

82 『석문』 하권, pp.5~6.
83 『신석문』, pp.255~256.

② 공양게송과 변공소문

공양게송供養偈頌과 보공양진언 사이에, 앞에서 거론한 변공소문變供疏文과 진언변공 등이 존치돼 있다. 『한글』②의 공양게송은 같은 내용을 『석문』에는 '다게'라는 이름으로 시설돼 있다. 변공소문은 『작법귀감』(1826) 이래 공양재자를 "재자건성"이라고 하여 현재와 같은 모습을 보이고 있지만 『운수단가사』(1627)에는 "시주건성", 『영산대회작법절차』(1634)에는 "판공시주여연화비구모등辦供施主與緣化比丘某等", 『금산사 제반문』(1694)에는 "모 시주건성", 『범음산보집』(1739)에는 "재자시주건성"[84]이라 하고 있다. '재자건성'으로 확립되기 이전에는 공양을 올리는 이를 주체적으로 지칭하였다고 보인다. 먼저 공양게송과 다게를 살펴보자. 『작법귀감』에는 다음과 같은 공양게송이 등장한다.

예1   我今諷誦秘密呪 流出無邊廣大供

奉獻無盡三寶前 願垂慈悲哀納受[85]

제가 이제 비밀주를 외우오니, 끝없고 광대한 공양이 유출되어 다함없는 삼보 전에 받들어 올리오니, 자비를 내려 불쌍히 여겨 받으소서.

『작법귀감』에는 '공양게'라는 이름을 달고 있지만 『석문』에서는 '다게'라고 하고 있는데, 『통일』이나 『한글』②에는 같은 내용을 '다게'라고

---

84 『운수단가사』, p.16上; 『영산대회작법절차』, p.135下; 『금산사 제반문』, p.483下; 『범음산보집』, p.106下.

85 『작법귀감』, 『한불전』 10, p.555下.

하고 있다. 그렇다면 다게와 공양게라고 하는 명명에는 아무런 차이가 없는지를 알아봐야 한다. 먼저 『석문』각배재를 위한 제불통청 때는 다음과 같은 다게가 시설돼 있다.[86]

예2　今將妙藥及名茶　奉獻十方三寶前
　　　鑑察檀那虔懇心　願垂慈悲哀納受
　　　이제 묘약과 명다로 시방 삼보 전에 받들어 올리오니
　　　단나의 정성을 살피셔서 자비를 내려 불쌍히 여겨 받으소서.

예3　供養十方調御士　演揚淸淨微妙法
　　　三乘四果解脫僧　願垂慈悲哀納受
　　　시방 조어사와 청정하고 미묘한 법과
　　　삼승 사과의 해탈 스님들께 공양하오니,
　　　자비를 내려 불쌍히 여겨 받으소서.

"금장今將"으로 시작하는 '다게'와 "공양供養"으로 시작하는 '다게'의 차이를 검토하려면 먼저 『한글』②에 나타나는 상단 불보살 헌공 공양게 송을 살펴볼 필요가 있다.

예4　今將甘露茶　奉獻某某前　鑑察虔懇心　願垂哀納受
　　　이제 감로다로 모모 전에 받들어 올리오니
　　　정성을 살피셔서 받으소서.

---

86 예1 『석문』 상권, p.138; 예2 『석문』 하권, p.4.

　　　- 미타청 지장청 관음청 약사청 미륵청 나한청 칠성청 독성청

　　　산신청 조왕청 삼화상청

예5　淸淨名茶藥 能除病昏沈 惟冀擁護衆 願垂哀納受

　　　청정한 명다와 약은 능히 병과 어지러움을 없애오니,

　　　대중을 옹호하시고 받으소서.

　　　- 신중청

예6　以此淸淨香雲供 奉獻諸大龍王前

　　　鑑察齋者虔懇心 願垂慈悲哀納受

　　　이 청정한 향운의 공양으로써 제대용왕 전에 받들어 올리오니

　　　재자의 정성을 살피셔서 자비를 내려 불쌍히 여겨 받으소서.

　　　- 용왕청

　예4는 2구 봉헌의 목적어 자리에 각 불보살님의 명호를 삽입하여 거의 모든 헌공의례의 '다게'로 활용되고 있다. 예5는 신중권공의 공양 게송 자리에 '다게'로 시설돼 있으며, 예6은 용왕헌공의 공양게 자리에 '공양게'라는 이름으로 시설돼 있다. 어떤 차이로 인해 같은 공능을 발휘해야 할 자리에 다른 다게를 배치하고 있는지를 해명하려면 몇 가지 문제를 해결해야 한다. 첫째 예4와 예5의 다게에는 어떤 차이가 있으며, 둘째 다게와 공양게의 차이는 무엇인가 등이 해명돼야 한다.

　첫째, 예4의 다게와 예5의 다게의 차이는 무엇인가를 살펴보자. 예4는 '청정한 감로다'를 올리는 게송이고, 예5는 '명다약名茶藥'을 올리는 게송이다. 예4는 현행 예불의 다게와 의미가 유사하다고 할 수 있다. 청청수를 올려 그 청정수가 부처님의 가지에 의해 감로다로

변해져서 일체의 삼보님께 공양되기를 발원하는 의미에서 근원을 찾아 볼 수 있다. 그런데 예5는 신중단에 활용되는 5언 절구인데, 이와 유사한 『청문』의 상단과 하단의 다게를 비교해 보면 그 의미를 찾는 데 도움이 될 수 있다.[87]

예7   상단 今將妙藥及名茶 奉獻如來三寶前
　　　　　鑑此檀那虔懇心 願垂慈悲哀納受
　　　　　이제 묘약과 명다로 여래 삼보 전에 받들어 올리오니,
　　　　　이 단나의 정성을 살피셔서 자비를 내려 불쌍히 여겨
　　　　　받으소서.

예8   중단 淸淨名茶藥 能除病昏沈 惟冀擁護衆 願垂哀納受
　　　　　청정한 명다와 약은 능히 병과 어지러움을 없애오니,
　　　　　대중을 옹호하시고 받으소서.

예9   하단 淸淨名茶藥 布施衆孤魂 能除飢渴苦 速達菩提門
　　　　　청정한 명다와 약을 여러 고혼들께 베푸오니,
　　　　　굶주림과 갈증을 없애고 속히 깨달음의 문에 이르소서.

예7 상단의 게송은 중단 '명다약名茶藥'의 의미를 해명해 주고 있다고 할 수 있다. '명다'와 '묘약'이라고 의미를 분명히 밝히고 있다. 이는 7언 구절이 5언으로 축약될 때 발생하는 현상이다. 그러므로 명다와 묘약을 올릴 때 쓰이는 게송이라고 이해할 수 있다.[88] 묘약은 약석藥石이

87 『청문』, p.10.
88 대한불교조계종 포교원 '한글법요집편찬위원회'에 참여한 모 스님은 묘약이라고

라고 하여 공양의 은유적인 표현이다. 다시 말해 공양게송의 형고形枯를 면하는 양약이라고 바르게 생각하는 것도[89] 이와 유사하다.

이렇게 보면 '명다약'이 등장하는 게송은 "진공급다게進供及茶偈"[90]라는 지문처럼 '공양과 차를 올리고 행하는 게송'이라고 이해할 수 있다. 영산재 의문에서는 헌좌 이후에 "아금지차일완다 변성무진감로미 봉헌 영산대법회 원수자비애납수"를 '다약게茶藥偈'라고 칭하는데,[91] 이 의미는 다게의 공능을 확인해 주는 주요한 단초가 된다고 할 수 있다. 아침 예불 다게의 '아금청정수 변위감로다' 하는 개념도 이와 같음을 보여주고 있다. 다시 정리하면 예5의 '명다약'이라고 하는 다게는 차와 공양물을 올릴 때 쓰이는 게송이라고 할 수 있다.

그렇다면 예4의 다게는 어떻게 활용되고 있는지를 살펴보자. 본 공양이나 시식을 올리기 이전에 간단하게 차를 올리는 게송이라고 할 수 있다. 주로 삼단시식 때나 증명청을 모실 때 봉행된다고 보이는데, 상위의 성현을 먼저 모셔 놓고, 다음 중위의 신중과 하위의 고혼을 청해 모실 때나 헌좌 또는 안좌를 하고 상단 헌공 등을 진행할 때

하니까 수십 년을 절에 살아도 불전에 약 올리는 걸 보지 못했고 어른 스님도 그렇다고 하는 답변을 들었다.

89 "計功多少量彼來處, 忖己德行全缺應供, 防心離過貪等爲宗, 正思良藥爲療形枯, 爲成道業應受此食.", '食時默言作法' 『일용작법』, 『한의총』 3, p.523上

90 『범음산보집』, 『한의총』 3, p.87上.

91 『영산대회작법절차』, 『한의총』 2, p.134下. 我今持此一椀茶 變成無盡甘露味 奉獻 靈山大法會 願垂慈悲哀納受: 내가 이제 이 한 주발의 차를 가지고 (부처님의 가지의 힘에 의지하여) 다함없는 감로미로 변해 이뤄져 영산 대법회에 받들어 올리오니 자비를 내려 불쌍히 여겨 받으소서.

252

그 공백에 간단하게 차를 올릴 때 쓰이는 게송이라는 것이다. 서산 휴정이 찬한 『운수단가사』(1627)의 차서[92]는 아래와 같이 요약할 수 있다.

상위소청 ~헌좌 다게 "今將甘露茶 奉獻三寶前 鑑察虔懇心 願垂哀納受"
중위소청 ~헌좌 다게 "淸淨名茶藥 能除病昏沈 惟冀擁護衆 願垂哀納受"
상위진공 가지변공 육법공양 보공양진언 회향, 풍경 축원
중위진공 오공양 운운
소청하위 진령게 시식 봉행 송혼

위 차서를 보면 상위를 청해 차를 올리고, 중위를 청해 차를 올린 뒤에, 상위에 공양을 올리고 중위에 오공양五供養을 한 뒤에야 하위를 청해 시식을 하는 구조이다.

이에 비해 『결수문』에서는 상위와 중위와 하위를 청하고 난 뒤에 상위와 중위에 공양을 올리고 나서 하위에 시곡施穀을 행한다. 하지만 같은 수륙재문이라고 해도 『지반문』에서는 상위를 청해 목욕을 마치고 자리에 앉으면 대중이 예를 갖추며 귀의를 다짐하고 나서 바로 공양을 올린다. 그리고 중위를 청해 목욕을 하고 상위에 인사를 올리고 나면 헌좌에 모시고 대중은 '다탕을 올리고' 공양을 진행한다. 그리고 하위를 청해 시식의식을 진행한다.

결국 '상위를 먼저 모시고 상단에 전물을 올리되 먼저 차를 올리고 뒤에 공양을 올리라'[93]는 협주에 의지하면 예4의 다게는 상단에 공양을

---

92 『운수단가사』, 『한의총』 2, pp.11~22.
93 『삼단시식문』, 『한의총』 1, p.473下.

먼저 올리지 못할 때, 예5는 중단에 차를 올릴 때 쓰이는 게송이라고 할 수 있다.

둘째, 위의 논의에서 다게의 공능이 어느 정도 드러났다고 인정한다 면 다게는 간단하게 다만 올릴 때 활용되는 게송이고, 공양게는 다茶뿐 만 아니라 육법공양, 십법공양 등을 올리고 행하는 게송이라고 할 수 있다. 그렇다면 『한글』②나 『통일』에서 채택하고 있는 신중 다게를 제외하고는 적합하지 않음을 알 수 있다.

공양게송도 예1에서 볼 수 있듯이 변공가지의 의미를 안고 있다는 것을 알 수 있다. 시식의례에서 밀교의 변공의궤를 중심으로 고찰하였 지만 변공에는 현교의 방법도 크게 활용되고 있다. 여기서 잠시 현교의 변공 방법을 살펴보기로 한다.[94]

붓다 재세 때는 공양을 받는 대상이 대개 부처님과 그 제자들로 한정적이었다. 그러므로 거기에 맞도록 공양물을 준비하여 공양을 올리므로 변공 개념이 등장할 필요가 없다. 다시 말해 변공 개념은 공양 받을 이들이 한량없을 때 필요한 것이므로 다불多佛, 제천신諸天神 등의 개념이 등장한 이후에 성립되었다고 할 수 있을 것이다. 『유마힐소 설경』 「부사의품」과 「향적불품」은 변공 개념의 단초를 잘 보여주고 있다.

사리불 존자가 유마힐 거사의 방이 비었음을 보고 이렇게 생각한다. '이 많은 대중이 어디에 앉지.' 사리불의 생각을 알아차린 유마힐

---

94 현교의 변공방법은 졸고(「한국불교 공양의식 일고―변공의궤의 형성과 수용」, 『한국불교학』 57, 한국불교학회, 2010, pp.359~361)에서 인용하였다.

거사는 대중이 앉을 걸상과 자리를 수미등왕 부처님의 처소에서
빌려와 대중을 앉게 한다. 그리고 가지가지 부사의한 도리를 나타내
어 상근의 사람을 교화한다.[95] 공양 때가 되자 사리불이 속으로
이렇게 생각한다. '대중이 먹을 밥을 어디서 지어 올 것인가.' 유마힐
은 위신력으로 화신보살을 중향세계 향적불께로 보내 남은 밥을
얻어와 불사를 짓는다. 그리고 여래의 감로반이며 큰 자비로 훈습한
것으로 좁은 마음으로 먹으면 소화가 되지 않는다고 하고 있다.
성문들이 다시 '밥은 한 그릇인데 이 많은 대중이 어떻게 먹을 수
있을까' 하고 생각하자 화신보살들이 여래의 무량한 복덕과 지혜는
헤아릴 수 없고, 계·정·혜·해탈·해탈지견의 공덕이 구족하신 이가
잡수시던 것이므로 언제까지나 다하지 않는다고 한다. 한 그릇의
밥으로 여러 대중을 배불리고도 밥은 그냥 남았다. 밥을 먹은 이들은
몸이 쾌락하기가 일체락장엄국에 있는 보살들과 같았다.[96]

『유마힐소설경』에는 수행자가 행하는 별도의 변공의궤가 없이 오로
지 유마 거사의 위력과 부처님의 공덕으로 변공이 자연히 이뤄지고
있다. 하지만 『법화경』에 이르면 변공의 의미가 확장된다. 『법화경』을
읽거나 외우거나 (남을 위해) 해설하거나 쓰거나 베끼며 천이백 혀의
공덕을 얻어, 좋거나 추하거나 아름답거나 그렇지 않거나 예쁘지 않거
나 쓰거나 떫은 모든 것이 혀 안에 들어가면 하늘 감로와 같은 최상의
맛으로 변해진다.[97] 또 「여래신력품」에는 『법화경』이라는 대승경전을

---

95 『維摩詰所說經』, T. 14) p.546ab.
96 『維摩詰所說經』, T. 14, p.552.

설하는 석가모니불의 공덕을 찬탄하며 예경과 칭명을 권하며 그 공덕이 설해지고 있는데, 이는 변공 개념 성립의 단초들이라고 할 수 있다.

"너희들은 반드시 마음 깊이 따라 기뻐할 것이며 또 반드시 석가모니 불을 예배하고 공양할 것이다." 그 여러 중생들이 허공에서 나는 소리를 다 듣고 사바세계를 향하여 합장하고 이렇게 칭명하였다. "나무석가모니불, 나무석가모니불." 가지가지 꽃과 향과 영락 번개 와 몸을 장엄하는 여러 기구와 진귀한 보배와 미묘한 물건이 다 같이 멀리서 사바세계에 흩어졌다. 그것은 구름같이 모여 시방에서 오는 것이 보배의 장막으로 변해져 이곳의 여러 부처님 위에 두루 덮이니 이때 시방세계는 통달해서 걸림 없는 한 부처님 국토와 같았다.[98]

변화된 대상이 음식만이 아닌 공양구로 확장되어 있지만 불의 공덕과 그리고 칭명으로 위력을 입게 되는 것이 언급되어 있다. 『화엄경』에서 는 '향으로 공양하고자, 널리 모든 붓다를 뵈면 소원이 다 채워지는데 일체중생을 건지겠다는 원이고, 일체 불찰을 깨끗이 장엄하겠다는 원이고, 일체 여래에게 공양하겠다는 원이다'고 하며, '이 향으로 공양 하고자 하면 하나의 향에서 한량없는 향이 나와 시방 일체 법계의 여래 도량 바다에 두루 충만해져 종종의 향궁전 향단장 향누각~향번과 향개가 되어 시방 일체 법계를 장엄하고 곳곳에 충만해지고 공양이

---

97 鳩摩羅什 譯, 『妙法蓮華經』, T.9, p.49b.

98 『妙法蓮華經』, T. 9, p.52a.

된다'⁹⁹고 하고 있다. 즉 하나의 향에서 종종의 공양구가 나오는[出生] 것으로 변공 개념이 도출된다.

또『화엄경』에는, 여래의 마음에는 한량없는 지혜와 공덕이 구족되어 '그 광명이 바닷물에 닿으면 모두 우유가 되고, 빛나는 대보광명을 떠나 그 우유에 닿으면 모두 타락(酪)이 되고, 화염광 대보광명이 타락에 닿으면 연유가 되고, 한량없고 남음 없는 대보광명이 연유에 닿으면 제호가 된다'¹⁰⁰고 하거나 '한 부처의 몸에서 한량없는 부처가 나온다(於一佛身上 化爲無量佛)'고 말하고 있다. 예불게의 '내 이제 한 몸에서 한량없는 몸을 내어 다함없는 삼보님께 절한다'나 헌향게의 '감로다로 되어', 혹은 연향게의 '향구름 일산 되어' 등은 변공 개념이라고 하겠다.

결국 예1의 공양게송에서 볼 수 있듯이 현교의 변공의식이라고 할 수 있다. 이 같은 모습은 운심진언게송에서도 그대로 나타나고 있다. 변공의 개념을 안고 있던 예1의 모습은『한글』②의 예3이나 예6에서 볼 수 있듯이 진공의 행위 게송으로 그 역할이 한정된 모습으로 나타나고 있다고 할 수 있다.

2) 변공에 대한 인식

현교와 밀교의 변공의궤로 공양물을 변화시켜서 다함없는 삼보께 공양 하는데, 이 변공에 대해 한국불교 수용자들의 이해와 수용을 살펴보기

99 般若 譯,『大方廣佛華嚴經卷第十一 入不思議解脫境界普賢行願品』, T. 10, p.712a.
100 實叉難陀 譯,『大方廣佛華嚴經』, T. 10, p.271c.

로 한다. 본격적인 논의에 앞서 본서에서 헌공진언의 서두로 분과한 정법계진언의 '선행문'인 '욕건만나라선송'에 대해 잠시 언급해 보자. 이 '욕건만나라선송'은 '만나(다)라를 건립하고자 원하면 먼저 정법계 진언을 염송하시오'라는 의미이다. 그런데 『석문』 서문에서 '해석문적 이고 진언명이 아니기에 괄호 처리한다'[101]고 한 이래, '욕건이'(범패에서 는 욕건이라고 함)는 괄호 처리되거나 삭제돼 왔다.[102] 하지만 욕건이 는 해석문적이고 지문적이기는 하지만 법주가 '욕건만나라선송' 하면 대중은 '옴 람'을 삼칠편(3·7, 21) 하는[103] 의식문이라고 할 수 있다. 다만 오늘날 많은 공양의례가 법주와 바라지로 나누어 주고 받는 의례로 봉행되지 못하고 법주 혼자 진행하게 되는 경우가 많아 그렇게 봉행하기 가 어렵겠지만, 공양도량을 세우겠다는 서원이므로 생략돼서는 곤란 하다.

① 변공진언

변공의식의 추이에서 살펴보았듯이 현재 한국불교 저변에는 '4다라니 로 변공진언이 세트화되었다'[104]는 인식이 깔려 있다. 하지만 앞의 고찰에서 알 수 있듯이 4다라니의 역할은 생성 때부터 그 목적이 다르다.

---

101 『석문』, 서문, p.2.
102 『통일』 등에는 삭제돼 나타나지 않고 있으며, 심지어 의례를 봉행하는 이들이 잘 몰라 지문인 '욕건만나라선송'을 읽는다고 책하는 경우도 종종 볼 수 있다.
103 『사寫범음집』, p.82.
104 실제 의례를 봉행하는 전문 스님들의 표현이다. 의례위원회 위원장이자 어산작법 학교 교장 인묵 스님이나 조계종 행자교육원 교수사 정오 스님 등은 통상 이렇게 표현하는 들을 수 있었다.

'〈표IV-4〉상단 진언변공의 차서'에서도 확인할 수 있으며, 이 같은 차이의 인식은 여러 곳에 흔적을 남기고 있다. 그렇다면 〈표IV-4〉외에는 변공의식이 어떻게 나타나고 있는지를 먼저 보고 한국불교 수용자들의 변공의식에 대한 인식을 살피기로 한다. 하단에 베푸는 시식이든, 상단에 올리는 공양이든 변공을 행하지 않고는 공양을 행할 수 없다.

한국의 수륙재에는 대체로 사다라니 변공의식으로 행해지고 있지만 『지반문』의 경우 상단의 변공은 변식진언과 감로수진언, 소향진언으로 행해진다.[105] 이 같은 모습은 중국불교의 현행 수륙재문이라고 할 수 있는 『수륙재의궤회본』도 다르지 않다. 목욕의식과 헌좌, 연향, 헌화, 쇄정진언灑淨眞言으로 봉청을 마친 후, '공상당법사供上堂法事'가 진행되는데, '무량위덕자재광명승묘력다라니'와 '변식진언偏食眞言' 21편을 함께 염해 변공을 한 후 바로 '일심봉공'이라 하며, 각 10석에 공양하고 헌공양진언을 하고 헌향·헌화진언 등이 이어진다.[106] 그렇지만 『국제공불재승대회國際供佛齋僧大會』의 '불전대공佛前大供' 편에는 변식진언과 감로수진언 3편으로 변공하고 공양 소문疏文 이후에 보공양진언 3편으로 진행되고 있다.[107]

『지반문』이나 〈표IV-4〉의 예를 볼 때 일정 시기 동안은 한국불교에서도 상단의 변공의식과 중·하단의 변공의식에 대한 차이에 대해 인식하고 있었다고 보인다. 하지만 19세기 『작법귀감』(1826) 편찬 당시에는

---

105 『지반문』, 『한의총』 1, p.592下.

106 『수륙재의궤회본』, pp.122~157.

107 中華國際供佛齋僧功德會 印製, 『國際供佛齋僧大會』, pp.17~18.

변공의식으로 사다라니와 운심공양진언이 정착되었을 것이라고 짐작할 수 있다. 왜냐하면 광략廣略으로 변공의식을 나누면서 운심공양진언을 하고 진언변공을 하는 것이 아니라고 하고 있기 때문이다.[108]

변공의식은 각 단에 따라 다르게 설정한 유형을 각위형各位形으로 상하단의 구별 없이 행해지는 것을 통합형으로[109] 나눌 수 있으며, 그 입장에서 보면 『석문』이나 『대각교의식』의 변공의식은 통합형이라고 할 수 있다. 통합형은 『신석문』에도 나타나고 있지만 현대의 변공의식은 '사다라니'로 정형화되어 설행되고 있다고 하겠다.

시식의례에서 보았듯이 사다라니 가운데 시감로수진언이나 유해진언 등은 하단에 청한 고혼의 업화業火를 씻어주거나 공양을 베푸는 진언이었다. 그렇다면 현대의 한국불교 수용자들은 이 사다라니에 대해 어떻게 인식하고 있는가를 보자.

예1   한량없는 위덕과 자재광명의 빼어나고 묘한 힘으로 밥을 변화
　　　시키는 다라니
　　　단 이슬의 물을 베푸는 다라니
　　　한 글자로 물을 살피는 진언
　　　진리의 젖 드리는 진언
예2   무한한 위덕과 자재한 광명, 그리고 빼어나고 묘한 힘으로

---

108 『작법귀감』, 『한불전』 10, p.556中.
109 졸고 「한국불교 공양의식 일고－변공의궤의 형성과 수용」(『한국불교학』 57, 2010, pp.365~372)에서 진언변공에 대한 인식을 각위형과 통합형으로 나누어 고찰하였다.

일체의 소공所供께서

부족함이 없이 공양하실 수 있도록 음식을 양을 변하게 하는

진언

소공께 감로수를 올리는 진언

밤 일자로부터 대지를 받치고 있는 물만큼 많은 감로제호가

유출됨을 관하는 진언

소공께 감로제호를 올리는 진언[110]

　　제시한 예문은 감로수진언과 유해진언에 대해 '베풀다', '드리다', '올리다'라는 의미를 사용하고 있다. 결국 변식진언만 변공의식으로 이해하고 있고, 수류관진언은 예2의 경우는 변공의식으로 이해하지만 예1에서는 특별한 의미가 드러나지 않는다. 전반적으로 변식과 올린다는 개념을 가지고 있음을 알 수 있다. 각 진언이 출현하게 된 배경이나 유래를 유추하기 힘들다고 할 수 있다.

　　진언변공의 마지막에 있으면서 공양진언인지, 변공진언인지 그 역할이 애매한 운심공양진언을 보기로 한다. 〈표IV-4〉에 의하면 운심공양진언의 위치가 다르다. 그만큼 그 기능에 대해 다른 인식을 하고 있다는 것을 의미한다고 할 수 있다. 『삼단시식문』의 '불공佛供'에는 변식진언 3·7편과 운심공양 7편이 제시돼 있으며,[111] 『작법귀감』에서는 간략하게 공양할 때 행하는 진언이라고 하고 있다. 다시 말해 운심게 송과 주(呪: 眞言)로 공양하는 경우에는 주로 각단 공양 때 쓰이는

110　예1 『연화의식집』, p.60; 예2 『佛教儀式各論』 VI, pp.160~161.

111　『삼단시식문』, 『한의총』 1, p.480.

진언이라는 것이다.[112] 운심공양진언은 『통일』에서는 삭제되었으나
『한글』②에는 다시 삽입되었다. 이는 운심공양진언의 역할에 대한
인식의 차이가 존재하고 있음을 의미한다고 하겠다. 한마디로 말하면
변공진언인가, 공양진언인가인데, 만약 변공진언이나 공양진언이라
면 4다라니와 보공양진언과 다른 어떤 역할이 있는가를 보아야 한다.

　운심공양진언의 게송으로 볼 때 일차적 의미는 소공께 공양하겠다는
의지와 공양을 받아달라는 청원, 그리고 (공양자의) 선근이 늘어 불법이
오래도록 펼쳐지게 하여 불보살님의 은혜를 갚겠다는 서원이다. 백파
스님은 변식진언으로 분명하게 이해하고 있고, 진언권공의 학조 스님
은 변식진언과 운심공양진언으로 상단과 중단에 진언권공을 하고 있
다. 향게香偈와 다(약)게 또한 변위變爲, 화위化爲의 기능을 다하고
있는 것이나 '운심공양진언 또한 변공變供 기능도 있다'고 하는 백파
스님의 인식으로 볼 때 그렇다고 할 수 있다. 그러므로 『통일』에서
운심공양진언을 삭제한 것은 결코 우愚가 아니고 의궤의 순차를 정리해
가는 과정이라고 이해되며, 『한글』②에서 다시 운심공양진언을 삽입
한 것은 현장에서 사용되고 있는 현실을 감안한 조치로 보인다. 운심게
송과 진언은 상단용뿐만 아니라 신중단용 칠성단용 등이 고古 의궤에
나타나 있다.

　운심공양진언의 일차 의미는, 진언 제목의 암시로 볼 때 '정대게頂戴
偈'의 '운심소진천생업(運心消盡千生業: 마음만 움직여도 천생의 업이

---

112 『작법귀감』, 『한불전』 10, pp.555~556. 신중청과 산신청에는 공양게송과 운심게
　　주를 시설하고 있다(p.559). 또 독성청(p.571中)이나 성왕청(p.572中)에도 같은
　　모습을 보이고 있다.

262

소멸되니)'이라고 하는 것과 같은 역할과 수륙재에서의 '향화게'와 같은
역할이라고 할 수 있다. 공양물이 있으면 공양주를 삭제하고,[113] 비록
향등다미香燈茶味가 없더라도 '보공양주'를 외우면 갖가지 진수공양이
나온다[114]고 하는 것으로 볼 때, 운심공양진언과 보공양진언의 공능은
유사하다고 생각된다.[115] 현재는 어떻게 인식하는지를 보자.

　예3　간절한 마음 움직여 공양 올리는 다라니
　예4　소례께서 계신 쪽으로 공양을 옮겨 진지進止함[116]

　'마음을 움직여 공양 올리는 다라니'나 '소례께서 계신 쪽으로 공양을
옮겨 진지한다'고 설명하고 있다. 변공의식이라기보다 행위진언으로
인식하고 있다고 할 수 있다.

② 공양게와 다게

변공의식의 추이에서 자세히 논구하였으므로 긴 논의는 필요 없을
것이다. 신중권공 다게茶偈 첫 구 '명다약名茶藥'에 대한 해석이나 번역
을 중심으로 인식을 살펴보기로 한다.

---

113 『作法龜鑑』, 『한불전』 10, p.562中. "若有進奠則, 供養呪除之, 伸五供養可也."
114 『密敎開刊集』, 『한의총』 3, p.264上. "雖無香燈茶味, 誦普供養呪, 諸珍供出生."
115 졸고, 「표준법요집의 의궤구조」, 『불교와 사회』 5집(대한불교조계종 포교원, 2009), pp.58~59.
116 예3 『연화의식집』, p.60; 예4 『佛敎儀式各論』 V, p.219.

예1   깨끗하고 맑은 이 차 약과 같아서
예2   청정한 풀로 다린 다茶는 약이옵기로
예3   맑고 맑은 명다로써 양약 삼아[117]

위 예문들은 본서의 추이와 유래를 통해 얻은, '다게'의 '명다약'은 '명차'와 '묘약'이라는 결론을 다르게 인식하고 있다. 예1은 호법성중을 위해 마련한 차의 격格을 노래하였다. 즉 '청정명다'에서는 재자의 정성을 느낄 수 있고, 이를 다시 '약'에다 견줌에서는 삼보의 가지력이 담긴 '다'라고 하는 데서 알 수 있다. 이와 같이 노래함으로써 성중을 대하는 재자의 정성이 어느 정도인가를 실감[118]하도록 하는 것이라는 설명도 이 게송의 인식을 보여주는 것이라고 할 수 있다.

예2는 '명차와 약'이라는 연합구조로 보지 않고 '명차는 약'이라 하여 주술구조로 '명다약'을 해석하고 있다. '명다약'을 '청정한 명다와 묘약인 공양을 올리오니'라는 의미로 해석하는 본이 근자에는 보이지 않는 것은 약에 대한 현실적 사고와 기능을 중시한 데서 출발하였기 때문일 것으로 보인다. 명다와 묘약을 올리는 이 다게는 결국 공양게송이다. 하지만 '금장감로다今將甘露茶 봉헌삼보전奉獻三寶前 감찰건간심鑑察虔懇心 원수애납수願垂哀納受'의 경우는 순수한 다를 올리는 게송이라고 할 수 있다. 그러므로 증명단을 모셔서 기다리고 계실 때가 아닐 때는, 『작법귀감』 상단이나 성왕청 등에서 쓰이고 있는 '아금풍송비밀주我今諷誦秘密呪 유출무변광대공流出無邊廣大供 봉헌무진삼보전奉獻無盡三

---

117 예1 『연화의식집』, p.113; 예2 『佛敎儀式各論』 Ⅲ, p.217; 예3 『한글』②, p.226.
118 『佛敎儀式各論』 Ⅲ, p.217

寶前 원수자비애납수願垂慈悲哀納受'[119]나 용왕청 공양게송 '이차청정향
운공以此淸淨香雲供 봉헌제대용왕전奉獻諸大龍王前 감찰재자건간심鑑
察齋者虔懇心 원수자비애납수願垂慈悲哀納受'를 소공자에 따라 활용하
면 의미가 있을 것이다.

5. 헌공의식

공양물을 올리는 헌공의식은 공양의례의 절정이라고 할 수 있다. 공양
을 올리기 위해 몸과 마음을 가지런히 하고 삼보를 청해 자리에 모시고,
진언의 가지로 공양물을 변화시켰다. 변공의식을 끝냈으니 이제 공양
을 받으실 분들에게 공양물을 올리면 된다. 현재 『한글』②에는 진언변
공 이후 '현교적인 예참의식'과 '밀교적인 보공양진언'으로 편제돼 있다.

1) 헌공의식의 추이

현재와 같은 헌공 형태가 언제 완성됐는지는 정확히 알기 어렵다.
또 이 같은 구성이 어느 누구의 개인적인 의견에 의해서 성립되었다고
단정하기도 어렵다. 변공 후 헌공獻供은 너무나 당연한 귀결임에도
현재와 같은 형태의 헌공법이 등장하는 의례서는 1970년대 이후의
모습이라고 할 수 있다. 『불교의식각론』 V에서는 보공양진언 이후
원성취진언을 하고, 보궐진언 다음에 예참을 시설하며, 『석문』의 차서
를 근거로 제시하고 있다.[120] 또 『통일』(1998)에서는 '예참·사대진언·

---

[119] 『작법귀감』, p.555下, 572中.
[120] 『불교의식각론』 V, p.235.

정근은 가지加持로써 이 공양이 더욱 참다운 공양이 되도록 하여 부처님
의 위신력과 중생의 마음이 합일되는 순서로 시설되었다. 각단의 예참
예문은 다르므로 그에 해당하는 예문을 모신다[121]고 하고 있다. 예참도
가지의 의미로 수용하고 있음을 알 수 있다.

삼단시식의 경우가 아니고는 상단공양은, 『진언권공』, 『청문』, 『제
반문』 등에는 원형의 '진언권공'으로 공양이 봉행되었다고 보인다.
그렇지만 대재 등의 삼단의 상단공양에서 '진언권공'으로 진행되면서
변화를 겪게 된다. 그 까닭에 삼단시식이 아니고 상단의 권공으로만
나타나는 경우가 흔하지 않다. 그래서 그 변화된 모습이 확인되는
본은 주로 19세기 이후의 본이다.

〈표IV-5〉 주요 본의 권공절차

『작법귀감』(1826)	『석문』(1935)	『불교의범』(1976)	『한글』②(2005)
가지공양	보공양진언	'예참' 용어 없음	예참
육법공양 각 1배	출생공양진언	7정례공양	7정례공양
공양삼보 각 1배	정식진언	보공양진언 3번	보공양진언 3번
보공양진언 3편	보회향진언	보회향진언 3번	보회향진언 3번
보회향진언	원성취진언※[122]	원성취진언 3번	원성취진언 3번

상단공양이 '상주권공'으로 축약되고, 이것이 다시 『작법귀감』
(1826)에 이르면 '삼보통청'이라는 명칭으로 정착되기 시작하는 시점의
의례이므로 의미가 있다. 다시 말해 축약의 중요한 한 단면을 보여주고

---

121 『통일』(1998), p.89.
122 보회향진언, 원성취진언, 보궐진언, 예참, 정근, 축원의 순서를 제시하고 있다.

있다는 것이다. 하지만 한 세기 후의 『석문』(1935) '제불통청'에는 '육법공양'과 '가지공양'이 보이지 않는다. 단지 가지공양의 삼보공양은 칠성청에 부분적으로 남아 있을 뿐이다.[123] 육법공양의 경우도 초파일 등에나 행해지고, 오신공양([향공양] 연향공양 불사자비 수차공양)도 현재 그 잔영만(향공양, 연향공양) 남아 있다. 그런데 '예참'이라는 현행의 공양삼보 의례는 보이지 않고 예참이라는 순서를 보궐진언 다음에 행한다고 괄호하고 있다.[124] 예참이 나타나기 시작하는 『불교의 범』(1976)에는 '예참'이라는 항목이 보이지 않고, 『신석문』(1982)에는 '예참'이라는 항목 명칭과 '부처님께 권공하며 예배하는 곳'이라는 주가 달려 있다.[125]

1970년대 이후 현행의 '예참'이 등장하기 시작하고 있지만 '예참'이 일반화되었다고는 하기 어렵다. 다음의 『삼화행도집』(1986)과 『불광법회요전』(1983)의 권공편의 차례를 비교해 보자. 두 본 공히 운심공양진언이 선행하고 있음은 물론이다.

예1 보공양진언 출생공양진언 정식진언 보회향진언 원성취진언
예2 소예참(13배), 보공양진언 보궐진언※ 원성취진언 보회향
　　진언[126]

---

123 『석문』 하권, p.26.
124 『석문』 하권, p.4.
125 『신석문』(1982), p.256.
126 예1 『삼화행도집』, pp.116~117; 예2 『불광법회요전』, pp.60~67.

『삼화행도집』에는 '예참'이 보이지 않고, 1980년대 말 보급되기 시작한 대한불교진흥원의 『통일법요집』도 이와 같으며,[127] 『불광법회요전』은 13배의 '소예참'을 채택하고 있다. 또 보궐진언을 보공양진언 뒤에 놓고 보회향진언을 원성취진언 다음에 시설하고 있다. 1980년대 초반에만 해도 '예참'이 권공에 삽입된 현행의 형태가 확립되었다고 보기 어렵다고 보인다. 『불교의범』(1976)에 '예참'이 나타나기 시작하고 있다는 것은 1970년대 이전부터 '예참'이 공양 행법으로 행해졌다는 것으로 보인다. 왜냐하면 『불교의범』이 어떤 목적을 가지고 편찬된 본이라기보다 '현장의 수요(사찰의 필요성)'에 따라 편찬 보급되었다고 보이기 때문이다. 그런데 『성불합시다』(1993)에도 '7정례 예참'에 '예참'이라는 항목을 달지 않고 있다. 이는 '예참'이 『통일』에서처럼 '예참 ①, ②'라고 하면서 일반화된 것은 1990년대 중반 이후라고 할 수 있을 것 같다.

2) 헌공에 대한 인식

한국불교의 공양의례 가운데 헌공의 추이 과정은 오래 전의 일이라고 하기 어렵다. 19세기 이래 '광략廣略'이라는 인식을 통해 변화를 보이고 있는 것은 진언의 의미와 이해에 대한 차이가 일어났기 때문이라고 할 수 있다. 대표적인 것으로 운심공양진언이 변공인가, 공양인가에 대한 인식의 변화이다.

『작법귀감』에서는 '광략'이라고 이해하고 있지만 변식진언, 출생공

---

127 진흥원, 『통일법요집』, p.54. 이 법요집은 『석문』의 차서를 그대로 따르고 있다.

양진언, 정식진언을 상단권공의 진언이라고 인식하고 있다고 보인다. 그렇지만 변공과 함께 헌공의 경우도 가지공양의 경우 삼보를 청한 데 맞추어 삼정례로 공양을 하는 것이 좋지만 '예참'으로 이해하게 되면서 소청所請에 맞는 헌공으로 나타나지 않고 있다. 또 예참은 예불과 참회를 통해 삼매를 닦는 의식이라고 할 수 있는데, 예참을 예공禮供으로만 행하면서 예참이라고 이해하고 있다고 할 수 있다.

'예참'이라 하면 예불과 참회의 줄임이라는 것쯤은 쉽게 인식한다. 현재 한국불교의 의식궤범이라고 하면 『통일법요집』과 같은 '법요집'이라고 대개 인식하고 있을 것이다. 이 같은 법요집의 '예참'이라는 항목을 찾아보면 '지심정례공양 ~불, 보살 등등' 세 분, 또는 일곱 분에게 절하며 공양하는 의식에 달려 있음을 알 수 있다. 『통일』(2003)의 경우를 보면 삼보통청이나 지장청 등 큰 청의 하위 제목은 고딕체로 인자하고 네모를 치고 있는데, 이것을 경계 삼는다면 예참의 앞은 '사다라니'이고 뒤는 '사대진언'이다. 그 사다라니와 사대진언은 각각의 공능이 있다고 할 수 있다. 이 법요집이 절대적 기준은 아니겠지만 이를 놓고 보면 한국불교에서 현재 이해하고 있는 '예참'은 '절하며 공양하겠다'는 언표 정도라고 하겠다.

'예참'이라고 하는데 '예'는 보이지만 '참懺'은 어디서도 찾을 수 없다. 각 종파마다 '예참' 또는 '참의懺儀'라는 의식이 봉행되었다고 보이며, 한국불교에서는 천태 지자가 찬한 것으로 알려진 『법화삼매참의』에 의거한 '천태예참'이 봉행되었다고 보인다. 이 예참은 ①도량을 엄정하고, ②행자의 몸을 깨끗이 하고, ③삼업으로 공양하고, ④삼보를 청하고, ⑤삼보를 찬탄하고, ⑥예불하고, ⑦육근을 참회하고, ⑧법좌

를 도는 행도行道를 하고, ⑨ 경전을 독송하고, ⑩ 좌선하여 실상을
관상하는 순서로 진행된다. ⑦ '육근참회'와 ⑧ '행도' 사이에 권청勸請,
수희隨喜, 회향迴向, 발원發願하는 법을 밝히고 있다.[128] 참회와 권청,
수희, 회향, 발원이 끝나면 삼보님께 절을 하게 된다. 이때 나타나는
대사가 바로 이 '발원이귀명례삼보'이다. 이 참법을 줄여서 '예참'이라고
하는 것이다. 그러므로 '절하며 공양한다'는 언표만 남아 있는, 현재의
참회를 하지 않는 예참은 재고되어야 할 여지가 많다.

현행 삼보통청과 같은 공양의궤에 남아 있는 이 같은 모습은 또
있다. '진언으로 공양을 권한다'고 하는 '진언권공'은 『진언권공』(1496)
과 같은 원래 완전한 의궤였지만 삼보통청에 삽입되어 공양의 한 부분이
되었다. '예참'이 『법화삼매참의』의 축약이듯이 현행 '진언권공'은 축약
된 '공양의궤'라고 할 수 있다. 부록의 '진언권공' 전문이나 앞의 분과를
보면 알 수 있다.

한국불교의 공양의례에서는 공양을 준비하여 공양을 올리는 현교의
공양법으로 '예참'을 행하고 있지만 예참은 예불 이후 '참회, 권청,
수희, 회향, 발원'이라는 의식으로 진행된다. 그렇지 않은 현재의 '예참'
은 '예공禮供'이라고 칭하는 것이 좋을 것이다. 상단헌공 이외의 각단
헌공은 삼청에 맞추어 3정례 공양으로 행해지고 있다.[129] 이는 7정례라
는 조석예불문의 정착과 그 맥을 같이한다고 할 수 있다. 예경과 헌공의
일치를 추구한 결과라고 보인다.

---

128 『法華三昧懺儀』, T. 46, pp.950a~954b.

129 『한글』②의 16개의 공양의례 가운데 3정례공양이 아닌 의례는 삼보통청밖에
없다.

270

6. 풍경의식

현행 의례에 상단공양 이후 경전독경 또는 경전을 '외는 의식' 편을 시설하고 있는 경우는 보기 힘들다. 그럼에도 불구하고 이 절을 시설하여 체계를 세우는 것은, 전통의 공양의식에는 풍경諷經의식이 시설되어 있기 때문이다. 이 책의 공양의례 분과는 보회향진언으로 재공의식이 종료된다고 이해한다. 그리고 이후에 원성취진언을 행하고 이어서 경전을 외운다. 그리고 빠진 것을 보충하는 보궐진언을 염송함으로써 풍경의식을 마치게 된다. 공양의례는 시식과 달리 삼단공양三檀供養이라는 표현을 쓰지 않고 있지만 재공양과 더불어 법공양이라는 용어가 한국불교에는 널리 쓰이며 행해지고 있다. 풍경諷經의식은 법시法施와 비슷한 성격을 가진 법공양이라고 이해할 수 있다. 공양의궤에서 나타나는 '풍경' 전후의 의식과 용례들을 살피고 그것들의 활용과 인식을 개괄해 보기로 한다.

1) 풍경의식의 추이

풍경의식의 추이를 언급하기 이전에 전후의 진언에 대한 해명을 먼저 해야 할 것 같다. 〈표IV-3〉 주요 본의 권공절차에 나타나 있듯이 보공양진언으로 헌공의식을 행하고, 보회향진언으로 그 공덕을 일체 회향하며 헌공의식을 마치게 된다. 하지만 앞 또는 뒤에 원성취진언과 보궐진언이 행해지므로 원성취진언과 보궐진언의 용례와 의미를 살펴야 한다.

원성취진언과 보궐진언은, 사실 제목으로는 의미가 잘 드러나지

않는다. 원을 성취하는 진언이고, 빠진 것을 보궐하는 진언이라면
원을 발원해야 하고, 빠진 것이 무엇인지 알아야 하기 때문이다. 일반적
인 재자의 원이라면 축원 이후에 하는 것이 맞을 테고, 공양과 관련하여
빠진 것이 있다면 앞에서 행한 '널리 공양하는 진언'인 보공양진언의
공능을 불신한다는 것이 전제되었다고 할 수 있다.

넓은 의미의 시식은 불공이 포함된다는 것을 인정한다면 시식의궤의
구조를 참조할 필요가 있을 것이다.『삼단시식문』(1496)에서 원성취진
언은 수계 이후에 사홍서원을 발원한 이후에 그 원을 성취하고자 할
때 하는 진언이고,[130] 또『결수문』(1573)에도 '발사홍서편'에 사홍서원
을 발원하고 그것을 성취하는 원성취진언이 시설되어 있다.[131]

또 보궐진언은 법시法施로서 "대중이『법화경』「방편품」을 염송할
때 시간이 촉박해서 정설을 다 읽지 못하고 경전을 거두게 될 때 '어산'은
'서품제일'이 무엇인가 하며, 보궐주를 읽고 중부는 '수경게'를 읽고
있다."[132] 날이 촉박해서 경전을 다 읽지 못했을 때 어산이 '서품제일'
하고 운하면 보궐주를 하고, 중부가 경전을 거두는 '수경게'를 하고
있는 것이다. 이 협주로 볼 때 보궐주는 '경전염송의 빠진 것을 보궐'하는
의미라고 할 수 있다. 그러므로 원성취진언의 의미와 보궐진언이 생성
된 본래 의미로 볼 때 부처님께 공양을 올리고 포살의궤를 행한 흔적이
라고 보인다. 그리고 발심을 더하기 위해 대승경전을 독송하였는데,

---

130 『삼단시식문』,『한의총』1, p.489上.

131 『결수문』,『한의총』1, p.639下.

132 『五種梵音集』,『한불전』12, p.161上;『작법귀감』,『한의총』3, p.458下. "序方譬
信藥受化 五授法見提持安 從如隨法常如 囑藥妙觀多妙普."

여러 형편상 긴 경전을 다 읽지 못한 것에 대한 보궐로 이 진언을
읽지 않았을까[133] 한다. 이전 주요 본의 풍경의식은 〈표IV-6〉과 같다.

〈표IV-6〉 주요 본의 풍경의식[135]

구분	諷經儀式
『지반문』(1470,1573)	보공양진언 '誦大乘經' 보회향진언
『청문』(1529)	나한청 권공 소재주 37편 念嘆白; 관음청 칭념 관음 108편, 천수 역득
『금산사 제반문』(1694)	보회향진언 금강경찬 반야무진장진언 금강심진언 보궐진언
『도림사 범음집』(1709)	설법 필후 어산 창 법화경 대중 擊鼓 同誦法花經 畢後 보궐진언 수경게
『해인사 제반문』(1719)	보공양진언 풍송대승경 보회향진언 탄백
『중흥사 범음집』(1723)	설법 필후 어산 창 법화경 대중 擊鼓 同誦法花經 畢後 보궐진언 수경게
『작법귀감』(1826)	보회향진언 능엄주 원성취주 보궐주 축원
『사寫범음집』(1923)	作法要鑑: 공양주 회향주 심경 금강심주 소재주 원성취 진언 보궐주[134]
『석문』(1935)	칠성청: 공양주 회향주 심경 소재주 연명경 정근; 신중청 공양주 제진언
『불교의범』(1976)	신중청: 보공양 금강심 예적원만주 항마주 십대명왕본존주 소청팔부 등
『통일』(2003)	칠성청: 보공양 북두주; 산신청: 보공양 산왕경 조왕청: 보공양 환희조왕경
『한글』②(2005)	신중청: 보회향 금강심 예적원만주 항마진언 등과 약찬게 심경 소재주 원성취

---

133 졸고, 「표준법요집과 의궤구조」, 『불교와 사회』 5집(대한불교조계종 포교원, 2009). p.264.

상·중·하단의 설법의식 형태였던 풍경의식이 후대로 내려올수록 방계의식에서나 행해지는 모습이 보인다. 신중청과 칠성, 산신, 조왕청 등에 해당 경전을 염송하는 모습을 보이고 있을 뿐이다. 발원을 하지 않고 발원을 하고, 보궐을 할 일이 없는데도[136] 보궐을 하고 있는 모습이라고도 할 수 있다. 하지만 신중청 등에서는 신중 제위의 전문 진언을 염송함으로써 신중들의 원력의 힘에 의지하려는 모습도 보이고 있다. 신중권공에서 염송되는 진언은 수륙재를 열기 위해 청하여 결계를 청하고 수호를 바라는 진언들이다. 수륙재와 같은 대재를 봉행하지 않지만 그분들을 청해 공양을 올리고, 그분들의 서원이 담긴 진언에 의지하여 불사를 원만히 이루고자 '진언염송'을 시설하고 염송하였다고 볼 수 있을 것이다.

---

134 『사寫범음집』(1923)의 '미타청·약사청·미륵청·독성청·나한청'에는 능엄주가, '제석청'에는 심경·소재주·금강심주·준제주가, '신중청'에는 심경·소재주·제석천왕제구예진언·준제주가, '산신청·조왕청'에는 심경·소재주가 시설돼 있다.

135 『지반문』, 『한의총』 1, p.594上; 『청문』, p.44; 『금산사 제반문』, 『한의총』 2, pp.494~495; 『도림사 범음집』, 『한의총』 3, p.114上; 『해인사 제반문』, 『한의총』 2, p.644下; 『중흥사 범음집』, 『한의총』 3, p.14下; 『작법귀감』, 『한불전』 10, p.556中; 『사寫범음집』, p.6후면; 『석문』 하권, p.26; 『불교의범』, pp.191~195; 『통일』, p.230, p.248, pp.256~257; 『한글』②, pp.230~241.

136 보궐진언에 대한 일반적인 인식은 헌공의식과 이어져 나타나고 있는 까닭에 공양 때 혹시 뭔가 빠진 것이 있지 않을까 해서 행한다고 이해하는 것인데, 『修設瑜伽集要施食壇儀』(X. 59, p. 271a)에서는 수인을 지을 때 차례가 아니었거나 관상을 오로지하지 못한 점 등 일체의 허물이 다 청정하게 되라고 다시 '아'자 21편을 염송한다고 하고 있다.

274

2) 풍경에 대한 인식

풍경의 잔영은 신중권공 의식을 제외하고는 상중하단보다 방계 의례라고 할 수 있는 각단권공편에 흔하게 목격된다. 현행 유통본의 경우를 모두 조사하는 것은 어렵지만 현행 유통본들은 대개 『석문』이나 『불교의범』, 『신석문』 등을 모방 편집한 것으로 보이므로 의미를 부여하기는 어렵다. 그러므로 주요 몇 본과 그 해석을 중심으로 풍경의식에 대한 인식을 살펴보고자 한다.

『석문』의 신중청은 여느 청과 달리 보소청진언 이전에 예적원만다라니, 십대명왕본존진언, 소청팔부제천진언을 시설하고 있다. 『석문』이 각청편, 시식편, 배송편이라는 편제를 택하게 되었으므로 청사와 가영 이후의 의식을 생략하고 있다. 그 까닭에 신중청의 풍경의식에 대한 『석문』 찬자의 인식을 정확하게 알기 어렵다. 그런데 『석문』에 주를 달았다고 하는 『신석문』(1982)은 『석문』 신중청의 보소청진언 앞의 세 진언과 풍경의식에 해당하는 보공양진언 이후에 금강심진언, 예적대원만다라니, 항마진언, 제석천왕제구예진언, 십대명왕본존진언, 소청팔부진언, 화엄경약찬게를 설시하고 원성취진언과 보회향진언, 보궐진언의 차서를 부여하고 있다.[137]

『신석문』은 청사 앞에도 세 진언을 배치하고, 또 풍경의식에 해당하는 곳에도 제 진언을 설시하고 있다. 신중청에 행해지는 제 진언의 공능에 대한 정확한 인식이 있었다고 보이지 않는다. 하지만 이 차서는 『불교의범』(1976)의 차서와 더불어 이후의 해당 의식의 차서 형성에

---

[137] 『신석문』, pp.346~352.

영향을 미치고 있다고 할 수 있다.

〈표IV-6〉에서 『한글』②의 신중청 풍경의식을 일별했지만 논의를 위해 좀 더 세밀히 볼 필요가 있다. 보공양·보회향진언의 헌공의식 이후에 다음과 같은 풍경의식이 시설되었다.

금강심진언 예적원만다라니의 게송과 진언, 항마진언의 게송과 진언, 제석천왕제구예진언, 십대명왕본존진언, 소청팔부진언, 화엄경약찬게, 반야심경, 불설소재길상다라니 원성취진언[138]

『통일』과 달라진 점은 게송을 우리말로 해석해서 삽입하고 있는 것이다. 신중청 외에 칠성청의 「북두주」,[139] 산신청의 「산왕경」, 조왕청의 「환희조왕경」만이 풍경으로 시설되었다. 특히 신중청에서 시설된 신중의 진언과 게송에도 각 진언과 게송의 이름만 게재하고 있을 뿐 별다른 언급을 찾기 힘들다. 그렇다면 여타 본들은 어떤가를 보자.

『대성사 법요집』(1999〔2007〕) '삼보통청'편은 보공양·보회향진언 이후에 '약본 능엄주, 정본 관자재보살 여의륜주, 불정심관세음보살 모다라니, 불설소재길상다라니'의 조송朝誦 사대주와 원성취진언 이후에 보궐진언을 시설하고 있다.[140] 또 프린트본 『삼보통청三寶通請』에는

---

138 『한글』②, pp.230~241.

139 『석문』은 북두주를 회향주 다음이 아닌 봉송과 3회향가지 이후에 시설하고 있다. 하권, p.28.

140 妙聲 法眼 編, 『법요집』, 대성사, 1999〔2007〕, pp.129~130. 편자 법안 스님은 영산재를 이수하고 중앙승가대학교와 어산작법학교에서 의식을 교수하고 있다.

"※시간이 넉넉할 때는 대원성취진언을 하기 전에 해탈주나 또는 능엄주 등 '사대주'를 외워도 좋으며 끝으로 예참이나 정근을 한 다음 축원을 한다"[141]고 보궐진언과 탄백 뒤에 협주를 하고 있다. 하지만 전반적으로 신중청이나 칠성청 등에 나타나고 있는 경전이나 진언 독송의식을 풍경의식으로 이해하고 있다고 보이지는 않는다.

신중청의 제 진언에 대해서도 그것을 염송하는 의례체계로 이해하기보다는 당해 명칭에 의지해 '금강보살의 마음을 나타내는 진언', '더러운 것 없애주는 원만다라니', '마구니를 항복하는 진언', '제석천왕이 더러운 때 없애주는 진언', '열 분 명왕의 본존을 나타내는 진언'[142] 등으로 이해하며 공양의식의 하나로 인식하고 있다고 보이며, 또 게송 해석을 통해 보면 신중의 원력과 위력에 의지하고자 하는 발원으로 이해하고 있다고 할 수 있다.

신중청의 풍경의식에 대해 위에서 본 일반적 인식에 비해 세밀하고 전문적인 해석을 하고 있는 『불교의식각론』 VI의 중단권공 편에 제시된 차서를 보기로 한다.

보공양진언 이후 예적원만다라니, 항마진언, 제석천왕제구예진언, 십대명왕본존진언, 소청팔부진언, 심경, 금강심진언, 용수보살약찬게, 보회향진언, 불설소재길상다라니, 원성취진언, 보궐진언,

---

141 필사자 석일화 스님(1927~2000)은 마곡사로 출가하신 분으로 충남 공주 원효사를 창건하셨으며 의식에 밝았던 스님으로 보인다. 이 프린트물은 현재 공주 원효사 주지이시자 일화 스님의 상좌 해월 스님으로부터 구입한 것이다.

142 『연화의식집』, pp.114~117.

삼정례, 정근, 탄백, 축원[143]

『불교의식각론』VI의 권공의 차서를 『한글』②의 차서와 비교하면, 풍경의식 서두에 존치됐던 금강심진언이 반야심경 다음에 위치하고, 소청팔부진언과 반야심경 사이에 있던 화엄경약찬게를 보회향진언 앞에 두고 있으며, 소재길상다라니 앞에 보회향진언을 설시하고 원성취진언과 보궐진언으로 풍경을 끝맺고 있다. 이 책은 중단권공의 순서와 내용이 개정된 것에 대해, 예적원만다라니에서 심경까지는 가행도加行道, 금강심진언은 무간도無間道, 약찬게는 해탈도解脫道, 보회향진언과 소재주는 승진도勝進道의 사도四道로 배대하고 있다.[144] 그리고 제 진언의 출전과 용례를 밝히고 있다. 신중의 제 진언이 수륙재의 결계와 옹호에 활용되고 있는데 이 진언이 신중권공의 풍경 역할로 존재해 있는 것이다.

풍경의식을 확인하게 해주는 보궐진언의 모습은 송주의식에서도 흔적이 확인되는데, 현행 천수경과 유사한 천수경의 준제진언과 준제 발원 다음에 보궐진언으로 '천수경'을 마감하고 있는 『소재길상 불경요집消災吉祥佛經要集』(1923)이나 『조석지송』(1931)이 그것이다.[145]

풍경의식은 현대의 한국불교 공양의례에 어떤 의미를 제공해 줄 수 있는가. 풍경의식에서 마저 하지 못했다고 보궐진언을 염송하는 의식이라고 인정한다면 보궐진언 이전에 설법을 행할 수 있는 단초를

---

143 『불교의식각론』 VI, pp.9~19.

144 『불교의식각론』 VI, p.76.

145 『消災吉祥 佛經要集』(1923), p.9; 『조석지송』, 1931, 『한의총』 4, p.85下.

제공하게 된다. 할 말을 다하려면 해묵서이부진이라고[146] 하였듯이 빠진 것이 있을 수밖에 없을 것이다. 그것을 완성하는 진언으로 보궐진언의 기능이 제자리로 환원될 수 있다는 것이다.

남는 문제는 '원성취진언'인데, 선행 정근 이전에 천수경 염송으로 사홍서원을 발원한다. 발원을 하므로 그곳에서 원성취진언을 하게 되지만 이미 천수경이라는 완성된 형태를 가지고 있으므로 한계가 있다. 원 의미를 복원하려면, 가령 '예경, 삼귀의, 오계발원' 등의 예경법을 참조하여 원성취진언 앞에 오계 서원이나 사홍서원을 부활하면 좋을 것이다. 인식의 전환이 필요하다.

발원이나 풍경의식의 복원은 불공과 법회로 이원화되다시피 한 불공의례의 본래 의미를 복원하는 의미 있는 인식의 전환이 될 수 있다. 둘로 나누어졌지만 이것을 둘로 보지 않고 늘 일원화를 추구하는, 심지어 상단용 변공의궤와 하단용 변공의궤조차 하나로 융회融會한 한국불교의 역동성과 만법귀일萬法歸一적 사고로 본다면 불가능한 것만은 아닐 것이다.

7. 표백의식

표백表白은 소원을 아뢰는 의식이다. 본서의 분과로는 보궐진언 이후의 의식을 지칭한다. 탄백嘆白이라는 어휘도 있고, 또 고古의궤의 '분과용어라는 인식'에서 한 절을 차지하게 되었다. 공양의례의 진정한 절정이

라고 하겠다. 『한글』②를 기준으로 이 절에 포함된 의식은 '탄백, 정근, 석가여래종자심진언, 탄백, 삼보축원'이다.

표백은 대체로 생략되어 전승된다. 상황적이라고 해서 그럴 것이다. 그러므로 추이를 비교하는 것도 쉽지 않다. 특히 '축원개여上祝願皆如常'[147]이라고 하여 그날 법회 상황에 맞게 운용되므로 당연한 귀결인지도 모른다. 또 축원의 모습은 귀의축원, 회향축원 등 특정의 축원이 아닌 일반축원의 모습들을 보여주고 있을 뿐이다. 하지만 후대로 내려올수록 축원도 전형이 필요하다고 인식하여 예문을 제시하기에 이른다.[148] 그렇지만 본서가 추구하는 가치는 추이를 통해 한국불교 수용자들의 인식을 살펴보는 것이 목적이므로 최대한 남은 자료를 토대로 재구와 추론을 통해 탐색하고자 한다.

1) 표백의식의 추이

표백의 전반적인 구조를 살필 수 있는 자료는 대부분 현대 자료로 한정적일 수밖에 없다. 주요 본에 나타난 표백의 구조와 추이는 〈표IV -7〉과 같다.

현행 대개 삼보통청의 정근은 석가모니불 정근을 시설하고 있지만 『작법귀감』의 삼보통청에는 정근이 보이지 않아 '관음청'을 제시하였다. 〈표IV-7〉에 포함되지 않았지만 『불교의식요집』은 '제불통청'에서 현행 유통본으로는 드물게 보궐진언 다음에 정근으로 관음정근이 제시돼 있다.[149] 이 점은 정근의 역할과 관음신앙이라는 신앙 기반보다

---

147 『작법귀감』, 『한불전』 10, p.556上.
148 『석문』 '축원편'은 이 같은 정황을 증명한다고 할 수 있다.

의례에서 관세음보살과 지장보살의 역할을 추측할 수 있는 기미를
제공하고 있다고 할 수 있다.

〈표IV-7〉제본의 표백의식 추이[152]

구분	表白儀式
『청문』(1529)	축원 上來 修齋情旨 已對敷宣 惟願慈悲 許垂證明 今斯 施主~普共衆生同入覺海
『영산~작법절차』(1634)	풍경 염지장 후 보통축원 상래현전비구중 풍송능엄비 밀주 회향호법용천중~
『작법귀감』(1826)	관음청[150] 정근 탄백 귀의축원 각1배, 上來~法輪轉 保體 축원, 억원, 대중축원 등
『사寫범음집』(1923)	作法要鑑: 정근 탄백 고아게 회향축원, 지장청 귀의축원
『석문』(1935)	예참 정근 축원
『불교의범』(1976)	정근 탄백 회향축원
『통일』(2002)	탄백[151] 정근 석가여래종자진언 탄백 회향축원
『한글』②(2005)	탄백 정근 석가여래종자진언 탄백 회향축원

〈표IV-7〉의 추이는 표백 이전의 풍경에 대한 인식이 정근 정도로
축소되고 있음을 알 수 있다. 다음은 원활한 논의와 추이를 고찰하기
위해 번거롭지만 『작법귀감』의 보통축원, 귀의축원, 회향축원의 전문

---

149 이화옥, 『佛供儀式 四十九齋 佛敎儀式要集』(삼영불교출판사, 1995), pp.33~34.
150 『작법귀감』 삼보통청에는 정근이 보이지 않아 관음청을 제시하였다.
151 '정근을 할 경우에는 탄백을 생략해도 가능하다'는 간주를 달고 있다.(p.138)
152 『청문』, p.44; 『영산대회작법절차』, 『한의총』 2, p.150; 『작법귀감』, 『한불전』
    10, p.557; 『사寫범음집』, p.6 후면; 『석문』 하권, p.6; 『불교의범』, pp.126~127;
    『통일』, pp.139~140; 『한글』②, pp.113~118.

을 제시하고자 한다.

普通祝願

上來現前比丘衆 諷誦楞嚴秘密呪 回向護法天龍衆 土地伽藍諸聖衆

위에서 함께한 비구들은

능엄 비밀주를 (외운 공덕을)

불법을 보호하는 천신, 용의 무리,

토지, 가람의 성중들께 회향하오니

三災八難俱離苦 四恩三有盡霑恩 主上殿下壽萬歲 國界安寧兵革消

삼재팔난 괴로움에서 다 벗어나고,

사은 삼유 빠짐없이 은혜 입고

주상전하 만수를 누리시고,

나라는 편안하고 전쟁은 소멸되며

雨順風調民安樂 一衆熏修希勝進 十地頓超無難事 山門肅靜絶悲憂

비바람 순조로워 백성들 안락하고,

온 대중들 닦는 도업 날로 나아지며

십지를 단번 뛰어넘어 어려운 일 없사옵고,

산문은 엄숙하고 고요해 근심걱정 끊어지며

檀信歸依增福慧 四事施主壽命長 十方施主厄消除 先亡父母生淨刹

믿음으로 귀의하며 시주한 이 복과 지혜 늘어나고,

네 가지로 시주한 이 수명이 길어지며

시방 세계 시주들은 액운은 소멸되어 없어지고,

먼저 가신 부모님들 정토세계 나게 되며

願共含靈登彼岸

모든 영혼 다함께 피안에 이르기 바라나이다.

十方三世佛菩薩 摩訶般若波羅蜜[153]

보통축원은 한국불교의 공양의례에 제시된 행선축원과 유사하고 형태가 유사하며, 글자 그대로 보통축원인데, 의문은 능엄주를 지송하는 풍경諷經을 하고 풍경의 공덕으로 행하는 축원이라고 할 수 있다.

歸依祝願

稽首歸依禮 慈悲水月顔 神通千手眼 救苦濟人間 願降大吉祥 (一拜)

자비하신 수월의 존안 지니시고

신통하신 천 개 눈과 천 개 손 가졌으며

고난에서 구제하시고 인간을 건져주시는 분께

귀의하며 절하오니

큰 길상을 내려주소서. (절 1번)

稽首歸依禮 妙音甘露口 三十二應宣 迷津霑法雨 願降大吉祥 (一拜)

미묘한 음성 감로 같은 법을 설하시고

서른두 가지 몸으로 호응해 주시며

나루 잃은 이에게 법의 비로 적셔주시는 분께

귀의하며 절하오니

큰 길상을 내려주소서. (절 1번)

---

153 『작법귀감』, 『한불전』 10, p.553上. 본서의 분류상 '시방삼세일체불' 이하는 봉송으로 이해한다.

稽首歸依禮 無爲淸淨慧 三昧圓通門 甚深不思議 願降大吉祥 (一拜)[154]

함 없는 청정한 지혜 지니시고

삼매의 원만하게 통한 문이

매우 심오하여 부사의한 분께

귀의하며 절하오니

큰 길상을 내려주소서. (절 1번)

귀의축원은 삼보에 귀의 찬탄하며 길상을 내려 주실 것을 원하는 삼귀의 예배 축원이라고 할 수 있다. 현행 축원에서는 모습을 찾아보기 힘들다고 할 수 있는데, 시식의례에서 봉송 직전에 다시 한 번 삼귀의 하는 모습과 일맥상통한다고 할 수 있다.

回向祝願

上來所修 (至)法輪轉 今日齋者 (某) 保體 圓滿三業善 成就三輪因

위에서 닦은 ~법륜이 굴려지고, 오늘 재를 올리는 사람 (아무개) 보체는 좋은 세 가지 업은 원만해지고 삼륜三輪의 인因 성취하여지이다.

抑願叅禪則 疑團獨露 念佛則三昧現前 看經則慧眼通透 資糧則隨分成就 病苦則無不卽差 所求所願 一一圓成之大願

또 참선을 하는 이는 의단이 홀로 드러나고, 염불하는 이는 삼매三昧

154『작법귀감』,『한불전』10, p.557.『작법귀감』에는 '귀의축원'과 '회향축원'이라는 표현이 등장하지 않지만『사寫범음집』(1923)의 명명법을 따랐다.

284

가 앞에 나타나며, 경을 보는 이는 혜안慧眼이 통하며,

자량資糧은 분수 따라 성취되며, 병고에서 곧 낫지 않는 일 없고,

구하는 게 있거나 원하는 게 있으면 낱낱이 원만하게 성취하게

되기를 바라옵니다.

四事施主增福壽 同業大衆慧眼明 法界含靈登彼岸 天神地祇護道場

世世常行菩薩道

네 가지[155]로 시주한 이는 복과 수명 늘어나고 업이 같은 대중들은

지혜의 눈이 밝아지며, 법계의 모든 중생들은 피안彼岸에 오르고

하늘의 신과 땅의 귀신은 이 도량을 보호하여 세상마다 늘 보살도菩薩

道를 닦게 하여지이다.

摩訶般若波羅密 南無釋迦牟尼佛 (三說三拜)[156] (3번 설하고, 3번

절한다.)

회향축원은 현행 불공 후 축원과 기본구조는 크게 다르지 않으나

내부구조는 재자축원, 억원抑願, 재자발원으로 '억원'의 의미에 대한

재고가 필요하다. 그런데 상단이나, 준제청, 월광청, 미타청, 미륵청,

독성청 등의 공양의례에는 회향축원이 등장하고, 산신청, 조왕청, 현왕

청, 칠성청, 제석청, 나한청, 신중청 등의 공양의례에는 귀의축원으로

나타나고 있다.[157] 다음은 『통일』(2003) 소재 축원을 보기로 한다.[158]

---

155 네 가지란 옷, 음식, 살 공간, 아프면 약을 주는 베풂을 말한다.

156 『작법귀감』, 『한불전』 10, p.557. 『작법귀감』에는 '귀의축원'과 '회향축원'이라는
표현이 등장하지 않지만 『사寫범음집』(1923)의 명명법을 따랐다. '마하반야바라
밀' 이하는 본서의 분과상 봉송의 가지로 이해하므로 번역하지 않는다.

157 『사寫범음집』, pp.5~71.

仰告 十方三世 帝網重重 無盡三寶慈尊 不捨慈悲 許垂朗鑑 上來所
修功德海 回向三處悉圓滿[159]

시방삼세 제망중중 다함없는 삼보님께 우러러 아뢰오니, 자비를
버리지 마시고 지혜 광명을 드리워, 지금까지 닦은 바다 같은 공덕을
세 곳으로 회향하오니 다 원만하게 되고,

娑婆世界 此四天下 南瞻部洲 海東 大韓民國 (某處 某山 某寺) 清淨
水月道場 願我今此 至極精誠 獻供發願齋者 大韓民國 某處居住
某人保體 時會大衆 清信士 清信女 童男 童女 白衣檀越 各各等 保體
以此因緣功德 仰蒙諸佛菩薩 加被之妙力 一切災禍 一切摩(魔)障
永爲消滅 家內安過太平 財數大通 事業繁昌 子孫昌盛 無病長壽
萬事亨通之大願 各其心中所求 如意圓滿 日日有千祥之慶 時時無百
害之災 壽山高屹 福海汪洋之大願

사바세계 남섬부주 대한민국 ○처 청정수월도량에서 금일 지극한
정성으로 공양하며 발원하는 재자 대한민국 ○처 거주 ○와 오늘
모인 대중인 청신사 청신녀 동남동녀 백의단월 각각 등이 이 인연공
덕으로 제불보살님의 오묘한 가피력을 입어 일체의 재앙과 마음의
장애가 영원히 사라지고, 가정이 모두 화목하여 편안한 삶을 살고,

---

158 『한글』②의 축원을 제시하는 것이 옳으나 『한글』②는 현장을 반영한다는 취지에
서 축원을 과잉 삽입하여 연문이 많다고 보여 『통일』(2003, pp.140-141) 소재
축원을 전재하였다.

159 이곳 다음에 "大韓民國 國運隆昌 民族團合 國威宣揚 南北統一 世界平和 萬民含樂
佛日增輝 法輪常轉(대한민국의 국운이 융창하고, 민족이 단합하며, 국위가 선양
되고, 남북이 통일되며, 세계가 평화롭고, 만민이 모두 즐거우며, 부처님 광명이
날로 빛나며, 법륜이 항상 구르게 하옵소서)"라는 공동체 축원이 있지만 통일에는
없다.

재수가 대통하여 사업이 번창하고, 자손이 창성하고 병 없이 오래 살며, 온갖 일이 형통하여 어려운 일 사라지고, 마음속에 구하던 것 뜻과 같이 원만하게 성취하며, 매일매일 여러 가지 상서로운 경사 있고, 어느 때나 일체재앙 없어지고, 수명은 태산같이 길어지고, 복덕은 바다처럼 넓어지길 원하오며,

同參齋子 各各等 保體 佛法門中 信心堅固 永不退轉發阿耨多羅三藐三菩提之大願, 同參齋子 各各等 伏爲 各 上逝先亡父母 各列位列名靈駕 以此因緣功德 往生極樂世界 上品上生之大願

동참 재자 모두 부처님 집안에서 신심이 견고하여 영원히 물러나지 아니하고 아뇩다라삼먁삼보리심을 발하고, 동참 재자들의 먼저 돌아가신 각 부모님들을 비롯한 모든 영가들이 이 인연공덕으로 극락세계 왕생하여 상품상생하기를 원합니다.

然後願 恒沙法界 無量佛子等

同遊華藏莊嚴海 同入菩提大道場 常逢華嚴佛菩薩 恒蒙諸佛大光明 消滅無量衆罪障 獲得無量大智慧 頓成無上最正覺 廣度法界諸衆生 以報諸佛莫大恩 世世常行菩薩道 究竟圓成薩婆若

그런 뒤에, 갠지스 강 모래 수와 같이 많은 법계의 한량없는 불자들이, 꽃으로 장엄된 화장세계에 노닐며 깨달음의 도량에 들어가, 항상 화엄세계의 불보살님 만나 뵙고, 모든 부처님의 크신 광명을 입어, 무량한 죄업 소멸되고 한량없는 큰 지혜를 얻어, 위없는 바른 깨달음을 단박에 이루어, 널리 법계의 모든 중생을 제도하여, 부처님의 크신 은혜 갚기 원하오며, 세상에 날 때마다 보살도를 행하여 마침내 일체지를 원만히 이루기를 원합니다.

축원의 표백이 수의적이고 상황적이라고 해서 지나치게 중언부언하는 것은 일일이 거론하기 곤란하므로『통일』소재 축원을 실었다.

『석문』축원편에는 행선축원, 상단축원, 중단축원, 생축식, 망축식 등 5종 6편의 축원문이 실려 있다. 이 책에 축원이 별도로 시설된 것은 의미와 내용에 따라 의례를 분류함으로써 일어난 현상이라고 할 수 있다. 하지만 1970년 이후 대개의 의식은 완결성을 추구하여 각 축원은 해당 위치에 놓이게 되었다.

제시한『통일』의 상단 헌공의 축원은 회향축원으로 구성되어 있으며, 다음과 같은 구조로 분석할 수 있다.

— 고백
— 회향
— 국가와 세계축원
— 당해 재자 축원
— 동참 재자 축원
— 연후법계발원

여타의 상단축원도 『통일』의 모습과 크게 다르지 않을 것이다. 단지『통일』이 '원아願我'와 '억원抑願'의 원망동사를 사용하여 발원적인 성격을 띠고 있다. 이에 비해『불교의범』(1976)이나『신석문』(1982)에서는 '재고축再告祝'[160]이라는 기원동사를 사용하여 축원의 성격이 강하다고 하겠다.『석문』을 증주하고 있는『신석문』의 변화는 시대와 현실을 반영하고 있다고 할 수 있다.[161]

---

160 『불교의범』, p.129; 『신석문』, p.260.

표백은 탄백으로 시작해 정근을 한 후 축원으로 마치게 된다. 이때 정근은 대중이 함께 정성을 다해 노력하는 법사法事라고 할 수 있다. 수의성에 따라 헌좌 이후 정법계진언 앞에서 행해지도록 『불교의범』이나 『신석문』에는 시설돼 있다. 크게 다르다고만 할 수는 없겠지만 적어도 『작법귀감』이나 그 이전의 전통의궤에서 '정근'이 정법계진언 앞에 시설된 경우를 찾기는 힘들다.

만약 시주의 소원을 이루기 위해 함께 공덕을 짓는 법사라고 할 수 있는 정근이 정법계진언 앞에서 봉행될 때는 의미가 달리 해석될 수 있다. 향후 진행될 진언변공의 힘을 기르는 역할로 승화될 수 있다.

2) 표백에 대한 인식

표백은 탄백과 정근, 그리고 축원의 두 축으로 구성되었다. 탄백과 정근은 크게 문제될 여지가 없다. 하지만 정근을 보궐진언에서 행하지 않고 마지 올 때를 기다리기 위해 헌좌獻座 이후에 행하는 것은 의례체계상 재고의 소지가 있다.[162] 불러 모셔서[召請] 행하는 공양일 경우라면, 더욱더 순서를 교체해야 하는 상황이라면 간단한 (예참 공양이 아닌) 예참을 봉행하거나 입정에 들어 지금 이 자리에 오신 삼보님을 관상하는 것이 의례의 차서와 격식에 적합하다고 하겠다. 보궐진언 다음에 정근을 시설하고 있는 『통일』이나 『한글』②의 차서는 의례의 체계에 대해 바르게 인식하고 있다고 보인다.

다음은 축원에 대한 인식을 보자. 축원의 원망동사는 『석문』에서처

---

161 『석문』 상권(pp.74~75)에는 '재고축'이라는 표현이 보이지 않는다.

162 『불교의범』이나 『신석문』에 등장하는 차서.

럼 '원願'이다. '원願'에 '억'원'抑'願'이나 '연후'원'然後'願'을 하지만『불교
의범』이나『신석문』에서는 '재고축再告祝'으로 변하고 있다. '원'은 '원'
을 더하면서 축원하는 대상이 가까운 인연에서 점차로 확대되게 되는
데, 재고축再告祝의 개념은 두 번 반복의 의미로 이해하게 된다.『한
글』②는『통일』보다 축원의 확장이 심하게 일어나고 있다. 이 점은
현실적인 필요성이라는 것도 있지만 축원에 대한 근본적인 인식의
변화를 의미한다.『한글』②가 비록 원망의 동사를『석문』처럼 '원'과
억원抑願, 연후원然後願으로 채택하고 있지만 해석은 그렇지 못하다.
형식은 공양재자와 동참재자를 구별하고 있지만 의미 또한 정연하지
못하다.

축1 원하옵건대 금일 지극한 정성으로 공양을 올리는 재자는 대한
    민국 ○○○처 거주 ○○○보체입니다.

축2 이 외에도 오늘 모인 대중인 청신사 청신녀 동남동녀 백의단월
    ○○○ 각각 등 보체들이 이러한 인연공덕으로 제불보살님의
    보살피시는 오묘한 가피력을 받아서, 일체의 재앙과 마장이
    영원히 소멸되고, 제각기 동서사방 출입하는 곳마다 언제나
    좋은 일 만나고 해로운 일 만나지 않으며, ～복덕은 바다처럼
    넓어지기를 널리 살펴주옵소서.

축3 거듭 원하오니, 동참재자 ○○○ 보체님들은 부처님 집안에서
    신심이 견고하여 영원히 물러나지 아니하고, 보리행원 닦고
    아눗다라삼먁삼보리를 속득 성취하여지이다.

축4 참선자는 의단이 열리고, ～운전자는 안전하게 운행하고,

~직무자는 직분 따라 성취하고 제각기 마음속에 구하며 바라
는 바 뜻과 같이 원만하게 성취되기를 원하옵니다.[163]

축1, 2, 3의 밑줄 친 이들이 동일인을 지칭하는 것인지, 아니면
별도의 재자인지 구별이 잘 되지 않는다. 거기다가 축4의 문장은 확장이
더욱 심하다. 축4의 문장은 『한글』②에서 개변된 것이 아니라 시중의
관행이라고 보이는데, 이는 『작법귀감』의 회향축원이 근원이라고 할
수 있다.

회향축원의 구조는, 회향공덕으로 재자를 축원하고, 참선·염불·간
경의 삼문 축원과 동업대중 축원으로 이뤄져 있다. 『통일』의 구조도
회향축원의 그것과 크게 다르지 않다. 그런데 축4에는 삼문에다가
일반 직업을 나열하고 축원이 더해지고 있다. 삼문축원은 삼문三門[164]의
정진축원과 현실적인 병고와 수분隨分이라는 축원으로 구성된다. 이때
병고는 수행자들의 병고 쾌차축원이고 수분축원은 의례의 대소사 등
맡은 직무에서 자신의 몫을 확보하기를 축원해 주는 것이다.[165]

---

[163] 『한글』②, pp.114~116.

[164] 필자는 참선의 禪門, 염불의 淨土門, 간경의 敎門으로 이해한다.

[165] '職務者隨分成就'를 이해할 수 있는 단서를 『일용의식수문기』(pp.82~83)는 제공
해 주고 있다. "의식을 봉행할 때 지금은 法主 혼자서 하는 경우와 법주에
바라지가 따르는 또는 여기에 鐘頭가 거드는 경우가 있으나 元來는 齋나 佛供이
있으면 各寺에서 念佛을 공부한 이들이 모여들고 齋場에는 유나소가 있어 이른바
草榜(名單)이란 것을 적는다. 이때 어느 절에서 누구누구가 왔는데 누가 判手(인
솔자, 年齡과 念佛實力 優秀者)이고 누구누구가 隨伴이 되고 이 中 누구는
무엇 卽 擧佛이나 보소청진언이나 施食할 때 唱魂이냐를 하기로 예약하게 되었
고, 이렇게 草榜에 오르지 못한 이는 이른바 軸에 들지 못한다. 勿論 等差布施도

재고축, 삼고축 하며 재삼再三 축원을 하는 것은 듣는 이들이 좋아할지 모르지만 '과유비례過猶非禮'가 된다. 하여 공양을 통해 욕망을 버리는 공덕을 짓고 다시 재삼 축원하며 욕망을 채워달라는 것은 적합하다고 하기 어렵다. 욕망의 소멸을 통해 소원을 성취하는 헌공이므로 축원도 욕망의 최대치를 추구할 것이 아니라 욕망의 최소화를 추구해야 한다. 『통일』에서 어느 정도 정리되었지만, 『한글』②와 같이 욕망을 부언하는 모습으로 변화된 것은 축원의 원형으로 환원될 필요가 있는 부분이다. 그럼에도 불구하고 왜 『한글』②와 같은 모습이 보이게 되었을까. 이것은 날로 더해가는 수요대중의 요구에 대한 현실적인 변용으로 중생의 요구를 충족해가는, 수순중생의 산물이라고 할 수 있다.

축원의 형태조차도 고집하지 않고 자신을 없앰으로써 나와 남을 함께 살리는 동체대비에 다름이 아닌 것이다. 탐욕을 버림으로써 소원을 성취하고자 하는 헌공의 참 의미를 체득하는 과정에서 일어나는 이 같은 수용은 자신을 무화함으로써 가능한 보현행원으로 승화되고 있다고 할 수 있다. 한국불교 공양의례의 축원은 겉으로는 욕망의 확장을 걷는 것같이 보이지만, 억원抑願으로 또 인연대중으로 확장하고, 연후원然後願으로 일체 법계에 회향함으로써 자타불이를 실천하는 대승보살의 보현행원의 실천도량이 되고 있다. 욕망과 발원조차 둘이

없다. 그래서 염불공부를 열심히 한다. 어느 程度 익숙해져서 得音을 한 뒤에는 파겹을 해야 한다. 파겹을 하기 위해서는 先參者를 따라가서 어디엔가의 草榜에 들어야 한다. 그러나 坐立을 모르면 또 안 된다. 언제 어느 절차 때 해야 되는가를 무르익게 알아야 한다." 이렇게 재나 불공에 참여하여 각 직분에 따라 받는 보시인 등차보시를 잘 받도록 축원하는 것이라고 이해된다.

아닌 것으로 녹여내는 이와 같은 축원의 역동성은 한국불교 공양의례의 종합성과 독창성을 확연히 드러내고 있다고 하겠다.

8. 회향의식

봉청을 하여 모신 성현들을 이제 본래 자리로 돌려 보내드려야 한다. 청, 시식, 배송의 절차로 편제된『석문』의 차서는 의례구조에 대한 분명한 인식을 보여주고 있다. 모셨으므로 공양을 올리고, 소원을 빌었으므로 이제는 그분들이 본래 계신 곳으로 보내드리는 의식이 없을 수 없다. 그럼에도 불구하고 현재 어디에도 봉송이라는 항목이 보이지 않는다.

가령 한국불교의 공양의례로 제시한『진언권공』이나『사시마지』의 경우는 소청이 없으므로 봉송이 있을 수 없다. 소청이 없다는 것은 '모셔진 부처님'께 공양을 올린다는 의미이다. 모셔진 부처님께 공양을 올리기 위해서 단지 변식진언, 출생공양진언, 정식진언으로 변공을 하여 육법공양으로 올리고, 그리고 마지막으로 상주常住하신다고 믿는 불법승 삼보에 세 번 절하고 마치면 된다.

그렇지만 모셔서 공양을 올리는 경우라면 의식이 달라져야 한다. 본서는 시식의례의 봉송에 해당하는 의식을 공양의례에서는 회향이라고 명명하였다. 봉청과 회향의식의 추이를 살펴보는 과정에 어느 정도 의문이 해소되리라고 본다. 회향이라는 이름으로 진행되지만 배송의 구조를 살피면서 회향으로 봉송을 마치는 한국불교의 공양의례의 체계를 이해할 수 있을 것이다.

1) 회향의식의 추이

『석문』배송편은 삼단 도배송과 각배송으로 크게 나누고, 각 배송은
다시 하단배송, 중단배송, 상단배송으로 편제돼 있는데 다음과 같은
행법이 진행되고 있다.

마당 가운데를 따라 돌고 보례게송과 행보게송을 하면서 산화락을
하고 소대 앞에 이르러 삼단의 화개 번을 태우고 보내는 제 진언과
배송게를 염송한다. 먼저 고혼 위목을 태우고 다음에는 신중위목과
시왕위목을 불태운다.[166]

『석문』의 괄호 기사로 볼 때 고혼과 신중, 시왕 등을 청해 보내는
장면인데, 여기서 말하는 삼단은 고혼·신중·시왕단임을 알 수 있다.
삼단 도배송 내용도 마찬가지이다.

다음은 봉송을 회향이라고 명명할 수 있는 증거를 제공해 주고 있다고
할 수 있는 '불사회향신중배송佛事回向神衆拜送'편이 등장하고 있다.
불사가 끝나게 되는 날, 유나는 사미들에게 신중위목, 천왕번과 화촉을
받들고 마당 가운데 서고, 다음에 삼신번과 불보살명호, 증명위목을
받들게 한다. 법회 대중은 차례로 시립하며, 병법은 요령을 한 번
내리고 '경신배송敬伸奉送'편을 일러준다. "위에서 법연이 파함을 아뢰
었고, 불사가 두루 미치었으니 이제 보내드리는 의식을 하려니, 강림의
경사에 사례하오며, 번과 화개는 길을 나누어 함께 정연에 나누어

---

166 『석문』하권, p.89. (庭中順回, 次普禮偈·行步偈·散華落 (云云) 至燒臺前, 三壇花
　　蓋幡燒送時, 諸眞言及拜送偈云, 先燒孤魂位目, 次燒神衆位目后, 燒十王位目)

돌아가고, 누각은 허공을 타고 아울러 진계로 돌아가기를 엎드려 바라
옵니다. 입은 다르나 화음으로 따라하시기를 대중께 청합니다" 하고
배송게송을 염송하고 보례게송과 행보게송 등을 진행하고 있다.[167]
　상단 배송게송을 보자.

我今持呪此色華 加持願成淸淨故 一花供養我如來 受花却歸淸淨上
제가 지금 고운 꽃에 주문 욈은
가지하여 청정을 이루기 위함이었네.
꽃 한 송이 여래에게 공양하오니
받으시고 청정토로 돌아가소서.
大悲福智無緣主 散華普散十方去 散華普願歸來路 我以如來三密門
대자비와 복과 지혜 무연주시여,
꽃 뿌리오니 시방세계로 흩어지소서.
꽃 뿌리니 오신 길로 돌아가소서.
제가 이제 여래의 삼밀문三密門으로
已作上妙利益竟 一切賢聖盡歸空 我於他日建道場 不遠本誓還來
赴[168]

---

167 『석문』 하권, pp.92~93.
168 『석문』 하권, p.89. 삼단도배송 가운데 상단에 해당하는 부분을 발췌하여 생성한
　　것으로 보인다. 삼단도배송은 『작법귀감』(『한불전』 10, p.591下)에는 '散華偈'라
　　는 명칭이 부여되어 있다. 본문 중 '무연주'는 인연이 없는[無緣] 없지만 인연을
　　베푸는 관세음보살과 같은 성중을 지칭하며, '여래삼밀문三密門'은 신구의身口
　　意의 삼밀三密 행법을 지칭한다. 입으로는 진언을 외우고 몸[손]으로는 수인을
　　짓고, 뜻[마음]으로는 관상을 하는 행법.

최상의 이익을 지었사오니,

일체의 현성이여 공계로 가시옵소서.

저희들이 다음날에 도량 세우면,

본래 서원 잊지 말고 다시 오소서.

『석문』의 삼단 도배송 게송을 『작법귀감』에는 '산화게'라고 돼 있다. 이는 배송과 봉청의 절묘한 의미를 제공하고 있는데, 봉청 때는 '향화청'으로 맞이하고, 봉송 때는 '산화락'으로 봉송하는 구조임을 보여주는 것이다. 꽃을 사용하여 맞이하고 공양하고 보내드리는 3단계의 헌공절차에서, 꽃은 가장 의미 있는 증물證物이요 시물施物이 된다. 꽃은 헌공의례의 초청과 헌공과 봉송에 함께 쓰이고 있는데, 육법공양에서 꽃은 선화공양이라고 표현되기도 한다. 신선의 꽃으로 공양하며 '향화게송'에서와 같이 향화라고 하고 있다.

꽃에서는 피어나는 발화發花 이미지, 향기를 발산하는 발향發香 이미지, 그리고 아름다움 끝에 떨어지는 낙화落花 이미지를 유추할 수 있는데, 한국불교의 공양의례에 이 같은 미학이 절묘하게 형성되어 있다.

1단계 奉請: 香華請; 發花 이미지
2단계 獻供: 香花偈; 發香 이미지
3단계 奉送: 散花偈; 落花 이미지

〈도IV-1〉 헌공에서 꽃의 공능과 이미지

296

향화게송[169]에서 꽃은 공양물을 유출시키는 역할을 하지만 이곳에서
는 산화게 산화락散花落)이라 하여 떠남을 표현하고 있다. 봉송은
곧 돌아감이며, 회향이다. 앞 절에서 공덕을 회향하며 표백을 하였다.
그리고 이제는 모두가 돌아가야 한다. 성중聖衆도 돌아가고 신중神衆도
돌아가고 함께한 육도중생도 돌아가야 할 때이다. 그렇지만 봉송이라
고 하지 않고 본서는 회향이라고 하고 있다. 돌이켜 향하는 것이다.
어디로 향하는가. 산화게이자 배송게송인 도都배송 게송에서 볼 수
있듯이 정토淨土요, 시방十方이요, 귀로歸路이다. 돌아가는 데 돌아가
는 것이 아니라 단지 그곳을 향하기만 하면 돌아가는 것이다. 그래서
회향인 것이다.

하지만 한국불교의 공양의례에는 회향의식을 정확하게 인식할 수
있는 단서가 적다. 공양의례의 회향의식을 증명할 의문 구절은 무엇인
지를 탐색해 보자. 그렇지 않고는 회향의식이라는 주장은 공허하게
될 것이다. 시식 이후 행해지는 봉송의식은 공양의례에서도 단서를
찾게 해주는 역할을 제공해 준다. 앞의 분과에서 회향의식을 제시하였

169 "願此香花遍十方 以爲微妙光明臺 諸天音樂天寶香 諸天餚膳天寶衣 不可思議妙
法塵 一一塵出一切佛 一一塵出一切法 旋轉無碍好莊嚴 遍至一切佛土中 十方法
界三寶前 皆有我身修供養 一一皆悉遍法界 彼彼無雜無障碍 盡未來際作佛事 普
熏一切諸衆生 蒙熏皆發菩提心(향과 꽃이 시방에 두루 하여 미묘한 광명대,
제천의 음악, 하늘 보배 향, 제천의 반찬, 하늘 보배의 옷의 생각할 수 없는
미묘한 법의 티끌이 되고 그 티끌 하나하나에서 일체의 붓다가 나오고, 하나하나
의 티끌에서 일체의 법이 나와 두루 돌되 장애가 없으며 미래세가 다할 때까지
일체 중생에게 널리 끼치고 모두 보리심을 낼 수 있도록 입히기를 원합니다)."
『석문』 상권, pp.123~124.

듯이 다음 2구를 봉송과 회향이라고 설명하려고 한다.

摩訶般若波羅蜜
南無釋迦牟尼佛 南無釋迦牟尼佛 南無是我本師 釋迦牟尼佛

의아해하는 독자가 있을 것이다. 단 2구는 축원의 마지막 구절인데 웬 봉송이고 회향이냐 힐문할 것이다. 어떻게 단 2구 아니면 1구를 봉송과 회향의식이라고 강변하느냐고 할지 모른다. 다음 몇 예는 이 구절의 공능을 다시 생각할 기회를 주고 있다.

시식의 봉송구문에서 확인할 수 있다. 봉송은 『한글』②의 '송주성'부터를 본격적인 시식이라고 할 수 있지만 왕생의 업을 닦는 '정토업'이 시작이라고 볼 수 있다. 이를 시작으로 "봉송게송, 보례삼보, 이행게송, 산화락, 인로왕보살 칭명, 전송소문, 말후末後의 일출게송으로 마지막 법문이 끝나면 '염 시방삼세일체제불, 제존보살마하살, 마하반야바라밀'을 행하고 왕생발원, 소전진언, 봉송진언, 상품상생진언, 계수예문, 귀의삼보, 보회향진언, 파산게송, 삼회향"[170]으로 봉송이 진행되고 있다.

위 차례를 보면 봉송게송과 봉송진언 사이에는 적지 않은 의식이 봉행되고 있음을 알 수 있다. 게송과 진언의 구조를, 전통의례에서는 '게주偈呪'[171]라 약칭하는데, 이것은 현밀顯密의 한 의식으로 이해하기 때문이다. 봉송게송과 봉송진언 사이의 의식은 결국 보내는 의식이라

---

170 『사寫범음집』의 차례를 기준으로 한 것이다.
171 '보례게주', '운심게주', '공양게주', '헌좌게주'로 나타나고 있다.

는 것이다. 광략廣略에 따라 시설될 수 있는 부분이기도 하다.

봉송의식 가운데 하나인 '염시방삼세' 운운은 '시방삼세일체불 제존보살마하살 마하반야바라밀'을 염송하라는 지문이라고 할 수 있다. 다시 말해 '시방삼세일체불 제존보살마하살 마하반야바라밀'은 봉송의식이며,[172] 이 세 구가 다시 축약되면 '마하반야바라밀'만 남게 된다. 이 봉송 또는 회향의식은 갖춰 나타나기도 하고, 축약돼 나타나기도 한다. 사시마지에서 제시했던 '행선축원'에는 갖춰서 나타나고 있지만 상단축원에서는 축약된 형태로 나타나 있다.

또 '시방삼세일체불 제존보살마하살 마하반야바라밀'이 확대되면 십념이 된다. 축약형 봉송구라고 하는 이 '마하반야바라밀'은 반야심경의 의미를 안고 있기도 하다. 의례에서 반야심경은 봉송奉送, 또는 왕생往生의 의미로 활용되고 있다.[173] 또 『수륙재의궤회본』(1935)에는 반야심경의 주문인 '아제아제 바라아제 바라승아제 모디 스바하'가 봉송진언과 함께 쓰이고 있다.[174]

봉송이 곧 회향이지만 봉송과 회향을 굳이 나누면 '마하반야바라밀'은 회향이고, '나무석가모니불'은 회향가지라고 할 수 있다. 시식에서는 '나무환희장마니보적불, 나무원만장보살마하살, 나무회향장보살마하살'을 '삼회향'이라고[175] 하듯이 사바교주를 '나무석가모니불, 나무석

---

172 『금산사 제반문』, p.497下.
173 「반야심경의 용도는 무엇일까」, 졸저, 『천수경, 의궤로 읽다』, pp.116~119. 왕생의 의미를 보여주는 『증수선교시식의문』의 봉송은 반야심경과 왕생정토주로 이뤄지고 있다(『한의총』1, p.371上).
174 『수륙재의궤회본』, p.74.
175 『사寫범음집』, p.106후면.

가모니불, 나무시아본사 석가모니불'로 '삼창'하여 일체의 공양 공덕을
법계에 회향하고 있는 것이다.

2) 회향에 대한 인식

현재 한국불교의 공양의례에서는 봉송이나 회향이라는 별다른 언급을
찾기 힘들다.[176] 그 원인은 불의 자리에는 오감이 없다는 '무거무래無去無
不', 무소종래無所從來라는 금강경의 반야사상에 영향 받은 것이 원인일
수 있겠고, 아니면 의례 서적에서 이에 대한 별도의 분과와 항목이
존치하지 않은 데서 연유할 수도 있을 것이다. 그렇다면 일반 법회의
경우는 어떠한가를 보자. 현재 한국불교의 일반법회는 대개 삼귀의로
시작하고 사홍서원으로 회향한다.[177] 이는 전통의례에서 '자삼귀의'
로[178] 회향하던 것과는 차이가 있다.

> 自歸依佛 當願衆生 體解大道 發無上心
> 스스로 부처님께 귀의하며, 중생들이 위없는 마음 내어 몸으로
> 알기 서원합니다.
> 自歸依法 當願衆生 深入經藏 智慧如海

---

[176] 대한불교조계종 의례위원회 위원장 인묵 스님은 이 점에 대해 큰 법회 때나
배송의식을 하고 그렇지 않을 때는 하지 않는다고 필자에게 답변한 적이 있다.
또 부산 감로사 주지 수연 스님은 불의 자리에는 오감이 없기 때문에 봉송할
게 따로 없다는 의견을 필자에게 피력한 적이 있다.

[177] 법회순서에 대해 필자가 「현행 법회의식 이대로 좋은가」(〈불교신문〉, 2010.6.30
일자)에서 다뤘었다.

[178] 『일용작법』 식당작법에서 '자삼귀의' 3배로 회향하고 있다(『한의총』 3, p.561上).

스스로 가르침에 귀의하며, 중생들이 바다 같은 지혜의 경장에 깊이 들기 원합니다.

自歸依僧 當願衆生 統理大衆 一切無閡[179]

스스로 승가에 귀의하며, 중생들이 일체 장애 없이 대중을 잘 인도하기 원합니다.

그런데 현재는 회향의 삼귀의가 사홍서원으로 봉행된다. '자삼귀의'나 사홍서원이 다 같이 총원總願이라고 하지만 '자삼귀의'가 구체성이 잘 드러나는 데 비해 '사홍서원'은 전체성이 잘 드러나고 있다.

대개의 한국불교 의례는 '거불'로 시작하여 '나무석가모니불'로 회향된다. '귀명歸命'의 삼귀로 시작하여 사바세계 일대교주의 칭명으로 회향하는 것은 법신·보신·화신의[180] 삼신三身을 일불一佛로 귀결하는, 일체를 하나로 회향하는 구조이다.

봉청奉請에 대한 봉송奉送의 회향을, '마하반야바라밀'과 사바교주 '석가모니불' 삼청으로 봉송과 회향을 하고 있는 것이다. 이에 비해 일본불교 '시종時宗'의 다음 의례는 양국 불교의 인식의 차이를 잘 보여준다.

請佛隨緣還本國 普散香華心送佛 願佛慈悲遙護念 同生相勸盡須來[181]

---

179 實叉難陀 譯, 『大方廣佛華嚴經卷』 第十四, T. 10, p.70a.

180 거불에서 다뤘지만 '나무불타부중광림법회'는 영산재를 개설중의 사시 때 행해져야 하는 거불이고, 6거불과 같이 화엄의 세계관이라면 법·보·화 삼신의 거불이 행해져야 한다는 전제 아래 한 언급이라고 하겠다.

부처님이시여, 인연 따라 본국으로 돌아가소서. 향기로운 꽃을 흩으며 마음으로 보내옵니다.

부처님, 자비로써 멀리서나마 보호하고 살피셔서 함께 나고 서로 권해 모두 오길 원합니다.

위 예문은 상주삼보에게 세 번 정례하고 4봉청을 하여 청해 모신 분들을 모시고 근행勤行을 마치고 봉청하신 부처님들을 봉송하는 '송불게송送佛偈頌'이다. 그런데 4봉청 때 산화락散花樂을 말구로 쓰고 있다. 한국불교 시식의 경우 봉송 때 산화락散華落을 활용하고 청할 때는 향화청이라고 하는 데 비해 이곳에서는 봉청에 쓰이는 점이 다르다. '봉청'에 내려오신다는 개념이 강하게 작용하고 있다면, 봉송에는 마음으로만 보내고자 하는 세계관이 투영되었다고 할 수 있다.

하지만 한국불교 의례에는 봉송이 있는지 없는지조차 알 수 없을 정도로 희미해져 있다. 이는 최상의 예로 청하지만 봉송은, 오감 없는 청정진여는 이사무애理事無碍며 불거불래不來不去라는 인식이 강하기 때문이라고 할 수 있다. 그러므로 한국불교의 공양의례 수용자들은 회향에 대해 별다른 인식을 하고 있지 않다고 할 수 있으나 내재의궤에는 분명히 일체를 회향하는 구조가 존치돼 있다. 그러므로 회향의식에는 한국불교 수용자들의 '회삼귀일會三歸一'이라는 일불승一佛乘적인 불교 이해가 흐르고 있다고 할 수 있다.

회향의식의 기본 정신은 공양의례 전반을 흐르는 예경과 공양, 예참

---

181 『時宗勤行式』, 日本 東京: 光輪閣, p.30. 시종은 一遍 스님이 창종한 정토교 종단이다.

과 회향이라는 보현행의 동체대비를 실천하는 수행도량으로 승화되고 있다. 혹자는 공양의례를 헌공재자의 의뢰에 의해 행해지는, 사제가 대행하는 대타代他의례라고 하지만 그것은 외피에 불과하다. 매일매일 봉행되는 '사시마지'는 부처님을 모시는 경건함을 닦는 '자기를 버리는' 큰 수행이며, '진언권공'은 관행력을 닦지 않으면 도로徒勞에 불과하므로 행할 수 없다고 인식한다. 이것은 선근을 닦아야만[精進勤行] 공양을 여법하게 봉행할 수 있다는 것을 인식하고 행하는 한 자행自行의례의 절정이며, 이를 위해 일상의 예경과 송주 등 수행의례가 등장하고 있는 것이다.

비록 적지 않은 공양의례가 재자의 의뢰로 행해지지만 이 또한 공양하는 자와 공양을 하게 해주는 자가 둘이 아닌 '불이不二' 사상에서 행해지고 있다. 그렇게 하지 않으면 공양이 여법하게 이뤄지지 않는다는 인식이 한국불교 의례에는 강하게 투영되어 있다고 하겠다. 재자와 시주와 연화緣化 비구가 함께 봉행하는 것이지 설판재자만의 공양으로 끝나지 않고 있기 때문이다. 그러므로 상하上下와 성범聖凡이 차별 없이 함께 마하반야바라밀을 행하는 순간 한국불교 공양의례의 회향이 이루어지며, 참 의미가 올곧게 드러난다고 할 수 있다.

V. 여법한 의례봉행을 위한 정근

Ⅲ·Ⅳ장에서 한국불교의 시식·공양의례의 체계와 인식을 연구했다. '관음시식'과 '삼보통청'을 그 중심에 놓고 제 의례를 분석·고찰한 결과, 의례의 추이推移뿐만 아니라 적지 않은 인식변화를 확인할 수 있었다. 대표적인 몇 가지 예를 간략히 보자.

  관음시식의 경우, 제사와 같은 영반靈飯의 성격일 때는 특정 영가를 청하지만, 법계고혼과 명계영가로 청하는 범위가 확장되면서 시식施食의 성격이 강화되었다. 또 청한 이들을 삼보께 귀의시키는 귀의삼보 의식은 시식 전후(前後: '몽산시식'은 시식 전, '수륙재'는 시식 후)에 시설되던 것이, 『작법귀감』에는 봉송 다음의 의식 말미에 존치되었지만 현재는 사라져 버렸다. 또 18세기 이전 시식의례의 법시로는 12인연법이 설해졌다고 보이지만 19세기 이후에는 반야·법화·열반경 게송의 삼법인 구조로 정형화되었고, 봉송 의식의 추이도 적지 않다. 의례체계에 대한 의미 있는 점검이 필요하다고 하겠다.

삼보통청의 경우도 축약형 청사의 잔영이라 보이는 '나무불타부중광림법회'의 거불이 유치·청사로 진행하는 의식에도 거부감 없이 쓰이고 있고, 상·하단에 다르게 활용되던 변공의식이(『작법절차』) 19세기 이래 현재는 통합된 모습을 보이고 있다. 또 삼청에 배대된 현교의 삼공양 헌공의식이 칠정례의 예불문 공양으로 정착되었다. 풍경의식, 삼귀의축원과 같은 모습이 보이지 않았으며, 수계발원과 풍경의식의 잔영이라고 할 수 있는 원성취진언과 보궐진언의 공능을 살려 원 의식을 복원하면 (불공과 법회로 이원화되었다고 보이는 현실에) 불공과 법회의 일원화를 이룰 수 있을 것이다.

불교의 시식과 공양의례는 특정한 이들에게 한정해서 음식을 베푸는 것이 아니라 불특정 다수를 초청하여 음식을 베푸는 사회 구원의 모습을 띠고 있다. 이때 진언이 활용된다. 진언으로 공양물에 가지하여 한량없는 공양으로 변화시켜 일체 굶주린 이들에게 베풀어 구원한다. 또 변공을 통해 한량없는 불·보살과 신중께도 공양을 올릴 수 있게 된다. 시식과 공양을 위해 행하는, 진언으로 음식을 변화시키는 '주식현공呪食現功', '가지변공加持變供'의 변공의식은 고도의 관력이 있는 수행자에 의해서만 가능하다고 한국불교 의례 수용자들은 인식하고 있었다. 관력을 닦지 않은 이들이 종일 염불한다고 해도 도로에 그친다는 인식이 그것을 증명한다. 관행을 닦는 일상 수행으로 송주와 예경 등이 다양하게 시설되었다.

그러므로 한국불교 수용자들은 예경과 송주와 같은 일상의 정진으로 바라밀을 성취하는 시식과 보현행원을 실천하는 예경공양을 여법하게 봉행할 수 있으며, 수행을 원만히 성취할 수 있다는 신념을 가지고 있다고 할 수 있다.

　그러므로 여법한 의례봉행을 위해서는 시·공간의 상거로 발생한 변형, 와전 등으로 인한 비체계적인 의례를 정비하고, 관력 성취를 위해 정진할 때, 자타구제自他救濟의 수행도 성취할 수 있다고 하겠다. 이 장에서는 이 세 가지 가운데 일상 수행을 중점적으로 다루고자 한다.

1. 의례 정비

한국불교의 의례 자료가 많다고 할 수는 없지만 결코 적지는 않다. 많은 자료들이 편찬되는 이유는 의례체계의 불합리성이나 미비 등에 대한 문제의식에 있다고 하겠다. 의례 서적의 서문이나 범례는 이를 증명한다. 『작법귀감』의 서문은 이렇게 시작한다.

> 작법의 절차에 대한 책들이 비록 많지만 서로 빠뜨린 부분이 있어 전체의 모양을 볼 수 없으며, 또한 경위涇渭와 높고 낮음을 모두 구분하여 말할 수 없다. 깊이 없는 학문이어서 대부분 잘못 거론한 것이 많으니, 부처님을 공양하는 경사스러운 일이 도리어 부처님의 가르침을 비방하는 허물이 되는 줄을 누가 알겠는가.[1]

---

1 『작법귀감』, 『한불전』 10, p.552中; 김두재, 『작법귀감』(동국대학교출판부, 2010), p.18.

작법의 절차가 비록 많지만 빠진 부분과 잘못된 부분이 많다는 지적이
다. 또 삼보를 청해 공양을 올리고 축원을 할 때, 삼보를 청하는 이유를
밝히는 유치에서 축원을 하는 경우가 흔하게 목격되는데, 이런 경우가
작법귀감의 지적과 유사하다고 할 수 있다.

둘째는 광략廣略이 심하거나, 서로 다르기도 하고 같기도 하여 제대
로 집전하지 못하기 때문에 새롭게 의례 서적을 편찬한다고 할 수
있다. 『석문』의 서문을 보자.

영산당일靈山當日의 요잡단궤遶匝袒跪로부터 삼천위의三千威儀와
팔만세행八萬細行을 명시明示하신 계율戒律이 성립成立되고 다시
연대年代를 지나며 지역地域이 넓어짐을 따라 종종種種의 조문의식
條文儀式이 없지 아니하니 예경禮敬 일문一門만으로도 지반志磐 자기
仔夔 범음梵音 귀감龜鑑 요집要集이 없지 않으나 편차編次한 것이다.
연然이나 혹광혹략或廣或略하고 혹이혹동或異或同할 뿐 아니라 혹석
일행이금일폐或昔日行而今日廢하고 혹고문무이금문유或古文無而今
文有하여 미상귀일未嘗歸一하니 중개병언衆皆病焉이라.[2]

세월과 지역에 따라 갖가지 의문이 있지만 모두 편집한 것이고,
자세하거나 생략하거나 하여 같기도 다르기도 하고, 예전에 행했지만
지금은 없어진 것이 있고, 옛 의문에 없던 것이 지금 의문에 있는[出入]
등 하나로 돌아갈 수 없으니 모두가 병이라고 퇴경은 한탄하고 있다.
퇴경의 한탄은 지금도 예외가 아닐 것이다.

---

2 『석문』 상, p.1. 退耕相老 序.

의례의식은 사자상승과 같이 문하의 의식을 따른다고 할 수 있지만 오히려 각자의 지견에 따라 행해지며, 도하 사암이나 법회에서는 각자의 지견에 따라 의례 서적을 개발하여 신행의 지표로 삼고 있다고 할 수 있다.[3] 그 결과 다양한 모습의 의례가 출현하고 있다고 할 수 있다. 이는 다양한 신행의 양태라는 긍정적인 측면이 있지만, 체계의 합리성과 교학이나 종학과의 일치 등이 어떻게 수미일관하고 있는지에 대한 검토가 필요하다고 할 수 있다. 그러지 않으면 『작법귀감』이나 『석문』의 서문에서 지적한 대로 경하한다고 하면서 오히려 비방하는 우를 범하거나 병이 될지 알 수 없기 때문이다.

그러므로 의례에 대한 올바른 이해는 여법한 의례를 봉행하는 첫걸음이라고 할 수 있다.[4] 의례체계 연구를 바탕으로 의례를 정비하는 일은 한국불교의 신념체계와 실천체계 등 수행체계를 확립하는 것이며, 정체성을 드러내는 것이다.

그간 한국불교의 의례체계 정비는 개인적 차원에서 진행돼 왔다고 할 수 있다. 사찰별·법회별로 간행하는 의례 서적이 천편일률적인 것 같지만 차이와 변이가 일어나고 있는데, 이는 의례체계 정비의 모습이라고 할 수 있다. 한국불교가 종단을 구성하고 있고 종파를 표방하고 있지만 의례의식에 종파적 특성이 잘 드러나지 않는다고

---

3 『통일법요집』(1998) 편찬 실무에 참여하였던 김유신은 '조계종 사찰이 1,700개면 1,700개 사찰법요집이 있다'고 봐야 한다는 의견을 대한불교조계종 포교원 산하 한글법요집편찬위원회에서 피력하였다.

4 본 연구 또한 여기에 조금이라도 득이 되기를 바라는 입장에서 쓰게 되었다고 할 수 있다.

308

할 수 있다. 그 결과 동일 종단 소속 사찰이라 할지라도 각기 다르지도 같지도 않은 신행양태를 보이고 있다. 그렇다고 해서 소속 종단 또는 문중으로부터 그 어떤 제약을 받는다고 보이지도 않는다. 한국불교의 융통성을 보여주는 한 특징이라고 하겠다.

단위 사찰이나 개별적인 의례체계 정비 차원을 벗어나 1980년대 후반에 이르면 의례체계 정비에 대한 필요성을 절감한 공적 단체나 기관에서도 의례 정비에 착수하게 된다. 대표적인 성과물이 '통일'이라는 명칭이 부여된 의례 서적으로, 1988년 대한불교진흥원에 의해 간행된『통일법요집』, 1995년부터 4년에 걸쳐 대한불교조계종 포교원에 의해 간행된『통일법요집』이 있다. 하지만 이 서례서적은 의례 연구를 통한 편찬이라고 하기보다 불교의례에 대해 식견이 있는 종단 관계자들의 자문과 각자 제출한 의문을 중심으로 협의하여 의문을 완성하였다고 한다.[5] 조문이나 차서 등에서 편찬에 대한 고뇌가 적지 않게 보이지만 당시 실행되는 의례를 중심으로 편찬되었다는 할 수 있다.

대한불교조계종 포교원은『통일법요집』(1998) 이후 2002년『통일법요집』수정판을 간행하였고, 한글의식화라는 기치 아래『한글통일법요집』①·②(2005/2006)를 연이어 출간하였다. 하지만『한글』①·②에 대한 논란이 있자, 〈한글법요집편찬위원회〉(2008)와 〈표준법요집편찬위원회〉(2009)를 구성하여『한글』①·② 개정작업을 진행하였다. 다양한 연구 성과와 의견이 도출되었으며, 그것을 바탕으로 공청회와 시안이 발표되기도 하였다.[6] 이후 조계종은 "종단 의례·의식의 일치와

5『통일법요집』편찬 실무 작업에 참여하였던 김유신의 증언.
6 '표준법요집(상용의식편) 편찬을 위한 공청회'(2009.11.25)와 '제45차 포교종책연

통일성을 기하"고자 2009년 11월 9일 〈의례법〉을 제정하였으며, 의례
법에 의거 2011년 4월 의례위원회를 구성하였고,[7] 동년 5월에는 의례위
원회 산하에 실무위원회를 설치하여[8] 의례의 표준화를 위해 노력하고
있다.[9]

2. 일상 정진

여법한 의례를 봉행하려면 관력을 성취해야 한다. 이를 위한 한국불교
의 일상 정근의식으로 예경禮敬과 송주誦呪를 들 수 있다. 이것은 나날이
불전에서 올리는 예불〔예경〕과 진언과 경전을 염송念誦하는 것으로
예송禮誦의례라고 할 수 있다. 시식과 공양의례가 어떤 상황이 발생했
을〔依賴〕 때 주로 봉행되는 데 비해, 예송의례는 평소 자신의 신념을
이룩하기 위해 행하는 수행이며 종교의례의 핵심이다. 종교는 의례를

찬회: 불교상장의례 한글화 어떻게 할 것인가'(2011.9.7) 등이 한국불교역사문화기
   념관에서 개최되었다.

[7] 2011년 4월 27일 첫 회의를 열었으며, 임기 2년의 제1기 의례위원회는 총무부장
   영담 스님, 불학연구소장 원철 스님, 포교연구실장 법상 스님 등의 당연직 위원과
   전 교육원장 무비 스님, 조계종 어장 동주 스님, 불광사 회주 지홍 스님, 송광사
   율주 지현 스님, 어산작법학교장 인묵 스님(봉선사 주지), 중앙종회의원 일관
   스님 등의 추천직 위원으로 구성됐다.〈불교신문〉, 2011.04.27. 송고.

[8] 5월 30일 미등, 화암, 정오, 법안, 태경 스님과 윤소희, 이도흠, 이성운 등이 실무위원
   에 위촉되었다.

[9] 첫 성과물은 2011년 9월 20일, 187회 중앙종회의 동의를 받아 2011년 10월 5일
   대한불교조계종 총무원장 스님이 공포한 '반야심경'이라고 할 수 있다. 의례에
   대한 본격적인 연구는 진행 중이라고 하겠다.

통하여 전인적 경험을 반복적으로 하는 과정에서 인간 삶의 새로운
통일과 인격의 변화를 갖게 하고, 전통적 가치를 수용함으로써 공동체
정회원의 자질을 새롭게 각성하기도 하고 공동체의 결속을 강화하는
데,[10] 매일 아침저녁으로 교조인 부처님과 그분의 가르침과 그분을
따르는 승가께 예경하며, 나와 남이 함께 그와 같이 되겠다고(成佛)
발원하는 불교의 예불禮佛은 공동체의 결속을 강화하는 대표적인 일상
의례[11]라고 할 수 있다.

송주誦呪는 진언(呪)이나 다라니(摠持)를 염송하는 것이지만, 넓은
의미로는 경전을 독경하거나 염송하는 것도 포함한다. 특히 송주는
신봉하는 다라니를 염송함으로써 진언이 가지고 있는 신비한 힘에
의지하여 소원을 성취하거나 화두 참구와 참회를 위한 수행의례로
다라니가 지송된다고 할 수 있다.[12] 하지만 한국불교의 예송의례가
어떻게 봉행되었는지를 살피기는 쉽지 않다.[13] 왜냐하면 시식과 공양의
례는 추이가 일어났다고 하더라도 그 본래 모습이 어느 정도 유지되고
있다고 할 수 있기 때문이다. 하지만 예경과 송주의 경우, 일상적인

---

10 윤이흠, 「종교와 의례」, 『宗敎硏究』 16호, 한국종교학회, 1998, p.4.

11 졸고, 「불교예불의 의미와 행법」, 『淨土學硏究』(한국정토학회, 2011), p.87.

12 김호성, 「禪宗에서 大悲呪를 독송하는 이유」, 『천수경의 새로운 연구』(민족사,
2006), pp.223~235; 특히 중국 선종의 『禪門日誦』에는 대비주와 능엄주 등 한국불
교에서 지송되는 사대주를 원음 그대로 염송되고 있음이 보인다.

13 이 가운데 예불에 관한 대표적인 연구로는 『現代 韓國佛敎 禮佛의 性格에 관한
硏究』(宋賢珠, 서울대 박사학위논문, 1999)가 있고 경전신앙에 대한 대표적인
연구로는 『韓國佛敎 經典信仰 硏究』(文相連(正覺), 동국대학교 박사학위논문,
2005)가 있으며, 『동아시아불교의례문화연구소 출범 및 기념세미나』(동아시아불
교의례문화연구소, 2011)에서는 '예불'을 주제로 세미나를 개최한 적이 있다.

모습이라 별도로 기록되고 전승된 양이 많지 않다. 송주의 경우 현재의
한국불교에는 밀교계통 진언염송이 종파를 초월해 행해지고 있다고
보이지만 이것도 '제종통합' 이후의 일일 수도, 그렇지 않을 수도 있기
때문이다.[14] 송주의식이 초종파적으로 봉행된 것이 언제부터인지는
명확히 말하기 어렵다. 그러므로 참선수행이 주主 수행법이라고도
할 수 있는 한국불교에서 송주의식을 한국불교의 한 의례로 분류하는
것도 자칫하면 일반화의 오류에 빠질 수 있다. 그렇지만 독창성을
지니면서도 종파에 구애받지 않고, 또 그것조차 뛰어넘어 통합해 나가
는 한국불교의 특수성에 의지하면 어느 정도 가능성이 열릴 수는 있을
것으로 본다. 현행 한국불교의 예경과 송주의례의 구조와 추이, 인식
등을 살펴보고자 한다.

1) 예경

한국불교의 예경에는 예불과 예참이 있다. 예참과 예불은 유사하지만
쓰임이 다르다. 예불은 부처님께 예를 올리는 것이고, 예참은 예를
올리고 나서 참회를 하는 의식이다. 그런데 『통일』을 놓고 보더라도
'대웅전 예경', '각단 예불'이라는 항목은 보이나 예참은 공양의례의
7정례 공양법으로 '예참'이 제시돼 있다.[15] 예불과 예참에 대해 큰 차이를

---

14 '제종통합'이 의례통합에 영향을 미칠 수 있지만 의례에 종파적 차이가 없어지는
것은 중국불교의례에도 있으며(鎌田茂雄 著; 鄭舜日 譯, 『中國佛教史』, 경서원,
1985〔1992〕, p.191), 이는 국가불교, 기도 위주 등 보편적인 현상이라고 할 수
있다.

15 『통일』, pp.19~20; pp.132~137.

인식하지 않고 있다. 예불과 예참에 대해 논해 보기로 한다.

①예불

한국불교의 현행 조석 예불문으로 통용되는 '칠정례'가 성립된 것은
불과 반세기가 조금 넘었을 정도로 그 역사가 일천하다.[16] 1천 7백
년이라는 한국불교 역사에 비춰볼 때 더욱 그렇다. 어쩌면 이것은
한국불교의 현실을 보여주고 있는 사례의 하나라고 할 수 있다. 장구한
역사와 전통을 가진 한국불교의 입장에서 보면 더욱 그렇다. 왜 이
같은 현상이 일어났는가는 논외로 한다.

　7정례를 논의하려면 먼저 예불의 의미와 종류들을 살펴보아야 한다.
한국불교 일반에서 통상 말하는 '예불'은 아침저녁 불전에서 오체투지
로 경의를 표하는 의문인 오분향례 또는 칠정례七頂禮로 불리는 '예불
문'[17]을 지칭한다고 할 수 있다.[18] 다시 말해 아침저녁이라는 정시에
불전에서 여러 불보살님들께 행하는 인사를 예불이라고 이해하고 있다
고 할 수 있다. 인사를 받는 대상은 부처님, 법보, 보살님과 제대조사

16　송현주, 앞의 논문, p.131; 신규탁, 「대한불교조계종 현행 '상단칠정례' 고찰」,
　　『淨土學硏究』 16(한국정토학회, 2011), p.59. 두 논문은 칠정례의 성립을 1955년
　　으로 설정하고 있다.

17　『통일』, pp.55~57.

18　정각은 "도량송道場誦 종송鐘誦 예경禮敬"을 넓은 의미의 예불로, "다게 오분향례
　　(게) 헌향진언 예경문"을 좁은 의미의 예불이라 범주하고 있고(정각, 『예불이란
　　무엇인가』, 운주사, p.27); 송현주는 "상단예불, 축원, 중단(신중단)예불"을 '禮佛
　　本儀禮'라고 하며, "도량석 종송 조석송주"를 '禮佛前儀禮'라고 범주하고 있다(宋
　　賢珠, 『現代 韓國佛敎 禮佛의 性格에 관한 硏究』, 서울대학교 대학원 박사학위논
　　문, 1999, pp. 31~45).

등 승보님들이다. 상주하시는 부처님·법보님·승보님의 삼보님께 예하는 것이라면 보례삼보[19] 또는 찬례삼보[20]라고 하거나 '예석가모니불', '예아미타불', '예문수보살', '예보현보살'[21]이라고 하는 것이 적합할 터인데 그냥 '예불'이라고 하고 있다. 절을 받는 분들이 부처님을 비롯하여 보살님과 큰스님들이면 '예경'이라는 단어가 적절할 터인데 '예불'은 부처님뿐만 아니라 상주삼보 조사, 종사, 신중에까지 그 범위를 확대하고 있다. 이때 '불'의 의미를 붓다의 의미만이 아닌, 불가佛家의 의미로 인식하고 있다고 할 수 있다.[22] 곧 대상의 문제가 아니라 행위의 문제로 수용하고 있다고 할 수 있다.[23]

다음은 예경의 대상자가 어디에 계신가 하는 것이다. 각 전각에서 예를 표할 때는 그곳에 모셔진 성인을 칭명하며 예불을 하면 된다.

---

19 弘贊 編, 『禮佛儀式』, X. 74, p.634a; 『결수문』, 『한의총』 1, p.628上.

20 『지반문』, 『한의총』 1, p.591下.

21 弘贊 編, 『禮佛儀式』, X. 74, p.634.

22 의례 서적에 '예경편'이라는 편목이 나타나는 최초본은 안진호의 『석문』(1935)이라고 할 수 있다. 안진호의 『불자필람』(1931)에도 예경편이라는 편목은 보이지 않는다. 39위 신중의 경우는 '신중단예식', 104위 신중은 중단예식禮式이라고 하여 중단예불이라는 표현이 쓰이지 않고 있다. 이로 볼 때 '예불'이라는 의미가 확대돼 쓰인 것은 그리 오래된 일이라고 하기는 어려울 듯하다.

23 유사한 사례가 불공佛供이라고 할 수 있다. '부처님께 올리는 공양이라는 의미라면 신중께 올리는 공양은 신중공양, 관세음께 올리는 공양이라면 관음공양 하면 될 터인데, 신중불공, 관음불공, 지장불공이라고 하면서 용어의 대상자보다 행위를 중심으로 사고하고 인식하고 있다. 하지만 『삼단시식문』에는 '불공'(『한의총』 1, p.480上), '제천공양'(p.481上), '고혼수향'(p.486上)으로, '대상+행위동사'로 변별하여 사용되고 있다.

그런데 현행 한국불교의 조석 7정례는 어느 전각을 막론하고 봉행되고
있다. 비로자나부처님을 모신 대적광전이든, 아미타불을 모신 무량수
전이든, 약사여래불을 모신 약사전이든 7정례로 봉행되고 있다고 보인
다.[24] 신앙하는 부처님을 모신 불당에서 조석으로 인사를 올리는 예경은
－문헌 자료에 보이지 않더라도－적어도 신심 있는 행자라면 행했을
것이다.

『한의총』 소재 70여 의례 가운데 목록에 '예불절차'라는 구체적 항목
이 보이는 자료는 해인사 도솔암에서 간행된 『일용작법』이 있다. 하지
만 이 자료에 나타나는 예불절차는 보례게주와 불타·달마·승가야중에
3정례 하는 3종의 의문과 104위 성중을 불격佛格의 상위, 천격天格의
중위, 신격神格의 하위 3위께 절하는 신중예경과 유원의 말구 원망願望
이다.[25] 보례게주에서 보듯이 이분들은 변재遍在하는, 두루 상주常住하
시는 분들에게 인사〔예불〕를 하고 있을 뿐이다. 그러므로 각 전각에
모셔진 분께 예를 다하는 것이 예경이라는 것과 예불이라면 왜 대웅전에
서 모셔진 분이 아닌, 여러 불보살님과 제대조사님께 예를 올릴까
등을 살펴봐야 한다.[26]

이 같은 제반 문제를 해결하지 않으면 한국불교의 예불에 대해 논의하

---

24 『석문』(1935)은 '예경편'의 대웅전에 향수해례 등 8편의 예경문을, 극락전 약사전과
　　같은 불격을 비롯하여 신중단 산왕단 등 14곳의 전각殿閣에서 행하는 예경문을
　　시설하고 있다. 동일 편자의 『불자필람』(1931)에도 예경편이라는 편목은 보이지
　　않고 각 전각의 예경은 보이지 않는데, 이 의례서의 수정 보판인 『석문』(1935)에
　　각 전각의 예경문을 실은 것은 현실적 수요에 의해서라고 할 수 있을 것이다.
25 『日用作法』, 『한의총』 3, p.530上下.
26 졸고, 「불교예불의 의미와 행법」(『淨土學硏究』, 한국정토학회, 2011). pp.87~90.

기 어렵다. 또 현행 7정례는 한국불교에서 전통적으로 전승되는 불교의
식은 물론 교학 전통과도 단절을 낳고 있으며, 한 종단의 총체적 이념과
역사를 반영한다는 입장에서 재래 한국의 전통과는 판이하게 다르므
로, '예불문'이 자종의 종지와 종풍과 역사에 부합되는지를 검토해야[27]
할 필요가 있다. 그러므로 예불에 대해 검토할 필요성이 크다고 할
수 있다.

가. 예불의 종류와 구조

예불에는 상주예경常住禮佛과 소청예불召請禮佛이 있다. 상주예경은
첫째, 부처님 재세 시에 행해졌다. 둘째는 법당에 모신 불상에 예를
표하는 경우이다. 다시 말하면 '예봉안불'이라고 할 수 있다. 항상
머물고 계시는 분에게 하는 예경이다.

현행 '예불문'의 '지심귀명례 시방상주 불타야중, 달마야중, 승가야
중' 할 때 행하는 예경을 상주예경이라고 할 수 있다. 『일용작법』의
예불법이고, 『석문』 소재 〈소예참〉 '26'예참에서 상주예경은 불법승의
결론적 예배로 13번째, 16번째, 26번째에 봉행된다. 다시 말해 삼보님
께 행하는 예배라고 할 수 있다. 삼보께 3정례하는 예경은 석가모니부처
님 입멸 후 삼보체계가 성립된 이후의[28] 예경법이라고 할 수 있다.
상주예경은 조석이나 삼시 또는 육시에 일정하게 행하는 정시의 예경도

27 신규탁, 「대한불교조계종 현행 '상단칠정례' 고찰」, 『淨土學硏究』 16(한국정토학
회, 2011), pp.70~79.
28 다카사키 지끼도오(高崎直道), 「佛敎, 三寶의 體系」, 『불교연구』(한국불교연구원,
1993), pp.13~30. 삼보 관념에 대해 논하고 있다.

316

있지만, 법당에 출입할 때 법당의 부처님을 향해 예경을 올리는 수시 예경도 있다.[29]

소청召請해서, 모셔서 올리는 소청예불은 시식이나 공양의례, 참법 등에서 행해지는 예불법이라고 할 수 있다. 지금 이곳에는 계시지 않지만 타방이나 시방법계에 계시는 불보살佛菩薩님께 자리를 마련하고 청해 예경하는 예불이다. 예를 들면, 예참에서와 같이 봉안된 불보살에게 예불하는 상주예불이 아니라 신앙하는 삼보를 소청召請하여 찬탄하고 예경하는 의식이다. 석가모니불, 불타야중, 달마야중, 4보살, 제대성현, 제대조사종사, 승가야중께 예경하는 현행 7정례는, 소청하여 예경하는 '예참'의 예경과 그 구조를 크게 달리하지 않는다. 다만 예참의 이전과 이후의 참회 권청 등이 보이지 않고 상주예경의 유원구가 편입되어 있다. 『석문』의 대웅전 예경편 소재 9개의 예경문은 각 전각 예경문과 달리 소청하여 예경하는 '예참' 형태의 변형이라고 해도 크게 어긋나지 않을 것이다.[30] 그러므로 소청예불은 상주예경과는 그 형태를 달리하고 있다.

다음으로 현행 한국불교 예불문으로 정착된 칠정례의 구조를 분석해 보자.

---

29 졸고, 「불교예불의 의미와 행법」, p.91.
30 졸고, 「불교예불의 의미와 행법」, p.105.

```
┌ 茶偈
├ 五分香禮
│   게송
│   眞言
├ 칠정례    釋迦牟尼佛
│           常住一切 佛陀耶衆
│           常住一切 達摩耶衆
│           文殊 普賢 觀世音 地藏菩薩
│           阿羅漢聖衆
│           〔傳法〕善知識
│           常住一切 僧伽耶衆
└ 祝願      願共法界諸衆生 自他一時成佛道
```

　7정례는 아침과 저녁으로 나누어 아침에는 다게, 저녁에는 오분향게
송으로 예경을 행하고 있다.[31] 삼정례 예경에 대해 불보를 2배, 법보
1배, 승보를 4배로 확장되어 행해지고 마지막에는 전통의 (『일용작법』
예불절차) 축원 끝구 '동입미타대원해同入彌陀大願海'가 '자타일시성불
도'로 환치돼 있다.

　전통적인 삼정례 예문인 『일용작법』예불절차禮佛節次[32]에 있는 3종
의 예문을 보자.

318

```
普禮偈頌 眞言;
삼정례 盡十方 極三際 無盡海會 一切佛陀耶衆 (불타야중)
        盡十方 極三際 無盡海會 一切達摩耶衆 (달마야중)
        盡十方 極三際 無盡海會 一切僧伽耶衆 (승가야중)
〈又〉
삼정례 盡虛空 十方三世 遍法界 帝網重重 無盡海會 一切佛陀耶衆 (불타야중)
        盡虛空 十方三世 遍法界 帝網重重 無盡海會 一切達摩耶衆 (달마야중)
        盡虛空 十方三世 遍法界 帝網重重 無盡海會 一切僧伽耶衆 (승가야중)
〈又〉
사정례 法報化 三身佛 (법보화 삼신불)
        四方四智 諸位如來佛 (제위여래불)
        盡十方 極三際 華嚴海會 難思諸佛 (화엄해회 난사제불)
        亘古今 揮天地 法性海藏 珠函貝葉 (법성해장 주함패엽)
        圓通敎主 觀世音菩薩 幽冥敎主 地藏菩薩 滿虛空 遍法界 星羅輔翼
        塵沙菩薩
        (관음보살 지장보살 등 한량없는 보살)
祝願    願共法界諸衆生 同入彌陀大願海
```

3종의 삼정례와 4정례는 수식의 확장 정도에 불과하다고 말할 수 있을 것 같다. 그렇지만 선행의 두 의문은 범불교적이라면 사정례의 모습은 화엄적 세계관이 투영된 예불의문이라고 할 수 있다. 특히 유원축원의 경우 '원왕생미타해'라는 화엄적 정토관을 보여주고 있다.

나. 예불문〔칠정례문〕의 특징

『통일』 소재 '칠정례'는 전거前據한 두 '독송집'에도 예불문으로 제시되어 있다.[33] 이 같은 사실들은 한국불교의 칠정례문은 일상의 예불문임을

---

33 오고산 편, 『불자수지독송경』, pp.118~121; 조성파 편, 『불자염송경』, pp.90~93.

확인케 해준다. 칠정례는 추이라는 표현이 적절치 않지만 전승 과정에서 약간의 추이가 일어난다. 전등조사 구문의 경우『일용작법』'향수해'의 "서건동진 급아해동 역대전등 제대조사 천하종사 제선지식"[34]이, 『석문』'향수해례'에서는 "서건사칠 당토이삼 오파분류 역대전등 제대조사 천하종사 일체미진수 제대선지식"[35]으로 추이를 겪었고, 칠정례에서는 "서건동진 급아해동 역대전등 제대조사 천하종사 일체미진수 제대선지식"[36]으로 두 본이 합성된 듯한 추이가 일어나고 있다. 또 부촉제자 구문에도『석문』소예참 25배에서는 "영산당시 수불부촉 십육성 오백성 독수성 내지 천이백 제대아라한 성중"[37]이었는데,『통일』에서는 "영산당시 수불부촉 십대제자 십육성 오백성 독수성 내지 천이백 제대아라한 무량자비성중"[38]으로 두 구가 늘어나고 있다.

그런데 부촉제자 예문에서 '자비성중'은 모르지만 '무량'이라는 무한 정사를 삽입하여 한정적인 앞의 구문 부촉제자에 무한정이 더해지게 된다. 예문의 번역을 보자.

예1 영산회상 부처님의 부촉 받으신 여러 모든 거룩한 제자들께 목숨 바쳐 지심으로 절하옵니다.

예2 영산 당시 부처님 법 부촉 받으신 십대제자 십육성 오백성인

34 『일용작법』,『한의총』 3, p.537上.
35 『석문』 상권, p.2.
36 『통일』(2003), p.57.
37 『석문』 상권, p.5.
38 『통일』(2003), p.57.

독수성현 천이백의 대아라한 무량하신 자비성중께 지심귀명
하옵니다.[39]

예1은 동일 원문은 제시하면서도 의미에 맞추어 번역하고 있지만,
예2는 원문대로 번역하게 되어 의미와 상치함을 느끼지 못하고 있다.
다음은 예경문의 선행게송인 보례게송, 다게, 향게 등과 7정례 예문
의 전통성에 대해 살펴보기로 한다.

선행게송先行偈頌: 칠정례문의 선행게송은 오분향게와 다게가 시설
되고 있다. 그리고 다게를 올릴 때는 '아금청정수'부터 시작하고, 다게
를 올리지 않을 때는 이 구절을 사용하지 않는다[40]는 주석이나 '다게－목
탁 또는 경쇠－(아침예불시), 오분향게－목탁 또는 경쇠－(저녁예불
시)'[41]라는 주석을 달고 있다. 『일용작법』의 보례게송과 달리 칠정례는
다게와 오분향게를 선행하고 있다.

『통일법요집』 소재칠정례문: 오분향게주, 다게
『일용작법』 소재예불절차: 보례게주

어떤 연유로 칠정례문은 『일용작법』의 예불절차와 달리 선행게송을
오분향게와 다게로 시설하게 되었으며, 오분향게와 다게, 그리고 보례

---

39 예1 『연화의식집』, p.62; 예2 『한글』②, p.48.
40 오고산 편, 『불자수지독송경』, p.119.
41 『통일』(2003), p.55.

계주의 차이는 무엇인지에 대해 논해 보기로 한다. 예불을 하는 게송과 진언인 '보례게주'는 『일용작법』(1869) '예불절차'뿐만 아니라 『염불작법』(1575)에도 나타난다. 도진(道殿, 1056~1120)이 편집한 『현밀원통성불심요집』의 부록 「공불이생의供佛利生儀」에는 보례게주의 공능과 용법이 자세히 설명돼 있다.[42]

> 무릇 도道를 구하는 자가 위로 삼보에 공양하지 않고 아래로 사생을 건지지 않는다면 복과 지혜는 증장되지 않는다. …… 만약 불법승 삼보에 공양하고자 하면 먼저 삼보상三寶像 앞에 나아가 오체투지로 법계에 두루 변재하시는 다함없는 불법승 삼보님께 널리 절하며 입으로는 보례진언 7편을 읽는다. 진언은 '옴 바아라믹'이다. 진언은 부사의한 힘이 있으므로 저절로 법계에 다함없는 삼보 전에 두루 자신의 몸이 다 있게 되어 예배하고 받들게 된다.[43]

위의 기사는 5언 절구와 진언으로 이루어진 '보례게주'가 총림이나 사원에서 현재와 같이 아침저녁 예불 때나, 절(불당이나 법당)에 들어가서 변재하시는 부처님께 절할 때 쓰이는 것이라는 것을 말해 주고 있다. 그러므로 『염불작법』이나 『일용작법』(1869)의 예불게송은 조석예경의 바람직한 모습으로 전승되고 있었음을 알 수 있다.

그런데 왜 불과 60여 년 후에 편찬된 『석문』에서는 각전예식 때

---

42 보례게주에 대한 논의는 졸고(「불교예불의 의미와 행법」, pp.95~98)에 의지하였다.

43 道殿, 「供佛利生儀」, 『顯密圓通成佛心要集』卷下, T. 46, p.1004bc.

만일 '다수茶水가 없을 때는 보례게주를 행하라'고 하면서, 대웅전 '예경편'의 보례게송과 진언이 사라졌을까.[44] 왜 향게〔五分香偈〕와 다게 茶偈가 시설되게 되었으며, 조다석향朝茶夕香[45]의 예는 어떤 의미가 함축되었는지를 보자.

필자는 중국과 일본의 몇 사찰이나 종단의 '조모과송'을 조사해 보았 지만 우리와 같은 다게는 찾지 못했다.[46] 조석〔모〕과송 때 제일 먼저 3정례를 하거나, 우리의 경우처럼 예불 전후 과송을 하거나 간에 다게를 활용하는 예는 보이지 않는다. 이는 향게와 다게의 공능이 같지 않음을 의미한다고 할 수 있다. 한국불교의 현행 오분향게와 거의 같은 게송으 로 예불을 하는 의식으로는 홍찬 재삼(1611~1685)의『예불의식』이 있다.

---

44 하지만 각전예식 때 만일 茶水가 없을 때는 보례게주를 행하라고 하고 있고(『석문』 상권, p.54); 대각교를 제창한 백용성의『대각교의식』(1927) '조석통상예식'은 헌향게주와 보례게주를 함께 시설하고 있으며(『한의총』4, pp.36~37); 동시대 권상로에 의해 편찬된『朝夕持誦』(1931)은 조석 송주 앞에서 보례게송과 진언염 송을 시설하고 있다(『한의총』4, p.70). 그런데 현행 예경을 볼 수 있는『통일법요집』 (2003)의 각전 예경에는 보례게주도 헌향게도 생략된 채 헌향진언 '옴 바아라 도비야 훔'만 제시돼 있다. 이후 보례게주는 천수경 앞에 보례게송과 진언이 합편되어 송주 시 예불하는 게송과 진언 역할을 수행하고 있다.

45 정각,『예불이란 무엇인가』(운주사, 1993〔2004〕), p.43; p.50.

46 중국(『불광산종무위원회과송본』;『승천선사조만과송본』;『선문일송』)본에는 향 찬 또는 향로찬으로 일일과송을 시작하고 있다. 일본의 조동종 계열은 '자삼귀의' 로, 진언종 계열은 개경게 참회게 삼귀의와 삼귀경을 마치고 십선계를 서원하고, 법화계열에서는 삼정례를 하고 참회와 삼귀의를 마치고 독경으로 들어가고, 시종근행식에서만 7언 절구의 소향찬을 하고 삼보례로 들어가고 있다.

戒香定香解脫香, 光明雲臺遍法界, 供養十方無量佛, 聞香普熏證寂滅.[47]

현행 한국불교 예불의 오분향게와 크게 다르지 않다. '원수자비애납수'가 '문향보훈증적멸'로 구체화되었다. '내가 지금 태우는 향은 오분법신의 향이며, 이 향이 향로에 타올라 빛나는 구름이 되고 법계에 두루해 시방에 두루 계신 한량없는 부처님께 공양하오니, 널리 끼이는 향으로 전하는 신심을 들으시고 적멸을 증득하게 하시네.' 이 게송은 『화엄경』에 의거한다고 보이며, 예를 올리기 위해 사르는 향은 오분법신의 향이라고 하고 있다. 이 법신의 향을 살라 나의 몸이 변재하시는 부처님 앞에 두루 변재하게 하여 향공양을 올리오니, 들으시고 내가 적멸을 증득하게 해달라는 발원이다. 이 향은, 믿음을 통신通信하는 신향게信香偈[48]이며 예경을 알리는〔告〕고향게告香偈[49]인 것이다. 그러므로 오분향게는 '연향게'와 '고향게'의 역할을 동시에 수행하고 있다고 할 수 있다.

그렇다면 고향게를 저녁예불 때에만 하고 있는가, 또 시방에 변재하시는 삼보님께 공양을 올린다고 아뢴다면 아침예불 때에도 향을 살라 알려야 하지 않는가 하는 문제를 풀어야 한다. 여러 가지로 추론할

---

47 弘贊 編, 『禮佛儀式』, X. 74, p.634a.

48 智還 編, 『天地冥陽水陸齋儀梵音刪補集』, 『한의총』 3, p.72上; p.77下. 「仔夔文五晝夜作法規」의 「初日風伯雨師壇作法」의 '合掌偈', '信香偈', '開啓篇'의 목차에서 신향게는 고향게의 다른 이름이다.

49 『作法龜鑑』, 『한불전』 10, p.553下.

수 있겠지만 대소불사를 거행할 때 상단은 저녁에 청하고, 하단은 삼경에 청하는데, 이 시기와 다게의 설행처 등을 유념해 볼 필요가 있을 것이다.

예불 다게는 "아금청정수 변위감로다 봉헌삼보전 원수애납수" 외에도, 국내 간행 의문儀文들에는 여러 종류의 다게가 있다. 상·중·하단 등 사용되는 곳에 따라 분류하거나, 각 다게를 행하는 시기, 곧 차를 올리는 시기에 따라 나누거나, 차를 올리는 데 쓰이는 순수한 다게와 다와 약식을 함께 올리는 다약게茶藥偈 등으로 나눠볼 수 있다. 하지만 어느 단이나 시기를 놓고 보면 청한 분을 자리에 모신 뒤, 앉은 뒤에 행해진다. 다시 말하면 정위定位, 안좌安坐의 상태에서 행해진다는 것이다. 이렇게 보면 향이 청해 모셔서 예를 올리고자 할 때 행하는 의례라고 한다면, 차는 앉아 계신 분에게 올리는 의례라고 소박하게 이해할 수 있을 것이다. '조다석향'은 '석향조다'로 이해할 수 있는데 다분히 의례적임을 부인하기 어렵다. 모셔진 삼보님께 예를 올린다면 아침저녁이 구별될 하등의 이유가 없을 것이다. 마지 올리듯이 공양으로 올리면 된다. 대웅전 예경에서 보례게주를 하지 않고 오분향을 올리며 봉행하는 예경은 상주예경이 아님을 의미한다고 할 수 있다.[50]

예불문의 전통傳統과 단절斷絶: 칠정례의 가장 큰 특징은 『일용작법』의 예불절차나 『석문』의 조석 예경문 등에 보이는 한국불교의 교학 전통과 사상이 보이지 않는다는 것이다. 『석문』에 수록된 오분향례, 향수해례, 소예참례, 대예참례, 칠처구회례, 사성례, 강원상강례 등을

---

50 졸고, 「불교예불의 의미와 행법」, 『淨土學硏究』(한국정토학회, 2011), p.98.

분석하면, 대웅전 예경문은 통불교적인 모습을 보이고 있으나 그중에서 거의 대부분이 화엄적인 내용이다. 우리가 항상 예경하는 삼보는 화엄삼보라 해도 과언이 아닐 정도이다.[51] 칠정례에는 통불교의 모습이 있다고 할 수 있지만 화엄사상이 드러나지 않는다. 또 위『일용작법』 소재 예불문과『석문』소재 '오분향례'[52]에서 예경禮敬의 대상이 되는 불보佛寶는 법·보·화法報化 삼신불三身佛과『화엄경』에 등장하는 여러 부처님 등이다. 그렇지만 칠정례 찬자로 알려진 월운의 '통도사예불문'[53]과 칠정례에는 문면상文面上으로는 삼신三身 사상이 표면화되어 있지 않다. '석가모니불'에의 예경이 벽두에 시작된다. '석가모니불'에 '천백억 화신'이라는 수식어가 붙듯이, 전통 교학에서 이분은 화신이시다.

다음은 법보法寶를 보자.『일용작법』소재 예불문과『석문』소재 '오분향례'는 '법성해장 주함패엽法性海藏 珠函貝葉'이다. 반면에 '통도사예불문'과 칠정례에서는 '제망찰해 상주일체 달마야중帝網刹海 常住一切 達摩耶衆'이라 하여, 용궁보장龍宮寶藏이라는 종교적 색채는 퇴색退色되었다.

마지막으로 승보僧寶를 보자.『일용작법』소재 예불문과『석문』소재 '오분향례'에는 대승경전에 등장하는 중요 보살과, 또『화엄경』

---

51 전해주,「韓國佛敎 儀式文에 보이는 華嚴信仰과 思想」,『종교연구』16(한국종교학회, 1998), pp.99~104.

52 『석문』, pp.6~7.

53 월운 편집 통도사예불문과 칠정례의 동이는 전등조사("西乾四七 唐土二三 五派分流→西乾東震 及我海東")와 회향발원("同入彌陀大願海→自他一時成佛道") 등 단 두 곳에 불과하다. 신규탁(2011b), p.59.

「입법계품」에 등장하는 여러 선지식과 구법의 상징인 선재동자도 예경
의 대상이 된다. 물론 성문승단과 역대의 전등조사에게도 예경한다.
반면에 '통도사예불문'과 칠정례에는 『화엄경』 「입법계품」에 등장하는
여러 선지식과 구법의 상징인 선재동자가 삭제되었다. 이 정도로 비교
하면, '통도사예불문'과 칠정례, 『일용작법』 소재 예불문과 『석문』
소재 '오분향례' 사이에는 삼보에 관한 관점에 적잖은 차이가 있음을
알 수 있다. 핵심적으로 중요한 점 몇 가지만 정리하면 다음과 같다.
① 삼신사지三身四智 등 불신 사상의 유무, ②『화엄경』 불·보살 사상의
유무, ③ 용궁보장의 인정 여부 등으로 축약할 수 있다.[54]

  시대와 환경에 따라 예불문에 변화가 일어날 수는 있겠지만, 그것이
어떤 사상적인 전환이나 변화보다는 외부 환경에 의해서 일어난 변화와
추이라면 심도 있는 고찰이 선행될 필요가 있을 것이다. 한국불교의
교학이나 의례 등에 보이는 사상이 무엇인지 재검토가 이뤄져야 한다.
특히 전통강원의 수학체계에 의하면 삼문(三門: 看經·參禪·念佛) 수업
가운데서 간경과 참선의 연장선상에서 불학이 연구되었으며, 또 강원
의 강경 연구과정인 대교과는 '① 화엄경, ② 선문염송, ③ 경덕전등록'
을 이수하고 있다.[55] 교학체계와 삼문 수행체계는 한국불교의 특수성과
보편성을 함께 담고 있다고 할 수 있다. 그러므로 이 같은 삼문 수행체계
를 감안한 예경문의 직조가 요청된다.

  또 공양의례 가운데 '거불'은 실행의 정체성을 보여주는 중요한 기제
인데, 법화경을 중심으로 설행할 때는 '영산교주 석가모니불, 증청묘법

54 신규탁(2011b), pp.67~70.
55 고영섭, 『우리 불학의 길』(정우서적, 2004), pp.42~43.

다보여래, 극락도사 아미타불, 문수·보현 대보살, 관음·세지 대보살, 영산회상 불보살'로 행하고, 화엄법회일 때는 '화엄교주 비로자나불, 원만보신 노사나불, 천백억 화신 석가모니불, 보현문수 대보살, 관음세지 대보살, 화엄회상 불보살'로 행하며, 참경(미륵참회)일 때는 '흥자시적興慈示寂 미륵존불, 시멸도생示滅度生 석가모니불, 문수·보현 대보살, 무변신 관세음보살, 용화회상 불보살'로 행하고, 지장법회일 때는 '일대교주 석가모니불, 유명교주 지장왕보살, 문수·보현 대보살, 관음·세지 대보살, 되리회상 불보살'로 거불을 하고 있다.[56] 또 삼보통청의 청사도 "청정법신 비로자나불, 원만보신 노사나불, 천백억화신 석가모니불, 서방교주 아미타불, 당래교주 미륵존불, 시방상주 진여불보"로[57] 되어 있는데, 여기에는 화엄사상적 사고가 깊이 투영되어 있다.

칠정례는 예문을 정립시킨 주체들의 인적人的·물적物的 토대를 추측할 때 선종 중심적이라고 하지만[58] 예문 가운데 전등조사를 거론하는 여섯 번째 예경문과 7정례가 성립되는 데 역할을 한 주체들의 성향 등을 고려해볼 때 선종적이라거나 종파적 성향은 그다지 크지 않다고 할 수 있다. 종파적 성향이 있다고 한다면 종조 혹은 중흥조에 대한 예경을 하는 것이 지당할 터이지만 전등의 흐름, 불법의 흐름을 드러내는 데 초점이 맞춰져 있다고 보기 때문이다.[59] 석가모니불 예불을 선행하고 있는 것으로 볼 때 오히려 불교교주 석가모니불과 불법승의 삼보만을

---

56 『삼단시식문』, 『한의총』 1, pp.451~453.

57 『통일』(2003), p.129.

58 송현주, 앞의 논문, p.133.

59 졸저(2011), p.39.

예배의 대상으로 삼고[60] 있는 '향례'를 시설하고 있는 백용성의 대각사상과 맥을 같이하고 있다고 할 수 있다.[61] 이와 같이 칠정례가 종래의 전통사상과 상치된다고 하는 주장들에 대해 깊이 있는 통찰이 요구된다고 할 수 있다.

② 예참

현재 한국불교에서는 예불과 예참禮懺을 구별해서 사용하지 않는 경우가 흔하다. 하지만 예불은 부처님께 예를 올리는 것이고, 예참은 예불을 올리고 참회를 진행하는 의식이다. 『석문』 소재 예경편의 '대예참, 소예참, 관음예문'이 대웅전 예경문으로 시설된 예참문 가운데 순수한 예참문의 성격을 가지고 있는 의문은 '관음예문' 정도에 불과하다.[62] 현행 한국불교의 대표적인 예참의문으로 『예불대참회문』이 있다. 본서는 상단헌공에 현교의 헌공법에 '예참'이라는 항목을 달고 있지만 '예참'이라고 할 수 없다는 의견을 견지한다. 예참의 근본 의궤와 예참의 문을 보기로 한다.

---

60 한보광, 「淨土 禮佛文에 관한 연구」, 『淨土學硏究』 6(한국정토학회, 2003), p.141.
61 예불을 석가모니부처님 상 앞에서 행할 때 하는 '예석가모니불'문을 제외하고 대각 석가모니부처님께 예경하는 의문은 찾기 힘들다. 예불은 변재상주하시는 法・報・化 삼신이 중심이었다고 할 수 있는데, 백용성은 大覺운동을 전개하면서 보례게주 이후 석가모니불과 상주삼보에 예를 표하는 4정례의 향례를 약례의 조석예불문으로 제시하고 있다(『대각교의식』, 『한의총』 4, pp.36~37).
62 『석문』 상권, pp.39~53.

가. 예참의궤[63]

불교의례를 자행自行과 화타化他[64] 또는 자행自行과 타행他行으로 분류한다. 이때 자행의례로 예참의례와 일상예경의례를 들고 있다.[65] 예경과 함께 예참의례를 대표적인 자행의례라고 하는 견해에 동의하는 것은 어렵지 않다. 그렇다면 예경과 더불어 자행의례라고 하는 예참은 어떤 모습들을 가지고 있는가. 먼저 '예참'이라는 이름을 가진 의문을 보면, '소예참', '대예참',[66] '조사예참'[67] 등이 확인된다. 그런데 『석문』 소재 '소예참', '대예참'은 '예참'이라고 명명되고 있지만 '오분향례'와 같은 형태의 예경문만 존재한다. '조사예참'에 보이는 예경 이후의 '참회·권청·수희·회향·발원'이 없다. 이름과 달리 예참의 형태를 보여주지 못하고 있다. 하지만 『석문』 소재 대웅전 예경문의 하나인 '관음예문례'는 예와 참회가 반복적으로 이어진다.[68] 관음예참문이라고 할 수 있다. 그런데 예경하고 참회하는 의례라고 볼 수 있는 소예참과 대예참에는 참회하는 편이 없이 예경만 남아 있다. 대소예참과 유사한 '화엄대예문',[69] '화엄예경문'[70] 역시 축원은 존재하지만 참회편은 보이

---

63 이하 예참논의 '졸고(2011b, pp.102~105)'를 주로 인용하였다.

64 송현주, 앞의 논문, p.28. 재인용.

65 박세민 편, 『한의총』 1, pp.11~12.

66 『석문』 상권, pp.2~7, pp.13~38.

67 智還 編, 「禪門祖師禮懺」, 『天地冥陽水陸齋儀梵音删補集』, 『한의총』 2, pp.50 上~53下.

68 『석문』 상권, pp.2~7, pp.39~54.

69 鼎奭 書, 『華嚴大禮文』, 『한의총』 4, pp.685~716. 이 예문을 『한의총』 편자들은 화엄신중에게 예경하는 참회의식문이라고 소개하고 있다.

지 않는다.

'예참'은 예불참회의 약칭이라고 이해할 수도 있지만 예참禮懺, 참의 懺儀, 참법懺法과 같은 참회하는 의식을 지칭한다고 볼 수도 있다. 이들 참법에 나타나는 예참의 순서는 행법에 따라 조금씩 차이를 보이지 만 대체적인 차례는 크게 다르지 않다.[71] 대체로 수행자와 도량을 깨끗이 정화하고 향을 사르고 꽃을 공양하고 부처님을 청해 예경을 하고 '참회' 를 하고 권청勸請, 수희隨喜, 회향廻向, 발원發願을 하는 순서로 진행된 다. 청해 모셔서 예경을 올리는 것이다. 이때 청하는 성인들은 당해 종파 소의경전 소재 불보살, 경전과 다라니, 보살·연각·성문들의 성현 들이다.

가령 『법화삼매참의』에서는 '석가모니불, 다보세존, 석가모니분신 세존, 시방일체상주불, 묘법연화경, 시방일체상주법, 문수보살, 미륵 보살, 관세음보살, 약왕 약상보살, 관세음 무진의보살, 묘음 화덕보살, 상정진 득대세지보살, 대요설 지적보살, 수왕화 용시보살, 하방상행등 무변아승기보살, 법화경중 보현보살 등 일체제대보살, 법화경중 사리 불 등 일체제대성문중, 시방일체상주승, 법화경중 일체 천룡 등 팔부신 중' 등의 삼위를 불러, 나의 봉청을 받으시고 도량에 이르시기를 청원한 다음 찬탄을 하고 봉청奉請한 차례대로 예불을 하지만 봉청된 사이에

---

70 『華嚴大禮文』, 『한의총』 4, pp.685~716.

71 가령, 智顗의 『法華三昧懺儀』(T. 46, pp.950上~954中)이나 『往生淨土懺儀』(X. 61, pp.660上~664下)에는 ①도량을 엄정하고, ②도량에 들어가 행하는 방법을 설하고, ③바르게 마음을 닦고, ④향을 사르고 꽃을 흩어 공양하고, ⑤청하여 예경하고, ⑥찬탄하고, ⑦예불하고, ⑧참회와 발원을 하고, ⑨법좌를 돌고 경전 을 독송하고, ⑩좌선을 한다.

있다고 보이는 보살들에게까지 (가령 수왕화보살과 용시보살 사이에 지지보살) 예를 올린다. 하지만 마지막에 청한 신중에 대한 예경은 하지 않고 있다.[72]

『왕생정토참원의』에서는 '석가모니불, 정광불 광원불 용음불 등 53불, 자재왕불, 시방현재부동불 등 진시방하사정토일체제불, 왕세7불, 미래현겁천불, 삼세일체제불, 극락세계 아미타불, 대승48원 무량수경·칭찬경 등 법보, 문수·보현·무능승·불휴식보살 등 일체보살, 관세음보살, 대세지보살, 과거 아승기겁 법장비구보살, 극락세계 신발도의 무생불퇴 일생보처 제대보살, 사리불 등 일체 성문·연각승, 범석·사왕 일체천중 용귀제왕, 염라오도, 호가람신, 일체현성'을 청하여 찬탄하고 예불하는데, 불보에 대해서는 6청하였지만 15처로 세분해 예배하고 있으며, 범석 사왕 등 제천선신중에게는 고배叩拜를 제외하고 있다.[73]

봉청하여 예경을 하고 나면 참회를 하게 된다. 국내 예참법에 참회 부분이 남아 있는 의문은, 참회게가 남아 있는 『선종조사예참』[74]과

---

72 智顗, 『法華三昧懺儀』, T. 46, pp.950下~952中.

73 遵式, 『往生淨土懺儀』, X. 61, pp.661上~662下. 이 '懺願儀'는 蕅益(1599~1655)의 『淨土十要』(X. 61)의 卷第二에 편철되어 있다.

74 智還 編, 「禪門祖師禮懺」, 『天地冥陽水陸齋儀梵音刪補集』, 『한의총』 2, p.53. 조사예경을 끝내고 "삼보 팔난 구류 사생 모두가 모든 장애를 없애기 위해 귀명참회를 합니다" 하며 "저희 제자들은 지극한 마음으로 참회합니다. 저희들이 예로부터 지은 악업들은 다 탐진치로 말미암아 몸과 입과 뜻에서 나왔으니 일체를 저희들이 다 참회합니다"라고 하고 "참회를 마치고 귀명의 예를 올립니다." 절을 하고 다시 "저희들은 지극한 마음으로 참회합니다" 하고 이어 권청게송으로 들어간다.

육근발원법이 편재된『자비도량참법』,[75] 앞에서 언급한『예불대참회문』등이 있는데,『예불대참회문』은 현재 중국불교의 저녁 예불참회발원으로 쓰이고 있다. (이 이후에 '몽산시식'이 행해지고 있다.) 이에 비해 이산 선사 발원문은『선문일송』의 조모과송에서 아침예불 발원문으로 활용되고 있다.[76] 이는 예참의 의미와 공능을 암시해 주는 한 단서가 된다.

'법화삼매참의'나 '천수안대비심주행법'과 같은 참법의 최종 목적은 '좌선실상정관방법', '관행觀行'으로 삼매를 닦는 것이다. 정토계통의 '왕생정토참원의' 참법도 예참의 소청과 예불 참회와 선요旋繞, 송경誦經 등을 마치면 마지막은 좌선坐禪을 닦고 있다.[77] 결국 예참은 참선을 위한 사전 수행이라고 할 수 있다. 참선을 통한 관행력을 닦지 않으면 시식이나 공양의례를 여법하게 진행할 수 없음을 말하고 있음은 이를 증명한다고 할 수 있다.

나. 예참예문

예참의문에는『석문』의 예경문으로 제시된 대·소예참과 관음예문과 화엄예문, 20세기 후반에 주로 보급되었다고 보이는『예불대참회문』이 있다.『예불대참회문禮佛大懺悔文』은 108배를 하며 참회하는 순수한 예참문이라고 할 수 있다.

75『詳校慈悲道場懺法』,『한의총』1, pp.120~126; 耘虛,『慈悲道場懺法』, 대각회출판부, 1979, pp.588~614.

76『선문일송』,『승천사 조만과송본』의 목차 참조.

77 遵式,『往生淨土懺儀』, X. 61, pp.663~664.

이 참회문의 첫째는 '대자대비민중생大慈大悲愍衆生'의 4구게로 제불을 찬양하고 예배한다. 둘째는 '나무귀의南無皈依'에서 '아미타불阿彌陀佛'까지 삼보께 귀명〔의〕하는 것이다. 셋째는 '여시등如是等'부터 '아금귀명례我今皈命禮'로 죄를 참회하고 선을 베푸는 것이다. 넷째는 '소유시방세계중所有十方世界中'에서 끝까지로 발원 회향하는 것이다. 이 본문은 송 부동의 '삼십오불명예참문'을 의지해서 정리한 것으로, 전에는 53불로 늘였다. 끝부분 '법계장신아미타불'과 '보현십대원게'까지는 모두 108정례를 하는 것으로, 108번뇌를 끊고자 하는 뜻을 표한 것이다. 108례의 예법은 처음 4구, 금강상사, 귀의불법승의 3구, '아금발심'부터 '삼보리', '진허공일체제불', '일체존법', '일체현성승'에 각각 한 번씩 절하고, '여래십호'에 한 번 절하고, 89불에 89번 절하고, '여시등'에서 '금개참회'까지 '금제불세존'에서 '아금귀명례'까지, '소유시방세계중'의 8구, '어일진중진수불'의 8구, '이제최승묘화만'의 12구, '아석소조제악업'의 4구, '시방일체제중생'의 4구, '시방소유세간등'의 4구, '제불약욕시열반'의 4구, '소유예찬공양복(불)'의 4구, '원장이차승공덕'의 16구에 각각 한 번씩 절하면 합하여 그 수가 채워진다. 당 불공 역의 『삼십오불명예참문』 권말에는 설명을 덧붙이고 있는데, '이 35불의 명호와 참회법은 오천축국에서 수행하는 대승인들이 항상 육시로 예참하는 것을 빠뜨리지 않았다'라고 나와 있다. 예참의 일법은 옛날부터 인도 대승인의 일상적인 과제였음을 알 수 있다. 중국의 옛 사람들은 참회과문으로 108례를 정했지만, 실제로 개인의 여법한 예송을 제외하고, 총림에서는 흔히 무릎을 꿇고 송하지 예배하지는 않았다.[78]

다음은 〈화엄대예문華嚴大禮文〉을 살펴보자. 이 예문은 필사자 정석의 머리말에서 볼 수 있듯이 모든 수행의 처음이 되는 의미로 참회와 예참을 통해 자신을 정화하고, 그 후에 수행을 하거나 포교를 하는 등 예참의 형식에 최우선의 가치를 두고 있다. 전체 문장이 머리글과 뒤에 축원 부분인 4개의 조문을 빼고도 92개조의 장문으로 되어 있는 예참의식문이다. 주로 화엄경을 위주로 하여 등장하는 모든 불보살님들과 12부 경전, 그리고 보살과 성문승 등 일체 승보에 이르기까지 불·법·승 삼보가 총망라되어 있다. 그 가운데 다시 관음예문을 삽입해 예참의식으로서의 형식을 보완하였다 할 수 있다.

불보 30개 조문은, '1. 청정법신 비로자나불, 2. 원만보신노사나불, 3. 천백억화신 석가모니불, 4. 과거 7불, 5·6. 석가세존의 팔상성도, 7. 동방 약사유리광여래불, 8. 서방 극락세계 아미타불, 9. 극락국토의 장엄, 10. 아미타불과 관음·세지 양대 보살 등 극락 삼성, 11. 아미타불 위덕과 장엄, 12. 아미타불의 12가지 명호와 제도모습, 13. 아미타불의 상호장엄, 48원 성취, 아미타불 10가지 상호의 특징, 14. 남방 보승여래불과 북방 부동존 여래불 및 4지 성취, 4방 4대 여래 명호, 15. 중방화장 세계의 비로자나불의 10가지 몸과 덕성, 16. 당래용화교주 자씨 미륵존불과 다보여래 등 4방 4대 여래의 역할과 명호, 17. 참회 12존불과 동방 해탈주세계의 장엄, 18. 지장경 23존 여래불, 19. 북두칠성존의 세계와 명호, 20. 아미타경 소재 6방불, 21. 시방 삼세 일체불과 과거·현재·미래 3세 3천불의 시종의 불명호, 22. 불보살의 가사 공덕과 가사의 상중하 3품에 배열되는 불명호 및 가사당세계, 23. 대방광불화엄경

---

78 中國佛敎協會編, 課誦, 『中國佛敎』 第二輯(知誌出版社, 1982〔1989〕),
  pp.357~358.

소재 부동지불에서 관찰당불까지 40분의 불명호, 24. 대방광불화엄경의 화장장엄 세계해에서 비로자나품에 나오는 과거 장엄겁 동안 출현하신 최초 네 불명호와 주처, 10신·10주·10행·10회향·10지 등 수행점차에 관한 불명호, 25. 대방광불화엄경 소재 불명호, 26. 대방광불화엄경의 화장장엄 세계해에 나투신 10불찰 미진수 되는 각각의 불세계의 형태, 27. 법화경 소재 제불의 인행과 인도 스승. 28·29. 불상조성연기와 8만 4천 탑 명호와 위치, 불사리와 불신에 대한 내용과 한국의 오대 적멸보궁 가운데 봉정암·상원사·정암사·통도사의 네 곳, 30. 제불의 총괄적인 모습과 역할과 함께 여래가 지니신 6덕'에 대한 설명으로 법·보·화 3신불의 불보에 대한 내용이 끝난다.

결국 30여 조문 가운데 법·보·화 3신 부처님들을 합하여 화엄경에 등장하는 부처님의 명호에 대한 것이 모두 11개의 조문이다. 전체적으로 화엄경에 나오는 부처님을 중심으로 삼았다. 다음으로는 아미타부처님과 극락세계에 대하여 7개의 조문이 나오고, 약사여래와 보승여래 등 동서사방의 부처님들 명호가 한 조문씩 나온다. (일부는 명호와 불세계를 달리해 거듭 나옴) 경에 나오는 부처님 명호로는 지장경과 법화경에 나오는 부처님들 명호와 가사당 세계 부처님과 칠성여래 부처님 등이 있으며, 그 명호가 각각 한 조문이다. 불상이 우전국 등에서 조성되는 재질과 많은 불탑에 대한 조문이 2개의 조문이고, 마지막으로 6가지 덕을 갖추신 부처님들의 덕을 찬탄하고 귀의하는 내용으로 정리하여 마치고 있다.

'대예참'에 나오는 불보에 대한 내용이 모두 10개의 조문인 데 비하면 상대적으로 세 배에 해당하는 양이지만, 무수한 부처님의 명호와 세계를 염하고 부처님 지니신 불덕을 찬양하다 보면 어느덧 장엄한 부처님 세계로 빠져 드는 듯한 깊은 감동을 받게 된다. '화엄대예문'의 불보에 해당하는 30여 조문을 살펴보면 두두물물 화화초초가 부처님의 나타내심이 아닌 것이 없음을 알 수 있다.

총칭하여 3장 12부 경전으로 전하는 법보의 부분은 31번의 조문을 시작으로 54번 조문까지 24개의 조문으로 이루어져 있다. 24개 조문 가운데 무려 10개의 조문이 화엄경과 관련한 조문으로 이루어지고, 법화경이 셋에, 원각경·능엄경·금강경·유마경·미타경·지장경 등이 각각 한 조문씩이다. 나머지 경전의 명칭을 모두 열거하는 조문이 하나요, 밀교 계열의 다라니 조문이 하나며, 율과 논에 대한 내용이 다시 하나씩 있고, 마지막으로 나오는 54번 조문이 법보에 대한 종합적인 찬탄과 공덕을 담고 있다.

승보 부분은 55번 조문으로부터 시작되어 92조문에 이르러 끝난다. 그 가운데 화엄경과 관련된 부분이 7개 조문이고, 관음예문과 관세음보살 관련 조문이 14개 조문이다. 또 지장보살 부문이 4개 조문, 대세지보살과 미륵보살, 인로왕보살 등과 금강부 사대보살 조문을 합해 4개 조문이 있다. 부처님의 십대 제자와 역대 전등하신 조사들로 성문승에 대해서는 8개 조문이 있고, 92조문에 가서는 승보를 총칭하여 찬탄하는 것으로 '화엄대예문'이 끝나고 있으며, 이후에는 연유가 이어진다.

93. 이 '화엄대예문'을 짓는 연유, 94. 화엄경이 출현하게 되는 경위와 경을 보고 듣고 환희하는 자들이 마침내 반야를 증득함과 같이 대방광불화엄경에 나오는 불보살과 가르침, 선지식들에 대한 찬탄과 귀의의 마음이 다시 나오고, 95. 축원이 나오고, 96. 동참 대중들이 대방광불화

엄경의 불보살과 선지식, 선재동자를 언제라도 따르고 닮아가게 하며, 경을 칭경하고 예경·발원·수희·찬탄의 공덕으로 동참 재자들의 온갖 죄업과 원결과 무명이 끊어지고 밝아지며, 무량행원과 불과를 이루고 무량 중생 제도하기를 마쳐 필경에는 극락세계에 들어 마정수기를 받고 무생인을 증득해 깨닫기를 발원한다.

그리고 재차 동참 대중들의 공양·예경·칭경·발원·수희·찬탄·공덕으로 『대방광불화엄경』에 나오는 10처 10회의 불보살과 같아져서 모든 중한 죄를 소멸하고 정각을 성취한 후에 부처님의 막대한 은혜 갚고자 세세생생 보살도를 행하여지이다, 하는 발원으로 '화엄대예문'이 끝난다.[79] 이 가운데 법·보·화 삼신불 예찬공양이 끝나고 이어지는 6번째 석가모니부처님의 예문을 보기로 한다.

⑥ 지극한 마음으로 〔머리 숙여 절하며 공양합니다.〕
가란의 선인들 사는 곳에서 무상을 슬퍼하고
나찰의 무리들 속에서 참된 즐거움을 누리며
눈 덮인 바위로 집을 삼고 숲속 새를 도반 삼아
설산에서 수도하시는 모습의 우리 본래 스승 석가모니부처님,

니련하 강가에서 난타의 유미죽 받고 보리좌에 앉아
마왕 파순의 삿된 유혹을 물리치니 천인들은 음악을 연주하고
대지의 신들은 마군을 쫓아내며 보리수 아래서 대각을 이루시는
모습의

---

79 海月, 『화엄대예문』(정우서적, 2008), pp.6~17.

우리 본래 스승 석가모니부처님,

녹야원에서 청정히 수행하는 대중 찾아 스승 제자 되어 안행을
짓고
마승(아설시) 등에게 묘법 설하니 인과의 도리 흘러넘치고
아이 달래는 데 누런 나무 이파리로 종이돈인양 하여 울음을
그치게 하듯이
중생의 고통을 달래며 더러움을 제거하고
모든 가치를 드러내어 (아함시) 녹야원에서 처음 법 전하시는
모습의
우리 본래 스승 석가모니부처님,

구시라 각성에서 순타의 공양 받고
사라쌍수에서 마하가섭에게 두 발을 드러내 보이시자
마야 부인이 애통해 울고, 범천 대중이 모두 슬퍼하며
두 그루 나무 사이에서 열반에 드시는 모습의
우리 본래 스승 석가모니부처님,

사방을 둘러봐도 법을 듣지 않은 이 없으니
녹야원에서 학수까지 가득 가득 넘치네.
언제나 부처님은 뜬 구름 같은 세상 사셨건만
곳곳마다 밝은 별로 푸른 하늘에 나타나네.

우리 본사 석가모니부처님과

바다같이 한량없는 일체 모든 부처님께 머리 숙여 절하며 공양합

니다.[80]

　위 예문에서 볼 수 있듯이 '화엄대예문'에는 참회와 예찬과 공양만이
있는 것이다. 불교 역사와 교학 전반이 장강대하처럼 펼쳐진다. 그
문장의 유려함과 정치함에 절로 놀라지 않을 수 없다. 이 예문을 읽고
신심이 일어나지 않을 수 없고, 나태할 수가 없을 것이다. 이것이
예찬과 참회의례가 갖는 역할이라고 할 수 있다. 이와 같이 예경과
참회를 전제로 하는 참회가 집단적으로 이루어질 때, 개인이 홀로
깊이 몰입할수록 성찰의 효과가 큰 경우도 있지만, 대개의 경우 집단적
으로 행할 때 이는 더욱 효력을 갖는다. 집단의 참회는 주변의 타자들과
약속을 형성하는 동시에 타자의 시선을 공개적으로 허용하는 행위다.
시선은 곧 권력이다. 이로 인해 참회는 집단적 구속력을 획득한다.
불교의례는 사회문화적으로 볼 때 참회를 집단이 공유하게 하며, 이는
결국 집단적 윤리의식을 고취하게[81] 되고 신심과 발심의 증장으로
이어지게 된다.

　'화엄대예문'에서 볼 수 있듯이 한국불교의 '예참'에 참회가 생략되어
있는 경우도 있지만 헌공을 하는 그 내면에는 예경·발원·수희·찬탄이
참회로 승화되어 있음을 알 수 있다. '예참'이 널리 애용된 것은 예참을

80　海月, 앞의 책, pp.71~72.

81　이도흠, 「한국불교 의례의 문화론적 연구」, 『동아시아불교의례문화연구소 출범
　　및 기념세미나』(동아시아불교의례문화연구소, 2011), p.54.

닦지 않으면 여법한 의례를 봉행할 수 없음을 인식하고 있기 때문이라고
할 수 있다.

2) 송주

송주誦呪와 독송은 종파마다 같을 수 없고, 소의경전이 같을지라도
개인의 종교적 취향과 득력에 따라 주主로 신봉하는 진언과 경전이
같다고 말하기 어렵다. 동일 종파 내에서 각기 다른 진언과 경전을
수지한다고 해서 특별히 배척하거나 파문하지 않는 것도 다양성을
존중하는 한국불교의 큰 특징이라고 할 수 있다. 이 같은 특징은 송주의
례에도 두드러지게 나타나고 있다. 다양한 송주용 진언과 경전이 '법요
집'[82]과 같은 의례 서적에 담겨 있는 것을 보면 알 수 있다.

『석문』(1935)은 '송주편'에서 아침송주와 저녁송주, 반야심경을 내
세우고 있다. 그리고 아침송주로는 현행의 '정구업진언, 오방내외 안위
제신진언, 개경게, 개법장진언'의 전송前誦의식을 시작으로 '나무대불
정 여래밀인 수증요의 제보살만행 수능엄신주, 정본 관자재보살 여의
륜주, 불정심관세음보살 모다라니, 불설소재길상다라니'의 통칭 4대
주를 제시하고, 이어 〈준제지송행법〉을 필두로 여래십대발원문, 발사
홍서원, '정토업'의 장엄염불과 제 진언이 시설施設되어 있다. 그리고
저녁송주로는 전송의식을 행하고 현행 대비주 송주 행법과 사방찬,

---

82 흔히 의례를 모아놓은 서적은 청문, 귀감, 제반문, 의범 등으로 불려왔고, 근래에
   이르러 『불광법회요전』(1986), 『삼화행도집』(1980/1986), 『우리말 법회의식집』
   (1988), 『통일법요집』(진흥원, 1988) 등의 표기를 보이다가 지금은 '법요집'이라는
   말이 일반화되었다고 보인다.

도량찬, 참회게·진언을 시설한 다음 아침 송주 행법의 〈준제지송행법〉 이하를 아침송주처럼 행하라고 하고 있다. 그리고 식당작법을 '반야심경'이라고 제시하면서 간단한 식당작법이라고 할 수 있는 '소심경'으로 송주편을 마치고 있다.[83] 이는 일상의 송주의례라고 할 수 있는데, 이와는 별도로 '지송편持誦篇'을 시설하고 '백팔다라니, 즘부다라니, 42수, 화엄경약찬게, 법화경약찬게, 총귀진언總歸眞言, 실상장구實相章句, 참제업장 십이존불'을 싣고 있다.[84] 현행 천수경에 편입된 '십이존불'이 『석문』에서는 천수경에 회편會編되지 않은 모습이다.[85] 『불광법회요전』(1983)도 이 같은 편제를 따르고 있다.

　『통일』(2003)에 이르면 '조모송주'라는 표현이 보이지 않고 '조석朝夕'에 관련된 의례는 '조석종송'에만 보이고 있다. 『석문』의 '송주편'과 '지송편'을 합친 듯한 송주용 다라니나 게송들은 일용의식 '도량석'편과 송주 이후 염송하는 정토업 가운데 게송과 염불 행법은 장엄염불만 아침종송 다음에 실려 있다.[86] 정토업의 제 진언은 모습이 보이지 않는다. 하지만 1970년대 송주집 『불자수지독송경』에는 『석문』의 저녁송주의 형태를 '저녁송주'라는 편목 없이 '아침송주'편보다 '현행' 천수경이 선행되며,[87] 『삼화행도집』(1986)에는 조석이라는 개념은 보이지 않지

---

83 『석문』 상권, pp.80~107.

84 『석문』 하권, pp.195~208.

85 현재 유통되고 있는 천수경은 '의식용 천수경', '독송 천수경' 등 여러 명칭으로 불리지만 『천수경 연구』(정각 저, 운주사, 1996/1997, p.138)에서 칭하는 '현행' 천수경과 '현행' 천수경의 완성을 1969년 통도사 『행자수지』라는 견해를 따르고 있다.

86 『통일』, p.19.

만 '一. 천수경'에는 전송前頌과 후송後頌, 사대주와 정토업을 하위 본문으로 시설하고 있다.[88]

위의 일별은 한국불교의 일상송주는 현행 천수경과 사대주, 그리고 '정토업'이 중심이라는 사실을 알게 해준다. 조석송주들은 '염불작법' 의궤의 산물이라고 할 수도 있을 터이겠다. 염송경전과 행법[89]을 확인할 수 있는 방법은 '독송집'류를 검토해 보면 좋을 것이다. '의범'이나 '법요집' 등이 주로 공양이나 시식의례 등 의례를 주로 담고 있는 데 비해 '독송집'류는 비교적 자주 독송하는 경전을 담고 있다고 할 수 있다.

『불자수지독송경』에는 반야심경, 관세음보살보문품경, 관세음보살42수, 고왕경, 고왕경 찬어, 몽수경, 팔대보살 명호, 백팔다라니, 법성게, 나옹 화상 발원문, 이산 혜연 선사 발원문, 무상계, 백팔대참회문, 화엄경 약찬게, 법화경 약찬게, 신심명, 참선곡, 회심곡과 부록으로 팔양경, 산왕경, 조왕경, 북두주, 백발가, 보왕삼매론, 육바라밀, 칠바라밀, 열 가지 계행, 사십팔경구게 등의 짧은 경전과 게송 다라니

---

87 오고산 편, 『불자수지독송경』(보련각, 1976[1982]), pp.12~13.

88 『삼화행도집』, p.9.

89 국내 독경의식으로는 금강경계청법이 있다. 1424년 安心寺 開板本『六經合部』 이후의 모든 판본에 동일한 「금강경계청」이 쓰이고 있다.(文相連, 『韓國佛教 經典信仰 研究』, 東國大學校 大學院 博士學位論文, 2005, p.152. 주) 372. 참조). 『金剛經諺解』(刊經都監, 1464) 또한 크게 다르지 않은데, 「금강경계청」에는 '정구업진언, 안토지진언, 보공양진언, 청8금강4보살, 발원문, 云何梵, 개경게'가 제시되어 있다. 하지만 후대에 오면 독송용 '금강경'에는 개경게송만 보이거나 송경차제가 거의 보이지 않는다.

등을 일상 염송 또는 송주하는 다라니와 게송이 시설되어 있다.[90] 또
『불자염송경』(1988)에는 반야심경, 법성게, 백팔 대참회문, 화엄경
약찬게, 법화경 약찬게, 관세음보살보문품, 금강반야바라밀경과 찬,
불설아미타경, 고왕경과 찬어, 해탈주, 백화도량발원문, 이산 선사
발원문, 만공 스님 참선곡, 천지팔양신주경, 광명진언, 회심곡 등이
편제돼 있다.[91]

두 권의 민간 불경 전문출판사의 독송요집으로 한국불교의 송주와
염송경전을 모두 확인할 수는 없겠지만, 큰 틀에서는 다르지 않다고
할 수 있다. 제시된 경전을 보면 아미타경, 관세음보살보문품, 금강경,
팔양경으로 압축될 수 있으며, 여기에 분량상 독송경전에 합편이 어려
운, 묘법연화경과 보현행원품 등이 한국불교의 염송경전이라고 보아
도 크게 어긋나지 않을 것이다.[92]

주요 송주의례로 『석문』에 시설된 아침송주는 이후 『일용작법』 기준
으로 보면 예불 전후의 송주가 합편되면서 '현행' 천수경이 성립된다.
그러므로 『석문』에 설시된 아침송주를 논의의 대상으로 해야겠지만
한국불교 송주의례에서 '현행' 천수경의 비중이 지대하므로 이 절에서
는 논의의 중심을 『한글』② 소재 도량석에 실린 '현행' 천수경으로
삼고자 한다.

90 오고산 편, 『불자수지독송경』, pp.14~16.
91 曺性坡 編, 『불자염송경』(보련각, 1984〔1988〕), pp.12~14.
92 필자는 俗業上 이와 관련해 300여 이상의 주지 스님들과 상담을 하였는데 제
   염송집의 예외는 극히 드물었다.

①천수경의 분과[93]

그동안 '현행' 천수경에 대한 연구는 다양하게 진행되었다. 『천수경이야기』, 『천수경과 관음신앙』, 『천수경의 새로운 연구』 등의 저술과 논문에서 천수경의 구조와 사상에 대해 다양하게 천착하는 모습을 확인할 수 있으며,[94] 『천수경 연구』에는 천수경의 모태라고 할 수 있는 관음신앙과 17세기 이래 간행된 주요의례 문헌 12종 공관을 통해 천수경 성립 등 종합적인 연구가 함축되어 있고,[95] 「한국의 진언·다라니 신앙 연구」에는 경궤 중 진언·다라니의 성격이 고찰되고 있으며,[96] 『불교의식각론』 V에는 상주권공과 천수경의 차례 비교를 통해 천수경이 준비의식임이 밝혀져 있다.[97]

위 연구 성과만으로도 천수경의 세부적 연구는 어느 정도 성취되었다고 할 수 있다. 그럼에도 불구하고 천수경에 대한 여전히 몇 가지 의문이 남는다. 먼저 천수경의 명명인데, '독송 천수경'이라거나 통시적 입장에서 변형태로서의 천수경에 주목하여 '현행 천수경'이라 하고, '의식용 천수경'이라 하여 의례의 한 과정으로 이해하고 있다.[98] 그렇다

---

93 졸고, 「'현행' 천수경의 구조와 의미」, 『禪文化研究』 7(韓國佛教禪理研究院, 2009), pp.221~232.

94 김호성은 『천수경 이야기』(민족사, 1993 → 『천수경의 비밀』, 2005로 개편), 『천수경과 관음신앙』(동국대출판부, 2003)을 거쳐 『천수경의 새로운 연구』(민족사, 2006)를 펴냈고, 이로서 천수경 연구가 일차 완성되었다는 느낌이 든다.

95 정각, 『천수경 연구』 재판, 운주사, 1997.

96 허일범, 「한국의 진언·다라니 신앙 연구」, 『회당학보』 제6집(도서출판 해인행, 2001), pp.53~79.

97 심상현, 『불교의식각론』 V, pp.249~264.

98 김호성은 '독송 천수경'이라 하고, 정각은 '현행 천수경'이라고 하여, 나무상주시방

면 '현행' 천수경에 대해 살펴보자.

가. 10문 3분 5단

천수경을 10문으로 1차 분석하고, 삼분 오단으로 분목하는 분과이다. 십문에서 봉청단奉請壇은 '①개경開經 ②계청啓請 ③별원別願 ④별귀 의別歸依 혹은 소청召請 ⑤다라니陀羅尼'이고, 수법단修法壇은 '⑥찬탄 讚歎 ⑦참회懺悔 ⑧준제주准提呪'이며, 회향단廻向壇은 '⑨총원總願 ⑩ 총귀의總歸依'이다. 이 분과에서는 이를 다시 서분 ①개경開經(정종분) ②계청啓請 ③별원別願 ④총귀의別歸依 혹은 소청召請 ⑤다라니陀羅尼 ⑥찬탄讚歎 ⑦참회懺悔 ⑧준제주准提呪; 유통분 ⑨총원總願 ⑩ 총귀의 總歸依로 삼분하고, 정종분을 대비주(② ~⑦)와 준제주(⑧)로 나누고 있다. 서분·정종분·유통분에 배대하고 이를 다시 '법화삼매참회'에서 와 같이 10문으로 분과하고 있다.[99] 천수경의 완결성과 신행되고 있는 현실을 중시한 분과로 이해하고 있다. 이는 천수경의 성립이나 여타 의궤에서 활용된 천수주의 이해보다는 '현행' 천수경의 완결성과 독립 성에 무게를 두고 있음을 알 수 있다.

불·법·승 다음에 놓인 정삼업진언 등 4진언을 '또다른 의궤로의 연결점'이라고 칭하면서 천수경의 범위를 다른 연구자들보다 넓혀 놓았다. 심상현은 '의식용천수 경'이라는 명명처럼 천수경의 구성을 가변적으로 이해하고 있다.(앞의 책, p.262) 현행 주요의식의 전범이 돼가는 『통일』에는 '정삼업진언 등 4진언'이 실려 있지 않음이 이를 증명하고 있다고 할 수 있다.

99 김호성, 「原本『千手經』과 '讀誦用『千手經』의 對比」, 『천수경의 새로운 연구』(민족 사, 2006), pp.69~74.

나. 삼단설

천수경을 ① 봉청단(정구업진언~다라니), ② 수법단(사방찬~준제발
원), ③ 회향단(여래십대발원문~삼보귀명)의 3단으로 분단하고 있
다.[100] 이 분과는 종자관 수행의 밀교적 입장에서 천수경을 분석하고
천수주를 봉청단에 배대하여 준제주에 천수경의 중심을 두고 있다.
이는 종파적 이해에는 어느 정도 설득력이 있겠으나 천수주와 준제주가
별도의 행법으로 발달하였고, 만일 그것을 수용한다 하더라도 준제
행법 역시 준제찬에서 시작하는 행법이므로, 수법단을 다시 사전 결계
와 준제주 정근 염송, 이후 발원의 하위 분과를 해야 할 것이므로
천수주 중심의 천수경에는 적합한 분과라고 하기 어렵지 않을까 생각
한다.

다. 8단락

천수경을 ① 서두(정구업진언~개법장진언) ② 경제목 ③ 천수경의 경
전내용(계수문에서 다라니까지) ④ 결계 및 청신(사방찬·도량찬) ⑤ 참
회문 ⑥ 제진언독송(준제찬 및 준제 후송) ⑦ 발원 및 귀의(여래십대발원
문·발사홍서원·귀의) ⑧ 또다른 의궤로의 연결점(정삼업진언~정법계
진언)으로 분과하고 있다.[101] 이 분과의 특징은 천수경의 핵심 다라니인
천수주 '④ 결계 및 청신'과 '⑧ 또 다른 의궤로의 연결점'으로 분과
등을 통해 볼 때 천수경 독송이 사전의궤임을 보여주고 있는 분과로
볼 수 있다. 또 '현행' 천수경이라는 표현 또한 천수경의 성립과 변용을

---

100 허일범, 앞의 논문, pp.53~79.

101 정각, 앞의 책, p.149.

잘 보여주고 있다. '현행'의 성격이나 또 다른 의례로의 연결을 거론하고는 있지만 그 성격은 천수경에 방점이 주어져 있다는 인상을 지울 수 없다.

라. 제5의식 중 전 제4의식

'의식용 천수경'이라는 명칭을 사용하는 데서 알 수 있듯이 이 분과는 천수경이 '상주권공'이라는 완결의식의 축약의식이라는 이해에서 출발하고 있다. 제1결계의식(정구업진언~도량찬), 제2설법의식(참회게·참회진언), 제3준제의식(준제찬~준제발원), 제4권청의식의 '작단의식'(정삼업진언~정법계진언)으로 분과하고 있다.[102] 천수경이 '의식용'이라고 이해하는 것은 탁견이지만 이 분과에서처럼 천수경 독송 가운데 설법하는 경우도 보기 어렵고, 『천수경 연구』에서 공관할 수 있듯이[103] 천수주에 제 게송이 덧붙여진 '현행' 천수경은 '상주권공'과 같은 축약이라고 하기보다는 적층되어 성립되었다고[104] 필자는 이해한다.

마. 필자의 인식

필자는 '현행' 천수경은 원 의궤라고 할 수 있는 천수다라니 행법에 3차에 걸친 편입이 일어났다고 이해하며 다음과 같이 정리한다.

원 의궤 발원성취의궤 (발원과 천수주) - 7세기 이후; 15세기 후반

---

[102] 심상현, 『불교의식각론』 V, p.253.
[103] 정각, 앞의 책(pp.121~132)의 공관표는 이를 증명한다고 할 수 있다.
[104] 졸고, 「'현행' 천수경의 구조와 의미」, p.234.

1차   원 의궤 + 결계참회의궤 - 16세기 중후기 이후
      1-1 결계의궤(사방찬·도량찬) - 『권공제반문』(1574)
      1-2 참회의궤(참회게·진언) - 『염불보권문』(1764)
2차   1차 의궤 + 준제지송편람 - 19세기 중후기
      2-1 참회의궤 + 참회제진언 - 『일용작법』(1869)
      2-2 준제지송편람 - 『고왕관세음천수다라니경』(1881)
      2-3 + 여래십대발원문 사홍서원 - 『일용작법』(1869)
3차   2차 의궤의 변형 - 20세기 이후
      2-1 참회의궤(참회게·진언) 외 제 진언 삭제[105]
      3-1 + 참제업장 12존불 - 『불경보감』(1965)
      3-2 + 십악화청 + 참회게 二首 - 『행자수지』(1969)[106]

이와 같은 견지에서 필자는 '현행' 천수경을 5개의 의궤와 하나의 새로운 층이 연합해진 것으로 보며, 다음과 같이 분과하고 해석하고 있다.

〈표 V-1〉 필자의 천수경 분과

천수다라니 행법
1. 몸과 마음을 맑히다   〔정구업진언〕
2. 성현을 청하다   〔오방내외안위제신진언〕
3. 법문·법장을 청하다   〔개경게~대다라니계청〕
   3-1 찬탄하며 예경을 올리다   〔계수관음대비주~아금칭송서귀의〕
   3-2 10원과 6원을 발하다   〔나무대비관세음~자득대지혜〕
   3-3 가호를 청하다   〔나무관세음보살마하살~나무본사아미타불〕
4. 다라니를 설하다   〔신묘장구다라니〕

---

105 『석문』에는 『일용작법』 이래 참회진언 뒤편의 제 진언이 '정토업'으로 장엄염불 뒤편에 편제됐다.

106 졸고, 「'현행' 천수경의 구조와 의미」, pp.230~231.

도량청정 행법

1. 사방에 물을 뿌리다 　　　　　〔사방찬〕
2. 도량에 성중이 오시다 　　　　　〔도량찬〕

업장참회 행법

1. 참회를 일으키다 　　　　　〔참회게: 아석소조제악업~일체아금개참회〕
2. 가지의 참회를 구하다 　　　　〔참제업장십이존불〕
3. 성현을 청해 십악을 참회하다 　　〔십악참회〕
4. 현교와 밀교로 참회를 완성하다 　〔참회게 백겁적집죄~참회진언〕

준제지송 행법

1. 준제주의 공덕을 찬탄하다 　　　〔준제찬~나무칠구지불모대준제보살〕
2. 법계와 자신을 맑히다 　　　　　〔정법계진언~육자대명왕진언〕
3. 준제진언 9자를 지송하고 관하다 〔준제진언~부림〕
4. 회향을 발원하다 　　　　　　[준제발원: 아금지송대준제~원공중생성불도]

회향발원 행법

1. 열 가지 큰 원을 발하다 　　　　〔여래십대발원문〕
2. 사홍서원을 발하다 　　　　　　〔발사홍서원~발원이귀명례삼보〕

새로운 세계로

1. 부처님의 가피 끝없이 이어지다 　〔나무상주시방불·법·승〕
2. 원만한 도량을 성취하다 　　　　〔정삼업진언~정법계진언〕[107]

'현행' 천수경은 누차에 걸쳐 각 의궤의 영향으로 적층된 모습이라는 입장이다. 서로 다른 의궤에 사용되던 천수주들이 조석예불의 전후 송주로 존치되었고, 이것들이 결합된 모습으로 나타나고 있다는 입장이다. 원 의궤인 천수다라니 행법의 천수다라니를 통해 결계와 엄정을

---

107 졸저, 『천수경, 의궤로 읽다』, pp.22~325.

350

행하던 도량엄정 행법, 참회 행법과 준제진언을 송주하는 준제 행법과
회향의 발원 행법이 더해졌다고 이해하는 것이 필자의 견해이다.

② 천수경에 대한 인식

천수경에 대한 제 인식을 검토하고자 한다. 한국불교 제반의례의 감초
라고 할 수 있는 천수경은 송주의례의 핵심이라고 해도 과언이 아닐
것이다. 시식이든 공양이든 식당작법이든 관욕이든 사전의 정근으로
염송되고, 때로는 지옥을 파하는 다라니로서 지옥문을 열기 위해 염송
된다. 천수경의 다양한 공능만큼이나 다양한 인식이 상존하고 있다고
할 수 있으므로 천수경에 대한 인식을 검토하는 작업은 쉬운 일이
아니다. 그렇기 때문에 인식의 차이가 보이는 몇 곳을 본서의 분과에
따른 각 행법을 중심으로 검토해 보는 것으로 만족하고자 한다. 검토의
대상은 『한글』②를 중심으로 명망 있는 천수경 해설서 몇 본과 천수경
연구자들의 해석에 한정한다.

〈표 V-2〉 천수경에 대한 인식 검토 제 본

ⓐ『한글』②(대한불교조계종 포교원, 2005/2006), pp.88~101.
ⓑ 고산본, 『불자수지독송경』(보련각, 1976/1982), pp.25~80.
ⓒ 월운본, 『삼화행도집』(보련각, 1980/1986), pp.25~49.
ⓓ 진흥원본, 『통일법요집』(대한불교진흥원, 1988/1993), pp.286~294.
ⓔ 무비본, 『천수경』(불일출판사, 1992/1999), pp.27~150.
ⓕ 학담본, 『연화의식집』(큰수레출판사, 1997/2002), pp.36~53.
ⓖ 김호성본, 『천수경의 비밀』(민족사, 1992/2005), pp.15~182.
ⓗ 정각본, 『천수경 연구』(운주사, 1996/1997), pp.151~292.[108]

가. 범주와 제목

범주範疇: 범주는 천수경의 시작과 끝이 어디인가 하는 것이다. '천수경 비교 본'을 놓고 보더라도 천수경의 '정구업진언'으로부터 시작하는 것에는 큰 차이가 없다. 그런데 그 끝의 표시에서는 차이가 나타난다.

첫째는 현재 가장 일반적인 '발원이귀명례삼보 나무상주시방불·법·승'으로 끝나는 경우, 둘째는 건단진언으로 끝나는 경우, 그 외에는 제시한 본에서는 보이지 않지만 보궐진언에서 종료되거나 천수경으로 독립되지 않고 조모송주의 차원으로 정토업까지 이어지는『석문』의 경우가 있다. 이를 정리하면 다음과 같다.

《표V-3》 **천수경의 범주**

~나무상주시방승	~정법계진언	~보궐진언	정토업(진언)까지
『한글』②(2005)	월운본(1980〔1986〕)	『소재길상 불경요집』	『석문』(1935)
고산본(1976)	무비본(1992)	(1923)	
진홍원본(1988)	학담본(1997)	『소재길상 불경보감』	
김호성본(1992)	정각본(1996)	(1965〔1973〕)	

※고산본의 천수경 독송은 '나무상주시방승'에서 끝나지만 염불당에서는 정삼업 진언과 장엄염불까지 이어진다고 하고 있다.

《표V-3》에서 볼 수 있듯이 '정법계진언'까지로 천수경을 인식하게

---

108 『천수경 연구』에서 제시하는 천수경이 '현행' 천수경의 원초적 모습이지만 해석본으로 금허의 '천수해설'과 권상로의 '조석지송'이 간행된 1970년대 이후에 천수경 해설서가 등장하고 있다는 것은 번역을 하였다는 것을 의미한다. 하지만 본서에서는 다음 몇 본을 기준으로 하되 열거하지 않은 본들은 필요시에 따라 참고할 것이다.

된 것은 1970년대 이후의 일이라고 할 수 있다. '정삼업진언·개단진언·
건단진언·정법계진언'에 대해서 '또다른 의궤로의 연결점'이라는 제명
을 붙이거나[109] 염불을 거행할 때는 장엄염불까지 계속 독송하는 것을
원칙으로 하고 있다[110]거나 정법계진언까지를 '전송前頌'이라고 하고
이후의 정토업을 '후송後頌'[111]이라고 분과하는 것들은 천수경의 끝에
대한 인식이 일정하지 않다는 것을 의미한다. 그러므로 '현행' 천수경의
끝을 확인하려면 '현행' 천수경의 성립에 대한 이해가 전제돼야 한다.

'현행' 천수경 성립에 대해, 조선시대 이후 꾸준히 진행된 제종諸宗통
합의 움직임 속에 생겨난 자연스러운 추이[112]라고 하거나 의식이 거행되
는 목적에 따라 천수경의 입장과 구성이 달라진다는 '의식용' 천수경[113]
이라는 견해 등은 천수경의 성립을 설명하는 한 단서가 된다. 결국
'현행' 천수경이 단일 경전이 아니라 시간적으로 적층되었거나 의식에
서 활용되던 것들이 천수경에 회편되었다는 것을 인정하는 견해라고
할 수 있다.

또 『삼화행도집』의 전·후송前後頌이라는 표현도 천수경 성립의 단서
를 제공한다. 앞뒤라면 앞뒤가 되는 무엇이 존재해야 한다. 무엇의
앞이고 뒤라야 한다. 『일용작법』(1869)의 경우 '○예불절차' 앞에서
'○조송절차暮誦節次'로 '천수주'가 시설돼 있고 '○예불절차禮佛節次'로

---

109 정각, 앞의 책, p.280.
110 오고산, 앞의 책, p.81.
111 월운, 『삼화행도집』, pp.25~69.
112 정각, 앞의 책, p.280.
113 심상현, 『佛敎儀式各論』 V, p.252.

서의 소예참 이후에 준제지송편람, 여래십대발원문, 발사홍서원, '발원이귀명례삼보'가 시설돼 있다.

그리고 '○염불절차'의 거불 '나무상주시방불·법·승'이 진행된다.[114] 이후 '현행' 천수경의 시원적 문헌이라고 하는 『고왕관세음천수다라니경』(1881)이[115] 나타나고 있다. 『석문』(1935)에서는 사대주, 천수주의 아침저녁 송주의 경계를 〈준제행법〉 이하로 삼고 있다.[116] 50년을 격해 발간된 의례 서적에 나타나고 있는 추이는 의례의 완고성을 잘 보여주고 있다.

'현행' 천수경의 완결판이 『행자수지』(1969)라는[117] 전제 아래 천수경의 형성과정을 조금 유추해 볼 필요가 있다. 이에 대한 견해는 다양할 수 있고 그 어떤 것을 정답이라고 단언하기는 어렵다. 천수경은 천수다라니 송주 행법을 중심으로 여러 염송의궤들이 회편會編된 것이라 할 수 있는데, 20세기 전후에 수행 현장에서 아침저녁 외우는 진언과 경전은 '불설천수경'(예: 『소재길상 불경요집』, 1925)이라고 불리게 된다. 천수경 형성의 축은 『석문』(1935)이라고 할 수 있다. 현행 천수경의 형성과정을 요약하면 다음과 같다. 『석문』에는 있지만 『불경요집』(1925), 『조석지송』(1932) 등에는 없는 '여래십대발원문과 사홍서원', 『불경요집』에는 있지만 『석문』에는 없는 '참제업장십이존불', 거

---

114 『일용작법』, 『한의총』 3, pp.526下~537上.

115 정각, 앞의 책, p.105.

116 『석문』 상권, p.82. "此下夕誦呪同."

117 '현행' 천수경의 완결을 『행자수지』로 보고 있다. 정각, 『천수경 연구』(운주사, 1996〔1997〕). 본서도 이 견해를 따른다.

기에 '분수작법梵修作法'에 쓰이던 '십악참회'〔화청〕, 그리고 5언 7언의 참회게송 두 수가 회편되었다. 그리고 수륙재 불공 등 '작단작법' 때 행하던 정삼업진언 등 네 진언이 조석으로 행하는 송주라는 동질성으로 인해 '현행' 천수경에 회편된 것이라고 할 수 있다.[118]

천수경의 제목: 그냥 천수경인가, 아니면 '천수천안관자재보살광대원만무애대비심대다라니'인가, 아니면 '신묘장구대다라니'인가 하는 것들에 대해 살펴보자.

'천수천안 관자재보살 광대원만 무애대비심 대다라니'를 '경 제목'으로 설정하면서, '현행' 천수경 문헌 가운데 나타나 있는 '경 제목'의 모습을 어디에서도 발견할 수가 없다고 하면서, '경 제목'을 필두로 〈현행『천수경』〉의 실질적 독송이 시작된다고 말할 수 있다[119]고 하고 있으며, '천수천안관자재보살 광대원만 무애대비심 대다라니'를 제목으로 설정하기도 한다.[120] 그리고 '계청啓請'은 '다라니'를 외우기 전에 우리의 서원을 드러내 보이는 부분으로 이해하거나[121] 또는 '천수천안 관자재보살 광대원만 무애대비심 대다라니'의 제목으로 이해하거나[122] 계수문의 제목으로 이해하여 '모심'이라고 해석한다.[123] 그렇지만 『한

---

118 졸저, 『천수경, 의궤로 읽다』, pp.306~307.
119 정각, 앞의 책, pp.164~165.
120 월운, 『삼화행도집』, p.26.
121 정각, 앞의 책, pp.165~166.
122 김호성, 『천수경의 비밀』, p.33.
123 월운, 『삼화행도집』, p.27.

글』②를 포함한 대부분의 천수경에서는 '천수천안 지니신 관자재보살님 크고 둥글고 걸림 없는 자비의 다라니를 받드오니 우리 곁에 임하소서'[124]라거나 '천손 천눈 갖추옵신 관음보살의 넓고 크고 원만하여 걸림이 없는 대비심 다라니를 저희들에게 활짝 열어 주십사 청하옵니다.'[125]라는 등 '청원문'으로 이해하고 있다.

위의 견해들은 대체로 두 가지로 요약할 수 있다. 정구업진언 안위제신진언 개경게, 개법장진의 송주의식이 끝난 후 처음 나오는 '천수천안 관자재보살 광대원만 무애대비심 대다라니 계청'을 보고 '천수천안 관자재보살 광대원만 무애대비심 대다라니'를 제목으로 이해하거나 '천수천안 관자재보살 광대원만 무애대비심 대다라니 계청'을 청문으로 이해하는 방식이다.

　제목: '천수천안 관자재보살 광대원만 무애대비심 대다라니'
　청문: '천수천안 관자재보살 광대원만 무애대비심 대다라니 계청'

제목으로 이해하게 되면 '계청'의 목적어는 다음 계수문과 10원 6향을 건너 뛰어 신묘장구다라니로 이해하거나 관세음보살을 청하는 핵심동사가 된다. 이 구절이 제목인지 청문인지를 어떻게 구별할 수 있는가. 이 구절을 이해하기 위해서는 이와 유사한 구문이 등장하는 모습을 확인해 볼 필요가 있다. 『오대진언집』은 이 구절의 성격을 파악하는 데 의미 있는 정보를 제공해 준다. 이 문헌은 오대진언을 염송하는

124 진홍원, 『통일법요집』, p.286.
125 학담, 『연화의식집』, p.38.

방법을 기록하고 있는데, '천수천안 관자재보살 광대원만 무애대비심 대다라니 계청', '불설금강정유가최승비밀성불수구즉득신변가지성취다라니계청', '대불정다라니계청', '불정존승다라니계청'이라고[126] 하여 다라니를 청하는 법을 시설하고 있다.

계청법의 구조를 보면, 계수문과 발원 또는 염송의 공능이 설해지고 '모 다라니 왈曰'이라고 하여 다라니가 전개되고 있다. '현행' 천수경에는 '신묘장구다라니 왈曰'이 없다. 반야심경의 주문과 같이 '즉설주왈'의 구조이다. 송주의식은 성인을 청해 모시고 그분 앞에 머리 숙여 절을 하고 다라니를 설해 달라고 발원하여 성인께서 다라니를 설해 주시는 구조라는 것이다. 그러므로 '천수천안 관자재보살 광대원만 무애대비심 대다라니 계청'은 경전의 제목이나 청문이라고 하기보다 계청법의 제목, 의궤명칭이라고 할 수 있다.

그렇다면 '진흥원본'처럼 다라니를 설해 주실 성인을 청한다고 이해할 수도 있겠지만 다라니를 설해 주실 성인을 청하는 진언은 송주의식의 '오방내외안위제신진언'이다. 이 진언은 『조석지송』에서 '오방에 안과 밖으로 모든 귀신들을 편안이 위로하는 진언이라'[127]고 번역된 이래 '모든 귀신들이 천수다라니를 읽는 소리를 들으면 모두 놀라서 두려운 마음으로 달아나게 되므로 모든 신들을 편안히 위로해 주는 진언',

126 『오대진언집』, 『한의총』 1, pp.137~191. 또 '금강경계청'에는 만일 금강경을 수지하려는 사람은 먼저 지극한 마음으로 정구업진언을 염송한 후 계청 8금강 4보살의 명호를 아뢰어 청하면 있는 곳을 항상 옹호한다고 하고 있다. 『金剛經諺解』(홍문각, 1992), p.30.
127 權相老, 『朝夕持誦』, 『한의총』 4, p.77上.

'안팎의 모든 신을 안위하는 진언', '오방의 모든 신은 평안한 마음으로
경문을 들으소서', '온 우주의 모든 신들을 편안케 해주는 진언'[128] 등
'오방내외 신들을 편안케 하는 진언'이나 '제신을 위로하는 진언', 존대
의 명령으로 해석되고 있다.[129]

의궤에서 이 진언이 등장하는 위치나 명명을 통해 이 진언의 역할을
추론할 수 있다고 보인다. 『금강경언해』(1464)에서는 '정구업진언'
다음에 '안토지진언', '보공양진언' 이후에 4금강8보살을 청하고 있
다.[130] 『삼문직지』(1769)에서는 '내외안토지진언'으로, 『일용작법』(1869)
에서는 '안위제신진언'으로, 『고왕관세음경』(1881)에 이르러서는 현
재의 '오방내외안위제신진언'이라 명명되고 있다. '현행' 천수경처럼
천수주와 준제주가 합편된 첫 의례집으로 알려진 『천수경』(한글본)에
는 '오방내외안위제신진언' 다음에 봉청문이 없지만, 뒤편의 『고왕관세
음다라니경』은 '오방내외안위제신진언' 다음에 바로 8보살을 봉청하고
있다.[131] 이것으로 이 진언의 공능이 호법선신께서 이 땅에 오셔서
송주誦呪하는 자를 옹호해 주시기를 청하는 데 있다는 것을 추측할
수 있다. 또 이 『고왕관세음다라니경』에 합편되어 있는 『불정심모다라

---

128 오고산, 『불자수지독송경』, p.26; 월운, 『삼화행도집』, p.25; 대한불교진흥원,
    『통일법요집』, p.286; 김호성, 『천수경 이야기』(민족사, 1992[2000]), p.28.
129 졸저, 『천수경, 의궤로 읽다』, p.37.
130 『金剛經諺解』(홍문각, 1992), p.30.
131 『고왕관세음경』(삼성암, 1881)에서는 오방내외안위제신진언 다음에 봉청 8보살
    을 하고 있으면서도 동일 합편된 불정심모다라니경 계청에서는 정구업진언,
    오방내외안위제신진언, 개경게, 개법장진언 후에, 봉청 8금강 4보살 뒤에 경전
    독송으로 들어가고 있다.

니경계청』에도 『금강경언해』에서와 같은 계청법이 실려 있다. 간략하게 고찰하였듯이 이 진언은 제 성자들께서 보배 수레를 타고 법회에 오셔서 자리에 앉으시라는 봉청奉請과 안좌安座 등에 쓰인 진언이라고 할 수 있다.[132]

그러므로 천수경의 제목은 '천수경'이고 '천수천안 관자재보살 광대원만 무애대비심 대다라니 계청'은 의궤명칭이라고 할 수 있다. 『금강경언해』처럼 '천수천안 관자재보살 광대원만 무애대비심 대다라니 계청' 아래에 송주의식의 정구업진언 안위제신진언, 보공양진언, 청8금강 4보살, 발원문, 운하범, 개경게 등이[133] 등장하였다면 다른 해석의 여지가 적을 것이지만 현재와 같은 모습을 가지고 있는 한 현재와 같은 이해와 인식을 할 수밖에 없을 것이다.

나. 천수 행법

천수 행법은 〈표Ⅴ-1〉의 '천수다라니 행법'을 지칭한다. 천수 행법 가운데 인식의 차이를 보이는 대표적인 두 곳을 살펴보기로 한다. 첫째는 안위제신진언이고 둘째는 칭명하는 가호를 청하는 '나무관세음보살마하살~ 나무본사아미타불' 부분이라고 할 수 있다.

첫째 '안위제신진언'에 대해서 살펴보자. 이 진언에 대해서는 앞 목에서도 간략히 살폈지만 본서는 안위제신진언의 의미를 '제신을 청하는 진언'이라고 이해하고 있으며, 천수 행법에서의 제신은 '관세음

---

132 졸저, 『천수경, 의궤로 읽다』, pp.38~46.
133 『金剛經諺解』(홍문각, 1992), pp.30~33.

보살'이라는 견해를 가지고 있다. 이에 대해 〈표V-2〉 검토 제 본의 인식을 살펴보자.

ⓐ오방 내외 모든 신을 안위하는 진언
ⓑ모든 귀신들이 천수 대다라니 읽는 소리를 들으면 모두 놀라서 두려운 마음으로 달아나게 되므로 모든 신들을 편안히 위로해 주는 진언
ⓒ안팎의 모든 신을 안위하는 진언
ⓓ오방의 모든 신은 평안한 마음으로 경문을 들으소서.
ⓔ모든 신들을 편안히 위로하는 진언
ⓕ안팎의 신들 편안히 하는 진언
ⓖ온 우주의 모든 신들을 편안케 해주는 진언
ⓗ도량에 신들을 청해 모시는 진언[134]

ⓗ본을 제외한 여타 본은 신들을 안위/위로하는 진언으로 이해하고 있으며, 여기에 더해 ⓑ본은 벽사주로 인식하고 있다. 특히 ⓓ본은 '경문을 들으소서.'라고 하여 경문과 진언을 구별하지 않고 있다.

둘째는 '칭명가피' 의식에 대해서 살펴본다. 계수문과 10원 6향이 끝나고 난 다음 관세음보살을 비롯한 12보살과 아미타불의 명호를 칭명하는 순서가 나타난다. 이 의식에 대해서는 어떻게 인식하고 있는지를 살펴보기로 한다.

---

134 ⓐp.88; ⓑp.26; ⓒp.25; ⓓp.286; ⓔp.43; ⓕp.37; ⓖp.28; ⓗp.161.

360

ⓐ 언급하지도 번역하지도 않고 있다.

ⓑ 제 보살의 역할을 소개하고 있다.

ⓒ 언급하지도 번역하지도 않고 있다.

ⓓ 언급하지도 번역하지도 않고 있다.

ⓔ 관음보살의 다른 이름임을 밝히며 귀의하는 것이라고 밝히고 있다.

ⓕ 각 명칭에 '귀의합니다'라고 하여 귀의로 이해하고 있다.

ⓖ '별귀의'라는 항목을 부여하고 있다.

ⓗ 관세음보살과 아미타불의 칭념이라고 하고 있다.[135]

대체로 특별한 언급이 없거나 귀의로 이해하고 있다. 특별한 언급이 없을 때는 칭념의 의미를 살려 번역하지 않고 있는데, 귀의로 이해하고 있는 경우에는 '귀의합니다'라고 번역을 하고 있다. 필자의 경우 발원이 끝나고 마지막으로 신묘장구다라니를 받기 위한 가피를 구하는 '당구가 피當求加被' 의궤儀軌로 이해하여 번역하지 않는다.

다. 엄정 행법

엄정 행법嚴淨行法은 〈표V-1〉의 '도량청정 행법'을 지칭한다. 천수주를 염송하면서 사방에 감로수를 뿌리는 '쇄수'를 하고 이어서 도량을 찬탄하게 된다. 천수 행법이 순수한 천수다라니를 받아 지녀 업장을 없애고 소원을 성취하는 행법이라면 이 엄정 행법은 관세음보살이 갖고 있는 감로수를 청해 얻어 그것을 도량의 안팎에 뿌림으로써 도량을 깨끗하게

---

135 ⓐp.92; ⓑp.34; ⓒp.25; ⓓp.289; ⓔp.89; ⓕp.41; ⓖp.84; ⓗp.180.

장엄하는 의식이다. 이때 장엄하는 방법으로 천수다라니를 염송하면
서 사방에 쇄수를 하고 도량을 찬탄하는 게송을 한다. 이때 행하는
게송은 도량찬, 엄정게송으로 불리고 있는데, 이 게송의 2구 번역을
통해 이 게송에 대한 이해와 인식을 보기로 한다.

　　ⓐ삼보님과 호법 천룡 이 도량에 오시어서

　　ⓑ삼보님과 천룡님네 이 도량에 내리소서.

　　ⓒ삼보천룡 나리소서.

　　ⓓ삼보천룡 나리소서.

　　ⓔ불·법·승 삼보와 천룡팔부가 이 땅에 내려온다.

　　ⓕ삼보님과 천룡팔부 여기 오시리

　　ⓖ삼보와 천룡들이 함께하시며

　　ⓗ삼보와 천룡팔부는 이 땅에 내려오소서.[136]

　　ⓔ, ⓖ본은 평서로, ⓕ본은 감탄으로, 이외의 본은 청원으로 인식하
고 있다. 이 게송의 청원 동사 '원願'은 말구에서 실현되고 있다. '삼보천
룡강차지三寶天龍降此地'는 '삼보천룡이 이 땅에 내리다'의 의미임에도
불구하고 이것을 청원으로 인식하게 된 동기는 무엇인가를 보자. 이
행법의 경우, 현재는 참회게 이후의 여러 행법이 이어지고 있지만,
고 의궤에서는 천수주 염송과 (쇄수를 하고) 사방찬, 도량찬을 마치고
나면 다음은 곧바로 거불로 이어지게 된다.[137] 거불을 하게 되므로

---

136 ⓐp.94; ⓑp.69; ⓒp.39; ⓓp.291; ⓔp.117; ⓕp.45; ⓖp.112; ⓗpp.231~232.
137 『삼단시식문』, 『한의총』 1, p.451下; 『금산사 제반문』, 『한의총』 2, pp.479~478.

362

청원의 의미를 갖게 되었다고 볼 수 있지만 거불 이후의 청사가 진행되므로 그 의미의 정당성을 찾기 힘들다. 또 도량찬 이후 참회게 등이 등장하면서 거불까지는 거리가 상당히 존재하게 되었다. 그러므로 도량찬 2구는 ⓕ와 ⓖ본에서와 같은 의미로 인식되는 것이 마땅하다고 보인다. 대한불교조계종 표준법요집 편찬위원회에서는 이 구절을 '여기 오시네'라는 의미의 고 어투를 살려 "삼보천룡 예오시네"라고 번역하여 ⓔ·ⓕ·ⓖ본에서의 의미를 통합하고자 하였다.

라. 참회 행법

참회 행법은 〈표Ⅴ-1〉의 '업장참회 행법'을 지칭한다. 『석문』에서는 사방찬, 도량찬에 이어 '참회게'와 '진언'으로 참회 행법이 끝나고 바로 다음의 준제 행법으로 이어졌다. 하지만 『석문』(1935)보다 선행한 『불경요집』(1925)이나 『조석지송』(1932)에는 참회게송과 진언 사이에 '참제업장 12존불'이 등장하고 있고, '십악참회'는 『행자수지』(1969)에서 합편된다. 십악참회는 '십악화청'으로 관세음보살을 청하여 참회하는 행법이라고 보이지만 지금의 형태에서는 그 같은 모습을 재구하기는 힘들다고 하겠다.

『범음산보집』(1723)이나 『작법귀감』(1826)에서는 '십악참회'를 '분수작법' 중 '대분수작법'에서 '십악화청'이라 제명하고 있다. 저녁 때 행하는 화청의식이라는 뜻으로 읽힌다. 화청이라는 명칭으로 볼 때, '살생중죄금일참회' 하고 화음으로 (관세음보살님) 재창하며 청원하지 않았을까 생각된다.[138] 흔히 '화청' 하면 회심곡 또는 '지심걸청'至心乞請하는 가사歌詞들이 떠오를 것이다. 예수재 화청을 보면 법주가 먼저

'지장보살, 모씨 보체 애민부호某氏保體 哀愍覆護' 하면, 대중은 화음으로 '현증복수 당생정찰現增福壽 當生淨刹' 하라고[139] 되어 있다. 화청의 한 전형이라고 할 수 있을 것이다.

『범음산보집』은 '십악화청' 열 조목 중 마지막의 세 조목 탐·진·치를 '삼독중죄금일참회'로 통합하고 바로 이어 '차 관음정근'이라는 항목을 두고 있다. 주목해야 할 것 같다. 그 내용은 '원통교주圓通敎主 관음보살, 발고여락拔苦與樂 관음보살, 삼십이응三十二應 관음보살, 십사무외十四無畏 관음보살, 사부사의四不思議 관음보살, 문성구고聞聲求苦 관음보살, 광대영통廣大靈通 관음보살, 천수천안千手千眼 관음보살'의 여덟 분 다른 이름의 관음보살을 정근하는 것이다.[140] 이에 비해『작법귀감』 '분수작법'에서는 '십악화청', '십상찬'을 연이어 편찬하고 있는데,[141] '차 관음정근'을 '십상찬'이라고 하는 것만 다르다. 아마 십악화청에 관음보살 명호를 배대하였다고 보인다.[142]

참회 행법에서 인식을 달리하는 부분이 발견되는 곳은 '참제업장 십이존불'이라고 할 수 있다. 대다수 본이 '참제업장십이존불'이라는

138 智還 編, 『天地冥陽水陸齋儀梵音刪補集』, 『한의총』 3, 1739, p.107下; 智還 編, 『天地冥陽水陸齋儀梵音刪補集』, 『한의총』 3, 1723, p.6下. 똑같은 의식이라고 할 수 없지만 천수 10원 때 '나무대비관세음' 칭명하고 이어 각 원을 하나씩 염송하는 법이나 장엄염불 할 때 '나무아미타불'을 후렴처럼 칭명하는 경우 등도 그 같은 행법의 한 모티프가 될 수 있을 것이다. 졸저, p.200, 주4.

139 大愚 集述, 『預修十王生七齋儀纂要』, 1576, 『한의총』 2, p.84上.

140 智還 編, 『天地冥陽水陸齋儀梵音刪補集』, 『한의총』 3, 1723, p.7上.

141 亘璇, 『作法龜鑑』, 『한의총』 3, pp.431下~432上.

142 졸저, 앞의 책, pp.200~201.

제목 아래 '나무 참제업장 보승장불~ 제보당마니승광불'로 진행하고 있다. 제목에 다르게 표현하고 있는 본만 보자.

ⓓ 십이불께 참회하니 업장 씻어 주옵소서.
ⓕ 업의 장애 녹여주는 열두 분의 부처님
ⓖ 예참[143]

참제업장을 위해 12존불을 칭명하여 가피를 청하는 의궤라고 할 수 있는데, 대다수 본은 별다른 설명이나 언급이 없으며, ⓓ본은 청원으로 ⓖ본은 예참이라고 인식하고 있다.

마. 준제 행법

준제 행법准提行法은 〈표V-1〉의 '준제지송 행법'을 지칭한다. 천수행법에 편입된 여러 행법 가운데 가장 완결성이 뛰어난 행법이라고 할 수 있다. 천수주의 모본이 천수다라니경이듯이 이 행법의 본주인 준제주는 지바가라(613~687)가 번역한 『불설칠구지불모심대준제다라니경』(이하 준제다라니경이라 약칭)과 금강지 역 『불설칠구지불모준제대명다라니경』에 의거한다. 이 경전에 따르면, 이 주문은 부처님께서 미래 중생을 위해 설하신 것으로, 출가·재가 행자가 지송하되 80만 편을 채우면 한량없는 겁 동안 지은 5무간지옥보 등 일체의 죄업이 다 소멸되고, 날 때마다 불보살을 만나게 되고, 뜻하는 일이 이루어진다

---

143 ⓓ p.291; ⓕ p.45; ⓖ p.119.

고 한다. 이와 같은 이 진언의 공능이 다양하게 설해져 있다.

또 진언 염송을 위한 작단법이 설해져 있다. 차례를 간단히 보자. 먼저 불상 또는 탑 앞에서 혹은 청정한 곳에서 구마니라는 우분을 땅에 발라 네모지게 단을 만든다. 꽃과 향 번개 등으로 장엄하며 등을 밝혀 공양을 올린다. 향수를 주문으로 가지하여 사방에 뿌려 계를 맺는다. 그리고 단 네 모서리에 향수병을 설치하고, 주문을 염송하는 자는 단 가운데서 동방을 향하여 꿇어앉아 진언 1천 80편을 외우면 향수병이 스스로 돌게 되며, 또 손으로 갖가지 꽃을 받들고 진언 1천 80편을 외우고 거울 앞에 훑고 거울 앞을 바로 관하며, 거울 위에 또 1천 80편을 외우고, 향유를 열 손가락에 바르고 진언 1천 80편을 외우면 우뚝 거울에 비치는 손톱 안마다 불보살상을 얻어 보게 되며, 또 꽃에다 진언 108편을 외워 불보살상에 흩어 공양하고 마음속의 일들을 하나하나 청하여 물으면 환히 알지 못함이 없게 된다고 하고 있다.[144]

하지만 이 행법이 실려 있는 현재 천수경은 '준제 진언 지송 편람'인데, 요나라 도신의 『현밀원통성불심요집』에 제시된 것을 따르고 있는 것으로 보이며, 『자기문』에도 실려 있다고 보이므로 11세기 이후에 이 순서로 봉행되는 준제진언 행법이 유포되었을 것이다. 『진언집』(1800)의 『자기문』편에 '정법계진언 호신진언 육자대명왕진언 칠구지불모심 대준제다라니'가 보이는데, 이를 현행 천수경 성립과 관련지으려는 것은 납득하기 어렵다. 왜냐하면 진언집의 각 의식문에 실려 있는

---

144 졸저, 『천수경, 의궤로 읽다』, pp.222~223.

진언만을 옮겨 온 것이기 때문이다. 만일 준제 행법이라고 보이는
이 네 진언 전후에 현행 천수경과 연관성이 있는 진언이 배치되어
있다면 모르겠지만, 이 진언 전후에는 '반야심주'와 '시귀식진언'이
등장하고 있다.

그러므로 현행 천수경의 형성에 『진언집』이 어떤 역할을 했다고
하는 경우도 있지만 단언하기 어렵다. 오히려 『진언집』 또는 『자기
문』의 준제 행법 전후의 '반야심주'와 '시귀식진언'의 순서는 준제 행법
의 활용에 대한 어떤 힌트를 주고 있다고 할 수 있다. '반야심주'는
의례에서 이행移行에 쓰이는 진언이라는 견해를 앞에서 밝혔다. 영가로
하여금 시식의 자리에 가서 앉도록 하였으니 관행의 힘으로 영가에게
시식을 할 수 있도록 가지한다. 준제 행법 다음에 시귀식진언이 등장하
므로 이렇게 설명하는 데 무리는 없을 것이다. 그렇다면 국내에 이
행법이 어떻게 유행되었는지 보자.

홍찬 재삼(1611~1685)이 편찬한 『지송준제지송법요』는 청련 거사
사우교 서書, 『준제정업』의 '준제지송편람'(1623)과는 약간의 차이가
보인다.[145] 재삼은 준제진언 행법에서 육자대명주와 '부림'의 대륜일자
주를 함께 염송함은 옳지 못하다는 주장을 하는데, 당시 유통되고
있는 '준제지송편람'에 대한 지적이라고 할 수 있다. 준제다라니경전이
7세기 말에 번역되었다고 볼 때 이미 그 무렵부터 국내에 준제진언의
공능이 알려지고 염송되었을 것이지만, 정확한 행법을 알 수는 없다.

천수경에 실린 준제진언 행법은 『준제정업』의 '준제지송편람'과 일

---

145 謝于教 書, 『准提淨業』, X. 59, p.224. 이 준제 행법은 준제발원 이후에 참회게송이
　　더해진 것을 제하고는 '현행' 천수경 소재 준제 행법과 같다고 할 수 있다.

치하고 있다. '준제지송편람'이라는 이름은 『일용작법』(1869)에 보이고 있는데, 이 책에는 저녁 예불의식의 사전의식으로 현행 천수경의 참회 편까지 봉행되고 이후 저녁 예불을 한 후 '○준제지송편람'이라 하여 이 행법이 제시되고 있다. 그런데 준제발원 이후 여래십대발원과 사홍서원을 합편해 현재와 같은 모습임을 알 수 있다. 물론 이전의 『삼문직지』(1769)에도 준제주와 준제찬이 있지만 현재 쓰이고 있는 행법과는 동일하지 않다.

19세기 후반 『고왕관세음다라니경』에 이르면 저녁예불 전후의 천수 행법과 준제 행법 사이에 있던 '예불'이 사라져 독립하게 된다. 독립된 예불의식은 이후에 여러 이름을 띠고 나타나고 있다. 사성례, 향수해례, 7처9회례, 오분향례, 소대예참, 화엄예문 등이 그것이다. 19세기 중반부터 보이는 예불 전후의 정근수행이라 할 수 있는 송주의식이 조모(아침저녁) 송주로 독립 편목을 가지게 되었다고 할 수 있다. 19세기 초반의 대표적 의식집인 『작법귀감』(1826)에는 '조모과송'의 절차는 보이지 않는데, 『일용작법』(1869)에는 '조모절차'라 하여 송주 절차가 제시되고 있다.

또 『석문』(1935)에 '조송주', '모송주'라는 명칭이 등장하고 있다. 이는 통합된 의식을 부분화해 나가는 과정에서 나타나는 현상이라고 할 수 있다. 예불이 독립된 후 예불 이전의 송주(천수주)와 이후의 송주(준제주)가 자연스럽게 합편될 수 있었다. 합편되었다고 현재와 같은 '천수경'이라는 이름이 그리 쉽게 정착되었다고 말하기는 어려울 것 같다. 불가 내부에서는 '조석송주', '조석지송'이라는 이름으로 유통되었지만 불가 주변에서는 조석 송주들에 대한 이해 부족 등으로 준제

행법까지 포함된 송주경전을 관세음보살이나 천수주의 친근성 때문에 그냥 '천수경'으로 명명하게 되었을 것으로 보인다.

이 의견에 대해 해명을 좀 해야겠다. 『작법귀감』, 『일용작법』, 『석문』 등 찬자와 찬지가 분명한 것들은 불교에 대한 전문적인 식견이 있는 불교인에 의해 간행된 것이므로 당시 수준에서는 그래도 불교를 정확하게 이해하였다고 할 수 있을 것이다. 그렇지만 찬자와 찬지가 불교 밖이라고 보이는 『소재길상 불경요집』(1925)이나 『소재길상 불경보감』(명문당, 1965) 등에서는 천수주와 준제가 합편된 경전에 대해서 '불설천수경'이라는 이름을 부여하고 있다. 아마 다 관세음보살님과 관련된 것이고 하니 '천수경'이라고 하였을 것으로 생각된다.[146] 동시대에 간행된 『석문』이나 『조석지송』은 '조석송주', '조석지송'이라고 명명한 것을 보면 어느 정도 수긍이 갈 것이다.

'준제지송 행법'이 자신의 고유성을 상실한 채 천수경에 수용되었다고 볼 수 있을 무렵, 『경허집』(1931)의 법문곡 말미에 풍송진언으로 준제발원만 바뀐 채 이 '준제 행법'이 실려 있다. 또 경국사 『신행귀감』(1980)에는 준제 행법의 마지막 진언인 대륜일자주를 '부룸 염불'이라고 하여 별도의 장으로 시설하고, '나무상주시방승'에 이어서 계속한다고 하고 있다. 이 예들은 준제지송 행법을 바로 이해하는 데 적지 않은 정보를 줄 것이므로 깊이 있는 탐색이 필요하다. 그렇게 될 때 준제진언의 의미와 역할이 다시 살아나지 않을까 생각한다.[147]

---

146 마치 저녁 식전 운동으로 '조깅'을 하고 식후에는 '요가'를 한다고 할 때 저녁 운동을 싸잡아 '조깅'이라고 명명한 꼴이 되었다고 할 수 있다. 졸저, p.227. 주1.
147 졸저, 『천수경, 의궤로 읽다』, pp.223~227.

하지만 준제 행법은 『석문』이나 『불경요집』 등의 인자를 보면 참회진언에 바로 이어 편집되어 고유성을 찾기 힘들었다. 『불광법회요전』(1983)에 이르러서야 게송에 '준제찬'이라는 이름을 얻게 되었다. 이후 『통일』(1998)에도 채택되었지만 『한글』②에서는 다시 사라지고 있다. 가장 강력한 완결성을 지닌 준제 행법이 '천수경'이라는 종합성에 융회되고 있는 것이다.

3. 수행 성취

불교는 생로병사의 고통을 떠나 해탈 열반을 추구한다. 하지만 대승불교의 보살은 중생이 있는 한 불佛을 이루지 않겠다고 서원한다. 그 같은 서원이 있지 않으면 대승보살이라고 불릴 수 없다. 육바라밀은 대승보살의 실천수행법인데, 보시, 지계, 인욕, 선정, 반야바라밀이 그것이다. 시식의례는 육바라밀의 첫째에 있는 보시바라밀을 실천하는 의례이다. 보시에는 무외시와 재시와 법시가 있고, 이를 행하는 의례가 시식의례임을 앞장에서 확인할 수 있었다. 시식의례를 봉행하는 것은 단순히 타자를 구원하는 데만 머물지 않는다. 음식을 베푸는 이와 베푸는 음식과 음식을 받는 이들이 청정해질 때 성취되기 때문이다 [三輪淸淨].

삼륜청정을 위해 행자는 신심을 깨끗이 하고 진언염송으로 가지를 한다. 시식을 베푸는 장소를 깨끗이 하는 '도량엄정'은 당연하다. 또 법회에 시식을 베풀기 위해 청하는 유정들을 위해 관욕과 정화의식을 봉행한다. 진언의 힘에 의해 원결을 풀고 업장을 소멸하는 의식이 봉행된다. 이어서 음식을 청정히 하는 변공의식이 행해진다. 이렇게 함으로써 의례를 봉행하는 수행자인 시자施者와 음식을 받는 유정들인 수자受者와 음식施物이 모두 청정해지는 것이다. 이렇게 될 때 시식이 여법하게 봉행될 수 있다. 삼륜청정의 시식을 위해서는 사전의 정근이 요청된다. 수행자는 일상에 예경과 송주 등을 통해서 관력을 증진한다. 그렇지 않고는 여법하게 시식을 봉행할 수 없는 것이다.

그러므로 시식을 원만히 성취하여 보시바라밀을 완성하려면 일상의 정진이 필수적이다. 일상의 정진은 바라밀을 성취하는 수행법으로 제시된 것이라고 할 수 있다.

공양의례는 예경하고 예참하는 의례의 모습이고, 선근공덕을 짓는 의례이기도 하다. 무엇 하나 선근을 짓는 공덕이 아닌 것이 없지만 공양은 수행자들이 추구하는 삶의 모델이자 인도자며 스승이신 불보살 님들과 그분들을 모시는 신중님들께 올리는 성스러운 종교행위이다. 공양의례는 '예경제불禮敬諸佛, 칭찬여래稱讚如來, 광수공양廣修供養, 참회업장懺悔業障, 수희공덕隨喜功德, 청전법륜請轉法輪, 청불주세請佛 住世, 상수불학常隨佛學, 항순중생恒順衆生, 보개회향普皆廻向'의 보현 행원의 실천이다. 또 도량을 엄정히 하고(嚴淨道場), 행자의 몸을 깨끗 이 하여(淨身), 삼업으로 공양을 닦아(修三業供養), 삼보를 청해(請三 寶), 삼보를 찬탄하며(讚歎三寶), 부처님께 예를 올리고(禮佛), 육근의 죄업을 참회·권청·수희·회향·발원하고(懺悔六根及勸請隨喜迴向發 願), 도량을 경행하며(行道), 경전을 염송하고(誦經), 자리에 앉아 실상을 바로 관하는(坐禪實相正觀) 삼매참법과 다르지 않다.

공양의례는 붓다를 이루고자 발원하는 이들이 삼보를 청해 공양을 올리며 예불하고 참회 발원하며 실상을 바로 관하는 수행자의 일상이다. 때로는 신도와 대중의 의뢰에 의해 공양의례가 봉행되지만 그렇다고 해서 공양의 모습이 달라질 수는 없다. 공양 올리기를 원하는 이들을 대신해서 행해지는 것 같지만 공양 올리는 이와 법주는 소임과 능력이 다를 뿐 공양하는 마음은 똑같다. 서로 다른 분상에 서 있지만 그 자리가 서로 다른 자리가 아닌 것이다. 티 없이 깨끗한 마음으로 여법하게 공양이 행해질 때 비로소 참다운 공양이라 할 수 있기 때문이다.

그러므로 공양은 최상의 수행이다. 나날이 행하는 마지뿐만 아니라, 일상에서 헌향하고 '합장, 알가[청수], 진언과 수인, 운심運心공양'의 이理공양으로 봉행하는 예경과 예참은 공양의 극치이며 수행의 핵심이라고 할 수 있다.

시식과 공양의례, 예경과 송주는 한국불교의 수행의례로서 실천체계이며 한국불교 수용자들의 신념체계를 올곧이 담지하고 있다고 할 수 있다.

VI. 결론

본서는 한국불교의 상용의례인 시식·공양의례와 그 의례를 여법하게 봉행하기 위한 수행인 예경·송주의례의 구조와 의미, 형성추이와 그에 대한 인식을 살펴봄으로써 한국불교 상용의례의 체계를 밝혀보는 데 목적이 있었다.

이를 위해 일차 현행 한국불교의 주요의례를 확정하기 위해 근현대 주요 의례 서적의 목록을 검토한 결과 한국불교에는 시기별·행위별·목적별로 다양한 의례가 시행되고 있음을 확인하고, 의례목록을 참조해 시식의례로는 관음시식, 공양의례로는 삼보통청을 한국불교 의례체계 연구의 주 대상인 상용의례로 삼았고, 아울러 상용의례를 여법하게 봉행하기 위해 일상에서 정진근행하는 예경과 송주를 부차의 연구 대상으로 삼았다.

한국불교의 상용의례의 모습이 나타나고 있는 『진언권공』(1496)에서『한글통일법요집』①·②(2006)에 이르기까지의 여러 판본과 시식과 공양·예경 관련 경론과 한국불교 의례형성에 영향을 미친 중국의 유사 의례 등을 참조하여 해당 의례를 분과한 다음 각 구문의 역사적인 형성 추이와 의미, 그리고 그에 대한 한국불교 수용자들의 인식認識 등 제반 의례체계를 구명하기 위해, 관음시식과 삼보통청을 공히 8절로 분절해 연구하였다. 1절은 의미와 구조, 개요 등을 개괄하고 본 의례는 7단계로 분과하여 의문의 구조와 인식 등을 고찰하였고, 여법한 의례를 봉행하기 위한 정근으로 의례를 정비하고 일상에서 정진근행하며 그를 통해 수행을 성취해 가는 한국불교의 모습을 살폈다. 그 결과를 '한국불교 의례구조의 특수성'에서 주로 다루고 '불교의례의 보편성'이라는 측면으로 보완하고자 한다.

1. 의례구조의 특수성

① 시식의례

한국불교의 대표적인 시식의례로 설정한 관음시식을 소청, 수계, 정화, 변식, 시식, 정토수업, 왕생의 일곱 단계로 분과하여 고찰한 결과 다음과 같은 구조의 변용과 인식의 변화 등을 찾을 수 있었다.

영혼을 불러 법회로 오게 하는 소청召請은 현재의 소청과 달리 왕조시대에는 국혼청·승혼청·법계고혼청의 삼청이 행해졌지만 시대가 변함에 따라 세 곳으로 나눠 청하던 삼청이 세 번을 청하는 모습으로 변형되었다.

수계의식의 경우는 현재의 관음시식에는 사라져 버렸거나 봉송 이후

에 시설되고 있다. 소청 이후 내지는 법시 이후에 시설되어야 마땅할
것이다. 삼보에 귀의하는 수계를 하지 않고는 법회에 참석할 수 없다고
하였다. 삼보라는 이름도 듣지 못하고 법회에 참석한다는 것이 불가하
다는 「몽산시식」의 지적을 염두에 둘 때, 수계의식이 생략된 현행의
「관음시식」은 보완될 필요가 다분하다.

수계 이후의 정화의식은 관세음보살멸업장진언과 지장보살멸정업
진언으로 대단히 간략하다. 현재에도 일부 의문(의식서적, 법요집)에는
남아 있지만, 현행 저본에서는 설행되지 않고 있다. 이 정화의식은
그렇게 복잡하지도 않고 시간도 오래 걸리는 의식이 아니므로 복원되는
것이 바람직하다.

음식을 변화하는 변식은 한정된 공양물을 다수의 존재에게 베풀어야
하므로 변식이라는 과정을 통해 양적·질적으로 전화하는 의식이다.
하단의 존재에게 베풀어지는 시식의 변식은 4다라니 행법이 일찍부터
정착돼 왔고 구조의 변화는 보이지 않으나 하단의 변식을 위한 진언
염송편수가 전통적으로 7편이 염송되었던 데 비해 현재는 3편으로
획일화되었다.

음식을 베푸는 시식은 재시·무외시·법시로 행해지며 구조는 크게
달라진 것이 없지만 인식에는 적지 않은 변화가 나타난다. 칭양성호로
영가의 두려움을 없애거나 업장을 닦아주는 이 의식을 무외시라고
할 수 있는데, 성호를 들려주어 성호를 듣기만 하면 공덕이 성취되는
것이었는데 현재 축원의 형태로 정착되었다. 특히 4여래 칭명에서
5여래·7여래 칭명으로 확장되는 과정에 광박신여래의 역할이 변화된
것이 특이하다. 또 법시로는 법화경이나 12인연을 설해 주던 것이

반야·법화·열반경의 세 게송으로 행해지고 있는데, 이는 한국불교의 특징이고 장점이라고 할 수 있다.[1]

정토수업은 초청한 영가들이 극락세계에 왕생할 수 있는 공덕을 염불로 닦아주는 것이다. 이 정토수업은 변화가 많을 수밖에 없지만 기본 틀은 유지되고 있다. 이 의식은 상황논리에 적합하도록 설정되어 있으며, 염불을 하여 왕생정토의 선업을 닦아주는 이 의식은 아름다운 선어나 게송에 실어 나무아미타불 염불을 하는 것으로 재가불자들도 동참하기 쉽다.

시식의례의 마지막 의식이라고 할 수 있는 왕생의식은 새로 추가되고 삭제되는 모습들이나 인식의 차이가 적지 않게 나타나고 있다. 앞에서 다룬 수계의식이 사실상 봉송 내지는 이후에 설정된 모습은 의례체계에 걸맞은 의식으로 환원될 필요가 있으며, 왕생의식의 정형화가 요청된다.

② 공양의례

한국불교의 대표적인 공양의례로 이해한 삼보통청을 성인을 모시는 소청, 자리를 바치는 헌좌, 공양을 변화시키는 변공, 공양물을 올리는 권공, 경전을 염송하는 풍경, 소원을 아뢰는 표백, 일체를 회향하는 회향의식으로 분과하여 고찰하였다.

공양 올릴 분을 불러 청하는 소청의 경우 유치의 변화가 적지 않았다.

---

1 필자는 이 같은 한국불교의 특성을 '회삼會三의 발화發華'라고 명명하였다. 졸고, 「한국불교의식의 특성」, 『대학원연구논문집』제6집(중앙승가대학교대학원, 2014), pp.260~263.

이는 유치와 유사한 공양법회의 목적을 밝히는 소疏와의 관계 변화에서 오는 것이라고 할 수 있을 것 같다. 공양을 올리는 이가 어떤 목적으로 어느 절에 가서 공양을 올린다는 뜻을 밝히는 유치는 재자(공양주)가 행하는 것이었으나 현재는 법회의식을 주관하는 법사가 독송하게 되면서 능행자와 소행처의 변화가 일어났고, 이는 주객의 전도로 이어져 조화롭지 못한 모습도 보이지만 한국불교는 이를 거부감 없이 수용하고 있다고 보인다. 이 결과 도량의 개념까지 변하게 되었는데 이에 대한 연구와 이해가 필요하다.

청해 모신 분에게 의자를 권해 드리는 헌좌의 경우는 헌좌게송의 말구 '회작자타성불인廻作自他成佛因'과 '자타일시성불도'이 교체된 데 대해 본론에서 길게 논구하였는데, 현재의 모습은 자력성이 돋보이고 있다고는 할 수 있지만 종교성이 저감되는 모습이라고 할 수 있다. 왜냐하면 상단 헌좌의 말구게송과 중단 헌좌의 말구게송(速圓解脫菩提果)의 끝 자를 이어보면 '인과因果'로 귀결된다. 이는 상단의 부처님과 중단의 신중의 역할에 대한 의미 있는 한국불교도의 인식이 투영되었다고 할 수 있기 때문이다.

공양물을 변화시키는 변공의식의 경우 한국불교의 의례 가운데 그 모습이 가장 크게 나타난 곳이라고 할 수 있다.『진언권공』이나 일부 수륙재 의문에는 상단의 변식을 위한 진언으로 정법계진언·변식진언·출생공양진언이 활용되며, 4다라니 행법은 하단의 그것으로만 쓰이고 있다. 하지만 현재는 상단과 하단의 공양의 변식을 위한 행법이 구별되지 않고 4다라니 행법이 행해지고 있는데 필자는 이를 상하의 혼효[2]라고 정의해 보았다.

382

378

공양을 올려 권하는 권공의 경우도 공양물의 공양과 공양을 받는 분께 3정례로 예하던 것이 조석 예경·예참의 영향으로 공양물의 공양법은 사라지고, 7정례공양이 현재 정착되어 있다. 현행 7정례는 대중의 지지를 받는 모습이지만 거불이나 소청의 거불명과 일치하지 않는 모습이다. 여타 불보살단의 공양의례는 3거불·3청·3정례공양이 일치하며, 7정례공양은 상이相異하지만 이에 대한 거부감 또한 존재하지 않고 있다.

경전을 염송하는 풍경의식의 경우는 거의 그 모습을 찾기조차 어렵다. 풍경의식이 사라지면서 법회와 불공이 2원화가 되었는데, 이를 복원하면 공양과 법문이 일원화되어 종교성도 복원될 수 있다고 볼 수 있다. 공양, 시식, 법회, 대회 등은 공양하고 법문을 듣는 하나의 의식이었지만 풍경이 사라지면서 공양을 올리고 다시 삼귀의를 하여 설법을 듣는 법회를 열고 있는 실정이다. 체계적이지 못하다고 하겠다.

축원의 표백도 질서정연한 모습이 사라져 버렸다. 보체축원, 억원, 대중축원, 법계축원의 기본 형태가 사라지면서 보체축원을 재고축하는 형태로 진행되고 있다. 이에 대해 '다다익선'이라는 말로 옹호하기도 하지만 자칫하면 '지나친 기복'이라는 뭇매를 피해갈 길이 적다고 할 수 있다.

공양과 시식이 행해지는 수륙영산재의 경우는 행해지지만 현재의 공양의례에는 회향의식이 있다고 보기 어렵다. 본서에서는 '마하반야바라밀'을 회향으로 설정해 보았다. 소청과 상대의식이 봉송과 회향이

---

2 졸고, 「한국불교의식의 특성」, 『대학원연구논문집』 제6집(중앙승가대학교대학원, 2014), pp.264~267.

라고 볼 때, 불러 청한 성현의 존재들을 돌려보내는 봉송 내지 회향의식의 부재는 의례의 완결성을 무화시키는 것이다. 하지만 이에 대해서 한국불교 일반의 고뇌를 들어본 적이 없다. 한국불교 의례의 비체계적인 모습의 절정이라고 할 수 있을 것 같다.

③예경 및 송주의례

상용의례인 시식과 공양의례를 여법하게 봉행하기 위해서는 관력이 수승해야 한다. 그러므로 관력을 닦는 정진이 요청된다. 이를 위해 한국불교에서는 조석의 예경과 송주라는 정진의식이 시설되었다. 그런데 예경과 조석의 송주도 변화를 겪고 현재의 7정례 예경이나 대표적인 송주인 천수경으로 정착된 것은 불과 반세기가 조금 넘지 않았다고 할 수 있다.

새롭게 정착되면서 정통이 사라지고 새롭게 축조되는 과정에 예경과 예참의 의미가 무화되었고, 조석의 송주 또한 천수경으로 고정되면서 천수경 속에 내재한 각 송주들의 고요한 특성은 사라지고 염송만 남게 되었다. 그렇지만 이에 대한 본질적 연구는 잘 이뤄지지 못했다고 할 수 있다. 시대의 흐름에 따라 축적되고 형성된 '독경송주'인 천수경을 완전체로 파악해 설명하게 되면서 그 전모를 제대로 드러내지 못하고 있는 실정이다.

④제언

종교의례는 전통을 잘 담지하며, 원형을 잘 훼손하지 않으려고 하지만 한국불교 상용의례의 구조와 의미, 추이와 인식 등 그 체계를 탐구한

결과, 한국불교 상용의례는 현실에 역동적으로 대응하면서 변용해 왔다는 것을 확인할 수 있었다. 변용의 과정에 상호모순이나 편의적인 인식이 상존하게 되었다는 것을 부정하기 어렵다.

그 원인으로는 의례의 지나친 신성시, 전통이라는 미명으로 그 연구 나 논의조차 잘 수용하지 않으려거나, '정성이 중요하지' 하며 마음만을 중시하고 말은 중요하지 않다고 인식하는 데 기인하지 않을까 하고 필자는 생각한다.

의례가 변해가는 것은 어쩔 수 없으며, 또 필요하다. 그렇지만 의례가 변화되고 축약되더라도 그 순서와 각 요소의 본래 용법이 왜곡되는 것은 곤란하다. 왜냐하면 말과 행위의 모순이 일어나기 때문이다. 가령 '고아일심귀명정례頂禮'라고 언표하고 반배만 하는 것이나, 또 깨치지 못한 하단의 존재들에게 행하는 진언을 상단의 깨친 성현에게 그대로 행하고 있는 것과 같은 것이다.

이 같은 현실을 해소하기 위해서는 의례 연구가 필수적이지만 그동안 불교의례 연구는 그리 활발하지 못했다. 그 까닭은 무엇일까? 불교의례 는 역사와 교학이 아니고 별것이 아니라거나, 스님들이나 알아서 하는 것이라고 외면하는 등의 원인으로 여타 불학의 하위전공보다 의례를 전공하려는 이들이 많지 않기 때문이라고 할 수 있을 것 같다. 차제에 불교의례에 대한 연구가 좀 더 활발해지고, 그 연구들에 대해 의례현장 의 열린 자세로 논의하고 또 수용하는 풍토 조성이 절실하다.

2. 불교의례의 보편성

본 연구결과로 볼 때 한국불교 상용의례의 구조와 인식에는 적지 않은 문제가 상존하는 것처럼 보이지만 오히려 이를 체계적으로 이해하고 신심으로 수용하여 신행하는 이면에는 한국불교 의례에 불교의례 일반의 보편성이 존재하기 때문이라고 할 수 있다.

첫째, 불교의례는 사상의 현재화顯在化이며 수행의 도량道場이다.

불교사상의 핵심은 제행은 무상하고 일체는 다 고통이며, 제법은 무아라고 할 수 있고, 이를 깨달아 부처를 이루고, 성취한 깨달음을 아직 깨닫지 못한 이들을 깨닫게 함으로써 자리이타自利利他의 이리二利를 원만히 이루는 것을 목표로 한다고 할 수 있다. 이 같은 관점에서 볼 때 보시와 공양은 대승불교의 육바라밀의 첫째인 보시바라밀의 실천이라고 할 수 있다.

특히 시식의례는 배고픈 일체의 존재에게 음식을 베풀며, 두려움을 없애주고, 진리를 설명해 주어 깨달음으로 인도하는 전형적인 이타행이다. 공양의례도 보시라는 틀에서 보면 시식의례와 다르지 않지만 선근을 닦고 공덕을 쌓는 의례이다. 그러므로 시식과 공양의례를 통해 보시바라밀을 완성하여 여타의 바라밀을 닦아나가게 된다.

시식의례라고 해서 단순히 배고픈 일체 존재에게 음식을 베풀 수 있는 것이 아니다. 왜냐하면 유한의 공양물을 무한의 존재들에게 베풀려면 베풀 음식을 양적·질적으로 변화시키는 진언의 힘에 의지해야 하고, 이를 위해서는 관력觀力이 있는 법사여야만 가능하기 때문이다.

한국불교 의례의 편찬서에서는 관력이 없는 법사가 하루 종일 진언을 외워도 도로에 그친다고 수없이 강조하고 있는데, 이것이 잘 증명하고 있다.

시식과 공양의례가 겉으로는 다른 이들을 대신해서 행하는 것같이 보이지만 시식과 공양을 대행하려면 수행력이 요구된다. 이를 위해서는 관법을 닦고 진언 송주를 통해 법력을 성취해야 하는 것이다. 이를 위해 한국불교에는 조석송주가 시설되었다. 조석송주를 통해 자신의 깨달음을 이루고, 시식과 공양의례를 통해 다른 이들도 깨닫게 하는 것이 바로 시식과 상용의례와 예경과 송주의례의 목표라고 할 수 있는 것이다.

그러므로 불교의례는 불교사상을 드러내고 실천하며 정진하는 수행의 도량 그 자체라고 할 수 있다.

둘째, 불교의례는 교학敎學의 보고寶庫이다.

시식의례에는 재시·무외시·법시의 보시가 행해지며, 이 가운데 법시는 불교의 핵심 교리를 설명해 주어 듣는 이로 하여금 제법의 실상을 깨닫게 하는 것이다. 특히 한국불교의 시식의례의 법시는, 법화경의 게송을 들려주거나 12인연을 순관과 역관으로 설명해 주던 형식에서 반야경·법화경·열반경의 핵심 게송을 설명해 주어 듣는 이로 하여금 제법의 실상을 깨닫게 한다.

공양의례의 경우도 불 재세시나 지금이나 공양으로 법회가 끝나지 않는다. 경전을 염송해 줌으로써 동참 대중을 깨달음의 길로 인도한다. 공양의례에서 이 같은 모습은 풍경의식으로 존치돼 왔으나 현재는 법회의식과 이원화되어 있다. 풍경의식에는 보현행원품·법화경 등의 경전뿐만 아니라 불설소재길상다라니나 관세음보살모다라니, 능엄신주 등이 주로 염송되는데, 이는 재자의 기원을 담고 있는 다라니라고 할 수 있다.

특히 한국불교 의례에서 교학과 역사가 가장 많이 담겨진 의례는 예참의식이라고 할 수 있다. 그런데 예참 하면 부처님의 명호를 염송하며 예배를 하고 참회를 하는 의식으로 이해하는 경우가 많다. 하지만 본문에서 살펴보았듯이 '대예참문'이나 '화엄예문'은 단순한 명호예경에 그치지 않는다. 불교의 일체 경전의 핵심 가르침을 게송으로 정리하여 하나하나 염송하고, 불교사의 불보살과 여러 조사 스님들의 사상을 거론하며 예경을 하고 있다. 이 같은 일상의 예참의례를 통해 불교의 교학과 역사를 익히며 전통을 보전하고 발심과 수행의 계기로 삼고 있다고 할 수 있다.

이 같은 의례의 보편적인 모습이 한국불교의 의례에도 잘 보존되어 있으며, 의례를 실행하는 이들의 신심을 고양하고 있다. 불교교학을 진리를 인식하거나 내지 선양하는 데만 머무르게 해서는 안 되며 그것을 실천하여 자증自證해야 하는데, 불교의례가 그 역할을 수행할 수 있어야 한다. 이를 위해서는 불종의 교리와 그 종지에 적합한 의례여야 하며 그 의례에 대한 연구와 열린 자세가 절실히 요청된다.

참고문헌

〔書冊, 刊期, 가나다 순〕

1. 原典

〔大正新修大藏經〕 = T.

T. 1 『郁伽長者經』

『首迦長者說業報差別經』

『遊行經』

T. 2 『雜阿含經』

『佛說食施獲五福報經』

T. 9 『大方廣佛華嚴經』

『妙法蓮華經』

T. 10 『大方廣佛華嚴經』

『大方廣佛華嚴經卷第十一 入不思議解脫境界普賢行願品』

T. 12 『佛說阿彌陀經』

「聖行品」『大般涅槃經』

T. 13 『地藏菩薩本願經』

T. 14 『彌勒成佛經』

『維摩詰所說經』

T. 20 『千手千眼觀自在菩薩廣大圓滿無碍大悲心陀羅尼經』

T. 21 『佛說救面然餓鬼陀羅尼神咒經』

『佛說救拔焰口餓鬼陀羅尼經』

『佛說施餓鬼甘露味大陀羅尼經』

『施諸餓鬼飲及水法并手印』

『瑜伽集要救阿難陀羅尼焰口軌儀經』

『瑜伽集要焰口施食起教阿難陀緣由』

『瑜伽集要焰口施食儀』

T. 24 『優婆塞戒經』

T. 29 『阿毘達磨俱舍論』

T. 30 『菩薩善戒經』

T. 44 『大乘義章』

T. 46 『法華三昧懺儀』

『顯密圓通成佛心要集』「供佛利生儀」

T. 47 『集諸經禮懺儀』

〔卍續藏經〕 = X

X. 59 『修設瑜伽集要施食壇儀』

『瑜伽集要施食儀軌』

『准提淨業』

X. 70 『妙明眞覺 無見睹和尙語錄』

X. 74 『法界聖凡水陸勝會修齋儀軌』

X. 74 『禮佛儀式』

〔韓國佛敎全書〕

『한불전』 7 『水月道場空花佛事如幻賓主夢中問答』, 普雨.

『한불전』 9 『염불보권문』, 明衍 集.

『한불전』 10 『三門直旨』, 捌關 編.

『作法龜鑑』, 亘璇 集.

『한불전』 11 『預修十王生七齋儀纂要』, 大愚 集述.

『天地冥陽水陸齋儀梵音刪補集』, 智還 集.

『한불전』 12 『五種梵音集』, 智禪 撰.

〔韓國佛敎儀禮資料叢書〕

『한의총』 1 『진언권공』, 『작법절차』, 『삼단시식문』, 학조 편, 1496.

『增修禪敎施食儀文』, 德異 修註, 16C中.

『法界聖凡水陸勝會修齋儀軌』, 志磐 撰, 俗離山 空林寺 開板, 1573.

『水陸無遮平等齋儀撮要』, 月嶽山 德周寺 刊行, 1573.

『釋王寺 勸供諸般文』, 1574.

『한의총』 2 『雲水壇謌詞』, 淸虛休靜 撰, 鎭安 盤龍寺 刊, 1627.

『靈山大會作法節次』, 京畿道 朔寧 龍腹寺, 1634.

『天地冥陽水陸齋儀纂』, 竹庵 編, 雪嶽山 神興寺 刊行, 1661.

『金山寺 諸般文』, 1694.

『海印寺 諸般文』, 1714.

『한의총』 3 『天地冥陽水陸齋儀梵音刪補集』, 智還 編, 道林寺 刊, 1707.

『天地冥陽水陸齋儀梵音刪補集』, 智還 編, 重興寺, 1723.

『雲水壇儀文』, 義圓 書, 1732.

『密敎開刊集』, 蒙隱 編, 1784.

『眞言集』, 映月 編, 楊州洲 望月寺, 1800.

『作法龜鑑』, 亘璇 集, 長城 雲門庵, 1826.

『日用作法』, 秋淡 井幸, 高宗十九年, 陜川 海印寺, 兜率庵, 1869.

『한의총』 4 『禮念往生文』, 刊記 不明.

『要集』, 刊記 不明.

『대각교의식』, 白尙圭 撰, 1927.

『朝夕持誦』, 權相老 編, 1931.

〔其他資料〕

『供養文-靈山大會作法節次』, 善山 桃李寺 刊, 1764.

『國際供佛齋僧大會』, 中華國際供佛齋僧功德會 編.

『金剛經諺解』, 刊經都監, 1464; 홍문각, 영인본, 1992.

『佛敎儀式』, 藝能民俗硏究室, 文化財硏究所, 1989.

『釋門儀範』, 安震湖 編, 前卍商會, 1935〔2000〕.

『禪門日誦』, 上海佛學書局. 刊記 未詳.

『消災吉祥 佛經要集』, 1923.

『水陸儀軌會本』, 印光 撰, 中華民國 台北: 宏願出版社, 中華民國 94年.

『時宗勤行式』, 日本 東京: 光輪閣, 刊期 未詳.

『瑜伽燄口』, 佛光山寺, 中華民國 高雄: 裕隆佛敎文物社, 中華民國 94年.

『早晚課誦本』, 承天禪寺, 臺灣 台北: 菩恩印刷企業有限公司, 中華民國 94年.

『寫梵音集』, 1923. 修繕人 洪惠守, 丹主 朴日圓, 공주 원효사 주지 해월 스님 소장본.

『天地冥陽水陸齋儀纂要』, 갑사, 1607; 임종욱 역주, 동해시, 2009.

『請文』, 玄敏 寫, 1529, 동국대 도서관 고서번호 218.7저71ㅊ.

〔儀禮書籍〕

광덕 편저, 『불광법회요전』, 불광출판부, 1983.

대한불교조계종 교육원, 『조계종 표준 금강경 독송본』, 조계종출판사, 2009.

대한불교조계종 포교원, 『통일법요집』, 조계종출판사, 1998.

_____, 『통일법요집』, 조계종출판사, 2002〔2003〕.

_____, 『한글』① 천도·다비의식집, 조계종출판사, 2005〔2006〕.

_____, 『한글』② 상용의식집, 조계종출판사, 2006.

대한불교진흥원 통일법요집 편찬위원회, 『통일법요집』, 재단법인 대한불교진흥원 출판부,1988〔1993〕.

법안 편, 『법요집』, 대성사, 1999〔2007〕.

_____, 『염불문』, 대성사, 2011.

安震湖 編, 韓定燮 註, 『新編增註 釋門儀範』, 법륜사, 1982.

오고산 편, 『불자수지독송경』, 보련각, 1976.

월운 편, 『삼화행도집』, 보련각, 1986.

우천·일휴 공편, 『신행요집』, 정우서적, 2005〔2011〕.

李奉洙, 『常用佛敎儀範』, 寶蓮閣, 1977.

이화옥, 『佛供儀式 四十九齋 佛敎儀式要集』, 삼영불교출판사, 1995.

滋曠 編, 『성불합시다』, 김용사, 1993.

曹性坡 編, 『불자염송경』, 선문출판사, 1988.

2. 二次資料

〔單行本〕

鎌田茂雄 著; 鄭舜日 譯, 『中國佛敎史』, 경서원, 1985〔1992〕.

고영섭, 『우리 불학의 길』, 정우서적, 2004.

_____, 『한국불학사』 신라·고려시대편, 연기사, 1999.

高翊晋, 『韓國古代佛敎思想史』, 동국대학교출판부, 1989.

Grimes Ronald L., Beginnings in Ritual Studies, Oxford University Press, 1992.

김두재 역, 『작법귀감』, 동국대학교 출판부, 2010.

김종명, 『한국중세의 불교의례: 사상적 배경과 역사적 의미』, 문학과지성사, 2001.

김호성, 『천수경의 비밀』, 민족사, 2005.

_____, 『천수경의 새로운 연구』, 민족사, 2006.

_____, 『천수경 이야기』, 민족사, 1992〔2000〕.

다카쿠스 준지로 지음, 정승석 옮김, 『불교철학의 정수』, 대원정사, 1989〔1996〕.

덕성여자대학교 인문과학연구소, 『한국의례문화연구사 및 연구방법』, 1997.

문정각, 『한국의 불교의례: 常用儀禮를 중심으로』, 운주사, 2001.

법안·우천 공편, 『삼밀시식행법해설』, 정우서적, 2011.

Bell Catherine, Ritual: Perspective and Dimension, Oxford University Press, 1977.

_____, Ritual Theory Ritual Practice, Oxford University Press, 1992.

서윤길, 『한국밀교사상사』, 운주사, 2006.

Smart N., 강돈구 역, 『현대종교학』, 청년사, 1986.

沈祥鉉, 『불교의식각론』 II, 한국불교출판부, 2000.

_____, 『佛敎儀式各論』 III, 한국불교출판부, 2001.

_____, 『佛敎儀式各論』 IV, 한국불교출판부, 2001.

_____, 『불교의식각론』 VI, 한국불교출판부, 2001.

_____, 『영산재』, 문화재관리국, 2003.

月雲, 『日用儀式隨聞記』, 중앙승가대학교 출판부, 1991.

이성운, 『천수경, 의궤로 읽다』, 정우서적, 2011.

임기중 편저, 『불교가사 원전연구』, 동국대학교출판부, 2000.

정각 저, 『천수경 연구』, 운주사, 1996〔1997〕.

丁若鏞 原著, 金鍾權 譯註, 『雅言覺非』, 一志社, 1976〔2001〕.

中國佛敎協會編, 「中國佛敎儀軌制度」, 『中國佛敎』 2, 上海: 知識出版社, 1982〔1989〕.

Comstock W. R., 윤원철 역, 『종교학』, 전망사, 1986.

학담 편역, 『연화의식집』, 큰수레출판사, 1997〔2002〕.

韓龍雲, 「朝鮮佛敎維新論」, 1909, 『朝鮮佛敎維新論·님의 沈默』, 삼성문화재단,

1972.

海月, 『화엄대예문』, 정우서적, 2008.

黃晟起, 『佛敎에 대한 認識·倫理·儀禮』, 保林社, 1989.

洪潤植, 『韓國佛敎儀禮の硏究』, 隆文館, 昭和 51年.

_____, 『불교와 민속』, 현대불교신서 33, 동국역경원, 1980.

〔論文〕

고영섭, 「한국의 근대화와 전통 불교의례의 변모」, 『佛敎學報』 第55號, 東國大學校
       佛敎文化硏究院, 2010.

김호성, 「禪宗에서 大悲呪를 독송하는 이유」 『천수경의 새로운 연구』, 민족사, 2006.

_____, 「'原本『千手經』과 '讀誦用'『千手經』의 對比」, 『천수경의 새로운 연구』, 민족
       사, 2006.

_____, 「'한글화의 원칙과 실제'(이도흠)에 대한 논평」, 『표준법요집 편찬을 위한
       공청회』, 대한불교조계종 포교원, 2009.

다카사키 지끼도오(高崎直道), 「佛敎, 三寶의 體系」, 『불교연구』, 한국불교연구원,
       1993.

文相連, 『韓國佛敎 經典信仰 硏究』, 東國大學校 大學院 博士學位論文, 2005.

宋賢珠, 『現代 韓國佛敎 禮佛의 性格에 관한 硏究』, 서울대학교 박사학위논문, 1999.

신규탁, 「조계종 현행 예불문 고찰」, 『동아시아불교의례문화연구소 출범 및 기념세미
       나』, 2011.

_____, 「대한불교조계종 현행 '상단칠정례' 고찰」, 『淨土學硏究』 16, 한국정토학회,
       2011.

沈祥鉉, 『靈山齋 成立과 作法儀禮에 關한 硏究』, 위덕대학교 박사논문, 2011.

윤이흠, 「종교와 의례」, 『종교연구』 16호, 서울: 한국종교학회, 1998.

이도흠, 「한국불교 의례의 문화론적 연구」, 『동아시아불교의례문화연구소 출범
       및 기념세미나』, 동아시아불교의례문화연구소, 2011

이성운, 『금강경 '우리말화'의 언어학적 연구』, 동국대학교 불교대학원, 석사학위논
       문, 2004.

_____, 「佛敎 供養 次第 考」, 『문학 사학 철학』 창간준비6호, 한국불교사연구소,

2006.

_____, 「새 번역 '한글천수경' 해제」, 『불교와 사회』 4집, 대한불교조계종 포교원, 2552(2008).

_____, 「韓國佛敎의 '施食儀 認識과 變形考察-『增修禪敎施食儀文』의 受容과 理解를 中心으로-」, 『생사의례(供養)의 문화비교 연구발표회 자료집』, 서울: 日本, 供養の 文化比較 硏究會, 2008.

_____, 「표준법요집과 의궤구조」, 『불교와 사회』 5집, 대한불교조계종 포교원, 2009.

_____, 「'현행' 천수경의 구조와 의미」, 『禪文化硏究』 7, 韓國佛敎禪理硏究院, 2009.

_____, 「치문현토와 번역의 연관성 연구」, 『불교학연구』 제27호, 불교학연구회, 2010.

_____, 「한국불교 공양의식 일고 - 변공의궤의 형성과 수용」, 『한국불교학』 57, 한국불교학회, 2010.

_____, 「불교예불의 의미와 행법-상주예경과 소청예불-」, 『동아시아불교의례문화연구소 출범 및 기념세미나』, 동아시아불교의례문화연구소, 2011.

_____, 「불교예불의 의미와 행법」, 『淨土學硏究』, 한국정토학회, 2011.

_____, 「한국불교 시식의문의 성립과 특성」, 『불교학보』 57, 동국대 불교문화연구원, 2011.

전해주, 「韓國佛敎 儀式文에 보이는 華嚴信仰과 思想」, 『종교연구』 16, 한국종교학회, 1998.

정각(문상련), 「불교 제례의 의미와 행법」, 『한국불교학』 31, 한국불교학회, 2002.

정영식, 「아시아 근대불교의례와 『선문일송禪門日誦』의 유통」, 『韓國思想과 文化』 52, 한국사상문화학회, 2010

한보광, 「淨土 禮佛文에 관한 연구」, 『淨土學硏究』 6, 한국정토학회, 2003.

한상길, 「한국 근대불교의 대중화와 석문의범」, 『동아시아 불교, 근대화의 만남』, 동국대학교출판부, 2008

허일범, 「한국의 진언·다라니 신앙 연구」, 『회당학보』 제6집, 도서출판 해인행, 2001.

392

〔其他資料〕

이성운 대표집필, 「나무, 귀의로 번역해도 되나」, 대한불교조계종 포교원 포교연구실
　기획, 표준법요집 중요내용 미리보기, 〈불교신문〉, 2010.2.3일자
　_____, 「삼보통청의 거불은 예문인가, 청사인가」, 대한불교조계종 포교원
　포교연구실 기획, 표준법요집 중요내용 미리보기, 〈불교신문〉, 2010.3.17일자.
　_____, 「현행 법회의식 이대로 좋은가」, 〈불교신문〉, 2010.6.30일자.

한국불교 주요의례 원문

의례 원문은 원칙적으로 그대로 옮기는 것을 원칙으로 하였으나 오류라고 보이는 곳에는 '[삭제]', '(교체)' 등으로 교정하고, 주를 달았으며, 번역은 필자의 견해대로 새로 하였으나 '칭명'과 같이 우리말로 번역할 필요가 없다고 보이는 곳은 번역하지 않고 원문 그대로 두었다.

1. 시식의례施食儀禮

1) 『한글』① 소재 관음시식觀音施食[1]

擧佛 - 바라지, 거불성 -

南無 極樂導師 阿彌陀佛; 南無 觀音勢至 兩大菩薩; 南無 接引亡靈 引路王菩薩

唱魂 - 법주 합장, 낭송조 -

據 娑婆世界 此四天下 南贍部洲 東洋 大韓民國 ○○市 ○○洞 ○○

---

1 대한불교조계종 포교원, 『한글』① 천도·다비의식집(조계종출판사, 2005〔2006〕, pp.83~117. 한글번역은 필자가 새로 번역한 것임.

寺 淸淨水月道場 今此至誠 第當 ○○○齋之辰[2] 薦魂齋者 ○○市
○○洞 居住 某人伏爲 所薦 先嚴父(先慈母) ○○後人 ○○○靈駕
사바세계 차사천하 남섬부주 동양 대한민국 모시 모동 모사 청정수
월도량에서 금차 지성으로 제 모재를 맞아 천혼재자 모처 거주
모인이 엎드려 천도하려는 선 엄부(선 자모) 모모 후인 모모 영가
시여,

(再說)[3] 靈駕爲主 上逝先亡 曠劫父母 多生師長 累世宗親 弟兄叔伯
姉妹姪孫 遠近親戚等 各列位列名靈駕 此道場內外 洞上洞下 一切
有主無主孤魂 諸佛子等 各列位列名靈駕 建國以來 爲國節士 忠義
將卒 各列位列名靈駕 五無間獄餓鬼道中受苦含靈等 各列位列名
靈駕

〔재차 설한다〕 영가가 주가 되어 먼저 가신 많은 세상의 부모, 많은
생의 스승, 누대에 걸친 종친, 형제, 숙부백부, 자매질손, 원근
친척 등 각 나열한 위패의 나열한 함자의 영가님과, 도량 안팎의
위아래동네 일체 유주무주의 고혼의 제 불자 등 각 나열한 위패의
나열한 함자의 영가시여,

着語 - 법주, 풍송조 -

---

2 '齋之辰'은 '某齋日'의 의미로 이해하고 있으나 『작법귀감』(『한불전』 10, p.566中)에
는 某堂大師示寂之辰〔王齋則某七日齋〕이라고 표현하고 있다. 이것을 놓고 보면,
시왕재일 때는 일칠재, 이칠재 등 누칠재로 표기하고 그렇지 않을 때는 곧 시적일,
기일일 때는 '忌辰/晨'이라고 함이 타당하다고 할 수 있다. 그러므로 '齋之辰'은
적합한 표현이라고 보기 어렵다. 누칠재 혹은 기신(일)으로 표현해야 하며, 『한글』
①에서와 같이 "○○재일을"이라는 표현과도 어울리지 못한다.

3 (再說)은 앞의 뒷부분에 인자돼야 하지만 『한글』①에 의거하므로 그대로 두고
두 번째로 설한다로 해석한다.

靈源湛寂 無古無今 妙體圓明 何生何死便是 釋迦世尊 摩竭掩關之
時節 達磨大師 少林面壁之家風 所以熙蓮河側[4] 槨示雙趺 嶺途途中
手携隻履 諸佛子 還會得 湛寂圓明底一句麼

신령한 영가의 근원은 맑고 고요해 옛날도 지금도 없으며, 신묘한
영가의 본체는 뚜렷이 밝아 나고 죽음 어디에 있겠습니까. 이 도리는
석가세존 마가다국에서 묵묵히 동함 없이 앉아 머무시는 참 도리이
며 달마 대사 소림에서 면벽하신 소식입니다. 이 때문에 석가세존
니련하 강가에서 관 밖으로 양쪽 발을 내보이셨고, 달마 대사 총령고
개 넘으시며 짚신 한 짝 들고 가셨습니다.

영가여, 청정하고 고요하며 또렷이 밝은 말을 떠난 이 소식을 아시겠
습니까.

(良久) 조금 있다가

俯仰隱玄玄 視聽明歷歷 若也會得 頓證法身 永滅飢虛 (具足解脫)
굽어보나 우러르나 숨은 뜻은 끝이 없는데,보거나 듣거나 그 진리는
분명하구나.

이 도리를 깨닫는다면 단박에 법신을 증득하여 길이길이 굶주림을
벗을 것입니다.

其或未然 承佛神力 仗法加持 赴此香壇 受我妙供 證悟無生
만일에 그렇지 못하다면 부처님의 위신력을 받아들이고 불법의
가피력에 의지하여서

이 향단에 이르러 저의 오묘한 공양을 받고 무생법인을 깨달아
증득하소서.

---

4 『통일』(2003)의 '婆(娑)羅樹下'가 '熙(泥)蓮河側'로 변했다.

振鈴偈 (요령을 흔들며 하는 게송)

> ※ 법주, 바라지가 한 구절씩 주고받는다.[5]

> 以此振鈴伸召請 冥途鬼界普聞知 願承三寶力加持 今日今時來赴會

> 요령 울려서 불러 청하니/명도의 귀신들은 널리 듣고 알아

> 삼보님의 힘과 가지의 힘을 받아들여/ 오늘의 이 법회에 어서 오기를

> 바랍니다.

諷誦加持 - 着語 -

> 今日所薦 ○○○靈駕等諸佛子

> 금일 천도하려는 모모 영가 등 제불자시여,

> 慈光照處蓮花出 慧眼觀時地獄空 又況大悲神呪力 衆生成佛刹那中

> 자비광명 비치면 연화가 피고/ 혜안으로 살피면 지옥이 비네.

> 대비의 다라니 의지한다면/중생이 성불함은 찰나 간이리.

> 千手一片爲孤魂 至心諦聽 至心諦受

> 고혼 위한 천수 일편 일심으로 들으시고 일심으로 받으소서.

신묘장구대다라니(또는 반야심경)[6]- 대중 다 함께 -

> 나모라 다나다라 야야 나막알약 바로기제 새바라야……

華嚴經四句偈[7]

---

5 이하에 나타나는 '※' 표시는 『한글』①의 지시어이다.

6 신묘장구다라니 위치에 '또는 반야심경'이라고 하고 있는데 이는 천수주나 반야심경
을 법시로 이해하고 있다고 보인다.

7 德異 撰『增修禪敎施食儀文』이나『法界聖凡水陸勝會修齋儀軌』에는 '파지옥게'로
나타나고 있었는데 후대에 이름이 생략되다가『석문』등 현대에 이르도록 널리
이 이름이 사용되고 있으므로 이 이름을 부여하고 있다. 하지만 대한불교조계종
의례위원회에서는 '파지옥게'로 환원하였다.

若人欲了知 三世一切佛 應觀法界性 一切唯心造

삼세의 부처님 경계를 아시려면/ 법계 성품 관할지니/모든 것은 마음이 지었다는 것을.

破地獄眞言 옴 가라지야 사바하. (3번)

解冤結眞言 옴 삼다라 가닥 사바하. (3번)

普召請眞言 나무 보보제리 가리 다리 다타 아다야. (3번)

南無 常住十方佛 南無 常住十方法 南無 常住十方僧 (3번)

南無 大慈大悲 救苦 觀世音菩薩南無 大方廣佛華嚴經 (3번)

證明請 - 법주 -

南無 一心奉請 手擎千層之寶蓋身掛百福之華蔓[8] 導請魂於極樂界中 引亡靈向碧蓮臺畔

大聖引路王菩薩摩訶薩 唯願慈悲 降臨道場 證明功德

예경하오며, 손에는 천 층의 보산개를 들고, 몸에는 백 가지 복의 보배로 된 화만을 걸치신 채, 망령을 벽련대로 이끌고 맑은 영혼을 극락세계로 인도하는[9] 대성 인로왕보살마하살님을 일심으로 받들어 청하오니, 자비로써 도량에 강림하여 공덕을 증명하기를 오직 바랍니다.

香花請 歌詠 - 바라지 -

修仁蘊德龍神喜 念佛看經業障消 如是聖賢來接引 庭前高步上金橋

---

8 증명청의 인로왕보살을 묘사하는 보개와 화만에 대해 18세기 이래 '천층'과 '백복'(육수)라는 대조적인 표현이 등장하고 있다.

9 원문은 '導請魂於極樂界中, 引亡靈向碧蓮臺畔'이므로 '청혼을 극락세계로 인도하시고'를 선행해야 하지만 인로왕보살은 망령을 이끌고 청혼을 이끌어주신다고 도치하면 그 의미가 더욱 잘 드러난다고 볼 수 있다.

故我一心歸命頂禮

지혜복덕 수행공덕 팔부신장 기뻐하고/ 염불하고 독경하니 모든 업장 소멸되네.

오늘 다시 성현들이 친히 맞아 이끄니/ 뜰 앞에서 큰 걸음으로 금빛다리 오르네.

그런 까닭에 제가 일심으로 머리 숙여 예경합니다.

獻座眞言- 법주 -

妙菩提座勝莊嚴 諸佛坐已成正覺 我今獻座亦如是 自他一時成佛道

- 바라지 -

오묘한 보리의 자리를 수승하게 장엄하니

마치 여러 붓들이 앉으셔서 정각을 이룬 그 자리와 같네.

제가 지금 바치는 좌석도 이와 같으니

나와 남이 일시에 불도를 이루리라.

옴 바아라 미나야 사바하. (3번)- 법주 -

證明茶偈

今將甘露茶 奉獻證明前 鑑察虔懇心 願垂哀納受 願垂哀納受 願垂慈悲哀納受

이제 감로다를/ 증명하는 성인님 전에 받들어 올리오니

(재자의) 경건하고 정성스러운 마음을 살피시어

자비를 드리워 가엾이 여겨 받아들이기를 바랍니다.

孤魂請 - 법주 -

一心奉請 實相離名 法身無跡 從緣隱現 若鏡像之有無 隨業昇沈 如井輪之高下 妙變莫測 幻[10]來何難 願我今此 爲薦齋者 某人靈駕

承佛威光 來詣香壇 受霑法供

일심으로 청합니다. 실상은 이름을 떠나 있고, 법신은 자취가 없어서, 인연을 따라 나타났다 사라짐이 거울 속에 비치는 모습과 같고 업을 따라 떠오르고 내려감은 두레박이 오르고 내림과 같아 오묘한 변화 헤아릴 수 없거늘, 부르면 오는 것이 어찌 어렵겠습니까. 오늘 저는 이곳에서 천도를 하려는 재자의 모인 영가께서 부처님의 위력과 광명을 받아들여 향단에 내려와서 법공양을 흠뻑 받으시기를 바랍니다.

香煙請歌詠 - 바라지 -

三魂杳杳歸何處 七魄茫茫去遠鄉 今日振鈴伸召請 願赴冥陽大道場

삼혼은 아득하니 어디로 돌아가셨으며/ 칠백은 망망하니 멀리 고향으로 떠났습니까.

금일 요령을 흔들며 불러 청하니/ 명계 양계의 큰 도량에 도달하기를 바랍니다.

受位安座 - 바라지, 풍송조 -

我今依敎設華筵 種種珍羞列座前 大小依位次第坐 專心諦聽演金言

제가 이제 교법에 따라 아름다운 법연을 마련하고/ 갖가지 진수를 자리에 벌려 놓았습니다.

높고 낮은 위치에 따라 자리에 앉아/ 마음 다해 설명하는 부처님의 말씀을 잘 들으십시오.

受位安座眞言 - 법주 합장, 낭송조 -

※ 이때 종두는 영단에 수반을 올린다.

---

10 『작법귀감』 대령정의(『한불전』 10, p.561中)의 예를 따라 '喚'으로 고쳐 번역한다.

옴 마니 군다니 훔훔 사바하 (3번)- 법주 -

茶偈 - 바라지 -

百草林中一味新 趙州常勸幾千人 烹將石鼎江心水 願使亡靈歇苦輪

백 가지 풀과 나무 가운데 최고의 신선한 맛

조주 스님 몇 천 사람 권하였던가.

돌솥에다 맑은 물을 다려 드리니

망령이여, (드시고서) 고통의 수레바퀴(윤회)를 쉬기를 바랍니다.

願使孤魂歇苦輪 願使諸靈歇苦輪

고혼이여, 윤회를 쉬기를 바랍니다./ 일체 영가여 윤회를 쉬기를

바랍니다.

諷誦加持〔變食〕

※ 법주, 바라지는 요령·목탁 함께 송주성으로 회향게 "원이차공덕"

까지

宣密加持 身田潤澤 業火淸凉 各求解脫

가지를 베풀어 몸과 마음 윤택해지게 되고/

업의 불길 청량해져 각자 해탈을 구하게 됩니다.

變食眞言 나막 살바다타 아다 바로기제 옴 삼바라 삼바라 훔. (3번)

施甘露水眞言

나무 소로바야 다타 아다야 다냐타 옴 소로소로 바라소로 바라소로

사바하. (3번)

一字水輪觀眞言 옴 밤 밤 밤 밤. (3번)

乳海眞言 나무 사만다 못다남 옴 밤. (3번)

稱揚聖號 - 법주, 바라지 -

南無 多寶如來 願諸孤魂 破除慳貪 法財具足

나무다보여래, 여러 고혼들이 인색함과 탐욕을 깨 없애고 법의
재물이 구족되기를 바랍니다.

南無 妙色身如來 願諸孤魂 離醜陋形 相好圓滿

나무묘색신여래, 여러 고혼들이 누추하고 못생긴 몸을 떠나 상호가
원만해지기를 바랍니다.

南無 廣博身如來 願諸孤魂 捨六凡身 悟虛空身

나무광박신여래, 여러 고혼들이 육도의 범부 몸을 벗어버리고 허공
같은 본래 몸을 깨치기를 바랍니다.

南無 離怖畏如來 願諸孤魂 離諸怖畏 得涅槃樂

나무이포외여래, 여러 고혼들이 두려움을 멀리 떠나 열반의 즐거움
을 얻기를 바랍니다.

南無 甘露王如來 願我各各 列名靈駕 咽喉開通 獲甘露味

나무감로왕여래, 여러 고혼들이 목(구멍)이 열려 감로수를 획득하
기를 바랍니다.

願此加持食普遍滿十方食者除飢渴得生安養國

이 가지 공양이 시방세계 두루 편재되어/ 먹게 된 이들은 주림과
목마름 없애고 극락세계 태어날 수 있기를 바랍니다.

施鬼食眞言 옴 미기미기 야야미기 사바하. (3번)

普供養眞言 옴 아아나 삼바바 바아라 훔. (3번)

受我此法食 何異阿難饌 飢腸咸飽滿 業火頓淸凉

頓捨貪瞋癡 常歸佛法僧 念念菩提心 處處安樂國

(고혼들이시여) 나의 이 법공양을 받았으니, 어찌 아난이 베푼 밥과

다르겠습니까.

주린 배는 배부르게 되고, 죄업의 불길은 한순간 꺼져 시원해지리다.

탐욕과 진심 우치를 문득 버리고, 항상 불법승 삼보에 귀의하며

언제나 보리심을 잊지 않으면 머물게 되는 그것이 바로 극락입니다.

般若經四句偈〔반야경사구게〕

凡所有相 皆是虛妄 若見諸相非相 卽見如來

무릇 형상은 허망하니

모든 형상(32대인상)이 형상 아님을 보면 바로 여래를 보리라.

如來十號[11]

※ 이때 숭늉을 올리고 헌식을 하고 봉송을 준비한다.[12]

如來 應供 正遍知 明行足 善逝 世間解 無上士 調御丈夫 天人師

佛世尊

法華經四句偈〔법화경사구게〕

諸法從本來 常自寂滅相 佛子行道已 來世得作佛

모든 법은 본래부터 항상 스스로 적멸의 모습

불자가 이 도를 다 닦으면 오는 세상 붓다를 이루리.

涅槃經四句偈〔열반경사구게〕

諸行無常 是生滅法 生滅滅已 寂滅爲樂

모든 것은 끊임없이 변함이니 생겨나서 사라지는 모습일세.

---

11 여래십호는 법시 전에 부처님의 명호를 염송하여 가피를 구하는 칭양성호의
의미인데, 『작법귀감』에만 해도 반야게송의 앞에 존치돼 있었는데 어느 순간부터
순서가 교체돼 있다.

12 『한글』①의 이 지문은 문제가 있다. 『통일』에서처럼 정토업을 행할 때 봉송을
준비하는 것이 옳다고 보이는데, 이곳에는 이와 같은 지문을 달고 있다.

생기고 사라지는 것이 다해 없어지면 (번뇌가) 없어지고 고요하니
열반의 즐거움이네.

莊嚴念佛 - 대중 다 함께 -

※ 위패와 사진을 모신 연화대를 법주 앞 절하는 자리로 내려 모시고
유족, 친지들은 합장하고 합송한다.

※ 아미타불 정근을 시간에 따라 알맞게 한다.[13]

願我盡生無別念 阿彌陀佛獨相隨 心心相係玉毫光 念念不離金色相

제가 목숨이 다하도록 다른 생각 없이 아미타부처님만을 홀로 따르
면서

마음은 옥호의 광명을 생각하며 (생각은) 언제나 금빛 모습 떠나지
않기를 바랍니다.

我執念珠法界觀 虛空爲繩無不貫 平等舍那無何處 觀求西方阿彌陀

제가 염주를 쥐고 법계를 관찰하니, 허공을 끈 삼으니 모두 통하고
평등하신 노사나 부처님이 두루 계시니 서방의 아미타부처님을
관찰하며 (그곳에 왕생하기를) 바랍니다.

南無西方大敎主 無量壽如來佛 南無阿彌陀佛

極樂堂前滿月容 玉毫金色照虛空 若人一念稱名號 頃刻圓成無量功
南無阿彌陀佛

달빛은 극락전 앞마당에 가득하고 (법당의 아미타부처님의) 옥호는
금빛으로 허공을 비추네.

일념이라도 아미타불 명호를 칭하는 이 있다면 순식간에 무량한

---

13 아래 발원게송은 '나무아미타불' 염불을 위해 제시한 것이므로 이곳에서 이 같은
지문을 다는 것은 문제가 있다고 할 수 있다.

공덕을 원만히 이루리.

阿彌陀佛在何方 着得心頭切莫忘 念到念窮無念處 六門常放紫金光
南無阿彌陀佛

아미타부처님은 어디에 머무시는지 마음에 새겨 잊지를 않고
모든 망념 다해져서 염하는 이도 없어지면 여섯 문(안이비설신의)에
서는 항상 자주 빛 금빛 광명 나오게 되리.

願共法界諸衆生 同入彌陀大願海 盡未來際度衆生 自他一時成佛道
南無阿彌陀佛

함께 법계의 여러 중생이 아미타부처님의 원력의 바다에 같이 들어
가서
미래세상 다하도록 중생을 제도하며, 나와 남이 일시에 불도를
이루기를 바랍니다.

〔송주성〕

南無 西方淨土 極樂世界 三十六萬億 一十一萬 九千五百 同名同號
大慈大悲 阿彌陀佛

서방정토 극락세계 삼십육만억 일십일만 구천오백 같은 이름 같은
명호 대자대비 아미타부처님께 예경합니다.

南無 西方淨土 極樂世界 佛身長廣 相好無邊 金色光明 遍照法界
四十八願 度脫衆生 不可說不可說轉 不可說 恒河沙 佛刹微塵數
稻麻竹葦 無限極數 三百六十萬億 一十一萬 九千五百 同名同號
大慈大悲 我等導師 金色如來 阿彌陀佛

서방정토 극락세계의 부처님 몸은 길고 넓고 상호는 가없는 금빛의
광명으로 법계에 두루 비쳐 48원으로 불가설 불가설전의 항하수

부처님 나라에서 티끌 같은 숫자의 도마죽의 무한극수의 중생을 제도하신 삼십육만억 일십일만 구천오백 같은 이름 같은 명호의 대자대비하신 우리들의 스승이신 금빛 여래 아미타부처님께 예경합니다.

南無文殊菩薩 南無普賢菩薩 南無觀世音菩薩 南無大勢至菩薩 南無金剛藏菩薩 南無除障碍菩薩 南無彌勒菩薩 南無地藏菩薩 南無一切淸淨 大海衆菩薩摩訶薩

願共法界諸衆生 同入彌陀大願海

법계의 여러 중생들이 함께 아미타부처님의 원력의 바다에 같이 들어가기를 바랍니다.

十方三世佛 阿彌陀第一 九品度衆生 威德無窮極

시방 삼세 부처님 가운데 아미타부처님이 제일이시라

극락세계 구품 연화대로 중생을 건지시니 위덕이 다함이 없네.

我今大歸依 懺悔三業罪 凡有諸福善 至心用回向

제가 지금 크게 귀의하며 신구의 삼업으로 지은 죄를 참회하고

무릇 있는 여러 복과 선업은 지극한 마음으로 회향합니다.

願同念佛人 盡生極樂國 見佛了生死 如佛度一切

같이 염불하는 사람들이 다 극락세계에 태어나

부처님을 뵙고 나고 죽음을 깨달아 부처님처럼 일체중생을 건지기를 바랍니다.

願我臨欲命終時 盡除一切諸障碍 面見彼佛阿彌陀 卽得往生安樂刹

제가 수명이 다하려 할 때에 일체의 장애를 모두 없애고

저 아미타부처님을 대면해 뵙고 곧 안락의 극락세계에 태어날 수

있기를 바랍니다.

願以此功德 普及於一切 我等與衆生 當生極樂國 同見無量壽 皆共
成佛道

이 공덕이 일체 모든 곳에 널리 퍼져 우리들과 중생들이 극락세계에
태어나게 되어

같이 무량수부처님을 뵙고 모두 함께 불도를 이루기를 바랍니다.

※ 누칠재에 관음시식으로 집전할 경우에는 안과게로 마칠 수도
있다.

奉送偈 - 법주 합장, 낭송조 -

奉送孤魂泊有情 地獄餓鬼及傍生 我於他日建道場 不違本誓還來赴

영가와 고혼과 유정과 지옥, 아귀, 축생계의 영가들을 받들어 보내
오니,

내가 다시 다른 날에 추선도량(재회)을 세우면 본래 서원 잊지 말고
와서 이르십시오.

※ 봉송게에 따라 3배 후 위패, 사진, 촛대, 향로, 옷 등을 들고
부처님을 향해 합장하고 선다.

왕생발원 - 법주 합장, 낭송조 - 〔제시 생략〕

普禮 三寶 - 법주, 바라지 -

上來所請 諸佛子等 各各列位名靈駕

위에서 청한 제불자 등 각각의 열위 영가시여,

諸佛子 旣受香供 已聽法音 今當奉送 更宜虔誠 奉謝三寶

여러 불자시여, 이미 향기로운 공양도 받았고, 위없는 묘한 법문도
들었으니,

이제 받들어 보내드리게 되었습니다.

다시 경건하게 정성을 다해 삼보님께 받들어 사례해야 합니다.

普禮十方常住佛 普禮十方常住法 普禮十方常住僧

널리 시방에 항상 머무시는 부처님께 절합니다.

널리 시방에 항상 머무시는 가르침에 절합니다.

널리 시방에 항상 머무시는 승가에 절합니다.

南無大聖引路王菩薩摩訶薩

義湘祖師法性偈 - 대중 다 함께, 송주성 - 〔제시 생략〕

※ 법성게를 봉송하면서 밖으로 나가 소대에 이른다.

稽首西方安樂刹 接引衆生大導師 我今發願願往生 唯願慈悲哀攝受

서방의 안락세계에서 중생을 이끌어 주시는 대 도사님께 절하오며,

내가 지금 가서 나기를 발원하오니 자비를 드리워 가없이 여겨

거둬들이기를 오직 바랍니다.

奉送疏 - 법주, 낭송조 -

※ 소대에 이르러

今此門外 奉送齋者 云云 某靈

이제 문밖에서 봉송하는 재자 모인의 모인 영가시여,

上來 施食諷經 念佛功德 離妄緣耶 不離妄緣耶

위에서 음식을 베풀고 경전을 염송하고 염불한 공덕으로 망령된

인연을 떠났습니까? 망령된 인연을 떠나지 못하였습니까.

離妄緣則 天堂佛刹 任性逍遙

망령된 인연을 떠났으면 천당이나 극락세계에 마음대로 왕생하여

법락을 누릴 것입니다.

不離妄緣則 且聽山僧 末後一偈

망령된 인연을 떠나지 못하였다면 다음의 산승이 들려드리는 마지막
한 게송을 들으십시오.

四大各離如夢中 六塵心識本來空 欲識佛祖廻光處 日落西山月出東

(지수화풍)사대가 각기 흩어지니 꿈같고 허깨비 같아

(색성향미촉법)육진이니 심식이니 하지만 본래부터 다 빈 것

부처님이나 조사 스님이 빛 돌린 곳 알려 합니까.

서산에 해지니 동산에 달이 뜨네.

諷誦加持 - 대중 다 함께, 송주성 -

念[14] 十方三世 一切諸佛 諸尊菩薩摩訶薩 摩訶般若波羅蜜

願往生 願往生 往生極樂見彌陀 獲蒙摩頂授記莂

가서 나기를 바라옵고, 가서 나기를 바라며, 극락에 가서 나서 아미타
부처님 뵙고,

이마를 만지시며 기별을 주시기를 바랍니다.

願往生 願往生 願在彌陀會中坐 手執香華常供養

가서 나기를 바라옵고, 가서 나기를 바라며,

아미타 회상에 앉아서, 향기로운 꽃을 들고 항상 공양하기를 바랍
니다.

願往生 願往生 往生華藏蓮華界 自他一時成佛道

가서 나기를 바라옵고, 가서 나기를 바라며, 연꽃이 갈무리된 연화장
세계에 가서 나서

---

14 '염시방삼세 운운'은 배송을 위해 '시방삼세일체불 제존보살마하살 마하반야바라
밀'을 염송하라는 지문인데, '염'을 함께 읽던 관습의 잔영이라고 할 수 있다.

나와 남이 일시에 불도를 이루기를 바랍니다.

※ 이때 종두는 ①금·은전 등 장엄물 ②위패, 사진, 천혼문 ③영가
의 옷 ④상복 순으로 불을 사른다.

燒錢眞言 옴 비로기제 사바하. (3번)

奉送眞言 옴 바아라 사다 목차목. (3번)

上品上生眞言 옴 마니다니 훔훔바탁 사바하. (3번)

普廻向眞言 옴 삼마라 삼마라 미만나 사라마하 자거라 바 훔. (3번)

廻向偈 - 법주, 바라지 -

火蕩風搖天地壞 寥寥長在白雲間 一聲揮破金城壁 但向佛前七寶山

불에 타서 없어지고 바람에 휩쓸려 하늘과 땅이 무너져도

적막하고 고요하여 흰 구름 사이에 항상 있습니다.

한소리에 금성철벽 부숴버리고 다만 부처님 앞 칠보산으로 향합
니다.

　南無 歡喜藏摩尼寶積佛

　南無 圓滿藏菩薩摩訶薩

　南無 廻向藏菩薩摩訶薩

無常戒〔제시 생략〕

2)『사寫범음집』[15] 소재 관음시식觀音施食

○擧佛

南無 極樂導師 阿彌陀佛; 左 觀世音菩薩; 右 大勢至菩薩

〔振鈴三下, 唱魂 三說〕據 娑婆世界 〔云云〕居住 今日 〔云云〕某人

---

15 이『사寫범음집』(1923), pp.102前~106後.

伏爲 所薦亡 某人 靈駕〔三說〕靈源湛寂 無古無今 妙體圓明 何生何

死. 所以 釋迦老人 泥蓮河畔 槨示雙趺; 達磨大師 葱嶺途中 手傳

(携)隻履. 某靈 靑山疊疊居面月 滄海茫茫古人心. 某靈 還會得 無生

滅底一句麼

〔良久〕

俯仰隱玄玄 示(視)聽明歷歷, 若也會得 頓證法身 永滅飢虛

其或未然 承佛神力 仗法加持 赴此香壇 受霑法供

○振鈴偈

以此振鈴伸召請 今日靈駕普聞知[16] 願承三寶力加持 今夜今時來赴會

慈光照處蓮花出 慧眼觀時地獄空 又況大悲神呪力 衆生成佛利那中

千手一片爲亡靈 至心諦聽 至心諦受

千手 云云

若人欲了知 三世一切佛 應觀法界性 一切唯心造

破地獄眞言 解寃結眞言 普召請眞言

南無常住十方佛法僧

南無大慈大悲救苦救難 觀世音菩薩

南無大方廣佛華嚴經

● 證明請

南無一心奉請 手擎寶蓋 身掛華鬘[17] 導淸魂於極樂界中 引亡靈向碧

---

16 이 의문은 '관음시식'이라는 이름의 의문이면서도 진령게의 대상이 '금일영가'로
한정돼 나타나고 있다.

17 『필사본 범음집』에는 보게와 화만의 수식어인 '천 층'과 '백 복'이 들어 있지
않다. 비교적 원형을 잘 보존하고 있는 이 필사본의 특징이 드러나 보이는 구절
이다.

蓮臺畔 大聖引路王菩薩摩訶薩 唯願慈悲 降臨道場 證明功德

手持七寶千層盖 身掛五雲百福衣[18] 弘願悲心如大海 萬靈接引向西歸

손에는 칠보로 된 천 층의 보산개를 드시고/ 몸에는 오운의 백 복 옷을 걸치셨네.

넓고 큰 원 자비심은 바다와 같고/ 만령을 접인하여 서쪽으로 돌아가시네.

故我偈獻座眞言 (자리를 드리는 진언)

妙菩提座勝莊嚴 諸佛坐已成正覺 我今獻座亦如是 自他一時成佛道

옴 바 〔운운〕

○茶偈

今將甘露茶 奉獻證明前 鑑察虔懇心 願垂哀納受

●孤魂請文

一心奉請 因緣聚散 今古如然 虛徹廣大 靈通往來 自在無碍

某靈[19] 承佛威光 來詣香壇 受沾香供

○歌詠

三魂渺渺歸何處 七魄茫茫去遠鄕 今日振鈴伸召請 願赴冥陽大道場

○受位安座

某靈 諸佛子 上來 承佛攝受 仗法加持 旣無囚繫以臨筵 願獲逍遙而就座

모모영가와 여러 불자시여, 위에서 부처님의 거둬들이기를 받들고

---

18 청사에 보이지 않던 보개와 화만의 수식어 '천 층'과 '백 복'이 가영에서는 나타나고 있다.

19 명도귀계의 고혼을 청하는 의식임에도 '제불자'라 하지 않고 '모령'이라고 하여 시식의 대상이 고혼이라고 하기보다 특정 영가임을 보여주고 있다.

법의 가지에 의지하였으니, 이미 간힘이 없이 법연에 임하였습니다.
자유자재를 얻어 자리에 나아가시기를 바랍니다.

下有安座之偈 大衆隨言後和

아래에 안좌게송이 있으니, 대중들은 제 말씀에 따라 뒤에 제창하십
시오.

我今依敎設華筵 茶菓珍羞列座前 大小位宜次第坐 專心諦聽演金語

옴 마니 군다니 훔훔 스바하

百草林中一味新 趙州常勸幾千人 烹將石鼎江心水 願使亡靈歇苦輪

先(宣)密加持 身田潤澤 業火淸凉 各俱(求)解脫[20]

變食陀羅尼 〔칠편〕 施甘露水眞言 〔칠편〕

一字水輪觀眞言 〔칠편〕 乳海眞言 〔칠편〕

○稱揚聖號

南無多寶如來破除慳貪 法財具足

南無妙色身如來離醜陋形 相好圓滿

南無廣博身如來捨六凡身 悟虛空身

南無離怖畏如來離諸怖畏 得涅槃樂

南無甘露王如來咽喉開通 獲甘露味

願此加持食 普遍滿十方 食者除飢渴 得生安養國

〔以偈執事鐘頭獻食爲揚〕

施鬼食眞言 옴 미기미기 야야미기 스바하

供養眞言 〔삼편〕 廻向眞言 〔삼편〕

受我此法食 何異阿難饌 飢腸咸飽滿 業火頓淸凉

---

20 '先'자는 '宣'자, '俱'자는 '求'자의 오기라 정정함.

頓捨貪瞋癡 常歸佛法僧 念念菩提心 處處安樂國〔삼편〕

凡所有相 皆是虛妄 若見諸相非相 卽見如來〔삼편〕

如來 應供 正遍知 明行足 善逝 世間解 無上士 調御丈夫 天人師

佛 世尊〔삼편〕

諸法從本來 常自寂滅相 佛子行道已 來世得作佛〔삼편〕

〔自阿彌陀佛眞金色 至觀求西方阿彌陀 云後〕

願以此功德 普及於一切 我等與衆生 皆共成佛道

● 奉送篇 (요령·목탁)

我於他日建道場 不違本誓還來赴

〔庭中三遍後 向法堂〕〔뜰 앞을 세 번 돌고 법당을 향해서〕

靈駕 ○普禮三寶 영가시여 삼보님께 절하소서.

普禮十方常住佛法僧

온 세계에 항상 계신 붓다님께 널리 절합니다. 달마님께 승가님께

〔移行偈〕

移行千里滿虛空 歸道情忘到淨邦 三業投誠三寶禮 聖凡同會法王宮

허공 속으로 천리를 옮겨가니. 도에 돌아감에 망정이 잊히면 곧바로

극락정토에 이르리니

신구의 삼업으로 정성을 다해 삼보님께 절을 하면 성인과 범부가

법왕의 궁전에서 같이 만나게 되리.

散花落〔삼설〕南無大聖引路王菩薩〔삼설〕

〔繞匝時巡廻二遍 送廻一遍時 徐徐而行 至燒臺前 自西方淨土 至皆

共成佛道 云云也〕

요잡을 할 때 두 번을 순회하고 한 번을 돌고 보낼 때 서서히 간다.

소대 앞에 이르러 서방정토부터 개공성불도까지 염송한다.

靈駕 上來 施食 諷經念佛功德 離妄緣耶

不離妄緣耶 離妄緣則 天堂佛刹 任性逍遙

不離妄緣則 且聽山僧 末後一偈

四大各離如夢中 六塵心識本來空 欲識佛祖廻光處 日落西山月出東

〔念〕十方三世一切諸佛 諸尊菩薩摩訶薩 摩訶般若波羅蜜

三願往生 云後

燒錢眞言 옴 비로기데 스바하

奉送眞言 옴 바아라 사다 목차목

上品上生眞言 옴 마니다니 훔훔 바탁 스바하

處世間 云

歸依佛歸依法歸依僧

歸依佛兩足尊歸依法離欲尊歸依僧衆中尊

歸依佛竟歸依法竟歸依僧竟

〔先〕自歸依佛 當願衆生 體解大道 發無上意

스스로 부처님께 귀의하며, 중생들이 위없는 마음 내어 몸으로 알기 서원합니다.

自歸依法 當願衆生 深入經藏 智慧如海

스스로 가르침에 귀의하며, 중생들이 바다 같은 지혜의 경장에 들기 원합니다.

自歸依僧 當願衆生 統理大衆 一切無碍

스스로 승가에 귀의하며, 중생들이 일체 장애 없이 대중을 잘 인도하기 원합니다.

上來 歸依三寶竟 善步雲程 伏惟珍重

위에서 삼보에 귀의하였으니, 좋은 걸음으로 구름길을 안녕히 가십시오.

普廻向眞言〔云云〕

○罷〔破〕散偈

鑊蕩風搖天地壞 寥寥長在白雲間 一聲揮破金城壁 但向佛前七寶山

〔後〕三廻向

　　歡喜藏摩尼寶積佛

　　圓滿藏菩薩摩訶薩

　　廻向藏菩薩摩訶薩

2. 공양의례供養儀禮

1) 삼보통청三寶通請[21]

*의미: 부처님께 드리는 공양의식이다. 불교의 명절이나 각종 불사 및 기도입제·회향 시 또는 개인적인 축원이나 영가를 천도할 때 모시는 의식으로 향香·등燈·과果·화花·다茶·미米등의 공양물을 올리며 개인의 수행공덕 등 모든 정성을 올릴 수 있다.

普禮眞言 - 목탁 -

我今一身中 卽現無盡身 遍在三寶前 一一無數禮

---

21 『한글』②, pp.87~131. ' * ' 설명은 『한글』②의 것이나 해석은 필자가 새로 한 것이다.

제가 이제 한 몸에서 다함없는 몸을 내어

두루 계신 삼보님께 빠짐없이 절합니다.

옴 바아라 믹 (3번)

千手經 - 대중 다함께, 송주성 -〔제시 생략〕

擧佛 - 거불성 -

南無 佛陀部衆 光臨法會; 南無 達摩部衆 光臨法會; 南無 僧伽部衆 光臨法會

普召請眞言 나무 보보제리 가리다리 다타 아다야 (3번) - 법주 -

由致 -법주 합장, 낭송조 -

仰惟 三寶大聖者 從眞淨界 興大悲雲 非身現身 布身雲於三千世界 無法說法 灑法雨於八萬塵勞 開種種方便之門 導茫茫沙界之衆 有求 皆遂 如空谷之傳聲 無願不從 若澄潭之印月

우러러 생각하오니, 삼보자존은 진여의 청정법계에서 자비의 구름 으로 피어나 몸 아니시건만 구름으로 삼천대천세계를 덮으시고, 설할 법이 없건만 법의 비로 팔만사천 번뇌를 씻으시며, 갖가지 방편 문을 열어 끝없는 고해의 중생을 이끄시니, 빈 골짜기의 메아리 처럼 구하는 것 모두 얻게 하시고, 맑은 연못의 달그림자처럼 원하는 것 모두 이루어주십니다.

是以 娑婆世界 此四天下 南瞻部洲 東洋 大韓民國 某處 某山 某寺 水月道場 今此 至極之精誠 獻供發願齋者 某處 居住 淸信士 某生 某人 保體 淸信女 某生 某人 保體 以此因緣功德 一切厄難 永爲消滅 四大强建 六根淸淨 心中所求所願 如意圓滿 亨通之大願 以今月今 日 虔設法筵 淨饌供養 帝網重重 無盡三寶慈尊 薰懃作法 仰祈 妙援

者/ 右²²伏以 蒸茗²³香以禮請 呈玉粒而修齋 齋²⁴體雖微 虔誠可愍
冀回慈鑑 曲照微誠 謹秉一心 先陳三請

이에 사바세계 이 사천하 남섬부주 동양 대한민국 모처 모산 모사
수월도량에서 오늘 지극한 정성으로 공양을 바치는 재자 모처 거주
청신사 모생 모인 보체와 청신녀 모생 모인이 이 인연공덕으로써
일체 액란이 영원히 소멸되고 사대는 강건해지고 육근은 청정해지며
마음속에 구하는 소원들 뜻대로 형통해지기를 크게 바라며, 금월
금일 삼가 법연을 열어 깨끗한 정찬으로 제망중중의 다함없는 삼보
자존께 공양하오며, 은근히 작법에 훈기를 끼쳐 우러러 오묘한
구원을 바라는 이들은, 〔위의 재자들은 삼가 엎드려 생각하며〕 명향을
사루고 절하며 청하며, 옥 같은 쌀을 바치며 재를 닦았는데, 재물이야
비록 미미하오나 경건한 정성을 불쌍히 여기시고 자비 거울을 돌려
작은 정성을 굽어 살펴주시기를 바라며 삼가 일심으로 먼저 삼청을

---

22 右伏以에 대해 '삼가 생각하건대/살피건대' 등으로 이해하고 있지만 역자는 개행
이전 횡서의 오른쪽에서 '앙기 묘원자'라고 하는 그 재자들을 지칭한다고 이해한
다. 왜냐하면 고본에는 한결같이 앙기 묘원자 이후에 새 줄에 인자하고 있고,
또 앙기와 묘원자에 한 칸을 띄어쓰기하고 있음을 유의해야 한다고 생각하기
때문이다. '부처님과 성인의' 묘원이라는 의미에서 띄어 쓰고 일일이 거명을
하지 못하므로 줄을 바꾸는 관습이 후대에 사라져 버렸지만 그 의미는 크다고
보기 때문이다. 해서 '〔위의 재자들은 삼가 엎드려 생각하며〕'으로 번역하며
삭제해도 의미상에는 큰 문제가 없다고 생각한다.

23 茗香은 名香의 訛傳으로 보이는데, 18세기 '범음산보집' 등에서 '茗香'으로 나타나
기 시작한다.

24 '齋體'는 『운수단가사』나 『설선의』 등에는 '財體'로 나타나는데 그 의미가 크다고
보인다.

진술합니다.[25]

請詞 - 법주, 풍송조 -

南無一心奉請 以大慈悲 而爲體故 救護衆生 以爲資糧 於諸病苦
爲作良醫 於失道者 示其正路 於闇夜中 爲作光明 於貧窮者 永[26]得伏
藏 平等饒益 一切衆生 淸淨法身 毘盧遮那佛 圓滿報身 盧舍那佛
千百億化身 釋迦牟尼佛 西方敎主 阿彌陀佛 當來敎主 彌勒尊佛
十方常住 眞如佛寶 一乘圓敎 大華嚴經 大乘實敎 妙法華經 三處傳
心 格外禪詮 十方常住 甚深法寶 大智文殊菩薩 大行普賢菩薩 大悲
觀世音菩薩 大願地藏菩薩 傳佛心燈 迦葉尊者 流通敎海 阿難尊者
十方常住 淸淨僧寶 如是三寶 無量無邊 一一周徧 一一塵盡刹 唯願
慈悲 憐愍有情 降臨道場 受此供養

예경하오며, 대자비로 본체를 삼고 중생을 구호하심을 자산과 양식
으로 삼으며, 병들어 앓는 이에겐 좋은 의사가 되시고, 길 잃은
자에게는 바른 길을 일러주시고, 어둠 속을 헤매는 자에겐 빛이
되시고, 가난한 자에겐 보배 창고 얻게 하며 모든 중생 두루 넉넉하게
하시는 청정법신 비로자나부처님, 원만보신 노사나부처님, 천백억
화신 석가모니부처님과 서방교주 아미타부처님, 장차 오실 용화교
주 미륵부처님 등; 시방세계 항상 머무시는 진여 그대로의 불보님;
일승법의 원만한 교법인 대화엄경·대승의 참 가르침인 묘법연화경,
세 곳에서 전하신 마음도리·언어문자 여읜 선법 등; 시방에 항상

25 유치에 대해서는 본문에 언급하겠지만 현재의 구조는 현재 대한불교 조계종
　포교원 한글법요집 편찬위원회에서 다뤄진 내용과 필자의 견해를 바탕으로 재구
　성하였다.

26 '永'자는 '令'자의 와전인데 『석문의범』 이래 널리 유통되었다.

머무시는 매우 깊은 법보와, 대지 문수보살, 대행 보현보살, 대비 관세음보살, 대원 지장보살님, 부처님의 마음등불 전해 받은 가섭존자·교법 바다를 유통시킨 아난존자 등; 시방에 항상 머무시는 청정 승보; 이와 같은 한량없고 끝없으며 낱낱의 티끌세계에 두루 하는 삼보님을 일심으로 받들어 청하오니,[27] 자비로써 중생을 어여삐 여기사 도량에 강림하여 이 공양을 받으시기를 오직 바랍니다.

※ 법주가 '유원' 할 때[28] 바라지가 "향화청"을 받는다.

香花請 - 바라지 -

향기로운(과)[29] 꽃을 흩으며 청합니다.

*歌詠 - 바라지 -

佛身普遍十方中 三世如來一體同 廣大願雲恒不盡 汪洋覺海渺難窮 故我一心歸命頂禮

부처님 몸은 시방세계에 널리 편재하시니 삼세여래 부처님도 한 몸으로 같으시네.

넓고 큰 구름 같은 원은 다함이 없고 넓디넓은 바다 같은 깨침은 아득하여 헤아릴 수 없어라.

---

27 "일심으로 받들어 청합니다"라고 하지 않고 이 구절은 나무일심봉청으로만 풀고, 이곳에서는 "~이시여!"라고 호격문으로 처리할 수도 있다고 할 수 있다. 하지만 이렇게 하는 것이 적합하다고 생각한다.

28 법주가 하는 '바라옵건대'를 '유원'으로 편의상 교정하였다.

29 향과 꽃으로 청한다고 이해하는 경우도 있는데, 실제로 향기로운 꽃을 뿌리며 청한다고 봐야 할 듯하다. 향의 공능은 告香, 信香이라고 해서 부를 때와 알릴 때 활용된다. 그렇지만 청하며 환영의 의미를 담은 꽃을 뿌리며 행할 때는 향과 꽃이라고 할 필요가 없을 듯하다.

그런 까닭에 제가 일심으로 머리 숙여 예경합니다.

獻座眞言 - 법주 -

妙菩提座勝莊嚴 諸佛坐已成正覺 我今獻座亦如是 自他一時成佛道

- 바라지 -

오묘한 깨달음의 좌석을 수승하게 장엄하니 여러 부처님들 앉아서
바른 깨달음을 이루시네.

제가 지금 바치는 좌석도 이와 같으니 나와 남이 일시에 불도를
이루리라. (바랍니다)[30]

옴 바아라 미나야 사바하 (3번) - 법주 -

*마지쇠 혹은 마지종을 친다.

淨法界眞言 - 바라지 -

옴 남 (3번, 3번, 1번)

供養偈 - 바라지 -

供養十方調御士 演揚淸淨微妙法 三乘四果解脫僧 願垂哀納受 願垂
哀納受 願垂慈悲哀納受

시방삼세 부처님과 바다 속 용궁에 감춰진 미묘한 만 가지 법문과
보살 연각 성문의 승가님께 공양하오니 자비를 드리워 가없이 여겨
받아들이기를 바랍니다.

眞言勸供 - 법주 -

香羞羅列 齋者虔誠 欲求供養之周圓 須仗加持之變化 仰唯三寶 特

---

30 현재의 헌좌게송 어디에도 願望의 자구가 없다. 그러므로 자타일시성불도는
'자타가 일시에 불도를 이루다'는 평문이라고 할 수 있다. 물론 표면의 자구는
없지만 내부적 의미는 기원이 아닌가라고 이해하는 것도 무리가 아니다. 하지만
이 헌좌게송의 옛 형태는 '회작자타성불인'으로 사역문을 추론할 수 있다.

賜加持

향기로운 음식들을 차려놓음은 재자[31]들의 간절한 정성입니다.

공양이 두루 원만하게 이뤄지려면 가지변화에 의지해야 하오니

삼보님, 특별히 가지를 내리소서.

南無十方佛 南無十方法 南無十方僧

無量威德 自在光明勝妙力 變食眞言

나막 살바다타 아다 바로기제 옴 삼바라 삼바라 훔 (3번)

施甘露水眞言 나무 소로바야 다타아다야 다냐타 옴 소로소로 바라소로

바라소로 사바하 (3번)

一字水輪觀眞言 옴 밤 밤 밤 밤 (3번)

乳海眞言 나무 사만다 못다남 옴 밤 (3번)

運心供養眞言

願此香供遍法界 普供無盡三寶海 慈悲受供增善根 令法住世報佛恩

향기로운 공양이 법계에 펼쳐져, 다함없는 삼보님께 널리 공양하

오니,

자비로써 공양 받으시어 (저희의) 선근을 늘려

(저희들이) 불법이 이 세상에 머물게 해 부처님 은혜에 보답하기를

바랍니다.

나막 살바다타 아제비약미 새바 모계비약 살바다캄 오나아제 바라혜

---

31 '齋者'에 자리에 '齋者施主'(『범음산보집』, 1721, 『韓儀叢』第三輯 15上)나 "某氏虔
誠"(『예수시왕생칠재』, 1576, 『韓儀叢』第二輯, 85下), "辦供施主與緣化比丘某
等"(『영산대회작법절차』, 1634, 『韓儀叢』第二輯, 135下) 등으로 나타나다가 『作
法龜鑑』(1826, 『韓儀叢』第三輯), 378下) 이래 현재의 '齋者'로 정착되었다고 보인
다. 독불공의 경우 표현하는 것도 의미가 있을 수 있을 것이다.

맘 옴 아아나캄 사바하 (3번)

禮懺[32] – 바라지 –

至心頂禮供養 三界導師 四生慈父 是我本師 釋迦牟尼佛

지극한 마음으로 삼계의 스승이며 사생의 어버이 석가모니부처님께
머리 숙여 절하며 공양합니다.

至心頂禮供養 十方三世 帝網刹海 常住一切 佛陀耶衆

지극한 마음으로 시방삼세 제망찰해 항상 머무시는 부처님께 머리
숙여 절하며 공양합니다.

至心頂禮供養 十方三世 帝網刹海 常住一切 達摩耶衆

지극한 마음으로 시방삼세 제망찰해 항상 머무시는 달마님께 머리
숙여 절하며 공양합니다.

至心頂禮供養 大智文殊師利菩薩 大行普賢菩薩 大悲觀世音菩薩
大願本尊 地藏菩薩摩訶薩

지극한 마음으로 대지 문수사리보살 대행 보현보살 대비 관세음보살
대원본존 지장보살 마하살께 머리 숙여 절하며 공양합니다.

至心頂禮供養 靈山當時 受佛付囑 十大弟子 十六聖 五百聖 獨修聖
乃至 千二百 諸大阿羅漢 無量[33]慈悲聖衆

지극한 마음으로 영산당시 부처님께 부촉 받은 십대제자 십육성
오백성 독수성 내지 천이백 제대 아라한의 성중님께 머리 숙여
절하며 공양합니다.[34]

---

32 이 예참은 대한불교조계종 의례위원회 본에서는 '예공'으로 교정하였다.

33 '無量'은 '칠정례'에서 관용적으로 쓰였다고 보인다. 『일용작법』(1869)이나 『석문
의범』(1935)의 유사 구문에서는 보이지 않는다.

34 『석문』 이후의 본에서 삽입된 '무량'은 문의에 맞지 않아 번역하지 않는다.

至心頂禮供養 西乾東震 及我海東 歷代傳燈 諸大祖師 天下宗師
一切微塵數 諸大善知識

지극한 마음으로 서건의 인도, 동쪽의 중국, 우리나라에 이르도록
역대로 법을 전한 제대조사 천하종사 일체 미진수의 제대 선지식께
머리 숙여 절하며 공양합니다.

至心頂禮供養 十方三世 帝網刹海 常住一切 僧伽耶衆

지극한 마음으로 시방삼세 제망찰해 항상 머무시는 승가님께 머리
숙여 절하며 공양합니다.

唯願 無盡三寶 大慈大悲 受此供養 冥熏加被力 願共法界諸衆生
自他一時成佛道

다함없는 삼보시여, 대자대비로 이 공양을 받으시고, 가피의 힘을
그윽하게 끼치기를(薰) 오직 바라며, 법계의 모든 중생들과 나와
남이 일시에 불도 이루기를 원합니다.

〔四大眞言〕[35]

普供養眞言 옴 아아나 삼바바 바아라 훔 (3번)

普回向眞言 옴 삼마라 삼마라 미만나 사라마하 자거라 바 훔 (3번)

願成就眞言 옴 아모카 살바다라 사다야 시베 훔 (3번)

補闕眞言 옴 호로호로 사야목계 사바하 (3번)

嘆白 – 바라지 –

刹塵心念可數知 大海中水可飮盡 虛空可量風可繫 無能盡說佛功德

세상의 티끌 숫자를 알 수 있고, 큰 바다 물을 마실 수 있고
허공의 크기를 재고 바람을 묶는 재주일지라도 부처님의 큰 공덕을

---

35 『통일』에 표기됐던 것인데 『한글』에서는 보이지 않는다.

다 말하지 못하리.

精勤 - 대중 다 함께, 정근 목탁 -

南無 三界導師 四生慈父 是我本師"釋迦牟尼佛"

釋迦如來種子心眞言 나무 사만다 못다남 박 (3번)

天上天下無如佛 十方世界亦無比 世間所有我盡見 一切無有如佛者

하늘 위나 아래에도 부처 같은 이는 없고 시방세계에도 또한 비교될 이 없으니

인간 세상 빠짐없이 찾아보아도 부처님 같은 분은 일절 없어라.

三寶 祝願

仰告 十方三世 帝網重重 無盡三寶慈尊 不捨慈悲 許垂朗鑑 上來所修佛功德海 回向三處悉圓滿

시방삼세 제망중중의 다함없는 삼보 자존 전에 우러러 아뢰오니, 자비를 버리지 마옵시고 증명이 되시고 자비의 거울을 드리우시고, 위에서 닦은 바다 같은 공덕을 세 곳[36]으로 돌리오니 모두 원만해지기를 아뢰옵니다.

是以 娑婆世界 此四天下 南贍部洲 海東 大韓民國(某處 某山 某寺) 清淨水月道場

願我今此 至極精誠 獻供發願齋者 大韓民國 某處居住 某人保體

時會大衆 靑信士 靑信女 童男童女 白衣檀越 各各等 保體

---

36 『大乘義章』에 3종의 회향을 말한다. (1) 衆生廻向은 자기가 지은 선근 공덕을 다른 중생에게 회향하여 공덕 이익을 주려는 것이다. 불·보살의 회향과 세속에서 영가를 천도하기 위하여 독경하는 등이 그것이다. (2) 菩提廻向은 자기가 지은 온갖 선근을 회향하여 보리의 果德을 얻으려고 趣求하는 것이다. (3) 實際廻向은 자기가 닦은 선근 공덕으로 無爲寂靜한 열반을 추구하는 것이다.

以此因緣功德 仰蒙諸佛菩薩 加被之妙力 一切災禍 一切魔障 永爲
消滅 各其東西四方 出入諸處 常(相)逢吉慶 不逢災害 官災口舌 三
災八難 四百四病 一時消滅 四大强健 六根淸淨 身强鐵石 心若泰山
家內和合 安過太平 財數大通 事業繁昌 子孫昌盛 無病長壽 萬事亨
通之大願

各其心中所求 如意圓滿 日日有千祥之慶 時時無百害之災 壽山高屹
福海汪洋之大願

同參齋者 各各等 保體 佛法門中 身(信)心堅固 永不退轉發阿耨多
羅三藐三菩提之大願

參禪者 疑團獨露 念佛者 三昧現前 看經者 慧眼通透 呪力者 業障消
滅 病苦者 卽得快差 運轉者 安全運行 薄福者 福德具足 貧窮者 永得
福藏 於失道者 示其正路 學業者 智慧聰明 事業者 事業繁昌 農業者
五穀豊盛 工業者 安全操業 商業者 財數大通 職務者 隨分成就 各其
心中 所求所願 如意圓滿 成就之大願

抑願 今次 獻供發願齋者 ○○○各各 等 伏爲

上世先亡 師尊父母 多生師長 累代宗親 弟兄叔伯 姉妹姪孫 遠近親
戚 一切眷屬等 各列位列名靈駕 以此因緣功德 卽往極樂世界 親見
彌陀 蒙佛受記 頓悟無生法忍之大願[37]

然後願 恒沙法界 無量佛子等 同遊華藏莊嚴海 同入菩提大道場 常
逢華嚴佛菩薩 恒蒙諸佛大光明 消滅無量衆罪障 獲得無量大智慧
頓成無上最正覺 廣度法界濟衆生 以報諸佛莫大恩 世世常行菩薩道
究竟圓成薩婆若

---

37 이상의 축원은 특별히 번역할 필요가 없다고 보여 생략한다.

426

그런 뒤에 (바랍니다.) 항하사 법계의 한량없는 불자들이 같이 연화
로 바다처럼 장엄하게 펼쳐지는 세상에서 노닐며, 같이 보리의
큰 도량에 들어가 화엄의 불보살님을 만나 뵈어 여러 부처님의
대 광명을 입어 한량없는 여러 죄의 장애를 없애버리고 한량없는
대 지혜를 획득하여 문득 위없는 최상의 바른 깨달음을 이루고,
널리 법계의 여러 중생을 제도하여 부처님의 막대한 은혜를 갚고,
세세생생 날 적마다 보살도를 실천하며, 마침내는 살바야(일체지)를
원만히 이루기를 바랍니다.

摩訶般若波羅蜜

南無釋迦牟尼佛 無釋迦牟尼佛 南無是我本師 釋迦牟尼佛

소예참 〔제시 생략〕

2) 진언권공眞言勸供[38]

진언권공

정법계진언

　옴람

진공진언

　옴반쟈ᄉ바하

---

38 현재 '眞言勸供'은 삼보통청의 하위단계인 '가지(진언)변공'으로 격하되었지만
15세기 이래 17세기에 이르도록 완결성을 지닌 공양의례라고 할 수 있으므로
그 전문을 제시한다. 儀文은 학조 편, 『진언권공』(1496, 『한의총』1, pp.437~440)
이다. 이 자료는 한글 한문 번역 해석이 함께 실려 있지만 우리말 한글의례에
대한 이해를 위해 한글 음만 원문대로 싣는다. 제목은 두 자를 들여 쓰고 있고
진언 띄어쓰기는 원문 그대로이다.

무량위덕ㅈ지광명숭묘력변식진언

　나막살봐다타아다바로기뎨옴삼바라삼바라훔

출생공양진언

　옴

정식진언

　옴다갸바ㅿ라훔

보공양진언

　옴아아나삼바바바ㅿ라혹

향공양

　　연향공양블샤ㅈ비슈공양 〔일비〕

등공양

　　연등공양블샤ㅈ비슈공양 〔일비〕

화공양

　　선화공양블샤ㅈ비슈공양 〔일비〕

과공양

　　선과공양블샤ㅈ바슈공양 〔일비〕

다공양

　　선다공양블샤ㅈ비슈공양 〔일비〕

미공양

　　향미공양블샤ㅈ비슈공양 〔일비〕

　　원츠향공변법계 보공무진삼보희 ㅈ비슈공즁선근 령법듀세보불은

　　나막살바다타아데뱍 미ㅅ봐목켸뱍 살바타감 오능아 뎨쎠라혜맘

　　옴 아아 나감 ㅅ봐하

428

경례십방삼셰진허공계일쳬졔불

경례십방삼셰진허공계일체존법

경례십방삼셰진허공계일쳬보살연각셩문일쳬현셩승

퇴공진언

옴살바반자스밨하

3) 사시마지巳時摩旨[39]

〈巳時金〉

〔上壇〕

〈茶偈〉

供養十方調御士 演揚淸淨微妙法 三乘四果解脫僧 願垂慈悲哀納受

〈三頂禮〉

志心頂禮供養 十方三世 帝網刹海 常住一切 佛陀耶衆

志心頂禮供養 十方三世 帝網刹海 常住一切 達摩耶衆

志心頂禮供養 十方三世 帝網刹海 常住一切 僧伽耶衆

唯願 無盡三寶 大慈大悲 受此供養 冥薰加被力 願共法界諸衆生 自他一時成佛道

〈祝願〉

仰告 十方三世 帝網重重 無盡三寶慈尊 不捨慈悲 許垂朗鑑 上來 所修功德海 回向三處悉圓滿

今此 ○○山下 ○○寺 水月道場 住持與時會合院大衆等 至心奉爲 大韓民國常平和 老少健康壽齊年 雨順風調恒安樂[40] 天下泰平法輪轉

沈祥鉉,『佛教儀式各論』Ⅲ, pp.52~54.

오늘 이 산하 모사 수월도량에서 주지와 시회 합원대중 등은 지극한
마음으로

대한민국은 언제나 평화롭고, 노소는 건강하게 오래 살며

비바람 적당하여 항상 편안하고, 천하가 태평하여 법륜이 굴려지며

願堂成造福無量 聖像塑畫具德相 宮殿彩畫獲莊嚴 引燈香燭得光明

법당 조성 시주는 복이 무량하고, 성상 불화 모신 이는 덕의 상호
갖춰지며

전각 단청 벽화 모신 이는 장엄이 갖춰지고, 인등 향 초 밝힌 이는
광명을 얻게 되고

窓戶塗褙免八難 鍮器鐵物身堅固 海雪麻醬語無礙 佛糧獻畓福無邊

문과 벽에 도배한 이 팔난을 면하고, 유기 철물 올린 이는 신체가
강해지고

소금 간장 올린 이는 언어에 장애 없고, 양식 논밭 올린 이는 복이
가없고

十方施主願成就

시방의 시주들의 원이 이뤄지길 원합니다.

時會大衆各伏爲 先亡父母往極樂 現存師親壽如海 法界哀魂離苦趣

오늘 함께한 대중들은 엎드려, 선망부모 극락에 왕생하고

현재 부모 스승 수명이 길어지고, 법계의 고혼들은 고취를 떠나시길
원합니다.

---

40 인용 원전에는 "大韓民國萬萬歲 統領文武壽齊年 雨順風調民安樂"인데 이는 "주상
전하만만세 왕비전하수제년"의 개작이라고 보여 삼구를 예문처럼 수정하고 번역
한다.

山門肅靜絶悲憂 寺內災厄永消滅 土地天龍護三寶 山神局司補禎祥

산문은 고요하여 근심이 끊어지고, 사내의 재앙 액난 영원히 소멸
되며

토지 천룡 신중들은 삼보를 옹호하고, 산신 국사 신중들을 상서를
더하시네.

願共含靈登彼岸 世世常行菩薩道 究竟圓成薩婆若 摩訶般若波羅蜜
〔三說〕

모든 중생 피안에 함께 올라 세세생생 보살도를 행하고

구경에는 일체지를 이뤄기를 바랍니다. 마하반야바라밀

南無釋迦牟尼佛〔二說〕 南無是我本師 釋迦牟尼佛〔一說〕

〔神衆壇〕[41]

〈茶偈〉

以此淸淨香雲供 奉獻擁護聖衆前 鑑察我等虔懇心 願垂慈悲哀納受

〈三頂禮〉

志心頂禮供養 華嚴會上 欲色諸天衆

지극한 마음으로 화엄회상 욕계 색계 천신天神들께 머리 숙여 절하
며 공양합니다.

志心頂禮供養 華嚴會上 八部四王衆

지극한 마음으로 화엄회상 팔부 사왕 선신仙神들께 머리 숙여 절하

---

41 『통일』이나 『한글』에는 사시마지가 편제되어 있지 않다. 다만 예경의궤에 '다게'와
'헌향진언'을 편입하고 있는 것으로 미뤄볼 때 신중단 상황에 따른 의궤라고
할 수 있다.

며 공양합니다.

志心頂禮供養 華嚴會上 護法善神衆

지극한 마음으로 화엄회상 가람신 등 호법선신善神들께 머리 숙여
절하며 공양합니다.

〈嘆白〉

帝釋天王慧鑑明 四洲人事一念知 哀愍衆生如赤子 是故我今恭敬禮[42]

제석천왕의 지혜 거울은 밝아 사주[43]의 인간사를 한 순간에 아시고
어린아이처럼 중생을 불쌍히 여기시니 이 까닭에 저는 지금 공경히
절합니다.

---

[42] 인용 원전에는 탄백으로 "願諸天龍八部衆 爲我擁護不離身 於諸難處無諸難 如是
大願能成就"를 제시하고 있지만 이는 발원을 하고 난 뒤에 행하는 원문이지
탄백이라고 보기 어렵다고 보고 『석문』 39위 각청의 가영이 끝난 다음 하는
탄백으로 교체한다.

[43] (1) 남섬부주는 舊譯에 남염부제南閻浮提. 수풀과 과일로써 이름을 지음. (2)
동승신주는 범어로 동비제하東毘提河. 구역에 동불바제東弗婆提. 몸의 형상이
수승하므로 勝身이라 이름. (3) 서우화주는 범어로 서구다니西瞿陀尼. 소로써
팔고사고 하므로 牛貨라 이름. (4) 북구로주는 구역에는 북울단월北鬱單越, 승처
勝處라 번역. 4주중에서 국토가 가장 수승하므로 승처라 이름. ⇒ 四天下의
다른 이름

3. 기타의례

1) 예불禮佛[44]

㉠ 상단예불上壇禮佛

※의미: 일체중생의 자비로운 스승이신 부처님께 예배공경하고
자신을 비롯하여 일체중생이 함께 성불케 하려 함을 서원하는 의식
이다.

※방법: 집전자는 다게 또는 오분향게를 하되 음을 낮게 하고 게송이
끝나면 대중은 다 같이 운곡으로 합창한다. 그 밖의 각단예불도
이에 준한다.

茶偈 - 목탁 또는 경쇠 -

我今淸淨水 變爲甘露茶 奉獻三寶前 願垂哀納受

제가 지금 (올리는) 청정한 물이 감로의 차로 변해지고[45]

---

44 『한글』②, pp.46~49. 이하 '※' 설명은 『한글』②'의 것이고 번역은 필자가 새로
한 것이다.

45 '變爲甘露茶', '變成無盡香雲蓋'의 개념을 잘 보여주는 보현행원품의 "선남자여,
내가 지니고 있는 이 향으로 널리 뵐 수 있는 모든 부처님께 공양한다. 소원이
만족해진다. 말하자면 일체 중생을 건지겠다는 원이며, 일체의 부처님 나라를
엄정하겠다는 원이며, 일체 여래에게 공양하겠다는 원이다. 선남자여 만일 이
향을 살라 공양하고자 하면 하나하나의 향에서 한량없는 향이 나와 시방일체법계
여래의 도량에 두루 편만하여, 종종의 향궁전 향단장 향누각 향난순 향각적
향문호 향창유 향반월 향라망 향형상 향원광 향엄구 향광명 향운우 향당 향장
향번 향개 등이 되어 시방일체법계를 장엄하고 처처에 충만해져 공양되게 될
것이다"라는 구절을 참고할 수 있다. 般若 譯, 『大方廣佛華嚴經卷第十一 入不思議

삼보 전에 받들어 올리오니, 자비를 드리워 가없이 여겨 받아들이기
를 바랍니다.

五分香禮 - 목탁 또는 경쇠 -

戒香 定香 慧香 解脫香 解脫知見香

光明雲臺 周遍法界 供養十方 無量佛法僧

광명 구름 법계에 두루두루 시방에 한량없는 삼보님께 공양합니다.

獻香眞言 옴 바아라 도비야 훔 (3번)

至心歸命禮 三界導師 四生慈父 是我本師 釋迦牟尼佛

지극한 마음으로 삼계의 스승이며 사생의 어버이 석가모니부처님께
예경합니다.

至心歸命禮 十方三世 帝網刹海 常住一切 佛陀耶衆

지극한 마음으로 시방삼세 제망찰해에 항상 머무시는 부처님께
예경합니다.

至心歸命禮 十方三世 帝網刹海 常住一切 達摩耶衆

지극한 마음으로 시방삼세 제망찰해 항상 계신 달마님께 예경합
니다.

至心歸命禮 大智文殊師利菩薩 大行普賢菩薩 大悲觀世音菩薩 大願
本尊 地藏菩薩摩訶薩

지극한 마음으로 대지 문수사리보살 대행 보현보살 대비 관세음보살
대원본존 지장보살 마하살께 예경합니다.

至心歸命禮 靈山當時 受佛付囑 十大弟子 十六聖 五百聖 獨修聖

解脫境界普賢行願品』(T. 10, p.709a). 향을 살라 올리면 이 향이 종종의 공양물이
되듯이 이 청정수가 감로다로 변해져 삼보님께 공양 올리겠다는 것을 표현하였다.

乃至 千二百 諸大阿羅漢 無量慈悲聖衆

지극한 마음으로 영산 당시 부처님께 부촉 받은 십대제자 십육성 오백성 독수성 내지 천이백 제대 아라한의 성중님께 예경합니다.[46]

至心歸命禮 西乾東震 及我海東 歷代傳燈 諸大祖師 天下宗師 一切 微塵數 諸大善知識

지극한 마음으로 서쪽의 간다라(천축, 인도), 동쪽의 중국, 우리나라 에 이르도록 역대로 법을 전한 제대조사 천하종사 일체 미진수의 제대 선지식께 예경합니다.

至心歸命禮 十方三世 帝網刹海 常住一切 僧伽耶衆

지극한 마음으로 시방삼세 제망찰해에 항상 머무시는 승가님께 예경합니다.

唯願 無盡三寶 大慈大悲 受我頂禮 冥熏加被力 願共法界諸衆生 自他一時成佛道

다함없는 삼보시여, 대자대비로 저의 머리 숙여 예경함을 받으시고, 가피의 힘을 그윽하게 끼치기를(熏) 오직 바라며, 법계의 모든 중생 들과 나와 남이 일시에 불도 이루기를 원합니다.

㉡『일용작법』의 예불절차[47]

普禮眞言

我今一身中 卽現無盡身 遍在諸佛前 一一無數禮
옴바ㅇ라믹 〔三說〕

---

46 원문의 '無量'은 衍文으로 보고 번역하지 않음.

47 秋淡 井幸, 『日用作法』, 『한의총』 3, p.530.

至心歸命禮 盡十方 極三際 無盡海會 一切佛陀耶衆

지극한 마음으로 시방삼세 다하고 다함없는 바닷물같이 많은 회상의
붓다님께 예경합니다.

至心歸命禮 盡十方 極三際 無盡海會 一切達摩耶衆

지극한 마음으로 시방삼세 다하고 다함없는 바닷물같이 많은 회상의
달마님께 예경합니다.

至心歸命禮 盡十方 極三際 無盡海會 一切僧伽耶衆

지극한 마음으로 시방삼세 다하고 다함없는 바닷물같이 많은 회상의
승가님께 예경합니다.

〈又〉

至心歸命禮 盡虛空 十方三世 遍法界 帝網重重 無盡海會 一切佛陀
耶衆

지극한 마음으로 허공과 시방삼세 다하고 법계에 다하며 제망중중
다함없는 바닷물같이 많은 회상의 붓다님께 예경합니다.

至心歸命禮 盡虛空 十方三世 遍法界 帝網重重 無盡海會 一切達摩
耶衆

지극한 마음으로 허공과 시방삼세 다하고 법계에 다하며 제망중중
다함없는 바닷물같이 많은 회상의 달마님께 예경합니다.

至心歸命禮 盡虛空 十方三世 遍法界 帝網重重 無盡海會 一切僧伽
耶衆

지극한 마음으로 허공과 시방삼세 다하고 법계에 다하며 제망중중
다함없는 바닷물같이 많은 회상의 승가님께 예경합니다.

〈又〉

436

至心歸命禮 法報化三身佛

지극한 마음으로 법신 보신 화신의 삼신 붓다님께 예경합니다.

至心歸命禮 四方四智 諸位如來佛

지극한 마음으로 사방의 사지를 이루신 여러 곳의 여래 붓다님께
예경합니다.

至心歸命禮 盡十方 極三際 華嚴海會 難思諸佛

지극한 마음으로 시방과 삼세 다하는 화엄의 바닷물같이 많은 회상
의 생각할 수 없는 여러 붓다님께 예경합니다.

至心歸命禮 亘古今 揮天地 法性海藏 珠函貝葉

지극한 마음으로 고금에 이어지고 천지를 빛내는 법성의 바다에
감춰진 보배 상자 패엽의 경전에 예경합니다.

至心歸命禮 圓通敎主 觀世音菩薩 幽冥敎主 地藏菩薩 滿虛空 遍法
界 星羅輔翼 塵沙菩薩

지극한 마음으로 원통교주 관세음보살 유명교주 지장보살 허공에
가득하고 법계에 다하여 하늘의 별처럼 둘리어진 티끌과 모래같이
많은 보살님께 예경합니다.

又復[48] 歸依如是 十方盡虛空界 一切三寶 無量賢聖

이와 같이 시방이 다하고 허공계가 다하도록 일체의 삼보와 무량한
현성님들께 귀의합니다.

---

48 "指示文으로 보아야 할지, 아니면 本文으로 보아야 할지 잘 모르겠다. 이 글
쓰는 지금의 심정으로는 본문으로 보고 싶다"(신규탁, 「조계종 현행 예불문 고찰」,
『동아시아불교의례문화연구소 출범 및 기념세미나』, 2011, p.11)고 하였지만,
이후 지시문이 아닌 예문으로 이해하고 있다(신규탁, 2011b, p.61, 주9). 필자는
지문으로 이해한다.

唯願 大悲 受我頂禮 願共法界諸衆生 同入彌陀大願海

대비로써 저의 경례 받으시기를 오직 바라오며. 법계의 여러 중생

함께 같이 아미타불 대원의 바다에 들기를 바랍니다.

2) 송주誦呪[49]

淨口業眞言

수리수리 마하수리 수수리 사바하

五方內外安慰諸神眞言

나무 사만다 못다남 옴 도로 도로 지미 사바하

開經偈

無上甚深微妙法 百千萬劫難遭遇 我今聞見(見聞)得受持 願解如來

眞實意(義)

위없이 깊고 깊은 미묘한 법은/ 영원 속에 만나기 어렵지만

저는 이제 뵙고 들어 받아 지녀/ 부처님의 참뜻을 깨치오리다.

開法藏眞言

옴 아라남 아라다

南無大佛頂 如來密因 修證了義 諸菩薩萬行 首楞嚴神呪

다냐타 옴 아나례 비사제 비라 바아라 다리 반다반다니 바아라

바니반 호훔 다로옹박 사바하

正本 觀自在菩薩 如意輪呪

---

49 『통일』(2003)의 도량석도 송주이지만, 이전 예불 전후의 송주였던 그 어떤 원칙이
보이지 않으므로 조모송주의 모습이 남아 있는 자료라고 할 수 있는 『석문』
상권, pp.80~93. 소재 朝誦呪文을 제시한다.

나무 못다야 나무 달마야 나무 승가야 나무 아리야 바로기제 사라야
모지 사다야 마하사다야 사가라 마하가로 니가야 하리다야 만다라
다냐타 가가나 바라지진다 마니 마하무드레 루로루로 지따 하리다예
비사예 옴 부다나 부다니 야등

佛頂心 觀世音菩薩 姥陀羅尼

나모라 다나다라 야야 나막 아리야 바로기제 사바라야 모지사다바야
마하사다바야 마하가로니가야 다냐타 아바다 아바다 바리바제 인혜
혜 다냐타 살바다라니 만다라야 인혜혜 바리마수다 못다야 옴 살바
작수가야 다라니 인지리야 다냐타 바로기제 새바라야 살바도따
오하야미 사바하

佛說消災吉祥陀羅尼

나모 사만다 못다남 아바라지 하다사 사나남 다냐타 옴 카 카 카혜
카혜 훔 훔 아바라 아바라 바라아바라 바라아바라 디따 디따 디리
디리 빠다 빠다 선지가 시리예 사바하[50]

(此下夕誦呪同)[51]

准提功德聚 寂靜心常誦 一切諸大難 無者能(侵)是人

---

50 '디따', '디리' 등이 '지따' '지리'로 구개음화된 현상이 적용되지 않고 있음을 보여주
고 있다.

51 이곳 아래는 저녁 송주와 같다는 괄호가 있는 것으로 볼 때 조석송주가 다름을
보여주고 있고, 『日用作法』(1869, 『한의총』 3, p.532上)에는 이곳에서 예불을
하였음을 알 수 있다. 그러므로 조모송주의 전후의 경계는 이곳이 된다고 하겠다.
또 『日用作法』에는 '준제지송편람'이라는 행법의 제목이 분명하게 나타나고 있었
지만 『석문』에는 표기되지 않다가 『불광법회요전』(광덕 스님 편저, 1983)에서부
터 '준제찬'이라는 게송의 제목이 붙여졌고 『통일』(2003)과 『한글』이 이를 따르고
있다.

준제주는 공덕 더미고요 속에 늘 외우면/ 큰 난관도 이 사람을
침해하지 못할지니

天上及人間 受福如佛等 遇此如意珠 定獲無等等

하늘이나 인간들이 붓다처럼 복 받으며/이 여의주 만났으니가장
큰 법 얻으리라.

南無七俱胝佛母 大准提菩薩

淨法界眞言

　옴 남

護身眞言

　옴 치림

觀世音菩薩 本心微妙 六字大明王眞言

　옴 마니반메훔

准提眞言

　나모 사다남 삼먁삼못다 구치남 다냐타 옴 자례주례 준제 사바하
부림

我今持誦大准提 卽發菩提廣大願

제가 지금 대 준제진언을 지니고 염송하며 곧 보리의 광대한 원을
발원하니

願我定慧速圓明 願我功德皆成就 願我勝福遍莊嚴 願共衆生成佛道

제가 선정과 지혜가 속히 원만해지고 밝아지기를 바랍니다.

제가 공덕이 다 성취되기를 바랍니다.

저의 수승한 복이 두루 장엄해지기를 바랍니다.

함께 중생들이 불도를 이루기를 바랍니다.

440

如來十大發願文

願我永離三惡道 願我速斷貪瞋痴 願我常聞佛法僧 願我勤修戒定慧
願我恒隨諸佛學

제가 영원히 삼악도를 떠나기를 바랍니다.

제가 속히 탐욕과 성냄과 어리석음을 끊기를 바랍니다.

제가 항상 삼보님의 (가르침을) 듣기를 바랍니다.

제가 부지런히 계정혜를 닦기를 바랍니다.

願我不退菩提心 願我決定生安養 願我速見阿彌陀 願我分身遍塵刹
願我廣度諸衆生

제가 항상 여러 부처님처럼 따라 배우기를 바랍니다.

제가 보리심에서 물러나지 않기를 바랍니다.

제가 반드시 안양의 극락세계에 태어나기를 바랍니다.

제가 속히 아미타부처님을 뵙기를 바랍니다.

發 四弘誓願

衆生無邊誓願度 煩惱無盡誓願斷 法門無量誓願學 佛道無上誓願成

중생이 가없지만 건지기를 서원합니다.

번뇌가 다함없지만 끊기를 서원합니다.

법문이 한량없지만 배우기를 서원합니다.

불도가 위없지만 이루기를 서원합니다.

自性衆生誓願度 自性煩惱誓願斷 自性法門誓願學 自性佛道誓願成

자기 성품 속의 중생을 건지기를 서원합니다.

자기 성품 속의 번뇌를 끊기를 서원합니다.

자기 성품 속의 법문을 배우기를 서원합니다.

자기 성품 속의 불도를 이루기를 서원합니다.

發願已歸命禮三寶[52]

발원을 마치고 삼보님께 예경합니다.

南無常住十方佛　南無常住十方法　南無常住十方僧

〔以下 自'阿彌陀佛眞金色'(p.84) 至'稽首西方安樂刹'(p.93) 省略〕[53]

---

52 이 구절은 다음의 '나무상주시방불 나무상주시방법 나무상주시방승'의 제목으로
이해하지만 필자는 이 구절은 사홍서원이라는 발원을 마치고 행하는 지문 겸
대사라고 이해한다. 이에 대해서는 졸저, 『천수경, 의궤로 읽다』(정우서적, 2011,
pp.287~302)에서 세밀히 다루고 있다.

53 『석문』의 夕誦呪文은 '정구업진언'부터 '개법장진언'까지 하고 나서 현재의 '천수천
안 관자재보살 광대원만 무애대비심 대다라니 계청'에서 시작하여 '신묘장구
대다라니' 이후에 '사방찬, 도량찬, 참회게, 참회진언'을 하고 〈준제지송편람〉
이후의 송주를 이어가라고 하고 있다. 『석문』상권, p.98.

마치 면서 (跋)

나모라뜨나트리야야

필자가 불교의례에 관심을 갖게 된 것은 순전히 불교 책을 내며 살아온 속업俗業 탓이다. 여느 분야도 그러하겠지만 불교 책은 교리와 사상을 담은 책, 그 사상을 실천하는 행동거지를 담은 의례 책으로 나눌 수 있다. 교리와 사상을 담은 책들은 그 발행이나 판매 부수와 상관없이 명성이 어느 정도 있다.

하지만 의례를 담은 책은 내용과 형태에서 그 어떤 보편적 특성을 언급하기가 쉽지 않다. 교리와 철학을 담은 교학 서적은 저자의 분명한 주관이 담겨 있지만 의례 서적은 반드시 그렇지 못한 경우가 있다. 그렇다면 의례를 담은 책은 여느 책과 무엇이 다르며, 무엇 때문에 그렇게 말하는가.

첫째는 앎의 교리를 삶의 실천으로 나타내는 것이 의례라고 할 수 있다. 그러므로 그 종파의 종교와 종지가 분명하게 드러나야 한다. 그렇지 않으면 앎과 삶의 불일치하고, 의례는 내용이 없는 공허한 형식으로 전락할 염려가 다분하다. 그러므로 분명한 종교와 종지의 바른 인식과 그 종지(철학)를 삶(윤리)으로 표현해 낼 것인가에 대한 답이 주어져야 한다. 그 바탕 위에서 철학의 행위인 의례가 확립되어야 한다. 그렇지 못하다면 사상누각이라고 할 수 있다.

둘째는 의례에 대한 확고한 믿음과 자내증이 필수적이다. 이를 통해 나와 남이 동체의 불이不二임을 확증할 수 있는 신념이 있어야 한다. 동체불이를 바르게 체득하면 욕망에서 떠나 스스로 자유를 얻게 되므로 의례는 수단이 아닌, 자신을 닦으며 다른 이를 건지는 자비의 실천이라는 본디 역할을 수행할 수 있게 된다.

이를 다시 정리하면, 이념(철학)이 신념(윤리 도덕)으로 반복되며 정형화된 것이 의례라고 나름 정의할 수 있다. 해서 의례의 출발은 앎이라고 할 수 있을 것이다. 그러므로 불교의례 하면 먼저 불교에 대한 깊이 있는 이해가 필수적이다. 수많은 불교의례를 한마디로 정리하면 부처되는 행위라고 할 수 있다. 내가 부처되고 다른 이들이 부처되도록 도와주는 반복적인 문화의 하나가 불교의례라고 할 수 있다.

문화는 각 집단이 형성해 낸 의미 있는 성과물이다. 이 문화는 전승되기도 하지만 늘 새롭게 생성되곤 한다. 이 점에서 볼 때 불교의례는 문화의 속성에 잘 어울린다. 그렇다고 해서 불교문화의 특성을 불교 밖의 이론에 기댈 필요는 없다. 부처되고 부처되도록 돕는 불교의 철학적 특성 중의 하나라고 말해도 크게 어긋나지 않는 '정해진 법식은 존재하는 것이 없다'는 '무유정법無有定法'에도 오히려 잘 적용되고 있다고 할 수 있기 때문이다.

정해진 법식이 없다는 무유정법은 불교철학의 담론으로 그치지 않고 불교철학의 실천인 불교의례에 잘 적용되고 있다는 것은 불교의 역동성으로 긍정적인 측면이라고 할 수 있다. 이 같은 현상을 의례에서는 '견기이작見機而作'이라는 술어로 설명한다. 의례 현장을 중시하는 개념이다. 상황에 따라 의례를 짓는 행위를 바꾸는 것이다. 상황반영이라고 할 수 있을 것이다. 그런데 자칫하면 긍정적이고 역동적인 상황의

444

반영이 오히려 의례의 고착화, 화석화를 가져올 수 있다는 것에 유의하지 않으면 안 된다.

그러므로 사상과 철학의 현실적인 반영인 의례는 사상과 철학에 따라 달라져야 한다. 그런데 사상과 철학은 달라졌지만 의례는 그렇지 못한 경우도 적지 않다. 한국불교의 의례에는 그러한 사례들이 적지 않게 나타나고 있다. 이 같은 사례와 현상이 이 책이 추한 모습을 채 감추지 못하고 세상에 얼굴을 디밀게 된 연유라고 할 수 있을 것이다.

모두에 필자가 의례에 관심을 갖게 된 것은 순전히 속업 탓이라고 했는데, 여기에 한 가지 더, 논문이라는 글쓰기를 하게 된 동기는 순전히 필자의 오지랖이라고 할 수 있을 것 같다. 불교의례 관련 서적을 출판하면서 수없이 부딪혔던 것 중의 하나가 의례의 의미와 번역, 그리고 차서(차례)였다.

아주 단순한 문제 같지만 법당의 부처님께 인사하고, 일체의 부처님을 청해 공양을 올리고 소원을 빌고, 다시 보내드리고, 다시 때가 되면 도량을 열고 그분들을 불러 청해 공양을 베풀고 하는 행위를 반복한다. 이때 가장 중요한 요소가 예(절)이다. 그래서 의례라고 한다. 그런데 이 의례에는 앞에서 언급하였듯이 변화가 적지 않게 일어나고 있었다.

다시 말하면 시간이 촉박할 때는 간단하게 예를 올리고, 넉넉할 때는 아주 자세히 예를 올릴 대상을 청해 예를 올린다. 그리고 당연히 자세하게 예를 올릴 때는 간략하게 예를 올리는 것을 하지 말아야 함에도 불구하고 이를 함께 행하고 있다. 이렇듯이 한국불교의 의례에는 적지 않게 모순돼 보이는 모습들이 존재하고 있다. 이 같은 것들에 대해 식견이 있는 선학들이나 스님들을 만날 때마다 늘 묻고 토론하곤 하였다. 자신의 식견을 알려주는 스님들도 더러 계셨고, 어떤 분은 나를 '불교미망사'(해석학파)라고 칭찬해 주기도 하셨다. 하지만 나의 지적 욕구는 잘 채워지지 않았다. 질문에 응하면서 나름의 고민을 나누던 한 분이 바로 동국대학교 불교학부 고영섭 선생님이었다. 그런데 2006년 7월의 어느 날, 선생님께서는 박사과정에 입학해 한국불교 의례의 철학적 특성을 한번 연구해 보는 것이 어떻겠냐고 제안하셨다.

당시 40대 중반을 막 넘어가는 나이에다가 큰아이가 입시를 눈앞에 둔 집안 사정 때문에 고민이 되었지만 인연을 소중히 여겨 대학에서 정식으로 공부를 하게 되었다. 불교철학과 역사를 다시 공부하며 전공으로 삼은 의례 서적을 읽는다는 것이 결코 그렇게 쉬운 일만은 아니었다. 대개의 의례 논문이나 서적은 의례의 의문이나 의례의 설행을 담은 역사 논문이 중심이었다. 의례 자체를 다룬 논문은 그 질과 양에서 만족스럽지 못했다. 물론 의례 의문을 번역하고 해석할 서적이 출현해 있기는 하지만 그것들의 생성과 의미, 그리고 변천과 집성 등에 대해서는 깊이 있게 다뤄지지 못하고 있는 실정이라고 할 수 있다.

그래서 한국불교의 현장에서 일상적으로 행해지고 있는 공양의식이나 시식의식, 예경의식 등의 구조와 의미 체계를 살펴보는 데 중점을 두었다. 이를 위해서 『한국불교 의례자료총서』와 『한국불교전서』에 실린 한국불교의 의례를 비교 분석하며 읽어 나갔다. 그간 대한불교조계종 포교원 한글법요집 편찬위원회, 대한불교조계종 의례위원회 실무위원, 수륙재위원회 위원으로 참여하면서 번역과 분석을 병행하게 되어 한결 도움을 받을 수 있었다.

또한 『한국불교학』 등 한국연구재단 등재지 및 후보지에의 논문 투고(5편), 『불교와 사회』 등 잡지에의 논문 발표(5편), 수차의 논평 참여 등 일련의 과정은 논문이 완성되는 데 크게 도움이 되었다.

이렇게 시작된 나의 한국불교 의례 연구는 서론에 불과하다. 현재 행해지고 있는 의례만도 적지 않고 새롭게 생성되기도 하므로 더욱 그렇다. 여기서 제기한 의례체계 이론들을 더욱 정교하게 다듬어 의례 분석의 틀로 정착될 수 있도록 하는 것이 어쩌면 필자의 숙업이 될지도 모르겠다. 하지만 가야 할 길이라면, 또 갈 수 있는 길이라면 피하지 않는 것이 업을 닦는 길이 될 수도 있는지는 모르겠다. 잘못하면 업을 짓고 죄를 짓는 일이 될 수도 있다는 것은 너무나도 잘 안다.

앞에서도 언급했지만 이 같은 연구가 필요하게 된 것은 한국불교의 역동성이라고 할 수 있지만 이를 제대로 전승하지 못하면 또 다른 잘못이 계속될 수 있다. 의례를 바로 알아야 의례를 바르게 실행할 수 있을 것이다. 예경에서 공양, 시식은 더욱 그렇다. 비록 지장보살이라는 한마디 말을 듣고 잠깐이라도 예배하면 큰 공덕이 있다고 하지만 내가 인사드리는 대상을 바로 안다는 것은 자신을 살피는 길이다. 공양과 시식도 마찬가지이다. 의미와 차서를 제대로 알지 못하고 행하면 "부처님을 공양하는 경사스러운 일이 도리어 부처님의 가르침을 비방하는 큰 허물이 될 수 있다"고 한 백파 스님의 『작법귀감』 서문의 갈파가 생생히 들려온다.

이제 감사를 드릴 차례이다. 논문 작성 중에 자상한 지도를 아끼지 않으신 동국대 불교학부 교수이며 심사위원장을 맡아주신 김용표 선생님, 평소에 깊은 관심을 가지고 지도해 주시는 동국대 불교학부 교수계환 스님, 의례와 철학에 깊은 관심을 가지고 고견을 들려주신 연세대 철학과 교수 신규탁 선생님, 불교 영어 용어의 표준화를 위해 영문초록을 각별히 살펴주고 교정해 주신 서울대 종교학과 교수 윤원철 선생님께 계수의 예를 올린다. 무엇보다도 현장에 주로 머물고 있던 필자를 학문의 장으로 인도하고 이끌어준 지도교수 고영섭 선생님의 은혜는 혜량하기가 어렵다. 무언의 예를 올린다.

또 현장에서 의례를 봉행하며 늘 문제의식을 가지고 정진하시는 대한불교조계종 의례위원장 인묵 스님, 조계종 어산작법학교 학장 법안 스님 등 일일이 거명할 수도 없는 제방의 많은 스님들의 조언과 의견은 나의 견해를 세우는 데 큰 밑거름이 되었다. 일체의 선지식께 마음으로 무수히 절한다.

끝으로 나의 모든 연구는 가족들의 이해와 배려 덕분에 무사히 끝마칠(?) 수 있었다. 20여년을 휴일도 없이 연구와 일에 정진할 수 있도록 도와준 내자와 아이들의 이해는 오래 오래 갚아야 할 부채로 남아 있다.

이 책으로 말미암아 짓게 되는 업보는 오로지 저자에게 있다. 허나 이를 해량하고 꾸짖어 주며, 절차탁마하는 강호제현의 질정이 더해진다면, 한국불교의 의례학이 발전되는 데 일조할 수 있지 않을까 하는 망상을 해 본다.

마하반야바라밀

2014(갑오)년 7월 정우재에서, 우천 이성운 삼가 쓰다.

찾아보기

이성운

동국대학교에서 철학박사학위를 받았다. 동국대 불교학부 강사, 대
한불교조계종 의례위원회 실무위원, 동아시아불교의례문화연구소
연구실장을 맡고 있으며, 불교의례와 언어문화에 관심을 가지고 연
구하고 있다.

저서로『천수경, 의궤로 읽다』,『삼밀시식행법해설』(공저) 등이 있고,
논문으로「금강경 '우리말화'에 대한 언어학적 연구」,「한국불교 의
례체계 연구」,「'현행'천수경의 구조와 의미」,「현행 수륙재의 몇 가
지 문제」,「현행 한국수륙재에 대한 검토」,「한국불교 일상의례의 명
칭문제」,「치문현토와 번역의 연관성 연구」등이 있다.

한국불교 의례체계 연구

초판 1쇄 인쇄 2014년 8월 5일 | **초판 1쇄 발행** 2014년 8월 12일
지은이 이성운 | **펴낸이** 김시열
펴낸곳 도서출판 운주사

　　　(136-034) 서울시 성북구 동소문로 67-1 성심빌딩 3층
　　　전화 (02) 926-8361 | **팩스** 0505-115-8361

ISBN 978-89-5746-386-4 93220　　값 23,000원

http://cafe.daum.net/unjubooks 〈다음카페: 도서출판 운주사〉